理解しやすい
倫理

藤田正勝 著

JN063848

文英堂

はじめに

「倫理」の学習を通して，よりよい生き方の手がかりをみつけよう。

● 心理学や大脳生理学の発達，あるいは遺伝子の解読などによって，人間についての私たちの理解は飛躍的に進みました。しかし，これらの学問は人間の一部分を対象にした学問です。人間を全体としてみたとき，人間とはいったい何なのかということを，それらは解き明かしてはくれません。そしてこれらの学問は，人間をどこまでも考察の対象としてみています。しかし，私たちは学問の対象としてではなく，一個の主体としてこの世に生きています。何のために生きるのか，どのように生きればよいのかといったことを，自分の問いとして問いながら生きています。

● みなさんも進路の選択ということと関わって，自分には何ができるのか，何をめざして生きていけばよいのか，といったことを考えているのではないでしょうか。そうした問題を考えるうえでの手がかりが倫理のなかにはあります。倫理とは，先人たちが，いま挙げたような問いと格闘してきた歴史であり，その結晶であるからです。

● 本書では，そのような先人たちの思想を，できるだけわかりやすくまとめたり，説明したりするように努めました。『理解しやすい倫理』という表題にあうように，あちこちに工夫をこらしています。

● しかし，理解するということは，倫理という教科ないし学問の第一のステップです。より大事なのは，理解したものを手がかりにして自分の意見をもつこと，それをめぐって他の人々と議論をすること，そしてそれを通して自分の意見をより豊かなものにすることです。たとえばフランスでは，高校の教科のなかで哲学がとても大切にされています。それは，人間とは何か，どのように生きればよいのか，という人間の本質に関わる問いについて明確な意見をもっていることが，何よりも大切なことだと考えられているからです。そしてそれぞれの意見をより豊かなものにするためにディスカッションが重視されています。みなさんも本書を手がかりにこの第二のステップに進んでほしいと思います。

著者　藤田正勝

本書の特長

1 日常学習から受験準備まで使える内容

本書は，高校での「倫理」の教科書にあうように，教科書の学習内容を多くの小項目に細分して編集しています。したがって，学校での授業の進行にあわせて，予習や復習，定期テストの準備に使うことができます。さらに，共通テスト対策にも十分活用できる，充実した内容となっています。

2 学習内容の要点がハッキリわかる編集

本書では，まずはじめに，そのチャプターの全体的なまとめを示したうえで，解説に入っています。解説は，本文のほかに，理解を助けたり，深めたりする「補説」「人物紹介」をつけています。しかし，それらにはあまりこだわらず，まず学習内容の大筋をつかんでください。本文中にある「ポイント」は，必ず覚えるようにしましょう。

3 見やすく豊富な図表や写真

「倫理」を理解するうえで，図表やグラフは不可欠なものです。本書では，適所に図表や，グラフを掲載しています。図表は，視覚的に理解できるように工夫しています。また，統計は新しい数値をもりこんでいます。写真も，「百聞は一見にしかず」という意味で，理解を助けてくれます。

4 共通テストもバッチリOK！

各チャプターの最後には「練習問題」をもうけています。本文が理解できているかどうか，定着度をみることができます。巻末に「練習問題の解答」を解説つきで掲載しているので，まちがえた問題やわからなかった問題は解説を読んで確認してください。

本書の活用法

1　学習内容を整理するために

まとめ
「まとめ」は，各チャプターのはじめにあって，そのチャプターで学ぶすべての学習項目をまとめています。そのチャプターの全体像をつかむことができます。

POINT!
「ポイント」は，絶対に理解して覚えなければならない重要ポイントを示しています。テストでも，よく取りあげられる点ばかりです。

要点チェック
練習問題
「要点チェック」は，そのチャプターに出てきた重要用語のチェックをします。テスト前などには，必ずおさえておきましょう。「練習問題」は，各チャプターの最後で，そのチャプターの学習内容にあわせた問題を掲載しています。

2　理解を深めるために

ルソー
（⤵ p.145）
本文は，重要な用語や人物名を太字で示しています。タイトルの太字にも注意しましょう。また，参照ページの指示があるときは，必ずそちらも目を通してください。

補説
「補説」は，より詳しい解説が必要な重要事項を取りあげています。

人物紹介 ピアジェ
「人物紹介」は生いたちや思想形成の経過にもふれ，人物を生き生きととらえることができるようにしました。

＼ TOPICS ／
原典のことば
「トピックス」は，本文を深く理解するために，ほりさげた解説をしています。「原典のことば」は，著書から一部引用をし，学習と思索の糸口となるようにしました。

練習問題の解答
「練習問題」の問題の選択肢1つずつに，丁寧な説明がついています。

4

もくじ CONTENTS

第2編 現代と倫理

CHAPTER 3 現代に生きる人間の倫理①

CHAPTER 4 現代に生きる人間の倫理②

第3編 国際社会に生きる日本人としての自覚

第4編 現代の諸課題と倫理

原典のことば の一覧

第1編

現代を生きる自己の
課題と人間の自覚

....

1 ≫人間性の特質と青年期の課題

SECTION 1 人間性の特質

1 ｜ 人間とは何か

1 人間性・人間らしさ

　人間性とは，人間が生まれながらにもつ本性，**人間に特有の本性**のことである。簡単に「**人間らしさ**」といわれることもある。

　人間はもちろん完全な存在ではない。まちがうこともあれば，忘れることも，人をだましたり，傷つけたりすることもある。しかし，**人間は他の動物のように，ただ本能に従って行動するだけの存在ではない**。私たちは「人間性」にあふれた行為に出会ったときに深い感銘を受けるし，自分でも「人間らしさ」をそなえた行いができるように努力する。「人間性」あるいは「人間らしさ」は，私たちが生きていくうえでの**目標**でもあり，**めざすべき理想**でもある。

2 人間らしさとは何か

❶社会のなかの「人間」　「人間らしさとはいったい何か」という問いは，それほど簡単な問いではない。「人間らしさ」は私たちがめざすべき理想であると言ったが，具体的に何をめざしたらよいのか，答えをすぐに出せる人は少ないであろう。

　しかし，私たちはそれを知らなければ，社会のなかで1個の「人間」として生きていくことができない。青年期にさしか

▲赤ちゃん　赤ちゃんの笑顔は私たちに人間の無限の可能性を示してくれている。

かった皆さんにまず求められるのは，「人間」にふさわしい**知識や品性**を身につけ，社会のなかで**自分の可能性を実現**していくことである。さらに社会のなかで**責任をもって行動**することである。そのためには，この問題について考えをめぐらし，自分なりの答えを見いだしていかなければならない。

❷人間らしさと倫理　それは簡単な問いではないが，私たちはそのための手がかりをもっている。というのも，古来，洋の東西を問わず，多くの人々が，その問いをめぐって思索を行い，答えを探究してきたからである。

　「**倫理**」とは，その探究の歴史をふり返り，そこから手がかりを得るとともに，みずから「人間らしさとは何か」ということを問い進めていくことにほかならない。「人間性」の問題こそが，「倫理」の出発点なのである。

2 ｜ さまざまな人間観

1 人間と動物の違い

　まず人間を他の動物と比較し，外から観察して，「人間らしさとは何か」を考えてみよう。そうすると，直立二足歩行や火の使用といった点に人間の特徴があることがすぐにわかる。確かに一時的に二足歩行する動物もいるが，完全に直立した形で長時間二足歩行する動物はいないし，また火を使用する動物もいない。

　それらの点も人間の重要な特徴であるが，しかし人間とは何かという問いに答えるためには，もっと**人間の内面**に目を向けなければならない。そういう観点から，古来，この問いに対してさまざまな答えがだされてきた。

2 さまざまな人間の定義

❶ホモ・サピエンス　人間の大きな特徴は，その**理性**にある。理性とは，ただ直観的に物事をとらえるだけでなく，物事がおこる原因を考えたり，さまざまな条件を考慮したうえで判断したりする知的能力である。

　理性をもつという点で人間がきわめて秀でた能力をもっているという点に注目して，**リンネは人間を「ホモ・サピエンス」(知性人・英知人，**homo sapiens)と呼んだ。この点からいえば，理性の能力を十分に発揮し，知的な活動を活発にするところに「人間らしさ」があるといえよう。

> **補説** **ホモ・サピエンス**　18世紀スウェーデンの植物学者リンネ(Carl von Linné，1707〜78)が命名した，人間(ヒト)の生物学上の学名。ネアンデルタール人などの旧人以降をさし，それ以前の猿人や原人は「ホモ・サピエンス」に含めないのが普通である。

❷ホモ・ロークエンス　人間が物事について考えたり，判断したりする際に用いられる道具がことばである。私たちはことばを使うことによって，知的な能力を発達させ，社会生活を豊かなものにしてきたといえる。このような観点から，人間とは**「ホモ・ロークエンス」(ことばを操る動物，**homo loquens)であるといわれる。

❸ホモ・ファーベル　人間の知的な能力が発揮される場はきわめて多様であるが，**道具を作ったり使ったりすること**もその1つである。人間は道具を使って，自分の周りにある環境に手を加え，より多くの収穫を得たり，より快適に過ごしたりしてきた。あるいは，自分の思いや感情を表現するための道具を生みだしてきた。

　物質的な面でも，また精神的な面でも，道具は人間にとってなくてはならないものである。その点に注目して，**ベルクソンは，人間を「ホモ・ファーベル」(工作人，**homo faber)と呼んだ。

> 補説 **ホモ・ファーベル**　道具の製作・利用に人間の本質的な特徴があると見て，フランスの哲学者
> ベルクソン(Henri-Louis Bergson，1859〜1941)が名づけた人間の呼び名。アメリカの政治家・
> 科学者であったベンジャミン＝フランクリン(Benjamin Franklin 1706〜90)やカール＝マルクス
> (Karl Heinrich Marx，1818〜83)なども，人間のそのような特徴に注目した。

❹**アニマル・シンボリクム**　道具を生み
だしたり，機械を発明したりすることも
人間の大きな特徴であるが，人間はそれ
だけでなく，ことばや記号，神話，芸術，
宗教などを生みだしてきた。人間は物質
的なものだけではなく，それを超えた**シ
ンボル**(象徴)に囲まれて生きているので
ある。人間の世界では物質的なもの以上
に，シンボル(象徴)が重要な意味をもっ
ている。ドイツの哲学者**カッシーラー**
(Ernst Cassirer，1874〜1945)は，シ

オリンピック　　東京都章　　東京メトロ

日本工業規格　携帯電話禁止　　非常口

▲さまざまなシンボルマーク

ンボル(象徴)を生みだし，操る点に人間の特徴があると考え，人間を「**アニマル
・シンボリクム**」(シンボル[象徴]を操る動物，animal symbolicum)と呼んだ。

❺**ホモ・ルーデンス**　ものを作り，生活の糧を得ることは人間の重要な営みであ
るが，人間は実用的な目的をはなれて，遊びにも熱中する。もちろん人間だけで
なく，イヌやサルの子どももさかんに遊ぶ。しかしこれは将来必要になる狩りや，
敵から身を守る能力を身につけるためだと考えられる。したがってイヌやサルは
おとなになると遊ばない。しかし，人間はおとなになっても遊ぶ。

　それには，進化の過程において，人間の大脳の新皮質がいちじるしく発達した
ことが関係している。その発達によって，欲求や欲望と深い関わりをもつ旧皮質
の部分が抑圧され，フラストレーショ
ン(欲求不満)が蓄積される。人間の遊び，
つまり歌や踊り，スポーツなどは，そ
れを解消する役割を担っている。

　人間の遊びはそれだけにつきない。
大脳の新皮質のはたらきをいっそう活
発にし，学問や芸術の領域で創造的な
仕事をすることも，人間にとって重要
な遊びである。実生活に直接結びつか
なくても，人間は詩を書いたり絵を描
いたりする。それによって私たちの生

▲公園で遊ぶ子どもたち

活は豊かなものになり，生きる意欲がいっそう喚起_{かんき}される。遊びもまた，人間の営みを根本から支えるものなのである。

　そのような意味で，オランダの歴史学者**ホイジンガ**(Johan Huizinga, 1872〜1945)は，「遊びの心」を人間の本質と見て，ホモ・ルーデンス(**遊戯人**_{ゆうぎ}，homo ludens)と命名した(⤵p.103)。

補説　**その他の人間に関する定義**　本文に記した以外に，次のような定義がある。
・ホモ・レリギオースス(宗教人，homo religiosus)…神を信じ，祈りを捧げることが人間にとって本質的であることを言い表したことば。
・ホモ・ポリティクス(政治人，homo politicus)…アリストテレスが人間をポリス的(社会的)動物であると呼んだことに由来(⤵p.54)。
・ホモ・エコノミクス(経済人，homo economicus)…人間は自己の経済的な利益を最大にすることをめざして行動することを言い表したことば。

3│人間の発達

❶**自己中心性からの脱却**　人間の思考や認知の発達についてくわしい研究をおこなった心理学者に**ピアジェ**がいる。彼によれば，人間は最初は他者の視点に立って物事を考えることができず，すべてを自己中心的に理解するが，徐々に自己の視点を離れ，物事を客観的に捉えたり，抽象的な概念を用いた思考ができるようになる(脱中心化)。また他者の考えや気持ちを理解できるようになる。

人物紹介　**ピアジェ**　Jean Piaget(1896〜1980)　スイスの心理学者。子どもの思考や言語の発達過程を解明し，発達心理学の領域において大きな貢献をした。

❷**道徳性の発達**　アメリカの心理学者**コールバーグ**(Lawrence Kohlberg, 1927〜87)はピアジェの考えを発展させ，人間の道徳意識が，罰せられるかほめられるかで行為の善悪を判断する段階から，社会のルールを守ることが正しい行為であると考える段階へ，そしてそのルールそのものを，社会がどうあるべきかという視点から考えなおし，よりよいものにしようと考える段階へ移行するとした。

[さまざまな人間の定義]
・ホモ・サピエンス(知性人・英知人)…理性をもち，知的活動をする人
・ホモ・ファーベル(工作人)…道具を作ったり，使ったりする人
・アニマル・シンボクリム…シンボル(象徴)を操る_{あやつ}動物
・ホモ・ルーデンス(遊戯人)…遊びを楽しむ心をもつ人

4│人間性の結晶としての文化

1　文化とは

❶**文化**　人間は，ことばや論理的に考える力によって真理を追究したり，道具を

作る力によって技術を開発したり，またスポーツや芸術などをとおして心を豊かにしてきた。そのようなものを全体として文化と呼ぶことができる。

❷**文化と文明の違い**　英語のcultureやドイツ語のKultur(クルトゥーア)など，「文化」を表すことばは，ラテン語のcolere「耕す」(コレーレ)に由来する。**文化は，人間を内面的に培い，精神面において豊かにし，洗練されたものにするもの**である。これは，**文明**(civilization)が，技術の開発や普及によって人間の生活を外面的・物質的に豊かにするのと対照的である。

2 文化の種類と人間性

▲「われわれはどこから来たのか，われわれは何者か，われわれはどこへ行くのか」(ゴーギャン筆，ボストン美術館蔵)画面の右から「眠る幼児と三人の女性」「思索する二人の女性とそれを眺めるうしろ姿の人物」「果物を摘み取る子どもと偶像」「死に近い老婆」が描かれている。人生の経過にしたがって変化していく人間の多様なあり方が表現されている。

❶**文化の種類**　文化のなかには，私たちの生活を豊かにする**知識や学問，教育の制度**なども含まれるし，詩や絵画，音楽などの私たちの**精神活動の所産**，慣習やエチケット，道徳などの**人間関係のルール(規範)**，さらには社会をスムーズに動かすための**法律や経済のシステム**など，さまざまのものが含まれる。

❷**人間性の結晶**　そのような文化は，人間がその「人間らしさ」を発揮することによって，しかも長い時間をかけて歴史的に積みあげてきたものである。同時に，文化のなかで人間は成長し，「人間らしさ」を身につけていくということもできる。**文化は，「人間らしさ」をはぐくむものであると同時に，その成果，つまり人間性の結晶でもある**。

[補説]　**文化**　イギリスの人類学者タイラー(Edward B. Tylor, 1832〜1917)は，その著書『原始文化』の中で，文化について，「カルチャーまたはシヴィリゼーションとは，知識，信仰，芸術，法律，慣習その他，社会の成員としての人間によって獲得されたあらゆる能力や習慣の複合総体である」と定義している。このように文化を文明と同義に扱う考えもある。

SECTION 2 青年期の意義と課題

1 ｜ 青年期とは何か

1 青年期の出現

❶近代以前の社会　近代以前の社会では，子どもは元服などの通過儀礼(イニシエーション)を経て，いきなり成人(おとな)の仲間入りをしたので，子どもからおとなへの移行期ともいうべき青年期はとくに考えられていなかった。

> 補説　**通過儀礼**　人間の一生の中で，誕生や成人，結婚，死などの節目を通過することによって，社会の中で新しい役割や身分を獲得する儀式のこと。新しい役割に必要な知識を付与したり，新しい身分の獲得を社会の他の成員に知らせたりするために，それぞれの社会のなかで慣習に従って行われる。現代でも，宮参り，七五三，成人式，結婚式などの形で残っている。

❷近代社会と青年期　しかし近代になって，産業革命により産業が発達し，また市民革命により身分制社会が崩壊して，近代市民社会が形成されると，おとなの一員として社会で活躍するために，前もって多くの知識や技能を身につけることが求められるようになった。そのための準備期間として，子どもとおとなの時期の間に**青年期**が位置づけられるようになった。

アメリカの文化人類学者ミード(Margaret Mead，1901〜78)が指摘したように，産業化が進む以前の社会では，子どもからおとなへの移行はスムーズに行われたが，今日では，子どもとおとなの世界の差が大きく，その移行は長期化し，また多くの段階を踏む必要が生まれてきた。そのために青年期もいくつかの段階に分けて考えられるようになった。

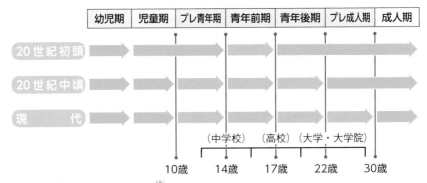

▲**青年期の延長とその区分**　(笠原嘉ほか編『青年の精神病理』1976年による)
青年期の分け方についてはさまざまな説があるが，上の図は，時代によって青年期がどのように分けられてきたかをよく示している。

2 青年期の位置づけ

❶第二の誕生　青年期は，子どもの世界から，それとは質的にまったく異なったおとなの世界への移行期ないし過渡期である。その過程で青年は，必要な知識を身につけ，新しい行動の基準をみずから探し求め，一個の独立した存在として成長していく。このような青年期を，18世紀フランスの思想家ルソー（⤷ p.145）は新しい誕生の時期としてとらえた。教育について論じた『エミール』という著作のなかでルソーは，「**われわれはいわば二度生まれる。一度は生存するため，二度めは生きるために**」

> **原典のことば**
>
> ### 第二の誕生
>
> 　われわれはいわば二度生まれる。一度は生存するため，二度めは生きるために。一度は人類の一員として，二度めは性をもった人間として。……
>
> 　彼は目を伏せて，赤くなることを覚えはじめる。自分が何を感じているのかわからないうちから感じやすくなる。そうなる理由がないのに落ち着かなくなる。……
>
> 　それこそ，わたしのさっき言った第二の誕生である。いまこそ人間が真に人生に対して生まれるときなのであり，人間のなすどんなことも，彼にとって無縁ではなくなるのである。
>
> 　　　　　　　——ルソー『エミール』
>
> 『世界の名著36　ルソー』（戸部松実・訳，中央公論社）

と述べ，青年期が人間的に生きる出発点であることを強調している。

　人間はたしかに，生物的・生理的に生きるだけでなく，みずからの行動の基準や価値判断の基準を自覚的に形成し，**独立した個人として社会に積極的に関与していく**。そのような段階への歩みを始めるという意味で，ルソーは青年期を「第二の誕生」と呼んだ。

❷マージナル・マン（境界人・周辺人）　ドイツ生まれのアメリカの心理学者・社会学者レヴィン（Kurt Lewin，1890～1947）は，青年期の基本的な特徴を，もはや「子ども」の世界の住人ではないが，まだ「おとな」の世界からは受け入れられていないという点に見いだし，「子ども」と「おとな」の世界の境界に位置するという意味で，青年をマージナル・マン（**境界人・周辺人**，marginal man）と呼んだ。

　青年期には，自分自身のなかに子どもっぽい自分と，おとなのようにふるまう自分とを発見することがあるし，外からも，一人前に扱われたかと思えば，「子ども」とみなされたりすることがある。2つの面が共存しているところに青年期の特徴がある。

❸不安や動揺の経験　青年期には，このような境界人としての不安定な状態が反映して，**不安や動揺を経験する**ことが少なくない。自信をもっておとなとして行動しようとしても，壁にぶつかり，挫折を経験する。そして劣等感に悩み苦しんだり，自分自身の世界に閉じこもったりする。

　自分中心の見方しかできず，他者との関係がうまく築けないこともある。自分のなかに自信や希望だけでなく，不安や醜さ，弱さがあることに気づき，自己嫌悪に陥ることもある。

　このような不安や動揺を経験したときに重要になってくるのが，同年齢の友人との関係である。不安や悩みに耳を傾け，励まし，助言をしてくれる友人の存在は，青年期において大きな意味をもっている。しかし，青年期には人間関係のジレンマに悩むことも多い。

　また，青年期にはしばしば，理性では抑えきれない感情の高まりやゆれ動き（「疾風怒濤の時代」と呼ばれる不安定な時期）を経験するが，そのことを通して，いままで気がつかなかった内面の世界の複雑さや微妙さに目を開くこともある。不安や動揺の経験は，内面的な成長にもつながるのである。

> 補説　**ヤマアラシのジレンマ**　青年期に出会う人間関係のジレンマの一つ。ドイツの哲学者ショーペンハウアー（1788〜1860）の書いた寓話をもとにしてフロイトが提示した概念。ヤマアラシは，冬の寒さのなかで体を温めるために身を寄せ合おうとしても，みずからの鋭いとげのためにくっつくことができない。そこから，青年期に，一方で他人との関係を求めながら，しかし他方，自分が傷つくことや相手を傷つけることを恐れるあまり，他人と親密な人間関係を結ぶことができないことを表したもの。

❹ **理解への渇望**　ときに自己中心的・衝動的になったり，社会に背を向けたりする青年の行動には，しばしば批判の目が向けられる。

　ドイツの哲学者・教育学者シュプランガーは，「人間の一生の中で，青年期のように強く理解されたいと求めている時期はない。青年は，ただ深い理解によってのみ救われる」と語った。青年は，その理想や希望についても，また，自己の中に抱える矛盾や不安についても，理解されることを強く求めているといえる。

　いつの時代にも，この「理解されたい」という青年の欲求は十分には受け入れられてこなかった。むしろ，現実は逆であった。しかし，「おとなはわかってくれない」という叫びが，若者特有の文化を作り出してきたともいえるのである。

　以上で述べたように，青年は，さまざまな矛盾や不安，動揺を内に抱えた存在であるが，それから目をそらすのではなく，むしろそうした自己のあり方を直視することによって，内面の世界の複雑さや豊かさに気づくことができる。それが自分の成長につながっていくし，またそこで，同じ状況のなかにある他者への共感や思いやりがはぐくまれる。そうした矛盾や不安に向きあうことが，成長の大切なステップとなるのである。

> 人物紹介　**シュプランガー**　Eduard Spranger（1882〜1963）　ドイツの哲学者・教育学者・心理学者。著作に『青年の心理』などがある。『生の諸形態』では，価値観によって人間を，**理論型，経済型，審美型，社会型，権力型，宗教型**の6つのタイプに分類した。

補説　**若者文化**(ユースカルチャー，youth culture)　代表的なものに，特異で奇抜なファッションの流行や反抗的なロック音楽などがある。既存のおとな社会への反抗，つまり**カウンターカルチャー(対抗文化)**としての性格をもつが，社会に認知されるにつれて，おとなの商業ベースにのせられ，若者風俗になってしまう傾向がある。こうした若者文化は10代と20代の間でも異なり，担い手の世代の幅の狭さもその特色の一つである。

[青年期]

・ルソー…生物的な誕生に対して，社会のなかで独立した個人として生き始める青年期を「第二の誕生」ととらえた。

・レヴィン…青年をマージナル・マン(境界人・周辺人)と規定した。

2 ｜ 青年期の特徴

1 青年期の始まり

❶**思春期**　青年期の始まりは一般に思春期と呼ばれる。それは，体が急に成長し，第二次性徴がはっきりと現れる時期である。その結果，「性とは何か」「男性として，あるいは女性として，いかにふるまわねばならないか」といった問いが，誰にも強く重くのしかかってくる。当然，「異性を意識する」あるいは「特定の異性を好きになる」といったことを経験する。それが思春期であって，その時期に青年期が始まる。だからルソーは，「一度は人類の一員として」の後を，「二度めは性をもった人間として」と続けたのであった。

❷**思春期の特徴**　思春期の特徴として，親に強く反抗したり(第二反抗期)，それまで依存していた親から精神的・心理的な面で独立していこうとしたりすること(心理的離乳)があげられる。このような特徴が現れる12歳前後から青年期が始まると考えてよい。日本では，中学生はおおむね青年期に入っているとみられる。

補説　**第二次性徴と第二反抗期**　性徴とは，男性・女性が有する肉体上の特徴のこと。生まれながらの男女の体の構造の違いが第一次性徴であり，その後，性ホルモンの分泌などによって現れてくる男女の体の違いが**第二次性徴**である。たとえば，ひげや乳房，骨格などに現れる。**第二反抗期**とは，ドイツの心理学者ビューラー(Charlotte Bühler，1893〜1974)が指摘したもの。幼児(3歳前後)が親に反抗する第一反抗期に対して，12〜13歳頃に始まる思春期の子どもが親に反抗的な態度をとることをさす。

補説　**心理的離乳**　アメリカの心理学者ホリングワース(L. S. Hollingworth，1886〜1939)の用語。生後1年前後の生理的離乳に対して，青年期に，親から精神的・心理的な面で独立しようとすることをさしてこう表現した。親に対して反抗的な態度をとることも多い。

[思春期]

・身体的には第二次性徴が現れる。

・精神的・心理的には第二反抗期，心理的離乳を経験する。

2 青年期の終わり

❶青年期の終わる時期　心理学者ビューラーは，青年期の終わりについて，「（青年は，）ある活動を取り上げることによって，ついにその孤立から脱け出て，その創造と業績のなかに，人間や事物や世界全体への新しい関係を獲得してゆく。こうして，青年の新しい社会的編入が完成されるのである」と言っている。つまり，**社会のなかに自分自身を位置づけることができたときに，成人期が始まる**のである。その時期についてビューラーは，まったく個人しだいだから青年期の終了の時期は一律に定められないと述べている。

❷身体的・心理的・精神的な成熟　いつ青年期が終わるかは，一定ではないとしても，社会のなかで独立した存在として認められるためには，身体的な側面，そして心理的・精神的な側面での成熟が前提になる。

　身体的に成熟していても，心理的に不安定で欲求のコントロールができなくては，成人としては認められない。また，ただ人のいいなりになって行動したり，時代の波にまかせて生きていたりするのでは，十分に成熟しているとはいえない。**自分自身の行動の基準をみずから模索し，それに従って自分の判断で行動できる**ようになることが求められる。それはもちろん，ひとりよがりな行動をするということではない。社会のなかで生きていくためには，**他者への思いやりや配慮**も重要である。それを踏まえて，**自立した，しかも責任ある行動**がとれるようになって，はじめて独立した人格として認められるようになるのである。

3 モラトリアム

❶見習い期間　青年期とは，そのような**人格形成のための期間**として，また，**社会で必要とされる知識や技能を身につけるための期間**（研修・見習い期間）として，人間形成の過程できわめて重要な意味をもつ。

❷責任・義務の免除　そのあいだ，**青年は社会のさまざまな責任や義務を免除される**。あるいはその遂行（すいこう）を猶予（ゆうよ）される。この期間をアメリカの心理学者エリクソンは「**心理・社会的モラトリアム**」（psychosocial moratorium）と呼んだ。たとえば，現代社会では大学で学ぶ期間などがそれにあたる。

▲エリクソン

　モラトリアムの時期に，青年は，さまざまな集団に所属し，さまざまな人と関わって，いろいろな役割を身につける。社会的な実験や訓練，冒険などを行うことで，みずからの進路や職業，生き方を選択するための準備を行うのである。

[補説]　**モラトリアム**（moratorium）　本来は経済学の用語で，緊急時（大きな災害・恐慌・戦争などが起こったとき）に，社会的混乱を避けるため，法令によって債務の支払いを猶予（ちょうこう）すること。エリクソンはこの用語を，ライフサイクル（⇨p.22）における青年期に適用した。

エリクソン　Erik H. Erikson（1902〜94）　アメリカの心理学者・精神分析学者。ユダヤ系の子としてドイツのフランクフルトに生まれたが，32歳のときナチスの弾圧をのがれてアメリカに移住した。アイデンティティの概念（⇨p.23）を提唱したことで知られる。父親を知らずに成長したことや，成長の過程でさまざまな差別をうけたことが，彼に，青年期におけるアイデンティティ確立の重要性を考察させたと考えられる。著作に『アイデンティティとライフサイクル』などがある。

POINT!

［エリクソンの心理・社会的モラトリアム］
・人格を形成し，社会で必要とされる知識や技能を習得する期間。
・社会のさまざまな責任や義務を免除される。

3｜青年期の課題

1 自立への課題

❶**青年に求められるもの**　前節で述べたように，青年期には，心理的にも精神的にも，さらには社会の一員としても成熟することが求められる。また，どのような基準に基づいて価値判断をするべきかをみずから考え，その基準に従って自分の判断で行動できるようになることも求められる。要するに，**自立した，責任ある行動**がとれる人間として成長することが求められるのである。

❷**成熟した人格の条件**　そのためには，自分がどのような人間であるのかを客観的に把握しなければならないし，他者の感情や考え方を理解し，他者の立場への配慮も行わなければならない。たとえばアメリカの心理学者オルポート（Gordon W. Allport, 1897〜1967）（⇨p.29）は，**成熟した人格**の条件として，6つの点をあげているが，おもなものに次のようなものがある。

　① **自己の拡大**　自己中心的な興味や関心だけで行動するのではなく，自分以外の人間や事物に関心を向けたり，他者に対して共感や愛情をいだいたりすることができること。

　② **自己の客観視**　自分自身について，つまり自分の性格や資質，能力，あるいは自分の欲求や目標などについて客観的に認識できること。

　③ **人生観の確立**　自己の拡大と自己の客観視との2つを統合するものとして，統一的な人生観をもつこと。

❸**青年期の課題**　将来の目標を定め，そのために必要な教養・知識・技術の習得に努めることも大切であるが，それはただ社会に適応する能力を身につけるということにとどまらない。一人の人間として，また，家庭や社会を形成する人間として行動をし，責任を担いうる存在へと成長していくこと，つまり，一個の主体的な人間として独立していくことが青年期の課題である。

　アメリカの教育学者ハヴィガースト(Robert J. Havighurst，1900〜91)は，主著である『発達課題と教育』のなかで，乳幼児期から老年期にいたるそれぞれの時期に人が果たさなければならない課題，つまり**発達課題**(developmental task)について論じた。とくに青年期に人が追求すべき課題として，次のようなものをあげている。

1 親や他のおとなから情緒面で自立する。
2 同世代の同性や異性の友人と新しい発展的な関係を結ぶ。
3 職業につき，経済的に自立するための準備をする。
4 将来の結婚や家庭生活のための準備をする。
5 法律や社会の制度など，市民に求められる知識や態度を身につける。
6 行動の指針としての価値観や倫理を身につける。
7 社会的に責任ある行動をとりたいと願い，それを実行する。

2 主体性の確立

❶**発達課題とライフサイクル**　エリクソンは，人間の人生を，乳児期から老年期までの8つの発達段階に区分し，**人生はそれぞれの段階に課せられた発達課題を達成することで，上位の段階へと成長していくプロセス**だと考えた。このプロセスをライフサイクル(人生周期，life cycle)と呼ぶ。

▼**エリクソンによる心理・社会的発達段階と発達課題**　乳児期には外界や自己への基本的信頼，幼児期には自律性と自発性，児童期には勤勉性を獲得することが発達課題となる。

	1	2	3	4	5	6	7	8
Ⅷ 老年期								統合性 vs 絶望
Ⅶ 成人後期							世代性 vs 停滞性	
Ⅵ 成人前期						親密性 vs 孤立		
Ⅴ 青年期	時間展望 vs 時間拡散	自己確信 vs 同一性意識	役割実験 vs 否定的同一性	達成の期待 vs 労働麻痺	アイデンティティ確立 vs アイデンティティ拡散	性的同一性 vs 両性的拡散	指導性・服従性 vs 権威の拡散	イデオロギーへの帰依 vs 理想の拡散
Ⅳ 児童期				勤勉性 vs 劣等感				
Ⅲ 幼児後期			自発性 vs 罪悪感					
Ⅱ 幼児前期		自律性 vs 恥・疑惑						
Ⅰ 乳児期	信頼 vs 不信							

❷**アイデンティティの確立**　青年期の重要な発達課題として，一個の主体的な人間として独立していくことがあげられる。そのためには，これが自分だといえる自己像(「自分は何者であるか」という自己定義)をはっきりともち，自分のとるべき行動について，また進むべき方向についてしっかりとした判断ができなければならない。言いかえれば，自己の**主体性**を確立しなければならない。エリクソ

ンは，このことを「アイデンティティ(identity)の確立」，正確には「自我同一性(ego-identity)の確立」という課題としてとらえた。

> 補説 **アイデンティティ(identity)** 自己は状況に応じて姿を変えるが，変わるなかにも斉一性や連続性のある部分が保たれている。その部分をアイデンティティ(同一性)という。

❸**アイデンティティを確立するために必要なこと** アイデンティティを確立するためには，自己を客観的に見つめ，明確な自己像をもたなければならない。そして，自分なりのものの見方や考え方，価値観，将来像をもたなければならない。そのような**明確な自己像が描けているとき**には，日々の一つひとつの行為や，進学や就職などの将来に関わる問題について，自信をもって決断をすることができるし，たとえそれらがうまくいかなくても，結果を受けとめ，再度チャレンジすることができる。

　また，社会に溶け込み，**自分の存在や自分がめざすものが社会に認められているという意識をもてること**も，アイデンティティの確立にとって重要である。そのような場合には，社会のなかで自信をもって行動することができるし，自分の個性や特徴を生かして，社会に対して積極的にはたらきかけていくことができる。

❹**アイデンティティの拡散** 反対に，生活のいろいろな場面で挫折や失敗を経験して，自分に自信がもてなくなった場合や，何をすればよいかという**明確な将来像を描けない場合**，他者との良好な関係が築けず，**社会のなかで自分が果たすべき役割がはっきりと把握できない場合**には，**精神的な危機に陥る**ことがある。このような状態をエリクソンはアイデンティティの拡散(危機)と呼んだ。

　アイデンティティの拡散には，次のような場合がある。

⓵ **自意識の過剰** 「自意識」(self-consciousness)とは，本来は，自己に関して自己肯定的な意識をもつこと。青年期には，他者や集団の中に埋もれていた自己の存在が自覚されるようになり，「自意識」が生まれる。「自意識の過剰」とは，行動や外見などが他人からどのように見られているかを，必要以上に意識して，何もできなくなったりすることである。

⓶ **対人的距離の失調** 他人との距離がうまくとれず，ひきこもったりすること。

⓷ **選択の回避** 日々の生活のなかで，また将来に関わる問題で岐路に立たされたときに，自信をもって判断できないために選択や決断をためらったり，先のばしにしたりすること。

⓸ **否定的アイデンティティの選択** 自己を肯定的に評価できず，自分を否定的に見ることや，社会のなかで否定的に評価されているものに身をゆだねること(非行や暴力行為などの反社会的行動)によって自己を主張すること。

　これらのことは，多かれ少なかれ，誰にでも起こりうることである。そうした自分のあり方から目をそらさず，また自分の方から一歩踏みだして，友人に相談

したり，周りにいる人に助言を求めたり，先人の著作から学んだりすることによって，自分自身の人生観や価値観を少しずつ確かなものにしていくことが大切である。そうすることで，自分の将来像が少しずつ明確なものになっていく。このような道を通して，アイデンティティは確立されていくのである。

[エリクソン]

・青年期の重要な発達課題として「アイデンティティ(自我同一性)の確立」を挙げた。
・青年期にアイデンティティの確立がうまくいかず，精神的な危機に陥ることを，「アイデンティティの拡散(危機)」と呼んだ。

3 現代青年の課題

❶旧来のモラトリアム　モラトリアムは，従来は，青年が一定の年齢に達すると終わるものであった。モラトリアムのあいだに必要な知識や技能を身につけた青年は，おとなの社会の仲間入りをし，そのなかで，周りの人間と協調し，社会的な責任を担いながら人生を送っていく。したがって，おとなの側から見れば，モラトリアム期間の青年は半人前の存在であり，青年の側からいうと，モラトリアムは少しでも早く脱け出したい期間であった。

❷新しいモラトリアム　しかし，現代社会では，むしろ**自立を避けて，準備期間であるモラトリアムに長くとどまろうとする青年**が増えている。このような青年をさして，精神科医の**小此木啓吾**は「モラトリアム人間」と呼んだ。

　その原因の一つは，社会に出るための準備期間という目的が希薄になり，モラトリアムの状態そのものが新しい社会的な現実となったことである。これは，先に述べた若者文化(⇨p.19)に典型的に見られる。青年がみずからのモラトリアムの状態を積極的に自己主張するようになったのである。また，社会の側も情報社会・消費社会の先端をいく若者の存在を認めるようになった。

　もう一つの原因は，科学技術の進歩，産業社会化が進んだことで，社会に出るために習得すべき技術や知識がより高度になり，モラトリアムの期間が長期にわたるようになったことである。これを**「引き延ばされた青年期」**という。現代では，30歳代半ばまでをモラトリアムととらえる見方もある。小此木啓吾は，「モラトリアム人間」は，学生・大学院生だけでなく，独身のサラリーマンや若い既婚者，企業の管理者など，現代社会に広く見られる「社会的性格」だとした。

補説　**社会的性格**　同じ時代や社会に暮らす人々が無意識のうちに共有する人間のあり方。人々の共通の経験や欲求に由来する。たとえば，社会学者フロムは，ナチスを支持したドイツ国民に「権威主義的性格」を見いだした(⇨p.201)。

ピーターパン・シンドローム　アメリカの心理学者ダン＝カイリー（Dan Kiley，1942頃〜96）の用語。義務の遂行をいやがり，おとなの年齢になっても，いつまでも子どものままでいようとする現代青年の心理をさしている。イギリスの劇作家バリーの小説の主人公である，永遠の少年「ピーターパン」の名前からとられた。

パラサイト・シングル　日本の社会学者山田昌弘（1957〜）の用語。就職したあとも親と同居し，基本的な生活を親に依存しながら，経済的に豊かな独身生活を続ける未婚者のこと。モラトリアムが延長された一つの形態と考えられる。

❸フリーターとニート　青年期には，人間関係を築くことに失敗したり，理想からかけ離れた現実に失望したりして，自己のなかに閉じこもることや，自己形成が不十分なために自信を失い，実社会に出ることに尻込みすることもある。現代では，自分の適性が把握できず，将来の方向性が見いだせないために，定職に就くことをためらい，短期のアルバイトやパートタイム就労をくり返す**フリーター**や，学ぶことや働くこと，あるいは職業訓練を受けることもしない**ニート**（NEET，Not in Education, Employment or Training）と呼ばれる若者も生まれている。

❹キャリア開発　そうした事態が深刻化することを避けるためには，学校における職業教育や就業体験（インターンシップ）なども必要であるし，また一人ひとりが**自身の適性を把握し，自分の将来像を明確に描く**ことも大切である。そして，それに必要なスキルと知識を積極的に習得すること，つまり主体的に**キャリア開発**に取り組むことが重要である。**自分のキャリアに責任をもつ**ことが青年期の大きな課題であるといえる。

４ 欲求と防衛機制

１ 欲求

❶欲求の種類　私たちの生を支えているのは，私たちが自分のうちにもつさまざまな**欲求**である。いちばん基礎にあるのは食欲などの**生理的欲求**であるが，それだけでなく，社会のなかで成功することを願う**社会的欲求**もあれば，自分の音楽や詩の能力を発揮したいという**文化的欲求**もある。そうした欲求に支えられて，私たちはよりよい生活に向けて努力し，またよりよく生きたいと願って努力している。

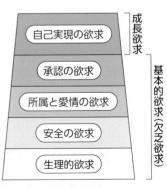

▲マズローの欲求階層説

❷欲求階層説　アメリカの心理学者マズロー（Abraham H. Maslow，1908〜70）は，人間の欲求に階層性があることを主張した。**ある次元の欲求がある程度満たされると高次の欲求が現れる**と考え，欲求を５段階に区別した。そして，最上位に**自己実現の欲求**を置いた。自己実現の欲求とは，簡単にいえば，自分がもって

いる能力を最大限に発揮し，そのすべての可能性を実現したいという欲求である。もちろん，完全な形で自己を実現することは簡単ではない。しかし，少しでもそれに向けて努力するときに，私たちは強く生きがい（⇨p.31）を感じるのではないだろうか。

2　葛藤と欲求不満

❶葛藤　欲求や願望は，能力の不足や理想が高すぎることなどの内部的な原因によって，あるいは他人の干渉や経済的条件などの外部的な障害によってさまたげられることがある。また，あれもしたい，これもしたいとさまざまな欲求が同時におこって，どれを選ぶか選択に迷うこともある。つまり，葛藤（コンフリクト，conflict）の状態に置かれることも多い。

補説　**葛藤**　レヴィン（⇨p.17）は，葛藤に次の3つのタイプがあることを主張した。

▼葛藤の3つのタイプ

①接近—接近型	接近したい対象が二つ以上あり，同時にかなえることができない場合。	例：山登りもしたいし，海水浴もしたい。
②回避—回避型	避けたいと思う対象が同時に二つ以上あり，どれも避けられない場合。	例：勉強したくないが，悪い点も取りたくない。
③接近—回避型	接近したい対象と，避けたい対象が同時にある場合。	例：ケーキは食べたいが，太りたくない。

❷欲求不満　葛藤の状態に置かれたとき，私たちは不快な感情をいだいたり，心理的な緊張感を経験したりする。それがとくに高まった状態を，欲求不満（フラストレーション，frustration）という。

　青年期には，さまざまな強い欲求をいだくことが多いが，経験が不足していたり，経済的に自立していないなどの理由から，欲求不満の状態に陥ることも多い。

❸欲求不満の解消　欲求が阻止されたり，欲求間に葛藤が生じたりした場合，人間はそれを回避しようとする。それが適応である。適応には次のものがある。

　① **合理的解決**　心の苦しみに耐え，工夫や努力によって欲求を実現しようとすること。たとえば，悩みごとを信頼できる人に相談して解決を図ったり，一度大学入試に失敗しても，実力をつけて次の機会に合格するといったように，筋道の通った行動によって欲求を満たしていくこと。

　② **近道反応**　「攻撃行動」とも呼ばれ，たとえば八つ当たりや憂さ晴らしのような衝動的・短絡的な行動によって，欲求不満を解消させようとするもの。この場合は，不満は解消できても，欲求そのものは満たされない。

　③ **防衛機制**　欲求不満や葛藤から心を守り，そのバランスが崩れないようにす

る，無意識的なはたらきのこと。人間の心のなかには，防衛機制という，無意識のうちに自己を守ろうとする一種の安全装置が備わっていると考えられる。

[適応]
　欲求不満を解消する手段…合理的解決，近道反応，防衛機制。

3 防衛機制と発達課題

❶防衛機制　人間に，欲求不満や葛藤から自分を守る無意識的なはたらきが備わっていることに気づき，そのしくみを解き明かしたのが，オーストリアの精神科医フロイト(⇨p.194)である。防衛機制(defense mechanism)という表現は彼がその精神分析理論のなかで用いたものである。
　防衛機制には，抑圧，合理化，同一視，投射，反動形成，逃避（とうひ），退行（たいこう），置き換え（代償（だいしょう），昇華（しょうか））がある。

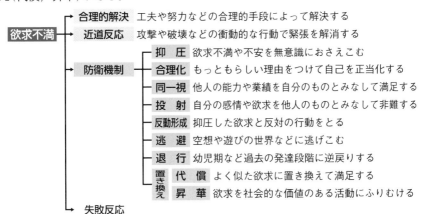

欲求不満			
	合理的解決		工夫や努力などの合理的手段によって解決する
	近道反応		攻撃や破壊などの衝動的な行動で緊張を解消する
	防衛機制	抑　圧	欲求不満や不安を無意識におさえこむ
		合理化	もっともらしい理由をつけて自己を正当化する
		同一視	他人の能力や業績を自分のものとみなして満足する
		投　射	自分の感情や欲求を他人のものとみなして非難する
		反動形成	抑圧した欲求と反対の行動をとる
		逃　避	空想や遊びの世界などに逃げこむ
		退　行	幼児期など過去の発達段階に逆戻りする
		置き換え 代　償	よく似た欲求に置き換えて満足する
		昇　華	欲求を社会的な価値のある活動にふりむける
	失敗反応		

▲欲求不満の解消

人物紹介　フロイト　Sigmund Freud(1856〜1939)　チェコスロバキア(現チェコ共和国)のモラビアに生まれた。ウィーン大学で物理学や医学を学んだのち，パリに留学，ヒステリーについて研究した。ヒステリー症状は，忘れていた過去の事件を催眠術によって思い出させ，うっ積していたものを発散させるカタルシス(浄化，Katharsis)によって治療できることを知った。ヒステリーの患者には，いやなできごとを意識から排除しようという無意識的な力がはたらいていることに気づいたことが，精神分析学の確立につながった。その後，自由連想法や，夢を分析し解釈する方法を見いだし，その理論を発展させていった。『夢判断』『精神分析入門』などの著書がある。

▲フロイト

❷防衛機制と発達課題　防衛機制が私たちにとって重要な役割を果たしていることはまちがいないが，それによって青年に求められる課題が達成されるわけではない。防衛機制は，極度の心理的緊張や葛藤から身を守り，心のバランスを保つためのはたらきである。それだけで一個の主体的な人間として独立することができるわけでも，また社会のなかに自分自身を位置づけたり，社会から価値ある存在として承認されるわけでもない。

　私たちは，自立した，責任ある行動がとれる存在へと成長していかなければならないし，社会の一員として認められるためには，**他者の感情や考え方を理解し，その苦しみや悲しみを共有しなければならない**。また，**他の人を愛したり，他の人に献身的な行いをすること**も求められる。

　「成人とは，**自分自身を成長させていくことを怠らず，しかも愛あるいは献身によって，他人の成長を促していける人間である**」というエリクソンのことばは，青年の発達課題をよく言い表しているといえる。

フロイト…欲求不満や葛藤から自分を守る心の無意識的なはたらきを防衛機制と呼んだ。

5 ｜ パーソナリティの形成

1 パーソナリティ

❶パーソナリティ　青年期には自分自身に強い関心が向けられる。また他者に対する関心も高まる時期である。自分がどういう性格の人間であるのか，どのような人間へと成長していくべきなのか，どのようなパーソナリティをもった人間として他者に相対するべきなのか，そういった問いが強く意識される。

❷パーソナリティの三要素　パーソナリティ（personality）とは，それぞれの人のその人らしさ，広い意味での個性や人格などをさすことばである。古くから，人間の固有のはたらきとして，知・情・意の3つの側面があることがいわれてきたが，個々人のまとまった全体像であるパーソナリティも，知的側面である「能力」（ability）と，感情的側面である「気質」（temperament），意志的側面である「性格」（character）の3つの要因が組みあわさって形成されている。

1 **能力**　さまざまな欲求を実現するための運動能力や，知的な能力（語学の才能や論理的な思考力，計算力など）。

2 **気質**　もの静か，熱しやすく冷めやすい，陽気，ひっこみ思案など，感情・気分・情緒などの強さや現れ方の一人ひとりの特性。

3 **性格**　ある状況において現れる，その人独特の行動の仕方や意思の働き方。

2 パーソナリティの分類

これまでに，パーソナリティはさまざまに分類されてきた。

❶クレッチマーの類型　ドイツの精神科医クレッチマー(Ernst Kretschmer, 1888～1964)は，人の体型と気質を結びつけて，3つのタイプに分類した。

▼クレッチマーによる分類

体型	気質	特徴
細長型(やせ型)	分裂気質	非社交的・もの静か・控えめ
肥満型	躁鬱(循環)気質	社交的・温厚・現実的
闘士型(筋骨型)	粘着気質	几帳面・誠実・忍耐強い

❷ユングの類型　スイスの分析心理学者ユング(Carl Gustav Jung, 1875～1961)は，リビドーが外に向かうか(**外向型**)，内に向かうか(**内向型**)で，異なった性格が形成されるとした。

▼ユングによる分類

外向型	自分の外にある判断基準に基づいて行動する。
内向型	自分自身の判断基準を重視し，それに基づいて行動する。

> 補説　リビドー　「(強い)欲望」を意味するラテン語 libido に由来することば。フロイトがその精神分析理論の核となる概念として用い始めた。人間のさまざまな欲求の根底にある心的エネルギーであり，それが自我のなかでさまざまに形を変え，人間の活動を支えていると考えられる(⇨p.195)。

❸オルポートの特性論　オルポート(⇨p.21)は，個々の状況において現れる一貫した行動傾向を「**特性**」と呼び，人がそれぞれの特性をどの程度有しているかを量的に分析して，性格を記述しようとした。オルポート以後，人間の特性はどのような因子から成るかという議論がなされてきた。現在の代表的な特性論として，5つの特性(性格5因子)を考える「**5因子モデル**」がある。5因子(ビッグ・ファイブ)とは，神経症傾向，外向性，開放性，調和性，誠実性である。ただし，人の性格がこの5つの型に分類されるというのではない。この5因子をさまざまな割合でもつことによって人の性格が成り立っているというのである。

3 パーソナリティの形成

❶パーソナリティの形成要因　人は生まれながらに固有の，固定したパーソナリティをもつのか，それとも，パーソナリティは親によるしつけの仕方や育ってきた生活環境・自然環境によって決定されるのか，議論がなされてきた。前者は**遺伝**を要因と考え，後者は**環境**を要因ととらえる考え方である。

　とくに気質や性格は，多くの場合，生まれながらのもの，つまり生得的なものと考えられてきたが，現在では，必ずしも固定したものではなく，しつけや周り

の環境によって変化するものと考えられている。また，能力は本人の努力によって伸ばすことができるように，気質や性格も本人の強い意志によってよりよいものに変えることができる。パーソナリティには，**遺伝的な要素や環境的な要素**が深く関わっているが，**個人の意欲や努力**もまた，その重要な形成要因なのである。

❷**青年期の意識と経験**　先に述べたように，青年期には，自己の性格や能力などが強く意識される。さまざまな課題を前にして，失敗や挫折を経験し，**劣等感**に悩み苦しんだりする。自分に自信がもてなくなって，社会に背を向け，自己に閉じこもることもある。他方，他者が，とりわけ異性の存在が強く意識されたりする。

　こうしたことは，けっして否定的にとらえられるべきものではない。そういう経験をバネに，私たちは自分をよりよい方向へ変えていこうという意志を強くもつことができる。尊敬できる人物に出会ったり，本のなかですばらしい人格に出会ったりすることで，**自分のめざすべき方向**がはっきりと見えてくることもある。その方向に向けて，一歩一歩努力することによって，**より望ましいパーソナリティ**が形成されていくと考えられる。これらもまた，青年期の重要な課題である。

6 ｜ 生きる意味と生きがい

1 生きる意味

❶**青年期に直面する問い**　以上で述べたように，青年期にはさまざまな課題がある。自分自身の人生観や価値観を確かなものにし，一個の主体的な人間として独立しなければならない。また，社会の一員としても，どのように行動すべきか，みずからの判断で行動できるようにならなければならない。そのためには，どのような基準に基づいて行動すべきか，何をめざして行動すべきか，さまざまな問題に答えをださなければならない。

　それらを問い進めていくと，最終的には「**何のために生きるのか**」「**生きる意味はどこにあるのか**」という根本の問いに行き着く。「倫理」が問うさまざまな問いは，結局，これらの問いに帰着するといってもよいであろう。

❷**生きる意味**　「生きる意味」を問うことの重要性を強調した人に，オーストリアの精神科医フランクル（Viktor Frankl，1905〜97）がいる。フランクルはユダヤ人であったため，第二次世界大戦中，アウシュヴィッツ強制収容所に収容され，過酷な経験を強いられた。のちにその体験を『夜と霧』（原題は『それでも人生にイエスという』）のなかでつづった。

　そこでフランクルは，収容所では，生きる目標を見失った人，がんばり抜く意欲をなくしてしまった人，いいかえれば，

▲フランクル

未来を失った人が，身体的にも心理的にも崩壊し，破綻していったことを記している。**生きる目標，生きる意味を意識しつづけた者**のみが，精神の緊張を保ちつづけ，生き延びるチャンスを得たことを述べている。

　生きる意味は人によっても，状況によっても異なる。それについて一般的に語ることはできない。しかし人は，具体的な状況の中で，生きる意味を見いだし，行動することを呼びかけられている。**どんなに大きな苦悩のなかに置かれても，他の誰でもないこの私が，この世界でただ一人，苦悩を担うという運命を課されている。そこに生きる意味がある。**

原典のことば　人生の意味

　ここで必要なのは生命の意味についての問いの観点変更なのである。すなわち人生から何をわれわれはまだ期待できるかが問題なのではなくて，むしろ人生が何をわれわれから期待しているかが問題なのである。……すなわちわれわれが人生の意味を問うのではなくて，われわれ自身が問われた者として体験されるのである。人生はわれわれに毎日毎時問いを提出し，われわれはその問いに，詮索や口先ではなくて，正しい行為によって応答しなければならないのである。人生というのは結局，人生の意味の問題に正しく答えること，人生が各人に課する使命を果すこと，日々の務めを行うことに対する責任を担うことに他ならないのである。
　　　　　　　　──フランクル『夜と霧』
　　　　　　　（霜山徳爾・訳，みすず書房）

このような考えが人を絶望から救ったことをフランクルは記している。

補説 **強制収容所**　ナチス・ドイツは，第二次世界大戦中，ユダヤ人や障がい者，政治犯などを，アウシュヴィッツなどの強制収容所に送り，ガス室で処刑し，また過酷な労働を強いた。犠牲者はアウシュヴィッツだけで50万人とも，150万人ともいわれる。

2 生きがい

❶**生きがいとは何か**　先に，マズローが，私たちのさまざまな欲求のうち，自分がもっている能力を最大限に発揮し，そのすべての可能性を実現したいという**「自己実現の欲求」**を最上位に位置づけていることを見た（⇨p.25）。また，完全な形で自己を実現することは容易ではないが，少しでもそれに向けて努力するときに，私たちは強く生きがいを感じると述べた。

　「何のために生きるのか」という問いに答えようとするとき，この**「生きがい」**ということばが大きな手がかりになると考えられる。

❷**精神的な充定**　たとえば，若くして亡くなったフランスの哲学者シモーヌ＝ヴェイユ（Simone Weil，1909〜43）は，工場労働者としてはたらき，その悲惨な体験を『工場日記』として書き留めた人である。ヴェイユは，「奴隷的でない労働の第一条件」という文章のなかで，労働者はパンだけではなく詩を必要とする，と書いている。過酷な労働によって疲れ

▲シモーヌ＝ヴェイユ

果てたとき，パンが必要なことはいうまでもない。しかし，飢えが満たされても，その根底にある飢餓感は少しも満たされないということ，つまり，人間がその存在の最も深いところで求めているのは，**精神的な充足（心が深く満たされること）**だというのである。

❸生きるよろこび　ハンセン病の治療に生涯を捧げた精神科医神谷美恵子(1914〜79)は，著書『生きがいについて』のなかで，生きがいを**生きるよろこび**と結びつけて論じている。たとえば，子どもを産んだ母親は，「存在の根底からふきあがるような喜悦」を感じるが，生きるよろこびは，そのような場合だけにかぎらない。私たちは，生活のさまざまな場面で生きるよろこびを感じる。そして神谷は，このよろこびが

▲神谷美恵子

人を「**希望と信頼に満ちた心で未来にむかわせる**」力をもっている点に注目している。このことも「生きがい」の一つの大きな特徴であるといえよう。

　実際，「生きがい」こそ，**私たちの生を支えるもの**であるといえる。青年期は，自分の「生きがい」が何なのか，自分は何に最も深い精神的充足をおぼえるのか，その探究を開始する時期であるといえるであろう。

❹幸福　「生きがい」が感じられるためには，自分の人生の目標を明確にもっていることが必要である。しかし，何を目標にして生きていけばよいのかというのは，なかなか難しい問題である。いちばん多いと予想されるのは「**幸福**」という答である。

　しかし幸福とは何かというのも難しい問いである。不快なものを退け，快いものだけを手に入れることが幸福だという答も考えられるし，自分の欲求や願望が実現されることがそれだとか，自分がもっている能力が十分に発揮されることがそれだという答も考えられる。古代ギリシアの哲学者アリストテレスは，最も人間らしい能力，つまり知性的な能力を最大限に発揮できることが最大の幸福であると考えた(⤴p.53)。

　この「幸福」が何かを考えていくことも，青年期の重要な課題の一つであるということができる。

┤ TOPICS ├

戦後の日本社会と若者

・**団塊の世代**　戦後の社会，そして日本の経済成長を牽引してきたのは，戦後すぐの第一次ベビーブーム(1947〜49)の時代に生まれた「団塊の世代」であった。彼らは，日本の経済

が飛躍的な発展を遂げた，いわゆる高度経済成長の時期に青年期を迎えた。地方出身の多くの若者たちは，大都市に集団就職し，経済成長を根底で支えた。大学に進学した若者た

ちは，既存の政治や社会のあり方に疑問を投げかけ，いわゆる学生運動を通して，社会の変革の主体になろうとした。若者が社会の中心にいた時代であったといえる。またフォークソングなど，若者文化が花開いた時代でもある。

・シラケ世代　それに対してそのあとの世代，つまり，1950年代から1960年代前半に生まれた世代は，学生運動が下火になった時代に成人になった。政治や社会の変革には関心を示さず，また何事につけ，傍観者的な態度をとる若者が多かった。そのため，しばしば「シラケ世代」と呼ばれた。その時代の雰囲気をよく示すものに「三無主義」ということばがある。当時の若者たちの無気力・無関心・無責任という気質をいい表したものである。これに無感動を加えて「四無主義」といわれることもある。

・新人類　この時代から1980年代にかけては，1979年から開始された大学共通第一次学力試験に象徴的に示されるように，社会全体のなかに画一化が進行し，個性を発揮することが難しくなった時代であった。しかし，他方では，それまでの世代とは違った感性や価値観をもつ若者たちがサブカルチャーなどの領域で活躍をはじめた。

　その新しい感覚に注目して「新人類」という表現が使われたりした。彼らは，一方では，理想や社会への責任に無関心で，自己中心的な生き方をするという点で否定的にも見られたが，他方，自分の価値観にしたがって自分の世界を作りあげていくという点で，肯定的にも評価された。「新人類」ということばは，1986年の新語・流行語大賞にも選ばれた。

・バブル世代　その後，1980年代後半に入ると，日本は「バブル経済」と呼ばれた経済拡大期に入るが，その時期に青年期を迎えた1960年代後半に生まれた世代は，「バブル世代」ともいわれる。若者が消費の主体になり，また「バブル文化」と呼ばれた文化の発信者にもなった。

▲新宿駅西口地下広場のフォークソング集会（1969年）

・団塊ジュニア世代　それに対して1980年代の終わりから1990年代前半には，1970年代前半の第二次ベビーブームの時代に生まれた世代，いわゆる「団塊ジュニア」世代が青年期を迎えた。同年代の人口が多かったために，小さい頃から受験競争を強いられ，また就職期にはバブルが崩壊し，いわゆる「就職氷河期」を経験した。フリーターなど，非正規の雇用に甘んじなければならない若者も多数出た。その意味で，「不運の世代」とも，「ロスト・ジェネレーション」とも呼ばれる。

▲ディスコで踊る若者たち（1990年前後）

・ポスト団塊ジュニア世代　バブル崩壊後，日本は「失われた十年」とも，「失われた二十年」とも呼ばれる経済低迷の時代を迎えたが，その時代に青年期を迎えた「ポスト団塊ジュニア」にとっても，安定した職業に就くことは容易ではなかった。しかし，この世代の成長期は，インターネット業界の発展の時期とも重なり，若者が携帯電話やインターネットを活用した新しい文化の担い手になった。

1　人間性の特質と青年期の課題

☑ 要点チェック

CHAPTER 1　人間性の特質と青年期の課題	答
☐ 1　植物学者のリンネは，人間をどのように定義づけたか。	1　ホモ・サピエンス（知性人・英知人）
☐ 2　ベルクソンは，人間をどのように定義づけたか。	2　ホモ・ファーベル（工作人）
☐ 3　カッシーラーは，人間をどのように定義づけたか。	3　アニマル・シンボリクム（シンボルを操る動物）
☐ 4　ホイジンガは，人間をどのように定義づけたか。	4　ホモ・ルーデンス（遊戯人）
☐ 5　人生の節目で行われる七五三や成人式などを何というか。	5　通過儀礼（イニシエーション）
☐ 6　ルソーは『エミール』のなかで青年期をどのように表現したか。	6　第二の誕生
☐ 7　レヴィンは，「子ども」と「おとな」の境界にいる青年を何と呼んだか。	7　マージナル・マン（境界人・周辺人）
☐ 8　ホリングワースは，青年が親から精神的に独立していくことを何と呼んだか。	8　心理的離乳
☐ 9　自己の拡大・自己の客観視・人生観の確立が成熟した人格の条件であるとしたアメリカの心理学者は誰か。	9　オルポート
☐ 10　青年期の発達課題をまとめたアメリカの教育学者は誰か。	10　ハヴィガースト
☐ 11　アイデンティティの確立を青年期の発達課題としたアメリカの心理学者は誰か。	11　エリクソン
☐ 12　マズローが，欲求階層説のなかで，人間の最上位の欲求として位置づけたものは何か。	12　自己実現の欲求
☐ 13　心の苦しみに耐え，工夫や努力によって欲求を実現しようとする適応のしかたを何というか。	13　合理的解決
☐ 14　八つ当たりや憂さ晴らしによって欲求不満を解消する適応のしかたを何というか。	14　近道反応
☐ 15　欲求不満や葛藤から心を守り，心のバランスが崩れないようにする，無意識の心のはたらきを何というか。	15　防衛機制
☐ 16　15のうち，不安などを無意識におさえこむことを何というか。	16　抑圧
☐ 17　15のうち，欲求をスポーツや芸術などの文化的活動に転化することを何というか。	17　昇華
☐ 18　能力・気質・性格によって形成される個人の全体像とは何か。	18　パーソナリティ
☐ 19　18の分類で，体型と気質を結びつけて，分裂気質，躁鬱(循環)気質，粘着気質に分類したドイツの精神科医は誰か。	19　クレッチマー
☐ 20　「リビドー」が外に向かうか，内に向かうかで性格を分類したスイスの分析心理学者は誰か。	20　ユング

解答 ☞ p.343

練習問題

① 〈さまざまな人間観〉

　人間性の特徴を示す次のア～エの言葉は，A～Dのどれを表したものか。その組合せとして正しいものを，あとの①～⑧のうちから1つ選べ。

ア　ホモ・ファーベル　　　イ　ホモ・ルーデンス
ウ　ホモ・サピエンス　　　エ　ホモ・レリオギオースス

A　人間は知恵をもち，理性的な思考能力をそなえた存在である。
B　人間は道具を使って自然に働きかけ，ものを作り出す存在である。
C　人間は自らを超えるものに目を向け，宗教という文化をもつ存在である。
D　人間は日常から離れて自由に遊び，そこから文化を作りだす存在である。

① ア―A　イ―B　ウ―C　エ―D　　② ア―A　イ―C　ウ―B　エ―D
③ ア―B　イ―D　ウ―A　エ―C　　④ ア―B　イ―A　ウ―D　エ―C
⑤ ア―C　イ―B　ウ―D　エ―A　　⑥ ア―C　イ―D　ウ―B　エ―A
⑦ ア―D　イ―C　ウ―A　エ―B　　⑧ ア―D　イ―A　ウ―C　エ―B

② 〈葛藤〉

　2つの欲求が対立し選択に迷う状況を葛藤という。葛藤状況に関する説明として最も適当なものを，次の①～④のうちから1つ選べ。

① レヴィンは，1つの対象に接近したい欲求と回避したい欲求を同時に抱く状況において，どちらを選択するか葛藤する人間を，境界人と表現した。
② シュプランガーは，青年期には内向型の価値と外向型の価値とが葛藤を起こし，その解決を通して自己形成に至るとする，性格の類型論を提起した。
③ 防衛機制とは，葛藤や欲求不満に対する心の反応で，抑圧や退行などが原因となって心の安定が乱され，不安や緊張に陥ることである。
④ ヤマアラシのジレンマとは，相手に接近したい気持ちと，お互いが傷つくことへの恐れとが葛藤を起こし，適度な距離を見いだしにくい状況を表す。

③ 〈第二の誕生〉

　次の資料は，ルソーが著した『エミール』の中の文章である。この資料が示す内容を表す文章として最も適当なものを，あとの①～④のうちから1つ選べ。

資料

> われわれはいわば二度生まれる。一度は生存するため。二度めは生きるため
> に。一度は人類の一員として，二度めは性をもった人間として。……
> 　それこそわたしのさっき言った第二の誕生である。いまこそ人間が真に人生
> に対して生まれるときなのであり，人間のなすどんなことも，彼にとって無縁
> ではなくなるのである。　　　　　　　　　　　　——ルソー『エミール』
> 　　　　　　　　　『世界の名著36　ルソー』(戸部松実・訳，中央公論社)

① 　青年期の急激な身体の成長を契機に，女性や男性としての成熟した自己像を
　 形成し始めること。
② 　青年が子どもとして扱われながらも，大人として責任を課される立場になっ
　 ていくこと。
③ 　独立した一人の人間として，社会にかかわり，自分の意志で行動し始めるこ
　 と。
④ 　自己中心的な思考から脱却し，他者の立場から冷静に物事をみられるように
　 なること。

④ 〈青年期の発達段階〉
　大人への移行期の発達段階を説明した次のア〜ウの記述について，その正誤
の組合せとして正しいものを，あとの①〜⑧のうちから1つ選べ。
ア 　近代化・産業化の進展とともに，大人としての自立を準備する段階としての
　 青年期が出現したが，その期間は縮小する傾向がある。
イ 　心身発達上の大きな変化が生じる10歳ころから青年期になるまでの時期を，
　 プレ青年期として発達上の1つの段階と位置づけることがある。
ウ 　現代では，身体発達の早期化で，全体的に青年期の終わりが早まる一方，生
　 活様式が画一化し発達の個人差が小さくなる傾向がある。

①	ア	正	イ	正	ウ	正			
②	ア	正	イ	正	ウ	誤			
③	ア	正	イ	誤	ウ	正			
④	ア	正	イ	誤	ウ	誤			
⑤	ア	誤	イ	正	ウ	正			
⑥	ア	誤	イ	正	ウ	誤			
⑦	ア	誤	イ	誤	ウ	正			
⑧	ア	誤	イ	誤	ウ	誤			

⑤ 〈自我同一性の危機〉
　自我同一性を見失っている心理状態の例として最も適当なものを，次の①〜
④のうちから1つ選べ。

1

① 定年で，仕事を辞め，空嘘さを感じていた時もありました。今，これまでの人生を振り返って自分史を書き始めています。思いのほか，たくさんの人にお世話になってきた自分を改めて感じています。

② 結婚を前提に特定の人と付き合っている友だちがおり，すごく生活が充実しているようにみえます。結婚を焦る気持ちも正直ありますが，今，仕事が充実しており，しばらく仕事をがんばろうかなと思っています。

③ 小学生の子どもがいます。学校に行ったり行かなかったりで，友だちとトラブルがあったのではないかと心配です。自分の会社での仕事も忙しく，大きな仕事の責任者となっています。いろいろと考えることが多いです。

④ 子どもも大学に入り，家を出ていきました。心の中にぽっかりと穴が空いた感じが続いています。自分の人生っていったい何だったのだろうか，自分の存在意義って何なのだろうか，いろいろと思い悩んでいます。

⑥ 〈精神的・経済的自立〉

精神的・経済的自立に関わる問題の説明として最も適当なものを，次の①～④のうちから１つ選べ。

① 職業訓練は受けているものの，学校に行っておらず，仕事にも就いていない15歳から34歳までの未婚者をニートという。

② 認知発達の過程のなかで，自己中心的な思考から脱却できず，精神的自立も困難になる傾向をエゴイズムという。

③ 学校卒業後も親と同居し，生活費や食費などの経済面において親に依存している未婚者をパラサイト・シングルという。

④ 大人へと成長することを望みながら，いつまでも大人に依存する青年心理をピーターパン・シンドロームという。

⑦ 〈防衛機制〉

次の資料が示す防衛機制の種類を，あとの①～④のうちから１つ選べ。

資料

> おなかをすかせたキツネが，高いえだにぶらさがるひとふさのブドウをみつけました。まずひとっとび。もう１回，そしてもう１回。でも，どうしてもとどきません。キツネは立ちさりながらひとりごと。「きっとあのブドウはすっぱいよ。」
> ──「キツネとブドウ」
> 『イソップ寓話集』(いずみちほこ・訳，セーラー出版)

① 合理化　　② 退行　　③ 代償　　④ 抑圧

CHAPTER

2 »人間としての自覚

まとめ

① ギリシャの思想 ☞p.41

□ ギリシャの自然哲学
- 自然哲学者…自然(ピュシス)の始源(アルケー)を探究。タレス(水)，ピタゴラス (数)，ヘラクレイトス(火)，デモクリトス(アトム[原子])。

□ ソフィスト
- 市民に弁論術を教える。プロタゴラス(相対主義)，ゴルギアス(懐疑主義)。

□ ソクラテス
- 問答法…皮肉を用いて，相手の不知を明らかにした。助産術(産婆術)。
- 徳(アレテー)…福徳一致，知徳合一，知行合一，「魂への配慮」を説いた。

□ プラトン
- イデア…真の実在。最高のイデアを求める衝動がエロース。
- 四元徳…魂が備えるべき徳＝知恵・勇気・節制・正義。哲人政治が理想。

□ アリストテレス
- イデア論の批判…事物は質料(ヒュレー)と形相(エイドス)からなるとした。
- 観想(テオーリア)的生活…最高善(幸福)が実現される。中庸と友愛を重視。

□ ヘレニズム時代の思想
- エピクロス派…エピクロス。快楽主義。　・ストア派…ゼノン。禁欲主義。

② キリスト教 ☞p.58

□ 古代ユダヤ教
- ユダヤ人の民族宗教。唯一神ヤハウェを信仰。「モーセの十戒」。聖典は『旧約聖書』(律法など)。救世主(メシア)が現れるという選民思想。

□ イエスの思想
- アガペー…無差別で無償の神の愛。
- 隣人愛…「自分を愛するようにあなたの隣り人を愛せよ」

□ パウロの思想
- 原罪と贖罪…イエスの死は人間の原罪を贖うためだったという思想。

□ キリスト教の展開
- 教父哲学…アウグスティヌスが教父としてキリスト教の教義を確立した。
- スコラ哲学…トマス＝アクィナスがキリスト教の信仰内容を理性的に説明。

❸ イスラーム ☞ p.72

☐ **イスラームの思想** 唯一神アッラー。預言者ムハンマド(マホメット)が開祖。
聖典は『クルアーン(コーラン)』。最も大切な教義は六信・五行。

❹ 仏教 ☞ p.77

☐ **仏教以前のインド思想**
・バラモン教…バラモン(祭司)が中心。聖典は『ヴェーダ』。『ウパニシャッド』は
宇宙の根本原理(ブラフマン),人間の本質(アートマン)を説いた。
→ジャイナ教・仏教の出現の影響を受け,ヒンドゥー教へと形を変えた。

☐ **仏教**
・ゴータマ・シッダッタが悟りを開いて,ブッダとなった。四諦(四つの真理),八
正道(悟りに至る正しい道筋),中道を説いた。

☐ **仏教のその後の展開**
・部派仏教…大衆部と上座部に分裂。のちに大乗仏教,上座部仏教が発展。

❺ 中国の源流思想 ☞ p.88

☐ **古代中国の社会と思想**
・諸子百家…激動の春秋・戦国時代にさまざまな思想家が活躍。
・孔子…仁(心からの人間への愛),礼(道徳的行為)を重視。
・孟子…性善説に立ち,四徳・五倫の道を説いた。浩然の気。易姓革命。
・荀子…性悪説に立ち,礼による人の矯正を説いた。礼治主義。
・老子…宇宙の根本原理は「道(タオ)」=「無」。無為自然・小国寡民。
・荘子…万物斉同・心斎坐忘を説いた。逍遙遊のできる人を真人(至人)と呼んだ。

❻ 芸術と人間 ☞ p.98

☐ **芸術の意義** ロダン…真の芸術は誠実に自然に学ぶことから生まれると説いた。
・世阿弥…能の芸術性は「幽玄」と「花」の理念からなると説いた。
・岡倉天心…芸術鑑賞とは,作者がその作品において表現した感動を,自分自身の
心のなかに再現し,共感していくことだと説いた。

☐ **芸術と人生** 芸術は人に精神的な豊かさと美しいものに感動する心を与える。

アプローチ　これから哲学の歴史に足を踏み入れていくことになるが，それがどういう学問であり，どういうことを問題にしたか，あるいは問題にするかを簡単に概観しておきたい。

◆真理　哲学とはまずなにより，真理を探究しようとする学問である。「哲学の始まりは驚きである」と言われるが，私たちは不思議なもの，すぐには理解できないものに取り囲まれている。この不思議なものに驚き，その向こうにある真理を探究しつづけることが哲学であると言うことができる。たとえば変化してやまない現実の向こう側にある真の存在とは何かと考えるところから哲学は始まったともいえる。

◆認識　真理を知るためには，私たちは私たちがどのような能力をもっているのかを知らなければならない。目や耳などの感覚器官を通して外から情報を得る能力もあれば，その情報をもとに，それらに共通する特徴を取りだして普遍的な概念を生みだす能力，それを使って論理的に推理したりする能力などがある。それらをどのように使えば，うまく真理を把握することができるのかを考えるのも哲学の大切な役割である。

◆論理　私たちの知識には多くの思い込みやまちがいが入り込んでいる。それらを取り除いて真理へと至るためには，まずみずからの知識に誤りがないかを疑わなければならない。そして正しい知識をもとに，それらを正しく結びつけ，正確な結論を導きださなければならない。つまり論理的に思考しなければならない。ただ，すでに正しいと認められた知識から出発するだけでなく，新しい知見を発見していくことも大切である。いかにして新しい知識を獲得することができるかというのも私たちにとって重要な課題である。

◆倫理　哲学の課題は真理の探究にとどまらず，「いかに生きるべきか」という問題をどこまでも深く追究していくという点にある。ソクラテスが問いかけたのもこの問題であり，「よく生きる」ことこそが大切であると考えた。それは「善とは何か」，「悪とは何か」という問題につながっていく。自分自身の生き方に直接結びついた哲学の領域である。

◆宗教　キリスト教やイスラーム，仏教などについて本章で見ることにしたいが，それらは単なる迷信からなりたったものではない。人間の本質への深い洞察をもったものである。そしてそれは単に過去に属するものではない。私たちのものの考え方のなかに生きているし，生きていく上での指針にもなる。そういう観点から哲学は宗教にアプローチする。

◆美と芸術　私たちはなぜ美しいものに心打たれ，ひきつけられるのか，そもそも美とは何か，なぜ私たちは自分の感動を詩や音楽を通して表現しようとするのか，美や芸術は私たちが生きていく上でどのような意味をもっているのか，このような問題を考えるのも哲学の重要な仕事の一つである。

◆社会　私たちは生まれたときから一人ではなく，多くの人との関わりのなかで生きている。社会的動物であるといってもよい。社会とは私たちにとって与えられたものであるだけでなく，私たちが作りだしていくものでもある。そこで私たちはつねに「あるべき社会とは何か」という問題を考えなければならない。人間の歴史はこの問いと格闘した歴史であるといってもよい。この問題も哲学の重要なテーマの一つである。

① ギリシャの思想

1 | ギリシャ思想の背景

1 ギリシャ思想の基盤

❶**ポリスが生んだ文化**　ギリシャ人はギリシャの本土を愛慕と誇示の気持ちをこめて**ヘラス**と呼んだ。その広さは，九州よりは広いが北海道よりも狭いという程度でしかない。そのなかの最大の**ポリス**(都市国家)であったアテネですら4km四方に満たない。しかし，この小さな国に生まれ育ったギリシャの文化は，ヨーロッパ文化の方向を決定し，今日の人類の文化にはかりしれない影響を与えた。

❷**ギリシャの三大哲人**　ギリシャ哲学を代表するソクラテス・プラトン・アリストテレスの三大哲人は，突如としてギリシャの地に登場したわけではない。彼らの思想も，古代ギリシャの社会とポリスの生活のなかで育まれたものであった。

2 ポリス社会

❶**都市国家ポリス**　古代ギリシャ人たちはギリシャ半島の地で，小地域ごとに分かれた共同体的自衛組織，すなわちポリス(polis)と呼ばれる**都市国家**を形成した。有力なポリスであったアテネは，紀元前8世紀に王政から貴族政に移り，さらに紀元前6世紀末には**民主政**が樹立されて，ペルシャ戦争での勝利から紀元前5世紀の後半まで繁栄を誇った。

❷**ポリスと市民**　民主政の主体となったのは，私有地(クレーロス)の所有者として経済的に独立していた一般市民であり，彼らは重装歩兵(ホプリテス)として戦争に加わるとともに，自由で平等な戦士集団の一員として政治に参加した。

▲アクロポリスの丘に建つパルテノン神殿

　ポリスの中心には，アクロポリスと呼ばれる丘があり，そこにポリスの守護神を祀っていた。祖先を同じくすると信じた市民は，その信仰によって団結を強めた。ポリスの中心には，アゴラと呼ばれる広場があり，市民が集まって話し合ったり，取り引きをしたり，政治上の決定に参加したりした。

3 ポリスの倫理

❶**古代ギリシャ人の精神**　ギリシャ人が自主・独立の精神をもち，豪快な冒険心

と強烈な生命力をもった民族であったことは，ホメロスの叙事詩『イリアス』『オデュッセイア』によく示されている。これは，ギリシャの国土が狭くやせているために，エーゲ海を越えて外に発展しなければならなかったことも関係している。

　市民が自主・独立の精神をもちながら共同体の結びつきを保つためには，利己心の無制限な発揮は抑制されなければならなかった。つまり，それぞれのもち分を守って他を侵さないという原則が「**正義**」(ディケー，dikē)として，絶対的な基準となっていた。紀元前6世紀はじめ，ソロンをはじめとするギリシャ七賢人がデルフォイの神殿で神アポロンに捧げたと伝えられる「**汝自身を知れ**」という有名な格言は，もともとは「節度を守れ」「身のほどを知れ」という意味だったのである。そして，市民が，各人に割り当てられた分け前を守らず，身のほどを知らずに自己主張することは，正義の女神ディケーの怒りにふれる恐ろしいこととされていた。**ギリシャ悲劇**が，たいていは各人に与えられた運命に逆らったために破滅していくという筋書きになっているのは，こうした正義観が背景になっている。

> 補説　**ホメロスの叙事詩**　ホメロス(Homēros，生没年不詳)は実在の人物かどうか不明であるが，その作とされる『イリアス』『オデュッセイア』は世界最初で最大の叙事詩で，紀元前8世紀頃の成立といわれる。そこにはポリスの形成期から貴族政時代の英雄が描かれており，第一の徳(アレテー)は武勇や男らしさとされている。
>
> **ギリシャ悲劇**　ギリシャでは，神々の祭典に悲劇がさかんに上演された。アイスキュロス・ソフォクレス・エウリピデスはギリシャの三大悲劇作家といわれ，ギリシャ悲劇の黄金時代を築いた。とくにソフォクレスは，神から与えられる運命に翻弄されながらも，自分の力を信じて懸命に生きる人間の力と悲惨さとを描き，ギリシャ悲劇の完成者となった。

❷**ポリスの秩序**　ポリスがよきポリスであるためには，それぞれの部分が正しく秩序づけられていなくてはならない。この秩序を**コスモス**(kosmos)というが，それはそのまま**調和**すなわち**ハルモニア**(一致)につながる。ギリシャ人が正義・節度・秩序・調和を重んじたのは，彼らがハメをはずさない人間だったからではない。むしろ彼らは闘争的ですらあった。にもかかわらず，ポリスなしには彼らの生活が成り立たないという自覚があったからである。

４　ギリシャ的なものの見方

❶**ギリシャ市民の生活**　当時の市民は平均すると2～3人程度の奴隷を使っていたといわれる。市民は，みずからも田畑を耕し，神殿建築などでは奴隷といっしょにはたらくこともあったが，戦士であり政治人であるという誇りをもっていたので，概して生産労働を軽蔑する気持ちが強かった。

❷**観想的態度**　ギリシャ市民にとって「閑暇(ひま)」(スコレー)をもつことは，自由人であることの証明であり特権であった。この「閑暇」こそ，自由な精神活動の源泉であり，学問を実用目的から切り離して独立させた基盤であったといえよ

う。「閑暇」をもっていたからこそ，ギリシャ市民は自由な討論のなかで理性（ロゴス，logos）を発達させていったし，また理性を通して感覚的なものの背後にあるものをくもりなく見ようとする観想（テオーリア，theōriā）を重視した。そして，このような観想的態度は，変転きわまりない自然を成り立たせている始源（アルケー，archē：「始まり，原理」の意）が何であるかを探究させることにもなり，ギリシャに哲学の発生をうながした。

> 補説　スコレー（scholē）　アリストテレスは『形而上学』の冒頭の部分で，「人々が閑暇（ひま）をもった土地において，はじめて快楽のためでも必需のためでもない学問が発見された」といっている。閑暇を意味する「スコレー」は，中世には「スコラ」といわれ，さらに学校を意味する「スクール」になったが，もともとは精神的に自由な人々がより高い人間性を自覚し，自己を完成するための「ゆとり」を意味することばであった。

2　ギリシャの自然哲学

1　自然哲学の始まり

▲古代ギリシャ世界と思想家の出身地

❶ミレトス　紀元前8世紀から前6世紀の間は，ギリシャの発展期であった。ギリシャ人は新しい土地を求めて，エーゲ海沿岸の小アジアに進出し，数多くの植民都市を築いた。とくに小アジアのイオニア地方のミレトスは，植民・貿易活動の中心地として繁栄し，紀元前5世紀のはじめまで経済と文化の先頭に立っていた。ミレトスの地に，神話（ミュトス，mȳthos）によって世界を神秘的に解釈するのではなく，自然を合理的に解釈しようとする一群の思想家が現れた。つまり，哲学が生まれた。

　ミレトスに哲学が発生した社会的背景としては，(1)エジプトやバビロニアなどの先進文明を受け入れるのに好適な立地条件にあったこと，(2)植民地ではあったが政治的に独立しており，ギリシャ本土のポリスに比べて古くから伝えられてきた風習などの束縛が少なかったこと，(3)貿易活動の中心地であったために諸外国の風習や制度を比較・検討できたこと，(4)商業・貿易・航海などの必要が合理的な思考の発達をうながしたこと，などがあげられる。

❷南イタリア　植民都市は，エーゲ海沿岸ばかりでなく地中海やイタリアにも建設されていった。やがて南イタリアにはミレトスとは違った学風の哲学が生まれた。これらの新しい思想がギリシャ本土に流入し，知恵（ソフィア）を愛求する（フィロス）ことを意味する哲学（フィロソフィア，philosophia）が花開いた。

❷ 自然哲学者たち

❶万物の始源（アルケー）　アルケーは万物の**始源**であり，すべてのものがそこから生まれ，そこに帰ってくると考えられた。初期の哲学者たちは，**自然**（ピュシス，physis）の始源を探究した自然哲学者であった。**万物の始源は一か多か，物質的存在か精神的存在か，また不変なのか変化するのか**といったことをめぐって，さまざまな見解が対立することになった。

❷ミレトス学派　自然哲学は，紀元前7世紀にミレトスに生まれたタレス（Thalēs）に始まる。自然は絶えることなく運動・変化していることから，万物の始源は水であるというのが彼の考えであった。生命が湿気によって生存していることに着目したのであろう。タレスは，さまざまな性質をもつ万物を一つの根源的・本質的なもので説明しようとした最初の人であるために，「**哲学の祖**」とされる。

　これに対し，タレスの弟子**アナクシマンドロス**（Anaximandros）は，湿気は乾気に対立しており，他のあらゆるものも対立してあるのだから，万物の始源は，ある定まった性質をもたない「**無限なるもの**」ではないかとした。また，アナクシマンドロスの弟子**アナクシメネス**（Anaximenēs）は，万物の始源は空気であるとした。

❸ピタゴラス　紀元前6世紀頃，南イタリアの植民都市クロトンに住んでいたピタゴラス（Pȳthagorās）は，エジプトやバビロニアで発達した測量術を実用目的から切り離し，数学として確立した。彼は，数の関係に従って万物の秩序（**コスモス**，kosmos）が保たれているとし，数を万物の始源とした。宇宙を「調和あるもの」という意味で最初に「コスモス」と呼んだのも，ピタゴラスであった。

❹エレア学派　紀元前6世紀後半，南イタリアのエレア出身である**パルメニデス**（Parmenidēs）は，理性のみが真理の判断基準であると考えた。「**有（あ）るものはあり，有（あ）らぬものはあらぬ**」といい，考えられるものは存在するが，考えられないものは存在しないとした。万物の生成・消滅という考えは，「有（あ）らぬもの」を前提にしているので否定されなければならない。そして，**理性によって考えられる不動の存在が真実の存在である**と主張した。彼の弟子**ゼノン**（Zēnōn）は，**運動や変化が論理的に成り立たないことを証明する**ために，「アキレウスと亀」や「静止する矢」などの**パラドックス**（「パラ」は反，「ドクサ」は見解の意。「逆理」「逆説」と訳す）において師の教えを補完した。

> **補説**　**アキレウスと亀**　アキレウス（アキレス）が前方にいる亀と同時に同じ方向に走りだすと，亀がいた所にアキレウスが達したとき，亀はすでに前方にあり，そのとき亀がいた所にアキレウスが達したときには亀はさらにその前方を走っている。したがって，足の速いアキレウスも，歩みの遅い亀を追いこすことはできないというパラドックス。

❺ヘラクレイトス　紀元前6世紀後半から前5世紀はじめ，ヘラクレイトス

(Hērakleitos)は，ミレトス学派の影響を受けながら独自の哲学を作りあげた。「同じ川に二度入ることはできない」ということばを残しているように，すべての物が変化し，動いてやまないことを主張し，「万物は流転する」と説いた。

　また，「たたかいは万物の父であり王である」というように，万物の変化・発展の根底に対立と抗争があることを主張した。対立・抗争を通して全体の調和・統一が実現されると考えたので，弁証法的世界観（⟳p.156）の創始者とされる。また，「たたかい」を「火」と解し，「万物の始源は火である」とも語った。

❻デモクリトス　紀元前5世紀後半のデモクリトス（Dēmokritos）は，万物の始源には不生不滅のアトム（原子，「分割できないもの」の意）が存在し，その結合と分離が万物の生成消滅・変化発展を生んでいると説明した。彼は，アトムの形・大きさ・並び方などによって物体に違いが生じるとし，また，感覚や思考などの精神作用をもアトムの運動から説明したので，唯物論（この世はすべて物質を始源としているという考え）の最初の確立者とみなされている。

[ギリシャ哲学]
自然哲学がおこり，万物の始源（アルケー）を探究した。
[自然哲学者と万物の始源（アルケー）]
・タレス…水　・アナクシメネス…空気　・ピタゴラス…数
・パルメニデス…「有るものはあり，有らぬものはあらぬ」
・ヘラクレイトス…火。「万物は流転する」
・デモクリトス…アトム（原子）

3│ソフィスト

1　ソフィストの登場

❶ソフィスト登場の背景　紀元前6世紀から前5世紀にかけてのギリシャは，ポリスが最も繁栄した時期であった。ペルシャ戦争に勝利して以後のアテネでは，中産市民だけでなく下層市民も政治に参加できるようになり，古代民主政が完成し，ギリシャの各地に広がっていった。家柄や財産による政治的特権が廃され，市民に平等な権利が認められたのである。そして，国政や市民生活にかかわる重要な事柄を討論によって決めたので，市民は，栄達の道を弁論の能力に求めるようになった。このような時代状況のなかで，市民に弁論術を教え，法廷弁論の代作を職業とするソフィスト（sophist）と呼ばれる人々が登場してきた。

❷ソフィストの思想　ソフィストとは「知恵のある人」という意味で，はじめは市民たちに尊敬されていたが，のちには自己の利益を図るために相手をいいくる

める詭弁家とみなされるようになった。しかし，それまでの自然哲学が主として
自然(ピュシス，physis)の不変な本性を探究してきたのに対して，ソフィスト
たちが，人間の問題，とくに**法律・制度**(ノモス，nomos)を人間的な立場でと
らえなおし，社会生活に自由な批判精神を導き入れようとした点は評価される。

2 ソフィストたち

❶プロタゴラス　初期ソフィストの代表者は，紀元前5世紀中頃のプロタゴラス
(Prōtagorās)である。「人間は万物の尺度である」と語ったことで知られる。そ
れまで哲学は万物をつらぬく普遍的な原理を追究してきたが，プロタゴラスは，
そのような**誰もが受け入れなければならない絶対的な基準はない**と考えたのであ
る。しかし，一人ひとりの人間の判断は異なるし，ポリスの制度や法律，宗教も
ポリスによって異なる。あらゆるものが相対化されることになる。プロタゴラス
は，それを肯定し，いわゆる相対主義の立場に立ったといえる。この相対主義
の考え方は，人間中心の立場に立って，固定した迷信的な考えを打ち破り，社会
の諸制度を時代の変化に応じて修正しようとする点で積極的な意味をもっていた。

❷ゴルギアス　後期のソフィストとしてよく知られているのは，紀元前4世紀前半
に活動したゴルギアス(Gorgiās)である。彼は「なにものも存在しない。存在し
ても知りえない。知りえても伝えることはできない」といい，**真理の普遍妥当性**
(いつでも，どこでも，誰にでもあてはまること)と**理性によるその認識の可能性**
を**否定する懐疑主義**(懐疑論)の立場に立った。

❸ソフィストの問題点　ソフィストの相対主義・懐疑主義・利己主義に傾斜した
考え方は，まさに民主制が衆愚制に堕ち，ポリスのよき伝統が崩れていく状況に
対応していた。ソフィストの考え方にどのような問題点があるかを考えておこう。

① 価値基準の相対性・主観性・個別性を無条件に認めるなら，個人は思い思い
　の行動に走って，**社会秩序そのものが否定される**のではないか。

② 自己の主観的な意思を客観的な正義とする考え，すなわち，相手の立場を否
　定し，自分の立場を相手に認めさせることが重視されるという**力の論理**にい
　きつくのではないか。**専制政治が台頭し，民主政が崩壊する**のではないか。

③ 相手を説得する技術などの実生活に役立つ知が重視され，**ものごとの本当の
　あり方や自己の本来のあり方が探究されなくなる**のではないか。

・ポリスの繁栄と民主政の進展により，市民に弁論術を職業的に教える
　ソフィストが登場した。
・プロタゴラス…「人間は万物の尺度である」相対主義の立場。
・ゴルギアス…真理の普遍妥当性を否定した。懐疑主義の立場。

4 ｜ ソクラテス

1 ソクラテスの思想

❶**ソクラテスの登場**　ソフィストの相対的・主観的なものの考え方は，ギリシャのポリス的結合を解体させる危険をはらんでいた。紀元前5世紀後半に活躍したソクラテスは，このようなポリス社会についての深刻な危機意識をもち，ポリスの一員としての自覚にたちかえり，**人間はいかに生きるべきかということを最も重要な問題として思索した最初の思想家**であった。

❷**問答法**　ソクラテスは，街頭でも市場でも人の集まる所へ出かけていって，青年を相手に飽くことなく問答をした。彼が問答することに異常な熱意をもっていたのは，ソフィストのように自分の考えや知っていることを相手に教えたり押しつけたりするためではなかった。問答することにより，自分も相手も納得できる普遍的真理（真の知）を見いだすためであった。

ソクラテスは，聴衆に対する演説や，一人で内省するモノロゴス（「独話」一人の議論の意味）では，人々の思いこみをただすことはできないと考えた。正しいとするものがあるなら，それは普遍的真理であり，それを見いだすためには，**たがいに理解し，わかり合う（ディア）ための議論（ロゴス），すなわち問答（ディアロゴス）**が必要だと考えた。

ソフィストの弁論術

ソフィスト 知 → 説得 → 相手

ソクラテスの助産術

ソクラテス → 対話 → 相手 知
→ 納得

▲弁論術と助産術

❸**助産術**　ソフィストは普遍的真理の存在を認めていなかったために，たくみな表現を使ったり相手の感情に訴えたりして説得する技術「レトリケー」（**雄弁術**，「レトリック」の語源）に熱中していた。ソクラテスは，**問答は真理を生みだす手段であり，自分はその手助けをするだけ**だと考えて，問答を助産術（産婆術）とも呼んだ。ソクラテスは，**みずからは無知を装って，相手が気づかない矛盾，つまり相手の無知を明らかにしたため，この助産術的問答は，「ソクラテスの皮肉（エイロネイア）」**といわれた。

❹**不知の知**　ソクラテスは，「人は誰一人として，みずからすすんで悪事を行う者はない」といっている。彼にいわせれば，人間は常に善を欲しているのであり，たまたま，悪事を欲しているように思えたり，みずからすすんで悪事を行っているように見えても，それは悪を悪であると知りながら行うのではなく，悪を善と思ってしているにすぎないのである。そこに人間の**不知**がある。

　この不知を自覚して（**不知の知**），はじめて人間にとって何が本当に大切なのかという知（知恵）を愛し，求めることができる。それができてはじめて，何が善で

あり何が悪であるかを正しく見わけることができるし，それはそのまま正しい生き方を実現することにつながる。

❺**徳は知なり**　ソクラテスは，人間にとって何が本当に大切なのかという知（知恵）を愛求し，それに気をくばって生きることが，そのまま正しく・善く生きることにつながり，人間の善い能力としての徳（アレテー，aretē）を実現することができると考えた。またそれこそが幸福であるとした（福徳一致）。徳は，知に導かれた生活のなかで魂（精神）をできるかぎり善くすることによって実現されるものであり，究極において知と一体でなければならない。この「徳は知なり」という知徳合一の考え方は，同時に知に導かれた正しい・善い行為をすることにもつながるものであった（知行合一）。

　ソクラテスは，人間にとって何が大切なのかということを，人間はその理性によって知ることができ，また，その理想に達するのに十分な能力をもっていると考えていた。のちに現れるキリスト教的人間観とは根本的に異なった，**人間性を肯定する楽天的人間観**をそこに見ることができる。

> 補説　**徳（アレテー）**　本来は人間や事物にそなわる固有のすぐれた性質や有用さを意味した。ソフィストが重視した雄弁術も，ポリスの市民のアレテーとして要求された一つのすぐれた能力である。しかしソクラテスは，これをもっぱら**人間の内面的・道徳的な性質**の意味に用い，精神的・道徳的な優秀さ，善なるものを求める能力こそアレテーであるとした。

2　ソクラテスの死

❶**魂への配慮**　よき市民であるために知を愛し求めることを追求したソクラテスは，アテネの支配層から，「青年を腐敗・堕落させ，国家の神々を無視している」という理由で訴えられた。彼は大事に臨んで良心の判断に耳を傾けたが，そのことをダイモニオン（ダイモン，神霊）の声を聞くといったために，ポリスの神を無視するものと誤解されたのである。また，人格の原理として，精神の向上に努めよという意味で使っていた魂への配慮ということばも，魂をつかみどころのない霊魂としてしか考えていなかった当時の人々には十分に理解されなかった。

> **原典のことば　魂（精神）への配慮**
>
> 　つまり，わたしが歩きまわっておこなっていることはといえば，ただ，つぎのことだけなのです。諸君のうちの若い人にも，年寄りの人にも，だれにでも，魂ができるだけすぐれたものになるよう，ずいぶん気をつかうべきであって，それよりもさきに，もしくは同程度にでも，身体や金銭のことを気にしてはならない，と説くわけなのです。そしてそれは，いくら金銭をつんでも，そこから，すぐれた魂が生まれてくるわけではなく，金銭その他のものが人間のために善いものとなるのは，公私いずれにおいても，すべては，魂のすぐれていることによるのだから，というわけなのです。
>
> ——プラトン『ソクラテスの弁明』
> 『ソクラテスの弁明ほか』（田中美知太郎・訳，中央公論新社）

❷**ソクラテスの死**　ソクラテスは訴えられると，弁明の機会を逆に利用して，何が人間にとって大切なのかを人々に考えさせようとし，そのためますます不利な立場に陥った。適当な量刑を申し出れば死刑にならなかったのに，それをしなかったし，死刑の判決のあとも逃げようとしなかった。なぜこのような態度をとったのか，いろいろな説があるが，彼の死が，人間としての自覚へと人々をめざめさせようとした言行の帰結であったことはまちがいない。

> 補説　**ダイモニオンの声**　ダイモニオン(ダイモン)は，人間と神々の中間に位置する超自然的存在と考えられ，場合によっては，両者を結びつけるものと考えられていた。ソクラテスは，ダイモニオンの「…してはならぬ」という声をしばしば聞くことによって誤りをおかさなかったと語っているが，これは今日的に解すれば「良心の声」であるということができる。

人物紹介　**ソクラテス**　Sōkratēs(前470頃〜前399)ソクラテスについて確実な歴史の記録に残っているのは，紀元前399年の春に―アテネがペロポネソス戦争に敗れてから3年目―裁判をうけて死刑になったということだけである。彼が死んだのは70歳といわれるから，逆算すると，生まれた年はアテネがペルシャ戦争で勝ってから約10年のちのことになる。彼はアテネのために3度ペロポネソス戦争に従軍し，戦闘での沈着な行動は敵将をも感嘆させたと伝えられている。ソクラテスはアテネの興隆と没落を身をもって体験しており，それが彼の思想と行動に大きな影響を与えたと推察できる。

▲ソクラテス

ソクラテスは著書を何一つ残していないが，弟子プラトンが，ソクラテスを主人公にして対話の形で多くの著作を残している。『ソクラテスの弁明』『クリトン』『パイドン』などは，ソクラテスの思想をよく伝えたものとして有名である。

［ソクラテス］
・問答(助産術)によって相手の無知を自覚させた(不知の知)。
・魂への配慮こそが大切であると説いた。
・人間の善い能力としての徳を実現することが幸福である(福徳一致)とし，また「徳は知なり」(知徳合一)と主張した。

5 | プラトン

1 プラトンのめざしたもの

ソクラテスは，ソフィストと違って，人間としての「よさ」の普遍的・客観的基準は成り立つと考え，「真の知」を愛求しつづけたが，その内容はかならずしも明確にはしなかった。弟子プラトンがめざしたのは，この内容を理論的に明らかにすることであった。それまでのギリシャの世界観・人間観は，プラトンによって一つの壮大な哲学となったのである。

2 プラトンの思想

❶イデア論　数学であつかう三角形は，定義によって与えられる三角形そのものである。実際に描かれ，また目で見られる三角形は千差万別であるが，三角形そのものについては普遍的な定義が成り立つ。プラトンはこのような普遍的定義をイデア（ideā）と呼び，これを求めることに真の学問の意味があると考えた。

　たとえば，鉛筆は一つひとつ形も色も異なるが，万年筆やボールペンと区別できる。これは鉛筆のイデアを知っているからであり，それによって個々の鉛筆の特性を明らかにしうるのである。複雑多様で変化してやまない現実を正しく認識できるのは，理性によってイデアをとらえることができるからだと考えられる。こうしてプラトンは，**イデアを認識の根拠とし**，学問がめざすところとした。

❷二世界説（二元論）　さらにプラトンは，イデアを認識の根拠としてだけではなく，**存在の根拠**とした。イデアはものの**本質**であり，**永久不変の真理**であり，**真の実在**と考えた。こうしてプラトンはイデアを人生観・世界観の中心にすえた。感覚でとらえられる**現象界**は生成と消滅をくりかえすが，その背後に**理性によってのみとらえられるイデア界**が実在しており，現象界はイデアを分有して個物を成り立たせているとした。このイデア論によってプラトンは，ヘラクレイトス流の「万物は流転する」という見方と，パルメニデス流の「万物は不変である」という見方とを結びつけた。

❸善のイデア　プラトンは，個々のイデアに意味を与え，それらを善きものにしうる，イデア界における**唯一最高のイデア**の存在を主張し，これこそがソクラテスが説いてやまなかった「真の知」のイデアであるとした。最高のイデアをプラトンは善のイデアと呼び，**私たちが求めるべき究極の目的**とした。ここに，現実を超えようとするプラトンの理想主義をみることができる。

> |補説|　**洞窟の比喩**　プラトンは著書『国家』で，イデア界と現象界を次のような比喩を通して説明している。人間は洞窟のなかに住み，入口に背をむけてつながれている囚人である。入口から太陽がさしこむと，人間やいろいろな物の影が洞窟の奥の壁に映る。人間はその影を見ることができるだけである。この影が現象界の事物の姿であり，イデアの影である。それに対して，洞窟の外にこそ真の実在があり，またそれを成り立たせている最高のイデア（太陽に喩えられている）があるとプラトンは考えた。

❹エロース　プラトンは，人間の魂はもともとイデア界に住んでいたが，地上の現実界に落ちて**肉体の牢獄**につながれたと考えた。つまり，人間は感覚的・肉体的な存在であるが，善いもの・美しいものを欠いていることを自覚するがゆえに，魂の故郷であったイデア界を想起（アナムネーシス，anamnēsis）し，善いもの・美しいもの・永遠なものを求めようとするのだという。プラトンは，このような力を生みだし，可死的なもの（人間）を不可死的なもの（永遠なもの＝神々）へと高めていくのがエロース（ギリシャ的な愛，erōs）であるとした。彼は詩的・芸術

的才能を尽くしてエロースの理論的説明をこころみている。

　エロースを内にもつ人間は，まず感覚でとらえることのできる特定の美しい肉体を恋するが，エロースに正しく導かれるならば，特定の肉体の美しさにとどまらず，感覚的なものを超えた精神の美しさ・心の美しさにひかれ，最後には，これとかあれとか特定できない**美そのもの**を体験できるようになる。プラトンは，このように，**物質的なものから精神的なものへ，個別的なものから普遍的なものへと段階を追って知を高め，最高のイデアに達することが生きることの理想である**とし，このような最高のイデアを求めさせる衝動がエロースであると考えた。（キリスト教のアガペーとの違いについては⤵p.64）

❺四元徳　プラトンは，人間をイデア界と現象界の二つの世界に関わる存在ととらえ，また**人間の魂を三つの部分に分類して**（魂の三分説），イデアを愛求する不滅の部分である理性，現象界に属する肉体に結びついている欲望，この両者を仲介する気概（意志）に分けた。理性は知恵の徳を，気概は勇気の徳を，欲望は節制の徳をそなえなければならない。プラトンは，この三者が与えられた役割を発揮して魂全体の調和が保たれるとき，正義の徳が実現されるとした。この知恵・勇気・節制・正義を四元徳という。魂が四元徳にかなって調和した姿こそがギリシャ人の理想だったのである。

❻哲人政治　このような全体的調和は，国家においても貫かれなくてはならない。すなわち，理性によってイデアを愛求する知恵の徳は統治者の要件であり，勇気をもつ防衛者，節制につとめる生産者を正しく統制するとき，おのずから正義の国家，理想の国家が実現されるとプラトンは説いた。そして，国家の政治は国家の頭脳ともいうべき統治者が決めるのであるから，「哲学

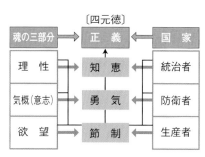

▲魂・国家と四元徳

者たちが国々において王となるか，あるいは統治者が哲学者となり」，**権力と知恵とを兼ねそなえた哲人王が統治する哲人政治を理想とした。**

人物紹介　プラトン　Platōn（前427〜前347）　プラトンは，アテネ有数の名門に生まれた。『ソクラテスの弁明』『国家』『饗宴』などの多くの著作からもわかるように，文才に富み，若い頃は詩作を得意とする文学青年であったらしいが，20歳頃ソクラテスに会って感銘を受け，真理探究の道を志し，「自立できるようになったら，すぐ国家のために働く生活にはいろう」（第七書簡）という野心をもっていた。この夢多いプラトンに衝撃的な影響を与えた事件が，ソクラテスの刑死であった。

▲プラトン

プラトンは亡きソクラテスの言行がさし示していたものは何であったかを考えながら，各地を遍歴し，学問の幅をひろげていった。そして直接的な政治参加を断念し，アテネ市の北西郊外に今日の大学の前身ともいえるアカデメイア（学園）を開き，国家の理想について論じ，その理想実現にふさわしい弟子の教育に専念した。

［プラトン］
・イデア論…イデアとは理性によってとらえられる真の実在。
・エロース…最高のイデアを求める衝動。
・四元徳…知恵・勇気・節制・正義。
・哲人政治による理想国家を説いた。

6 ｜ アリストテレス

アリストテレスは，師のプラトンとは対照的に，感覚と経験を重視し，その積み重ねのなかから学問が生まれると考えた。飽くことなき好奇心をもって現実を探索し，それらを分類整理しながら諸学の基礎を確立したので，「万学の祖」と呼ばれる。

1 質料（ヒュレー）と形相（エイドス）

❶イデア論の批判　アリストテレスは，イデアが個物から離れて実在するという師プラトンの考え方を批判した。アリストテレスは，実在するのはたとえば「赤い花」という特定の個物であって，「赤い」というイデアが実在するという主張は，感覚物を永遠化し，存在を二重化していると考えたのである。

❷質料と形相　しかし，プラトンのイデア論を批判しながらも，イデア的な考え方は受けついでいる。アリストテレスによれば，**イデアは個物に内在し，個物に形を与えている**のである。たとえば，建築家が木造の家を作る場合，木材が素材になる。この素材を質料（ヒュレー，hȳlē）という。木材を使って作られる家の形がイデアなのであり，イデアは実際に作られた家に内在するのである。このようなイデアを，プラトンの考えと区別するためにアリストテレスは，形相（エイドス，eidos）と呼んだ。質料と形相の関係で事物を考えることによって，事物の運動・発展を論理的に説明できるようになったのである。

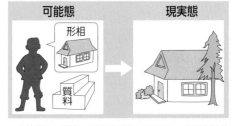

▲現実態と可能態　建築家が抱く形相が，質料（素材）である木材に形を与えることによって，家が現実のものとなる。

形相が質料（素材）と結びついて現実化された個物を，アリストテレスは**現実態（エネルゲイア，energeia）**と呼び，現実態を生みだす潜在的な可能性を**可能態（デュナミス，dynamis）**と呼んだ。

2 幸福主義

　アリストテレスは，私たちが求める「善きもの」は，大別すると3つあるという。

❶有用さ　第一は「有用さ」である。すなわち，**他のものを求める手段として役立つよさ**である。私たちが勉強をよいと考えるのは，たとえば大学に入るのに役立つからであり，大学に入るのは仕事の選択肢が広がるからである。「有用さ」は他のもののために価値があるということであり，それ自身に価値があるということではない。

❷快楽　第二は「快楽」である。アリストテレスによれば，快楽は「それ自身としても望ましいが，場合によっては他のものの手段となるもの」であり，究極的な目的とはいえない。快楽にふけりすぎるために健康を害することがあることもそれを示している。快楽は，生活をより幸福にするためのものであって，最も価値の高い目的とはいえない。

❸幸福　最も価値の高い「善きもの」(最高善)は「幸福」(エウダイモニア，eudaimoniā)である。それは，人間を人間たらしめている人間のアレテー(徳)，すなわち理性の活動を最大限に活発にすることによって得られる。つまり，理性によって真理をとらえる観想(テオーリア，theōriā)的態度(生活)こそ幸福の究極的な形であるとアリストテレスは考えたのである。

> アリストテレス…観想(テオーリア)的生活の実践によって最高善＝人間の幸福(エウダイモニア)が実現できるとした。

3 徳の分類と中庸

❶知性的徳と倫理的(習性的)徳　アリストテレスは，よい人間であるためには，**判断のよさ(知性的徳)**だけでなく，**人柄のよさ(倫理的徳，習性的徳)**が大事であること，そして，知性的徳は教えられて向上するが，倫理的(習性的)徳は習慣づけに負うところが大きいとした。さらにアリストテレスは，知性的徳を知識(エ

原典のことば　人間のアレテー

　すべて「アレテー」(徳ないしは卓越性)とは，それを有するところのもののよき「状態」を完成し，そのものの機能をよく展開せしめるところのものである，といわなくてはならない。たとえば眼の「アレテー」とは眼ならびに眼の機能をしてよきものたらしめるというごとくに。というのは，われわれは眼の「アレテー」によってよくものを見ることができるのであるから。……もし，それゆえ，あらゆるものについて同様のことがいえるとするならば，人間の「アレテー」とは，ひとをしてよき人間たらしめるような，すなわち，ひとをしてその独自の「機能」をよく展開せしめるであろうような，そうした「状態」でなくてはならない。

——アリストテレス『ニコマコス倫理学』
(高田三郎・訳，岩波文庫)

ピステーメ)・思慮(フロネーシス)・技術(テクネー)などに分類した。知識とは普遍的な法則を理解する**理論知**，思慮とは特定の時と所において適切な判断をする**実践知**であり，技術とはある目的を実現するための**生産知**である。この

▲徳の分類

分類の適切さは，医師が病気を治すことのできる判断をどうしたら身につけられるかを考えてみればわかる。医師はいろいろな病気についての理論的な理解(知識)を深めるとともに，個々の患者に具体的な処置をする実践的な判断(思慮)を積み重ねなければならない。さらには，理論と実践を結びつける最も合理的で有効な処置の仕方(技術)を身につける必要がある。

❷**中庸と友愛**　しかし，すぐれた医師が，人間としてもすぐれているとはかぎらない。医師もまた，社会生活のなかで望ましい生き方ができる人格的なよさ(倫理的徳)が求められる。それは**よい行為を習慣化**することによって身につく。しかし，どんなによい行為でも，過剰であれば不足と同じように悪いものとなる。よい行為において重要なのは，**適度**ということである。これは，大きいものと小さいものとの「中間」という客観的なものではなく，「われわれにとっての中間」である。つまり，**置かれた個別的・具体的状況での適切な判断**によって決まる。したがって，そこには思慮が深く関与している。このようなバランスのよさをアリストテ

	不足	中庸	過剰
平静	臆病 (おくびょう)	勇気 (ゆうき)	無謀 (むぼう)
快楽	無感覚 (むかんかく)	節制 (せっせい)	放埒 (ほうらつ)
金遣い (づか)	ケチ	気前のよさ (きまえ)	浪費 (ろうひ)
名誉	卑屈 (ひくつ)	高邁 (こうまい)	虚栄 (きょえい)
怒り	腑抜け (ふ ぬ)	温和 (おんわ)	短気 (たんき)

▲中庸の具体例

レスは「中庸」(メソテース，mesotēs)と呼び，**人間の最上の状態は「中庸」において発揮される**と説いた。そして，この倫理的徳を備えた者同士の**友愛**(フィリア，philiā)によって，理想的な人間関係が築かれるとした。

4 正義

❶**ポリス的動物**　「人間はポリス的(社会的)動物である」ということばが示すように，アリストテレスによれば，幸福や徳はポリスにおける市民の共同生活のなかで実現されるものであった。それゆえ彼は，共同生活を成り立たせる徳として，友愛とともに正義を重視した。

❷**正義の分類**　アリストテレスの正義についての考え方は，プラトンのような抽象的なものではなく，現実的なものであった。彼は正義を，ポリスの法を守る**全体的正義**と一人ひとりに公平を実現する**部分的正義**に分けた。さらに部分的正義

を，人がその地位や能力に従って働いた功績の大小によって名誉や報酬が与えられる**配分的正義**と，裁判や取り引きなどで不公平が生じたときに利害が均等になるように調整する**矯正(調整)的正義**に区別した。

　アリストテレスは，ポリスの現実から，人間に地位や能力の違いがあることを当然とし，**配分的正義を正義の原則**とみなした。この点で，人間の基本的平等を正義の原則とする近代の正義観とは異なる。

5 国家論

❶**理想の国家**　アリストテレスは，プラトンのように普遍的原理からではなく，現実にあるさまざまな国家の優劣を論ずることによって国家の理想を考えた。

❷**中庸的民主政治**　いかなる国家にも，少数の富裕層と多数の貧困層とその中間層があり，支配の基礎をそれらの層のどこに置くかによっていろいろな政治制度が考えられる。富や知識をもった富裕層が支配する**寡頭制**(少数者支配)は少数者の利益が優先される点で問題があるが，貧困で愚かな大衆による**衆愚制**(民主制)も欲望にとらわれ煽動されやすく，法を無視する欠点がある。だから「貧富の中間の，安定した人たちが人口的に多い国で，政治を担当する者が中間にあって，生活するにじゅうぶんな財産をもっていることが，このうえないしあわせである」として，寡頭制と衆愚制の中間ともいうべき**中庸的民主政治**を理想にした。

人物紹介　アリストテレス　Aristotelēs(前384～前322)　マケドニア王の侍医の子として，トラキア地方のギリシャ人植民都市スタゲイロスに生まれた。17歳のときアテネにきて，プラトンのアカデメイアに学び，プラトンの死まで約20年間，研究に専念するとともに，後輩の指導にあたった。

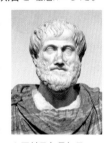
▲アリストテレス

　プラトンの死後，市の郊外にリュケイオン学園を開いた。アリストテレスの学派がのちに**逍遥(ペリパトス)学派**と呼ばれるようになったのは，ここで彼が午前中，園内の並木道(ペリパトス)を逍遥(ペリパテイン)しながら論議をかわしたことに由来するといわれる。

　紀元前323年，アレクサンドロス大王が遠征の途上で急死すると，アテネに反マケドニア運動が高まり，アリストテレスも攻撃の的になった。ソクラテスと同じく神々を無視したという理由で告発されたが，母の故郷エウボイア島のカルキスに逃れ，この地で没した。

　彼の著作は多く，かつ広範囲の分野にわたっている。哲学分野では『形而上学』(メタフィジカ)，自然学では『自然学』『動物部分論』『天体論』『霊魂論』など，倫理学では『ニコマコス倫理学』など，政治学では『政治学』『アテネ人の国制』，文学では『修辞学』『詩学』など，いずれもそれぞれの学問分野の基本的な文献となっている。

[アリストテレス]
　・「人間はポリス的(社会的)動物である」とした。
　・中庸の徳・友愛(フィリア)・正義を重んじた。

7 | ヘレニズム時代の思想

1 ヘレニズム時代

❶ヘレニズム時代　ヘレニズム時代(Hellenism)は，紀元前330年にマケドニアの
アレクサンドロス大王がペルシャ帝国を倒し，ギリシャからオリエント，インド
西部にまたがる世界帝国を樹立してから，紀元前31年にイタリアの古代ローマ
がエジプトを破り，地中海世界を統一するまでの約300年間をいう。

❷混乱と動乱が生んだ思想　ヘレニズム時代には，ポリスの共同体的結合は解体し，
ギリシャ人は混乱と動乱の絶えない広大な世界国家(コスモポリス)のなかに投げ
出された。そこで人々は，国家・社会の秩序よりも個人の安心立命に関心を向け
る一方で，逆に**世界市民主義**を確立しようとした。両者は，まわりの世界によっ
て動かされない境地をいかに作るかという点で一致し，**外的世界に対する無関心
と逃避的態度**を生んだ。しかし同時に，人間の平等という精神を生みだした。

> 補説　**ヘレニズム文化**　「ヘレニズム」はギリシャ風という意味。ギリシャの文化ならびに哲学は，
> ポリスを基礎にして発達したが，マケドニアがギリシャを征服してから，ポリスの独立性と共同体的
> 結びつきが失われてしまった。さらに，**アレクサンドロス大王**が東方諸国を平定して東西にまたがる
> 世界帝国を建設してから，生産と商業の中心は東方に移動し，ギリシャ人の東方移住があいついだ。
> それによって，ギリシャ人の文化が東方へ拡大するとともに，みずからも東方文化の影響を受けて変
> 質し，**世界的・普遍的性格をもった新しいギリシャ風文化**であるヘレニズム文化が生まれた。

2 エピクロス派・快楽主義

❶エピクロス　快楽を人生の目的とする考え方は，ヘレニズム
時代初頭の**エピクロス**(Epikūros，前341〜前270)によって
一大思潮となった。

　エピクロスは快楽こそ善であるとし，永続的な快楽を求め
るべきであるとした。後世，彼の名前から「エピキュリアン」
(享楽主義者)ということばが生まれたが，彼自身は享楽主義

▲エピクロス

とはまったく異なり，「われわれの意味する快は，道楽者の快でもなければ，性
的な享楽のうちに存する快でもなく，じつに肉体において苦しみのないことと魂
(心)において乱されないことにほかならない」と述べている。**肉体的欲望の自制
によって生まれる平静不動の境地**を**アタラクシア**(ataraxiā，「わずらうことがな
い」の意)と呼んで，最高の理想とした。

❷「隠れて生きよ」　質素な共同生活で生まれる人間の心のふれあいを最も価値の
高い快楽と考え，「エピクロスの園」と呼ばれる学園を開き，一人ひとりの人格
を尊重する共同生活を営んだ。ここに，万人平等という新しい人間観が表れてい

る。そこには「隠れて生きよ」というモットーが示すように，閉ざされた社会のなかで身近な人々の間の幸福を求めるという逃避的態度も見られる。

❸ ストア派・禁欲主義

❶**ゼノン**　禁欲によって自然と合致して生きることを説いたストア派は，キプロス生まれのゼノン(Zēnōn，前335頃～前263頃)によって始められた。

ゼノンは，**情欲(パトス)に動かされず自己を見失わない自由な境地**を理想として，これをアパテイア(apatheia，不動心「情欲がない」の意)と呼んだ。

❷**「自然に従って生きる」**　ゼノンによれば，あたかも種子が植物の一切の部分を含んでいて，発芽成長するにしたがって全

▲ゼノン

体が現れてくるように，宇宙万物には「**種子的理性**」がやどっている。つまり，宇宙(自然)は普遍的な理性の法則が支配する世界なのである。もちろん「人間の自然」(人間性)にも理性はやどっているから，自然を貫いている理性的秩序を知り，「自然に従って生きる」ならば，いかに混乱した現実にあっても動揺することはありえないと，ゼノンは考えた。

❸**世界市民**　人は「種子的理性」をもっている点で，**本性的に平等である**から，出身国・財産・身分・性別の違いはあっても，人間として等しく尊重されなければならない。この世界市民(コスモポリテース，kosmopolitēs，英語の「世界市民」cosmopolitanの語源)の思想は，のちのローマ帝政を支える思想となり，皇帝ネロに仕えた大金持ちの**セネカ**，奴隷出身の**エピクテトス**，ローマ皇帝で五賢帝の一人とされる**マルクス=アウレリウス**らのストア派の哲学者を生んだ。

❹ 懐疑派と新プラトン主義

❶**懐疑派**　ヘレニズム時代の哲学の一派。開祖**ピュロン**(Pyrron，前360頃～270頃)は他の学派の独断論的傾向を批判し，真理の認識については，**判断中止(エポケー)**が必要であるとした。それによって心の平静を得ることを人々に勧めた。

❷**新プラトン主義**　**プロティノス**(Plotinos，205頃～270)は，プラトンの思想を受けつぎながら，すべてのものの始源に**一者(ト・ヘン)**を考え，万物はそこから流出すると考えた。その思想は中世の神学や哲学に大きな影響を与えた。

POINT!

[ヘレニズム時代の思想]
・エピクロス派…アタラクシアを最高の理想とした。
・ストア派…アパテイアを最高の理想とした。

1 | 古代ユダヤ教

　キリスト教の母胎となったのは古代イスラエルの民（ヘブライ人）のユダヤ教であった。『旧約聖書』を生んだ古代イスラエル人たちの生活基盤は，ギリシャの温和な自然とはまったく異なり，人間を圧倒する苛酷なものであった。しかもイスラエル人たちは，パレスチナに定住するまでに先住民に虐げられ，民族の統一を実現してからも他国に脅かされ支配されるという苦難がつづいた。ユダヤ教は，このような苦難のなかできたえられ，それにうち克つ宗教として成立したのである。

1 ユダヤ教の起源

❶イスラエル人（ヘブライ人）　『旧約聖書』を生んだ人々をユダヤ人と呼んでいるが，彼らは古くはイスラエル人，あるいは外国人からはヘブライ人と呼ばれていた。

❷苛酷な自然条件　イスラエル人たちは，パレスチナ（古くはカナンと呼ばれた）に定着するまでは，半遊牧民としてメソポタミアからエジプトにいたるアラビア砂漠の周辺を移動して生活していたらしい。そこは，

▲「嘆きの壁」に向かって祈りを捧げるユダヤ教徒
エルサレムにある「嘆きの壁」は古代ユダヤ王国の神殿の跡とされている。

今日でも広漠とした荒野であり，太陽は生物をはぐくむ母なる太陽でなく，一切の生物を焼きつくす恐るべき敵対者であった。このような，人間に対して無慈悲で脅迫的な砂漠的自然を抜きにしては，イスラエル人の思想を理解することはできない。

❸他部族との対立と共存　彼らイスラエル人は，苛酷な自然と対立するだけでなく，貴重な草原や水を確保するために他部族と対立しなければならなかった。対立的な他部族と共存するためには契約を絶対視する必要があったし，部族内部に対しては族長の権威のもとに固い団結と服従が要求された。彼らの唯一絶対神に対する信仰と，その神に対する契約的な結びつきは，このような生活条件を背景にして成立したのである。

補説　楽園喪失　『旧約聖書』の「モーセ五書」（「創世記」「出エジプト記」「レビ記」「民数記」「申命記」）は，天地創造から古代イスラエル人がカナンの地に定着するまでを，次のように記している。

天地を創造した神は，被造物の支配者として，人間の祖先アダムをつくり，そのアダムのあばら骨一本から作ったエバ（イヴ）とともに，エデンの園に住まわせた。二人は死ぬことも苦しむこともないはずであったが，神の命令にそむいて「善悪を知る木」の実を食べたために，楽園を追放され，死と苦しみの運命を担うことになった。

楽園を失ったアダムとエバは，カインとアベルの二子を生んだが，弟アベルが自分よりも神から愛されていると感じた兄カインは弟を殺害する。カインはそのために大地をさまようさすらい人となり，神の約束はアダムの第三子セツに託される。神はセツの子孫を祝福したが，やがて彼らも堕落したため大洪水をもたらし，ノアの一族だけが方舟にのって助かった。

ノアの一族も，しだいに偶像崇拝に陥り，正しい信仰を失っていった。しかし，一子セムの子孫だけが忠信を守り，そのなかからイスラエル民族の祖アブラハムが生まれた。アブラハムの子孫ヨセフは数奇な運命をへてエジプトの宰相となり，一族を呼びよせた。400年ののちにアブラハムの子孫は一大民族となったが，エジプト王朝の圧政のため苦しんだ。このイスラエル民族をエジプトから脱出させた（「出エジプト」）のが，預言者モーセ（Moses）であった。

▲モーセ像　（ミケランジェロ作，サン・ピエトロ・イン・ヴィンコリ教会蔵）

2 モーセの十戒

❶モーセの十戒　モーセは，エジプトを脱出して以後，イスラエル民族を率いて40年のあいだ砂漠をさまよった。その間シナイ山で唯一絶対の人格神ヤハウェ（ヤーウェ，エホバ，Yahweh）から十戒をさずかったとされる。

❷宗教的戒めと倫理的戒め　十戒の第4戒までは神と人とのあいだの宗教的戒め，第5戒からは人と人とのあいだの倫理的戒めである。

・第1戒…ヤハウェが唯一で絶対の神であることを示している。

・第2戒…神は目に見えない超越的なものであり，木や石の像で表すことはできない。したがって，偶像崇拝は禁止されなくてはならない。

> **原典のことば　モーセの十戒**
>
> 1. あなたはわたしのほかに，なにものをも神としてはならない。
> 2. あなたは自分のために，刻んだ像を造ってはならない。
> 3. あなたは，あなたの神，主の名を，みだりに唱えてはならない。
> 4. 安息日を覚えて，これを聖とせよ。
> 5. あなたの父と母を敬え。
> 6. あなたは殺してはならない。
> 7. あなたは姦淫してはならない。
> 8. あなたは盗んではならない。
> 9. あなたは隣人について，偽証してはならない。
> 10. あなたは隣人の家をむさぼってはならない。
>
> ──出エジプト記
> 『旧約聖書』（日本聖書協会）

・第3戒…名前を付け，その名前を呼ぶことは，相手を支配することを意味する。神こそ絶対的な存在であり，人間はそれに従うものである。人間の不遜への戒めである。

・第5戒…**両親を敬え**というこの戒めは，両親を打ち，また呪(のろ)うことを死をもって罰している(「レビ記」など)。宗教的権威と厳格な倫理的態度を維持するかなめとして重視されている。

・第10戒…「むさぼり」とは，決められた以上のものを欲し，利用し搾取(さくしゅ)することである。

　このような戒めによって，いついかなるところにあっても神との交わりを保ち，神の絶対的な命令に厳粛に従う信仰態度をもつべきことを，十戒は明確にしたのである。

> 補説　ヤハウェ(ヤーウェ)　『旧約聖書』の「出エジプト記」に神自身が「有りて在る者」「われ有りという者」と名のったと記されている。ヤハウェとは，この「有りて在る者」という意味である。したがって，厳密な意味での名前ではない。この神は，①**唯一神**，②天地を創造した**創造神**，③イスラエル人と契約をかわした**人格神**という性格をもつ。

3 ユダヤ教の成立

❶**パレスチナ定住と王国の分裂**　紀元前1450年頃，イスラエル民族は「乳(ちち)と蜜(みつ)の流れる地」，カナン(現在のパレスチナ)にはいり，国をたて，**ダヴィデ王・ソロモン王**のとき(紀元前1000年頃)全盛をきわめた。その後，国家は南北に分裂した。北のイスラエル王国は，預言者アモスの正義の声に従うことなく，アッシリアに滅ぼされ，唯一神教を失った。

　南の**ユダ王国**は，預言者イザヤ(よげんしゃ)の導きのもとに国難に耐えたが，ついに**新バビロニア**に滅ぼされ，人々はバビロンに強制的に移住させられた(バビロン捕囚(ほしゅう))。しかし，預言者の**エレミヤ**や**エゼキエル**のもとに，ヤハウェに対する信仰を失わず，ますます宗教心は純化されていった。

> 補説　**預言者**　神の言葉を預かり受け，その啓示を人々に伝える者。未来を「予言する者」という意味ではない。預言者は，腐敗した王の政治を預言活動によって批判したり，救世主の出現を預言して，絶望に陥った民衆を励ましたりした。『旧約聖書』には，十戒をさずかったモーセのほかに，イザヤ，エレミヤ，エゼキエルなどの預言者の言行が記されている。

❷**ユダヤ教の成立**　半世紀にわたる捕囚ののちに帰国した人々は，エルサレムの神殿を再興し，聖典を校訂し戒律を守らせ，大いに民族精神を高揚させた。この唯一神のもとに団結した人々を**ユダヤ人**といい，その宗教を**ユダヤ教**という。ユダヤ教の中心は，ユダヤ民族に生き方の指針を与えたさまざまな**律法(トーラー)**である。この律法やユダヤ民族の歴史，預言者のことばなどが後世にまとめられたのが『旧約聖書』である。

❸ユダヤ民族の離散　紀元後70年, ロー
マ帝国の攻撃を受けた際, エルサレムの
神殿が破壊され, ユダヤ人は亡国の民,
流浪の民となった。そのため, ユダヤ教
は, シナゴーグ(会堂)における律法学者
の律法教育を中心とした宗教となった。

▲シナゴーグ　ユダヤ教の会堂。公的な礼拝の場所である。

2

人間としての自覚

4 選民思想と律法

❶選民思想と救世主(メシア)　唯一絶対
神の信仰によって結ばれたユダヤ民族は, 苦難の歴史を歩むなかで, 自分たちこ
そ「神の民」として選ばれた民族であるという選民思想を強めていった。そして,
イスラエルの国家を再興する民族の救世主(メシア)が現れると信じた。メシアと
は, 唯一絶対神ヤハウェの支配する「神の国」を実現するために神が地上につか
わした理想の王を表している。

> 補説　**メシア**　「メシア」は古代イスラエル人が使っていたヘブライ語で, もとは「油を注がれた者」
> という意味。古代イスラエル国家の王に与えられる称号だった。王が即位するときに頭にオリーブ油
> を注ぐ儀式が行われたことに由来する。日本語では「救世主」と訳され, ギリシャ語を用いたキリス
> ト教徒には「クリストス(christos)」と訳された。

❷律法(トーラー)　彼らは, 選ばれた民として神から祝福されると同時に, 一人
ひとりが神とのあいだに神の意志に絶対に服従するという契約を結んだ。その契
約の具体的内容が, モーセの十戒に始まる律法(トーラー)である。律法は神の意
志として人間に示されたものであり, これに従うことによって苦難から救われて
人間らしく生きることができ, また神から祝福されると考えた。

　律法の内容は, 信仰や日常生活の全般にわたる。『旧約聖書』の「モーセ五書」
だけでも, 「～せよ」という命令的規定が248, 「～してはならない」という禁止
的規定が365もあり, これらの規定の軽重や罪の大小を研究する律法学者を必要
とした。律法は高い道徳性を保持することに役立った反面, 信仰の形式化を招いた。

・ユダヤ教の信徒は救世主(メシア)の出現を期待した。
・ユダヤ教の指導層は律法(トーラー)を厳格化した。

2 イエスの思想

1 イエスの出現

❶ユダヤ教の堕落　イスラエルの地は紀元後6年にローマの直轄領となり, これに
対するユダヤ人の反抗がしばしばおこった。また, ユダヤ人のあいだにはパリサ

イ派と**サドカイ派**(どちらもユダヤ教の一派)の対立が激しく，ユダヤ教は形式的な律法主義に堕落していった。

> [補説] **パリサイ派**　パリサイとは「分離」の意。世俗と民衆から離れ，ひたすら神の意志に従おうとした人々である。成文律法のほかに口伝律法を重んじていた。支持者の多くは律法学者で，中産層に大きな影響力をもち，反ローマ的・進歩的であった。
> **サドカイ派**　ダヴィデ王の頃の祭司サドクのあとを継ぐ者の意味で，もっぱら成文律法のみを重んじ，現世の享楽に人生の意味を認めて世俗化し，貴族や祭司など上層階級に支持者をもっていた。政治的には親ローマ的・保守的であった。ユダヤ教はエルサレム神殿の礼拝が中心で，サドカイ派はその祭司層として大きな神殿収入を得ていた。

❷**イエスの出現**　このようなとき，ナザレに生まれたイエスは，洗礼者ヨハネから洗礼を受けて，みずからが**救世主**(メシア，キリスト)であることを自覚し，「時は満ちた，神の国は近づいた。悔い改めて**福音**(喜びの知らせ)を信ぜよ」(「マルコによる福音書」)といって伝道を始めた。

> [原典のことば] **神の国**
> 　神の国はいつ来るのかと，パリサイ人が尋ねたので，イエスは答えて言われた，「神の国は，見られるかたちで来るものではない。また『見よ，ここにある』『あそこにある』などとも言えない。神の国は，実にあなたがたのただ中にあるのだ」。
> ——「ルカによる福音書」
> 『新約聖書』(日本聖書協会)

　ユダヤ人たちが，メシアをユダヤ人の救い主ととらえていたのに対して，イエスはメシア(キリスト)を全人類の救い主ととらえていた。また，実現されるべき「神の国」は，ユダ王国の再興というような現実的・政治的なものではなく，もっぱら精神的なものであった。このようなイエスとユダヤ教徒との考え方の相違が，結局イエスを刑死に追いやることになった。

❸**新約聖書**　こうしたイエスの言行(「福音」と呼ばれる)や初代教会の指導者たちの書簡などを，のちにキリスト教会が編纂したものが『新約聖書』である。キリスト教では，『新約聖書』は『旧約聖書』とともに正典(カノン)とされる。「新約」とは，神がイエスを通して与えた新しい契約という意味である。(『旧約聖書』の「旧約」とは，イエスとの新しい契約に対して「旧い契約」という意味である。)

> [補説] **新約聖書**　イエスの生涯と言行を記した福音書は，「マルコ」「マタイ」「ルカ」「ヨハネ」の四巻で，前三巻は内容的に類似するので「共観福音書」といわれる。『新約聖書』は，これらの福音書にくわえて，ペテロとパウロの宣教の記録である「使徒行伝」，十二使徒が記したとされる「公同書簡」，「ローマ人への手紙」などのパウロの書簡，「最後の審判」を描いた「ヨハネの黙示録」から成る。正典の成立は4世紀で，原文はギリシャ語である。

❷ 律法主義への批判

❶**律法主義者への批判**　イエスはパリサイ派や律法主義者を「白く塗った墓」といい，「外側は美しく見えるが内側は死人の骨やあらゆる不潔なものである」と

きびしく非難した。全生涯を律法の研究と遵守にささげようとする模範的ユダヤ人を，イエスはなぜこのようにひどいことばで批判したのであろうか。

　律法を厳格に守っているという自負心をもつことによって，彼らのなかに自分こそ正しいものであるという傲慢さが生まれた。そのことが唯一絶対神に対する純粋な信仰を失わせ，神の愛を受け入れがたくさせた。また，律法に忠実であろうとすればするほど，それからの違反をとがめだてするようになり，人間どうしの

原典のことば　**罪のない者から石を投げよ**

　律法学者たちやパリサイ人たちが，姦淫をしている時につかまえられた女をひっぱってきて，中に立たせた上，イエスに言った，「先生，この女は姦淫の場でつかまえられました。モーセは律法の中で，こういう女を石で打ち殺せと命じましたが，あなたはどう思いますか」。…イエスは身を起して彼らに言われた，「あなたがたの中で罪のない者が，まずこの女に石を投げつけるがよい」。…これを聞くと，彼らは年寄から始めて，ひとりびとり出て行き，ついに，イエスだけになり，女は中にいたまま残された。
── 「ヨハネによる福音書」
『新約聖書』(日本聖書協会)

交わりが血のかよったものにならなくなってしまった。律法が守れないときには，それを与えた神への対立的感情と自己に対する罪の意識を深めることになる。さらに，律法を知らない無学な一般民衆を軽蔑し，自分は選ばれたものであるとして，一般民衆との愛の交わりを失ってしまう。このような点をイエスは批判したのである。

❷**イエスの意図**　イエスは律法そのものを否定するのではない。律法を形式的に守ることによって神への信仰をそこねることを恐れたのである。イエスは「わたしが律法や預言者を廃するためにきた，と思ってはならない。廃するためではなく，成就するためにきたのである」(「マタイによる福音書」)という。イエスは律法を支える根本の精神にたちかえり，純粋な神との結びつきを回復し，そのことを通して人間を肯定しようとしたのである。

3　神の愛(アガペー)

❶**神と人間との関係**　それでは，イエスは神と人間との結びつきを，どのようにみたのであろうか。『旧約聖書』では，律法は神の意志に基づく神と人間との契約であり，神は人間をその義(正しさ)によって裁くものである。したがって，人間はただひたすら神の意志に服従し，律法を遵守して生きるほかない。これに対し，イエスは，神と人間との関係の根本は神の愛に基づくとして，**愛があらゆる律法の核心でなければならない**と教えた。

❷**神の愛(アガペー)**　「天の父は，悪い者の上にも良い者の上にも，太陽をのぼらせ，正しい者にも正しくない者にも，雨を降らして下さる」(「マタイによる福音書」)

というほどが示すように，神の愛は無差別の愛であり，どのような報いも求めず万人に惜しみなく与えられる無償の愛である。たとえば父母がその子にそそぐような慈愛である。律法が人々を動かして「神の国」を実現するのではなく，父なる神の愛が人々の心を動かして，完全な愛と善に満ちた「神の国」をもたらすのである。このような無差別・無償の神の愛はアガペー（agapē）といわれ，ギリシャ人のいうエロース的愛とはまったく異質のものであった。

> **原典のことば　黄金律（キリスト教の根本倫理）**
>
> あなたがたのうちで，自分の子がパンを求めるのに，石を与える者があろうか。魚を求めるのに，へびを与える者があろうか。このように，あなたがたは悪い者であっても，自分の子供には，良い贈り物をすることを知っているとすれば，天にいますあなたがたの父はなおさら，求めてくる者に良いものを下さらないことがあろうか。だから，何事でも人々からしてほしいと望むことは，人々にもそのとおりにせよ。これが律法であり預言者である。　　——「マタイによる福音書」
>
> 『新約聖書』(日本聖書協会)

補説　エロースとアガペー　人は誰しも，美しいもの，優れたものを好み，手に入れたいと思う。価値あるものを求め，そのことによって自分自身の向上をはかる愛を，ギリシャ人はエロースと呼んだ。プラトンは，このエロースに哲学的解釈を与え，人間を真・善・美の三面を有する理想へ限りなく高めていくものとした。つまり，個別的なものへのとらわれを離れ，普遍的真理に向かって自己を向上させていく衝動としてエロースを意味づけたのである。

　このようなエロース的愛は，自分自身がよいものを求めるためだけでなく，他者をよいものにしていくためにも，人間関係のなかになくてはならないものである。しかしエロース的愛は，対象がもつ価値によってひきおこされるものであり，価値のないものには，この愛は向けられない。また，この価値あるものを手に入れることによって，自己を満足させ，自己を向上させるところにエロースの特徴がある。

　これに対して，対象の価値にかかわりなく，また自分を満足させるかどうかを問わない愛を，キリスト教ではアガペーと呼んでいる。たとえば，差別され虐げられた人々のために自己をなげうって奉仕する愛などがそれであり，イエスの罪人に向けられた愛はその究極の姿を示している。

　このような愛は，そこに存在するということだけで惜しみなく与えることのできる愛であるから無償の愛ということができる。また，愛の対象の価値に左右されない愛であるから，停止することのありえない永遠の愛である。

4　永遠の命

❶自分中心に生きる人間　私たち人間は，自分を大切にし，自分をよくしたいと願う。しかし，自分だけはよくありたい，他人よりよくありたいという気持ちが強まると，自分より幸せな他人を素直に喜ぶのではなく，うらやみ，ねたみの心を抱いて自分を苦しめる。自分中心に生きる人間は，他者を自分が生きるための手段とみなし，道具視してしまう。このため，自己をとりまく世界は，冷たいよそよそしいものとなり，自己を孤立させ，孤独と虚しさを深めることになる。さらに，目的実現のために役立つかどうかという価値観が一般化し，何ものにもか

えがたい存在独自の価値を見失ってしまうことにもなる。

❷**永遠の命**　それに対してイエスはいう。「だれでもわたしについてきたいと思うなら，自分を捨て，自分の十字架を負うて，わたしに従ってきなさい。自分の命を救おうと思う者はそれを失い，わたしのために自分の命を失う者は，それを見いだすであろう」（「マタイによる福音書」）。この逆説的表現は，キリスト教的なものの見方を，きわめてよく言い表している。つまり，自分の力で生きることを放棄し，すべてを神の愛にゆだねたとき，自分本位のものの見方はとり除かれ，自他のかけがえのない価値にめざめるのであり，そこに見いだされる命は神との永遠の結びつきを回復するというのである。

5　隣人愛

❶**隣人愛**　神と人間の関係が以上のようなものであるとすれば，現実の人間のあり方はどのようであるべきだろうか。イエスは第一に「**心をつくし，精神をつくし，思いをつくして，主なるあなたの神を愛せよ**」，第二に「**自分を愛するようにあなたの隣り人を愛せよ**」（「マタイによる福音書」）という。

> **原典のことば　隣人愛**
>
> わたしは，新しいいましめをあなたがたに与える，互（たが）いに愛し合いなさい。わたしがあなたがたを愛したように，あなたがたも互に愛し合いなさい。
>
> ——「ヨハネによる福音書」
> 『新約聖書』（日本聖書協会）

❷**神の前の平等**　神を愛するとは，すべてを神の愛にゆだね，神への信仰に生きようとすることである。そして，神への信仰のなかで生きようとするとき，すべての人間は神の愛する被造物であることが自覚される。また，神の愛がすべての人間に与えられるように，愛することを根本とした人間関係が生まれる。それは単に肉親や知人を愛するというだけでなく，罪人や敵をも愛する人類愛にほかならない。ここに，**神の前における人間の平等**の考え方がみられる。

6　イエスの受難

❶**絶対の愛**　イエスの「だれかがあなたの右の頬（ほお）を打つなら，ほかの頬をも向けてやりなさい」「敵を愛し，迫害する者のために祈れ」（「マタイによる福音書」）というような無条件にして絶対の愛は，我意・我欲のうずまく現実社会では，必ずしもよく理解されなかった。

❷**ユダヤ教徒の憤激と民衆からの支持**　神の絶対的な愛を説くイエスの教えは，現実には，パリサイ派や律法学者の奉ずる律法主義への批判，また，サドカイ派がよりどころとするエルサレム神殿礼拝の否定につながり，これらユダヤ教徒の憤激を招いた。これに対し，民衆の多くはイエスをメシアと信じ，現実の生活の苦しみから救済されることを，またローマの支配から脱することを願った。

❸パリサイ派の計略　そこでパリサイ派などのユ
ダヤ教徒は，計略をめぐらして，カエサル（ロー
マ皇帝）に税金を納めるべきか否かとイエスに質
問した。イエスは「カエサルのものはカエサルに，
神のものは神に返しなさい」（「マルコによる福音書」）
と答えた。カエサルに税金を納めるべきである
との答えは，ローマの支配からの離脱を願う民
衆の期待を裏切った。現世の救いを求める民衆
はイエスに幻滅し，ユダヤ祭司らに煽動されて，
イエスを十字架にかけよとさけぶようになった。
イエスの根本的な関心は，現実の地上の王国よ
りも，魂の救いとなる「神の国」の実現にあっ
たといえよう。

▲十字架のキリスト　（エル＝グレコ筆，
ルーヴル美術館蔵）

人物紹介　イエス　Jesus（前4頃〜後30頃）「マタイによる福音書」によると，エルサレム郊外の
ベツレヘムに生まれた。父ヨセフはガリラヤの大工であり，イエスはその地の
ナザレという町で育った。イエスが成人するまでの生活はほとんど不明である。その当時，
洗礼者ヨハネという者が，神の国の到来の近いことを予告し，悔い改めの洗礼を施して歩い
ており，イエスは彼から洗礼を受けた。その後，イエスの宣教活動が何年つづいたかはよく
わからないが，2〜3年であったと推定する人が多い。

POINT!

　　［イエスの思想］
　　・神の愛（アガペー）…無差別・無償の愛であり，永遠の愛。
　　・神への愛と隣人愛の大切さを説いた。

３ パウロの思想

１ 罪の贖い

　メシアとしてのイエスが罪人として十字架上で死んだことは，あまりにも不可解
なできごとであった。それに対する答えとして，弟子たちのあいだに生まれたのが，
原罪と贖罪の思想である。

❶原罪　『旧約聖書』の「創世記」には，人類の祖となったアダムが神の命令に背
いて，禁断の木の実を食べ，楽園から追放されたことが記されている。**アダムの
子孫である人間**は，この罪をひきつぎ，生まれながらに罪を背負っていると考え
たのである。この罪は人間の力ではどうすることもできない，根源的なものであ
るという意味で原罪と呼ばれた。

❷贖罪　使徒のひとり**パウロ**は，イエスの十字架上での死は，この罪を贖うための死であったと説いた。「主は，わたしたちの罪過のために死に渡され，わたしたちが義とされるために，よみがえらされたのである」（「ローマ人への手紙」）と述べている。つまり，イエスの死は，自己を犠牲にすることによって人間を原罪から解放するための死であり，それは神の愛の業であったと解された。そして，この**イエスの贖罪によって，罪を背負った人間も，新しい生命をうる**とされた。これが贖罪の思想である。

❸救世主の思想　このような意味で，イエスは神が遣わしたキリスト（救世主）であると信じられるようになり，「イエス・キリスト」と呼ばれるようになった。ここにキリスト教が誕生したのである。

> **原典のことば　パウロのことば**
>
> 　アダムからモーセまでの間においても，アダムの違反と同じような罪を犯さなかった者も，死の支配を免れなかった。このアダムは，きたるべき者の型である。しかし，恵みの賜物は罪過の場合とは異なっている。すなわち，もしひとりの罪過のために多くの人が死んだとすれば，まして，神の恵みと，ひとりの人イエス・キリストの恵みによる賜物とは，さらに豊かに多くの人々に満ちあふれたはずではないか。
> 　　　　　　　　　——「ローマ人への手紙」
> 　夜はふけ，日が近づいている。それだから，わたしたちは，やみのわざを捨てて，光の武具を着けようではないか。そして，宴楽と泥酔，淫乱と好色，争いとねたみを捨てて，昼歩くように，つつましく歩こうではないか。
> 　　　　　　　　　——「ローマ人への手紙」
> 　　　　　　『新約聖書』（日本聖書協会）
>
> ★1 アダム

2 パウロの信仰と活動

❶パウロの回心　キリスト教の教義の確立と伝道に大きな役割を果たしたのがパウロである。パウロは，小アジアのギリシャ植民都市タルソスでユダヤ人の子として生まれ，豊かなギリシャ的教養と厳格なユダヤ的律法を身につけて育った。エルサレムでパリサイ派の一員として修練を積み，キリスト教徒を迫害した。

　しかし，紀元後34年頃，ダマスコ（ダマスクス）城外で，突然天よりの光とともに「サウロ（パウロ），サウロ，なぜわたしを迫害するのか」というイエスの声を聞き，急激な精神の転換（回心）をとげた。それ以後，ユダヤ教を捨て，熱烈なキリスト教徒として異邦人への伝道を使命とし，ヘレニズム文化の中心であった多くの都市へ伝道のための旅行をつづけた。

❷三元徳　パウロの信仰の核心にあったのは，イエスの十字架の死を通して示された神の愛を信じることこそ救いの道であるという考えであった。それをパウロは，「人が義とされるのは，律法の行ないによるのではなく，信仰によるのである」（**信仰義認**）ということばで言い表している。そして，神の愛と恵みを信じる

人々は新しい命を約束されると唱え，信仰と希望と愛（パウロの三元徳）をもって生きよと説いた。

❸パウロの伝道　パウロは，紀元後48年頃，エルサレムの使徒会議で，異邦人のキリスト教徒にはユダヤ的律法を強制しないように主張し，認められた。これが，キリスト教が異邦人にひろく受け入れられる転機になった。パウロは，その後もユダヤ人の迫害を受けながら伝道につとめたが，65年頃，ローマ皇帝ネロの迫害によって殉教したと伝えられる。イエスの教えも，パウロなしには，西洋思想の源流となるほどの普遍性をもつことはなかったといわれる。

▲捕らわれのパウロ

POINT!

使徒パウロ…原罪を負った人類はイエスの贖罪によって救われたとし，信仰によって人は義とされる（許される）と説いた。

補説　**原始キリスト教会**　イエスの死後，ペテロやパウロらの伝道によって広まっていった2世紀中頃までのキリスト教を**原始キリスト教**という。信者たちの聖なる集会も開かれるようになり，各地に**教会**（原始キリスト教会）がつくられるようになった。パウロは，教会はキリストを仲だちにした霊的統一体（教会はキリストのからだ，成員一人ひとりはその肢体）であると規定し，以後の統一的・普遍的な教会観が基礎づけられていった。なお，ペテロの創立した**ローマ教会**は「教会のなかの教会」とされ，ローマ教会の最高指導者は教皇（法王）と呼ばれるようになった。

▲カタコンベ（地下墳墓）　ローマ皇帝の激しい迫害を受けたキリスト教徒は，こうした地下の密室で集会を開いた。

▼ユダヤ教とキリスト教のちがい

	ユダヤ教	キリスト教
民族	ユダヤ人の民族宗教	世界宗教
聖典	『旧約聖書』	『旧約聖書』・『新約聖書』
特色	選民思想・律法主義	神の愛（アガペー）・隣人愛

4 ｜ キリスト教の展開

1 教父哲学とアウグスティヌス

❶キリスト教の発展　キリスト教は，ローマ皇帝の迫害にもかかわらず拡大しつづけ，ついに313年，コンスタンティヌス帝のミラノ勅令によって公認された。

それ以後，ローマ司教（のちの教皇）を頂点とする教会の組織化が進み，一般信徒を指導する司教や司祭などの聖職者の身分が形成された。カトリック教会が形成されていくとともに，教会はその基礎を確実にするために，ギリシャ・ローマやゲルマンなどの異教徒に，キリストの真理を合理的に説明する必要にせまられた。

❷**教父哲学**　そのためキリスト教会は，**ギリシャ哲学**（とくにプラトン）の思想と概念を用いて教義を確立していった。このような正統の教義の確立に貢献した学者・著述家を教父と呼び，その思想を教父哲学という。

❸**三位一体説**　たとえば，4世紀の教会でさまざまな議論の末に確立された教義として，「三位一体説」がある。これは，磔刑ののちに復活したイエスが弟子たちに語った「父と子と聖霊」ということばをどう解釈するかというものだった。「三位一体説」によれば，神の本性は1つであり，1つの神のなかに父・子なるキリスト・聖霊という3つの位格（ペルソナ）がある。つまり，三者はどれも同じ神であり，そのことは啓示によってはじめて知らされたとされた。

> **原典の ことば　父と子と聖霊**
>
> イエスは彼らに近づいてきて言われた，「…あなたがたは行って，すべての国民を弟子として，父と子と聖霊との名によって，彼らにバプテスマを施し，あなたがたに命じておいたいっさいのことを守るように教えよ。…」
> ──「マタイによる福音書」
> 『新約聖書』（日本聖書協会）
>
> ★1 11人の弟子たち　★2 洗礼

❹**アウグスティヌス**　代表的な教父であるアウグスティヌスの著した『告白』は，彼の内面におけるキリスト教と異教の対決の記録であり，西欧自伝文学の最初といわれる。彼は，アダムが楽園を追放されて以来（『旧約聖書』），人間は生まれながらに深い罪（**原罪**）を負っており，悪を犯す自由だけをもつことになったという。しかし，イエスの死によってその罪は贖われ，神の恵み（恩寵）によって救われるとし，罪をゆるす神の恵みの偉大さをくりかえし賛美した。そして，神の恵みを待ちわびながら神を愛し，隣人を愛する（カリタス）ところに信仰があり，**神による救いはキリストの救済事業をうけつぐ教会によって具体的に与えられる**と説いた。彼はパウロが基礎づけたキリスト教の信仰・希望・愛の三元徳を強調した。

▲アウグスティヌス
（ボッティチェリ筆，オンニサンティ教会蔵）

2　神の国

❶**「神の国」と「地上の国」**　アウグスティヌスは内面の苦悩と葛藤の体験をもとに，現実世界をキリスト教と異教との巨大なドラマとみた。全22巻の壮大な主著『神の国』のなかでアウグスティヌスは，世界の歴史においては，天地創造以来，

神を愛し自己をさげすむ愛が支配する「神の国」と，自己を愛し神をさげすむ愛の支配する「地上の国」のはてしない戦いが進行しているという。そして結局は，**最後の審判**によって「神の国」に属するものが神にたたえられるという**終末論的**な歴史観を語った。

❷**神の恩寵と予定**　これは単に「神の国」につながるキリスト教会を擁護するだけのものではなかった。目に見える世界では，教会においてすら善いものと悪いものとの対立があるように，どんなものにも「神の国」と「地上の国」の対立がある。人間は歴史的現実のなかで「神の国」と「地上の国」のいずれにつくかを決断しなければならないが，信仰そのものも神が与える恩寵であるため，いっさいは神によって予定された道すじをたどるほかないとした。カルヴァンは，この考えを受けついで，予定説を唱えた(⇨p.121)。

> |人物紹介| **アウグスティヌス**　Aurelius Augustinus(354〜430)　北アフリカのローマ領(現在のアルジェリア)に生まれた。父は異教徒で，母は敬虔なキリスト教徒であった。17歳の頃，法律と修辞学(弁論術)を学ぶためにカルタゴ(ローマ領にあった古代都市)に遊学して抜群の成績をあげたが，都会の誘惑に負けて放縦な生活を送った。彼は情欲にたえず悩まされ，その解答を当時流行のマニ教に求め，入信したが満足できず，やがてキリスト教にひかれるようになった。しかし，キリスト教の真理を認めれば認めるほど，情欲におぼれる自分の醜さに悩み，現実の生活に絶望するばかりであった。
> 　ところが32歳のとき，近所の子どもたちがくり返す「取って読め」ということばを神の命令と聞き，聖書を開いて最初に目をとめたのが，「夜はふけ，日が近づいている…」(⇨p.67)というパウロのことばであった。この文章を読み終わったとき，いっさいの闇と不安が消え，光明が心に満ちあふれたという。
> 　5年後，アフリカのヒッポの司教となり，そこで大著『神の国』22巻を14年かけて書きあげた。ときはゲルマン民族大移動の時期であった。その一派ヴァンダル族がヒッポの町を包囲するなかで，彼は波乱に富んだ生涯を閉じた。

5│スコラ哲学とトマス＝アクィナス

1 スコラ哲学

❶**中世のキリスト教会**　中世の西ヨーロッパにおいては，ローマ・カトリック教会の権威・権力が絶大になり，世俗の社会にも大きな支配力をもった。教会組織は教皇を頂点にした位階制から成り，ドミニコ会やフランシスコ会などの修道会を中心にして，聖職者による教義の研究・布教活動が行われた。聖職者は，聖書のことばであるラテン語に習熟した学者でもあった。

❷**スコラ哲学**　学問のなかでは，キリスト教の教義を研究する**神学**が最も地位が高かった。哲学は神学の下にあってそれを支えるものとして，「**神学の侍女(はしため)**」と呼ばれた。アウグスティヌスの思想を基盤にした神学が，イスラーム

世界から入ってきたギリシャ哲学(とくにアリストテレス)を取り入れて，12世紀に発展した学問がスコラ哲学(スコラ学)である。この名称は，キリスト教の教義の研究や学習が，おもに教会や修道院に付属する学校(ラテン語で「スコラ，schola」)で行われたことに由来する。この付属学校が教会から独立し，教師と学生の組合という形をとってヨーロッパ各地で発展したのが大学(ラテン語で「ウニヴェルシタス，universitas」)である。

> **補説**　**ラテン語**　古代ローマ帝国で使われた言語。紀元前後に文章語として確立し，ローマ・カトリック教会が支配した中世西ヨーロッパにおいて，文章語・公用語となった。その一部は，ルネサンスを経て，現在でも自然科学・哲学などの分野で学術語として用いられている。

2 トマス＝アクィナス

❶普遍論争　中世のスコラ哲学の最大の論争点は，普遍が個物に先だって実在するというプラトン的観点(**実在論**)と，普遍は名目であって個物のみが真に実在するというアリストテレス的観点(**名目論，唯名論**)との対立(**普遍論争**)であった。すなわち，普遍なるものは実在するという立場(カトリック教会)と，普遍なるものは名称にすぎないという立場(のちのイギリス経験論(⊃ p.135)につながる思想)との論争で，理性と信仰の関係をいかにとらえるかという問題であった。

❷トマス＝アクィナス　この両者の対立を調和的に統一しようとし，スコラ哲学を大成した人が，13世紀の教皇権絶頂期に現れたトマス＝アクィナスである。

　トマス＝アクィナスは，『神学大全』のなかで，アリストテレスの哲学を取り入れて，キリスト教の信仰内容を理性的に説明しようとした。彼は理性のはたらきは信仰に基づくもので，両者は相反せず，互いに補完するとした。そのうえで，信仰を扱うのは神学，理性を扱うのは哲学とし，**理性(哲学)は信仰(神学)によって完成される**と主張した。

▲トマス＝アクィナス

> **人物紹介**　**トマス＝アクィナス**　Thomas Aquinas(1225頃～74)　イタリアのナポリ近郊に生まれ育った。14歳頃ナポリ大学に入学し，イスラームのアリストテレス解釈に触れた。パリ大学や修道院で講義をするかたわら，キリスト教の信仰を体系化することに力を尽くし，『神学大全』など多くの著作を残した。

POINT!

[キリスト教の発展]
　・アウグスティヌス…カトリックの教義の確立に寄与(教父哲学)。
　・トマス＝アクィナス…『神学大全』を著し，スコラ哲学を大成。

2

人間としての自覚

SECTION ③ イスラーム

1 | イスラームの思想

1 イスラームの成立

❶**イスラーム**　イスラームは，ユダヤ教やキリスト教と同じく，**唯一神**を信仰する宗教であり，いわゆる**一神教**の1つである。その神はアッラー(Allāh)と呼ばれるが，「アッラー」は神を意味することばであり，神の名前ではない。

▲メッカのカーバ神殿のまわりを回る巡礼者(じゅんれいしゃ)
カーバ神殿への巡礼は五行の1つで，毎年の巡礼月(イスラム暦第12月)には，世界各地からムスリムが訪れる。

　「**イスラーム**」ということばは，この唯一の神であるアッラーに帰依(きえ)し，服従することを意味する。「イスラム教」という表現も一般的であるが，イスラームの中にすでに教えという意味や教えに帰依するという意味も含まれており，「教」と重ねていう必要はない。イスラームの信者はムスリムと呼ばれるが，それは「帰依する者」という意味である。

❷**ムハンマド**　イスラームを開いたのは，ムハンマド(マホメット)である。ムハンマドは，40歳の頃，メッカに近いヒラー山中で瞑想(めいそう)していたとき，天使ガブリエルを通じて，「**起きて，警告せよ**」という神の声(啓示(けいじ))を聞いた。このとき，自分が神アッラーの教えをアラビアの人々に伝えるべき使者(預言者)であることを告げられたという。以後，ムハンマドは，神の使徒として，アッラーの教えをアラビアの社会にひろめようと努めた。ここにイスラームが成立したのである。

❸**ムハンマドの布教**　ムハンマドが布教を開始したのは，7世紀はじめのアラビア半島においてであった。アラビア社会では，偶像を崇拝する多神教が伝統的に強い力を有しており，**メッカ**は多神教の神々を祀(まつ)るカーバ神殿のある聖地だった。また，貿易の中継地として栄えていた都市メッカには，富裕な大商人がいる一方で，民衆の生活はきわめて貧しく，とりわけ孤児や寡婦(かふ)，病人などは悲惨な状態に置かれていた。こうした状態のなかで，ムハンマドは，神はただ一人であることを，また貧しい人々を救済する必要があることを説いた。しかし，この神はただ一人であるという教え(一神教)は，伝統を重んじる人々にはすぐに受け入れられなかった。また互いに助けあうべきだという教えは，貧しい人々の共感を得たが，富裕な大商人たちからは反感を買った。

❹ヒジュラ(聖遷)　そのため迫害が強くなり，ムハンマドは622年にメッカを去って，**メディナ**に逃れた。これを**ヒジュラ(聖遷)**という。やがて，その周りにアッラーの教えを信仰する人が増え，この教えを現実の社会のなかに実現するために信仰を軸とした共同体を作りあげていった。

　ムハンマドの築いたムスリムの信仰共同体は**ウンマ**と呼ばれた。その中心にあったのは，もちろんアッラーへの信仰であるが，イスラームは，同時に現実の社会のあり方をも規定するものであった。人と人との関わり，そして政治や経済も，イスラームに基づくものであることが求められた。

| 人物紹介 | **ムハンマド** | Muhammad(570頃〜632) マホメット |

▲教えを説くムハンマド

(Mahomet)ともいう。アラビアの商業都市メッカの名門ハーシム家に生まれたが，生まれた時すでに父は亡く，母も彼が6歳の頃にこの世を去った。薄幸の孤児として祖父や叔父の手で育てられ，やがて成長して，誠実なメッカの一市民として隊商貿易に従事した。40歳の頃，アッラーの啓示を受けるようになり，その教えを説いたが，メッカの支配階級の迫害にあい，622年にメディナに逃れた。彼とその信徒は，やがてこの地で勢力を強化し，630年にメッカを征服し，カーバ神殿に祀られた偶像を破壊した。翌年にはアラビア半島のほとんどの部族をその教えに帰依させた。

　イスラームでは，ムハンマドもモーセやイエスと同じ預言者(⊃p.60)である。ムハンマドは最後の預言者であり，神の啓示はムハンマドへのもので終了したとされる。

POINT!

［イスラーム］
　・唯一の神アッラーに帰依するという意味。
　・信仰だけでなく，人間の生活全般を規定する。

2 イスラームの教え

❶**アッラーの教え**　預言者ムハンマドの口を通して語られたアッラーの教えとは，およそ次のようなものであった。

　アッラーは，宇宙の創造者であり，支配者である。全知全能にして，正義と慈愛に満ちた神である。また，絶対的な存在であり，人間の手でその形を刻むことはできない(**偶像崇拝の禁止**)。アッラーのほかには，いかなる神も存在しない。アッラーは人類すべてに

| 原典のことば | **アッラー** |

告げよ，「これぞ，アッラー，唯一なる神，もろ人の依りまつるアッラーぞ。
子もなく親もなく，ならぶ者なき御神ぞ。」
——『コーラン』

『コーラン下』(井筒俊彦・訳，岩波文庫)

★1 唯一絶対の神は何者も生むはずなく，何者から生まれたはずもないということ。

対する恵みの神であり，その前では，すべての人間が民族・皮膚の色・言語・階層などの違いを超えて**平等**である。人間にもし優劣があるとすれば，それはその人に神を敬う心があるか否かという点においてのみである。アッラーの教えに絶対的に服従して，善い生活を送る者は，やがて訪れる**最後の審判**の日に天国に召されるが，そうした生活を送らない者は，救いのない地獄に落とされる。

❷**イスラームとユダヤ教・キリスト教との違い**　イスラームのこのような教えには，ユダヤ教やキリスト教の教えと一致する点が多い。実際，イスラームは，ユダヤ教もキリスト教も，同じ神から啓示を受けた姉妹宗教とみなしている。ただ，イエス＝キリストのような「神の子」は存在しないとする。イスラームでは，イエスも，啓示を受けた預言者の一人とみなされている。そしてムハンマドは人類史上最後の預言者とされている。また，アッラーを信仰するものは平等であるとされ，神父のような聖職者は存在しない。

3　クルアーンとシャリーア

❶**『クルアーン（コーラン）』**　イスラームの中心的な聖典は『クルアーン（コーラン）』と呼ばれる。『クルアーン』は，預言者ムハンマドに啓示されたアッラーのことばを集めたものである。「クルアーン」とは，もともと「声を出して読む」

という意味をもった語で，本来，目で読むというより，声高く読誦するものである。『クルアーン』は，ムスリムにとって，**信仰のよりどころ**であるだけでなく，同時に**世俗の生活全般にわたる規範**であり，ものの考え方，感情にも大きな影響を与えている。

▲『クルアーン』

すべてのムスリムが聖典と認めるのは，『クルアーン』だけであるが，それに準ずるものとして，ムハンマドが語った言葉や行動である**スンナ**（「慣習」の意），および，ムハンマドの没後にそれを伝承した『**ハディース**』も尊重されている。

❷**シャリーア**　これらに基づいて，信仰だけでなく，個人の行為や人間関係，国家の運営，国際関係にいたるまで厳密な法解釈が行われ，**シャリーア**と呼ばれる法体系が作りあげられている。シャリーアとは，もともと「水場にいたる道」という意味であるが，「救いにいたる道」という意味で使われている。一般に**イスラーム法**と呼ばれるのは，このシャリーアのことである。

❸**六信・五行**　イスラームの教義のなかで最も大切なものとされているのが，六信・五行である。

1 六信　神(アッラー)・天使・啓典・預言者・来世・天命(宿命)の6つを信仰すること。

・神(アッラー)…唯一の神。全知全能の神。最後の審判の日の主宰者。

・天使…神のことばを伝える者。天使ガブリエルがムハンマドに神の啓示をもたらしたとされる。

・啓典…『クルアーン(コーラン)』が完全かつ最終の聖典。ムハンマドは,『旧約聖書』の一部(「モーセ五書」「詩篇」),『新約聖書』の一部(「福音書」)も聖典とみなした。

・預言者…ムハンマドが最大で最後の預言者。アダム,ノア,アブラハム,モーセ,イエスも預言者とされる。

・来世…世界の終末が来たとき,最後の審判によって,すべての人が天国と地獄に振り分けられる。

・天命(宿命)…この世でおこるできごとは,アッラーによって定められている。

2 五行　信仰告白・礼拝・喜捨・断食・巡礼の5つの義務を実践すること。

・信仰告白…「アッラーの他に神なし。ムハンマドはアッラーの使徒なり」と唱える。

・礼拝…1日に5回,聖地メッカの方角に祈る。

・喜捨…財産に応じて課せられた税を払う。貧者の救済のための救貧税。

・断食…イスラーム暦の第9月であるラマダーンの1か月間は,日の出から日没までのあいだ飲食を断つ。飢えた人を思いやるため。ただし病気や旅行中の場合などには免除される。

・巡礼…一生に一度,メッカにあるカーバ神殿へ巡礼する。

> **原典のことば**
>
> 開扉―メッカ啓示,全七節―
>
> 慈悲ふかく慈愛あまねきアッラーの御名において……
> 一　讃えあれ,アッラー,万世の主,
> 二　慈悲ふかく慈愛あまねき御神,
> 三　審きの日(最後の審判の日)の主宰者,
> 四　汝をこそ我らはあがめまつる,汝にこそ救いを求めまつる。
> 五　願わくば我らを導いて正しき道を辿らしめ給え,
> 六　汝の御怒りを蒙る人々や,踏みまよう人々の道ではなく,
> 七　汝の嘉し給う人々の道を歩ましめ給え。
> ──『コーラン』
>
> 『コーラン上』(井筒俊彦・訳,岩波文庫))
>
> ★1　ほめたたえなさる

六信と五行は車の両輪のような関係をもち,いずれか一方が欠けても,真の信仰は成り立たないとされる。つまり,神や預言者を信じるだけでなく,信仰を日々の実践の中で具体化することが大切だとされるのである。

[イスラームの特徴]

　イスラームでは,六信(信仰)と五行(実践)の両方が重視される。

2 | イスラーム世界の展開

1 イスラーム世界の発展

❶ムハンマド以後のイスラーム　632年にムハンマドが亡くなったあとも，ムスリムたちは，**カリフ**(預言者の後継者で，ムハンマド死後のイスラームの指導者)の指導のもとに大規模なジハード(神の国の拡大をめざす聖戦)を展開し，広大なイスラーム帝国を形成していった。イスラームは，今日，西アジア・北アフリカ・東南アジアを中心に11億人をこえる信徒をもち，キリスト教・仏教とともに世界の三大宗教に数えられる。

❷スンナ派とシーア派　イスラームには，**スンナ(スンニー)派**と**シーア派**という2つの大きな宗派がある。スンナ派は，ムハンマドの言行であるスンナやそれを伝承した『ハディース』を重視する。イスラーム教徒の90%を占め，多数派を形成している。それに対してシーア派の特徴は，ムハンマドの家系につらなる者だけがカリフになりうるとする点にある。信者は約2億人といわれている。

2 イスラームの文化

▲**モスク壁面のアラベスク文様**　アラベスクはイスラーム美術の装飾文様。モスク壁面の装飾に用いられた。植物の蔓(つる)・葉・花を，幾何学的な対称形に図案化している。

イスラームの世界は，政治面だけでなく，**文化**の面でも，大きな発展を遂げた。9世紀のはじめから，数多くのギリシャ語やサンスクリット語(古代から中世にかけて，インドを中心に使われた言語)の文献がイスラーム世界で翻訳され，独自の哲学や医学・数学などが生みだされていった。

イスラーム文化が生みだした成果は，十字軍の遠征をきっかけとして，11～13世紀にヨーロッパに伝えられ，その文化や学問を大きく発展させた。たとえば**アヴェロエス**(Averroës, 1126～98，イブン=ルシュド)のアリストテレス哲学の研究は，ラテン語に翻訳され，ヨーロッパ中世のスコラ哲学(☞p.70)に大きな影響を与えた。

4 仏教

1｜仏教以前のインド思想

1 バラモン教

❶アーリヤ人の侵入　紀元前15世紀頃，アーリヤ（アーリア）人が中央アジアから
インド西北部に侵入して，先住民族を征服した。紀元前10世紀頃には，ガンジ
ス川流域に進出して農耕社会を形成し，宗教を中心にした独自の文化を築いた。

❷カースト　アーリヤ人は，ヴァルナ（varuṇa，もとは「色」の意）と呼ばれた4
つの階層（種姓）からなる身分制度（カースト）を作りあげた。4つのヴァルナとは，
バラモン（ブラフミン，祭司），クシャトリヤ（王侯・武士），ヴァイシャ（庶民），
シュードラ（隷属民）であり，祭儀を司るバラモンが頂点に立ち，支配的な力をも
っていた。

> 補説　**カースト**　もともとはバラモン，クシャトリヤ，ヴァイシャ，シュードラの4つのヴァルナ（階
> 層）をさしたが，やがて，それぞれのヴァルナは，職業や信仰，出身地などにより区分された集団（ジ
> ャーティ，「生まれ」の意）に細分化されていった。その数は近年では2000ないし3000に達すると
> いわれる。他の集団とのあいだでの結婚や飲食は禁止された。この制度は1950年に制定されたイン
> ドの憲法で否定されたが，実際には，現在のインド社会にも深く根を下ろしており，多くの差別問題
> を引きおこしている。

❸バラモン教　バラモンを中心とする宗
教は，宇宙の現象や自然の事物を神々
としてあがめる多神教であり，その
神々への賛歌を記した『ヴェーダ』
（Veda，「知識」の意）を聖典とした。
この宗教はバラモン教と呼ばれるが，
この名称はのちにヨーロッパ人によっ
て付けられたものであり，「ヴェーダ
の宗教」と呼ぶ方がふさわしいであろ
う。

▲『リグ・ヴェーダ』　サンスクリット語（梵語とも
いう）で書かれている。

> 補説　**ヴェーダ**　インド最古の文献である『リグ・ヴェーダ』のほか，『サーマ・ヴェーダ』『ヤジュ
> ル・ヴェーダ』『アタルヴァ・ヴェーダ』の4つがある。4つのヴェーダは，それぞれの本集と『ブラ
> ーフマナ』（祭儀書），『アーラニヤカ』（森林書）および『ウパニシャッド』（奥義書）から成る。

2 ウパニシャッド

❶ウパニシャッド　『ヴェーダ』に付属する『ウパニシャッド』（Upaniṣad，「秘密

の教義」の意)は,「奥義書」とも呼ばれ,バラモン教の教えを理論的に深めたもので,哲学的な内容を有する。『ウパニシャッド』は,長い年月の間に編纂された,たくさんの奥義書の総称であり,主要なものは紀元前7〜前4世紀頃に成立した。現在まで200種以上の書が伝えられている。

❷ブラフマンとアートマン　『ウパニシャッド』によれば,変化しつつあるこの世界(宇宙)の始源には,それ自体はいっさい変化することのないブラフマン(brahman,梵)と呼ばれる絶対的な原理が存在している。それに対して,個人の身体は変化し死滅するが,自己の最も深い内側に,死滅することのない,個人の本質であるアートマン(ātman,我)がある。それは本来,宇宙の根本原理であるブラフマンと一体のものであると考えられた。

3 輪廻と解脱

❶輪廻と業　アートマンは不変の実体であるが,身体はやがて消滅する。そのため,アートマンはつぎつぎに生まれ変わり,無限に生と死とをくり返す。この輪廻と呼ばれる考え方が,ウパニシャッドの思想の根底にあった。次の世に何に生まれ変わるかは,現世の行為,つまり業(カルマ)によってきまる。前世の業の結果として,現世があると考えられたのである。

　この輪廻と業の思想は,古代インドの人々にとって,心の底から恐ろしいものであった。現世で悪事を積めば,虫などにも生まれかわる可能性があるし,たとえ神などのよいものに生まれ変わっても,やがて死に,輪廻を続けなければならない。どこにも安らぎを見いだすことができないのである。

❷解脱　そのため,この輪廻の束縛から逃れて自由になること,つまり**解脱**が強く求められた。ウパニシャッドの哲学は,宇宙の根底にある絶対的な原理であるブラフマンと,自己の最も深い内面にあるアートマンとが,もともと一体であること(梵我一如)を自覚し,その一体の境地に至ることによって,輪廻からの解放が可能になると説いている。

　そのためには,世俗の生活から離れて(出家),厳しい修行をすることが必要であるといわれている。苦行を重ね,瞑想(ヨーガ)に励むことによって,欲望の始源である小さな自我を否定することができ,はじめて梵我一如の境地に到達しうるのである。

2│ブッダの思想

1 ジャイナ教とヒンドゥー教

❶自由思想家の出現　アーリヤ人の社会が安定し,農業生産がふえてくると,都市が発達し,各都市を中心に小国家が形成されて,王侯・武士階級(クシャトリ

ヤ)や商工業者(ヴァイシャ)の力が強まってきた。それとともに，バラモンの伝統的権威がゆらぎ，彼らを支配者とする固定化した秩序と，形式化・複雑化した宗教儀式に対する批判が強まっていった。

　このような情勢を背景として，バラモン教の伝統にとらわれず，自由な思想を展開する人々が登場してきた。**ジャイナ教**を創始した**ヴァルダマーナ**(マハーヴィーラ)や，**仏教**を開いた**ブッダ**(仏陀，ゴータマ・シッダッタ)などが代表的な例。

> 補説　**六師外道**　ブッダが出た頃，インドには多くの自由な思想家が輩出したが，そのなかでも有力な六人の思想家，およびその教派を，仏教の側から見て，「六師外道」と呼んだ。ヴァルダマーナもその一人である。「外道」に対して仏教は「内道」と位置づけられた。

❷ジャイナ教　ジャイナは，「ジナ(勝者，修行を完成した人)の教え」の意味で，ヴァルダマーナを祖師として仰ぐ。輪廻から脱するためには，「殺すな」(アヒンサー)「うそをいうな」「盗むな」「みだらなことをするな」「所持するな」という五戒を守らなければならないとする。**徹底した禁欲主義と苦行の実践**で知られる。不殺生(アヒンサー)の誓いを守るため，多く

▲ジャイナ教徒

の人が商業関係の職についた。現在でも，インドで約300万人の信徒をもっている。

❸ヒンドゥー教　バラモン教は，社会の変化や，ジャイナ教・仏教のような新しい自由な思想の出現を契機として，変化を迫られた。バラモン教が，民間信仰において祀られてきた神々や儀式を吸収し，徐々に形を変えていった結果，成立したのがヒンドゥー教である。

　ヒンドゥー教(Hinduism)は，キリスト教やイスラームのように，開祖や単一の教義・聖典をもつ宗教ではない。創造神ブラフマン，繁栄の神ヴィシュ

▲ガンジス川の沐浴　ヒンドゥー教では，聖なる川とされるガンジス川で沐浴すると，罪を免れるとされる。

ヌ，破壊の神シヴァの一体三神が最高神として信仰されたが，そのほかにも宗派や集団によって多様な神々が崇拝された(**多神教**)。また，バラモン教の『ウパニシャッド』や輪廻・業(カルマ)の思想からも大きな影響を受けている。

　ヒンドゥー教は，紀元後4，5世紀には，仏教を凌いでひろく一般民衆に信仰されるようになった。今日のインドではヒンドゥー教徒が人口の約8割を占めており，インドの社会制度(カースト)や文化に大きな影響力をもっている。

② ブッダの悟り

❶ ブッダ　紀元前5世紀，王侯階級に生まれたゴータマ・シッダッタは，老いや病気，死といった人生の大きな問題に悩み，出家した。しかし，バラモンの教える苦行（くぎょう）（解脱（げだつ））が解脱の道ではないことを知り，ひとり**ブッダガヤ**の菩提樹の下に坐って瞑想（めい）（そう）し，ついに**真理**（ダルマ dharma，法）を悟って，**ブッダ**（仏陀 Buddha，悟った者，**覚者**）となった。

▲マハーボーディ寺院の仏陀像
（インド・ブッダガヤ）

> **人物紹介　ブッダ（仏陀）**
> （前463頃〜前383頃，一説では前566頃〜前486頃）　ヒマラヤに近いシャーキャ族（しゃか族）（釈迦族）の小国家カピラヴァストの王子として生まれた。本名は**ゴータマ・シッダッタ**（Gotama Siddhattha）という。シャーキャ族出身の聖人の意味から，**釈迦牟尼**（しゃかむに）とか**釈尊**（しゃくそん）とも呼ばれる。学問・技芸にすぐれ，17歳で結婚し，幸福な日々を送ったが，老・病・死という人生の苦しみを目のあたりにし，出家を決意したといわれている。長い苦行を重ねたのち，ブッダガヤの菩提樹の下で悟りを開いた。多くの弟子を育て，80歳のとき，クシナガラで入滅（にゅうめつ）（死去）したと伝えられる。

❷ 四苦八苦（しくはっく）　ブッダの出家は，現実の人生が苦しみに満ちたものであるという認識に基づくものであった。誰であれ，生まれたものは年をとり，病み，やがて死ぬ（**生・老・病・死**）。この四苦に加えて，私たちの人生は，愛する者と別れざるをえない苦しみ（**愛別離苦**（あいべつりく）），怨み憎む者に会わざるをえない苦しみ（**怨憎会苦**（おんぞうえく）），求めるものを得られない苦しみ（**求不得苦**（ぐふとくく）），さらに人間を構成する5つの要素（**五蘊**（ごうん）（⇨p.83））や働きすべてが苦であること（**五蘊盛苦**（ごうんじょうく））という苦しみ（**八苦**）で満たされている（**一切皆苦**（いっさいかいく））とした。

❸ 煩悩（ぼんのう）　どうすればこうした苦しみから逃れることができるのか。それがブッダの根本の問いであった。そのためには，苦が生まれる原因を探らなければならない。

　ブッダによれば，私たちは**貪・瞋・癡**（とん・じん・ち）と呼ばれるわずらいや悩みをかかえている。つまり，ほしいものを**むさぼる**こと（貪），好ましくないものに対して**怒り**の気持ちをもつこと（瞋），そして真理に対する無知，つまり**おろかさ**（癡）である。これらは仏教で**三毒**（さんどく）と呼ばれ，私たちの心身を乱し，また智慧（ちえ）を得ることを妨げる。こうした煩悩こそが，さまざまな苦を引きおこすと考えられたのである。

❹ 涅槃（ねはん）（**ニルヴァーナ**）　このような苦を引きおこす煩悩の火を消すことによって，私たちは苦しみから解放される。その安らぎの境地こそ**涅槃**（ニルヴァーナ，「炎の消滅」の意）にほかならない。そこに達するためには，この世界をつらぬく**真理**，つまり**ダルマ**（法）を知らなければならない。ダルマについての**無知**（**無明**（むみょう）という）こそ，あらゆる苦を引きおこすおおもとと考えられるのである。

3 ブッダの説法

❶ブッダの最初の説法　ブッダは最初，みずからが
悟った真理があまりに深遠で難解であったため，
それを人々に説くことをためらったといわれる。
しかし，梵天(もとはバラモン教の神で，仏教では
守護神の一人とされる)の強い勧めに応じて，その
決意を翻した。このエピソードは仏典で，梵天勧
請と呼ばれている。

　　ブッダは，ベナレス市の近くのサールナート(鹿
野苑)で，かつての修行仲間5人を相手に最初の説
法をした。仏教では，真理の輪をこの世に転ずる
という意味で，説法のことを転法輪と言い，この
最初の説法を初転法輪と呼ぶ。この説法に動かさ

▲釈迦苦行像　出家したブッダの
苦しい修行の極限を表している。

れた彼らが，ブッダとともに最初の信仰集団を形成し，ブッダの教えをインド各
地に広めた。ここに仏教が成立した。

❷四諦・八正道・中道　ブッダが5人の修行仲間に語った最初の説法の内容は，悟
りに関わる4つの真理である四諦，悟りに至るための正しい道筋である八正道，
そして中道についてであったといわれている。仏教の根本思想は，このなかにす
べて言いつくされているといってもよい。

1 **四諦**　次の4つの真理(諦)を意味する。
・苦諦…現実の世界は苦で満ちているという
　こと(一切皆苦)。
・集諦…苦の原因は，欲望をひきおこすもの
　に執着すること，つまり煩悩であるという
　こと。
・滅諦…欲望の炎を吹き消すこと。つまり，
　苦の原因である執着を滅することによって，
　永遠の安らぎの境地(涅槃)が得られるということ。
・道諦…苦の原因を滅するための正しい道筋は，八正道であるということ。

苦諦	人生の現実の認識
集諦	その原因の解明
滅諦	原因をとりさることで，安らぎを得ること
道諦	そのための方法＝八正道 ＝ 中　道

▲最初の説法の構造

2 **八正道**　正見(正しい見解)，正思(正しい思惟)，正語(正しいことば)，正業
　(正しい行為)，正命(正しい生活)，正精進(正しい努力)，正念(正しい思念)，
　正定(正しい瞑想)である。この8つの正しい道を実践することによって，涅
　槃に至ることができる。

3 **中道**　快楽と苦行の両極端を捨て，どちらにもかたよらないことである。そ

れは快楽と苦行の単なる妥協ではない。苦行という，本来，真理の自覚とは相容れない方法と，快楽という，真理から目をそらした生き方とを否定し，真理を認識し，それに従って生きることが，正しい道であり，中道である。

POINT!

ブッダ…その根本の教えとして，四諦，八正道，中道を説いた。

3｜仏教の中心思想

1 仏典の編集

❶**ブッダの入滅**　ブッダはみずからの教えを書き記すことを認めなかったが，ブッダの入滅後，弟子たちは，それまで暗唱して受けつがれてきたブッダの教えを正確に伝えるために，互いの記憶を確認しながら編集することを開始した。その集まりを**結集**という。

❷**仏教経典の分類**　仏教経典，つまり仏典といわれるのは，この弟子たちによる編集から大乗仏教の時代に至るまで，長い時間をかけて作成され続けた文書の総体のことである。それは**経・律・論**の3つからなる。経はブッダが語った教えをまとめたもの，律は生活上のきまりや行動の規範を示したもの，論は経や律についての解釈をまとめたものである。あわせて**三蔵**と呼ばれる。

2 縁起

❶**仏教の根本的な世界観**　初期の仏教経典は，ブッダが悟った真理（ダルマ）を，「これあるに縁りてかれあり，これ生ずるによりてかれ生ず。これなきに縁りてかれなく，これ滅するによりてかれ滅す」ということばを使って言い表している。すべてのものはさまざまな原因と条件（因と縁）があって生じている。いいかえれば，他のものに支えられて，そして支えあってなりたっている。芦束をたとえに使えば，一つの芦束は立てることができないが，二つを束ねると立てることができる。このように，**すべてのものは支え合うことによって存在している**。この縁起と呼ばれる思想は，仏教の根本的な世界観を言い表したものということができる。

▲ガンダーラ美術の如来坐像
（東京国立博物館蔵）

❷**十二縁起**　「縁起」は，原因と結果の系列としてとらえることもできる。ブッダにとっては，どうして苦が生まれるのかが大きな問題であったが，この苦の原因の系列を『阿含経』などの初期の経典は，**十二縁起**として説明している。

　次ページの図が示すように，生老病死をはじめ，いっさいの苦は，人がのどの

無明…無知 → 行…意識を生ずる働き → 識…識別作用 → 名色…心の作用と肉体 → 六処…6つの感覚(眼・耳・鼻・舌・身・意) → 触…外界との接触 → 受…感受作用 → 愛…渇愛 → 取…欲するものへの執着 → 有…生存 → 生…現実の生 → 老死…人生の諸苦

▲十二縁起説

2
人間としての自覚

強い渇きのようなおさえようのない深い欲望(渇愛)をいだくことから生まれる。それは，結局，この世をつらぬく真理(ダルマ)について無知であること(無明)に基づく。この無明を脱しなければ，苦を免れることができないことを，十二縁起は示している。

3 四法印

　仏教では，ブッダの教えは，諸行無常・諸法無我・一切皆苦・涅槃寂静という四法印にまとめられている。法印とは，仏教の旗印，つまり仏教の根本的な特質という意味であり，仏教の根本思想がここにまとめられている。

❶諸行無常　あらゆるものがさまざまな原因と条件によって仮のものとして成り立っているということは，あるものすべて(諸行)が，その原因や条件によってさまざまに変化していく，つまり無常であるということにほかならない。

❷諸法無我　それは，すべての存在するもの(諸法)が，それ自体として独立したものではない(無我，空)ということでもある。永遠に変わることのない実体はないのである。人間も，たしかに変化する諸要素の集まりとしては存在する。つまり，5つの構成要素(五蘊)である色(物質・肉体)，受(外界の物を感じる作用)，想(物事を思い描く作用)，行(物事を形づくる作用)，識(物事を対象として認識する作用)からなっている。しかし，これらはいずれも，因と縁によって成り立つもの，そして変化してやまないものなのである。

❸一切皆苦　自己に執着するとき，すべてのものは苦となる。

❹涅槃寂静　真理を把握し，苦を引きおこす煩悩の火を消すことによって，ニルヴァーナ(涅槃)という安らぎの境地に至ることができる。涅槃寂静ということばは，その境地を示している。

[仏教の根本思想]
諸行無常・諸法無我・一切皆苦・涅槃寂静＝四法印

4　慈悲

　仏教では，真理（ダルマ）を把握する智慧が重視されるが，同時に，慈悲の精神にも重要な意味が与えられている。両者がいわば車の両輪として仏教を支えている。

❶慈悲の精神　慈悲が強調される背景には，すべてのものは互いにかかわり合い，支え合って成り立っているという縁起の思想がある。このような認識に基づいて，**生きとし生けるものすべてを差別なくいつくしむ**という慈悲の精神の大切さがいわれるのである。慈悲とは，他人に親愛の情をそそぎ，楽しみを与えること（慈），そして他人の苦しみを取りのぞくこと（悲）を意味する（**抜苦与楽**）。

❷怨みを棄てること　人の世の欲望のぶつかり合いによって生じる争いや苦しみも，慈悲の心をもつことによって消し去られる。怨みは怨みによってはしずまらない。それを棄てることによってはじめて怨みはしずまるのである。**すべての生きるものをわが子のように愛せよ**，というのがブッダの教えであった。

> **原典の ことば　慈悲**
>
> 　あたかも，母が己が独り子を命を賭けても護るように，そのように一切の生きとし生けるものどもに対しても，無量の（慈しみの）こころを起すべし。
> ——『スッタニパータ』
>
> 　「かれは，われを罵った。かれは，われを害した……」という思いをいだく人には，怨みはついに息むことがない。
> ——『ダンマパダ』
>
> 　実にこの世においては，怨みに報いるに怨みを以てしたならば，ついに怨みの息むことがない。怨みをすててこそ息む。
> ——同上
>
> 　ただ誹られるだけの人，またただ褒められるだけの人は，過去にもいなかったし，未来にもいないであろう，現在にもいない。
> ——同上
>
> 『ブッダのことば』『ブッダの真理のことば　感興のことば』
> （中村元・訳，岩波書店）

❸人類愛　慈悲の精神には，身分や職業によって人間を区別するバラモン教の伝統に対するブッダの批判が込められていた。それに対して，仏教の慈悲の精神は，すべての人間を平等のものとみなすのであり，人類愛につながる。

［仏教で重視されるもの］
　・真理（ダルマ）を把握する智慧。
　・生きとし生けるものすべてを愛する慈悲の精神。

4│仏教のその後の展開

1　教団の成立と仏教の伝播

❶初期仏教　ブッダの説法を聞いて弟子となった人々は，各地で修行者の集まり

である**サンガ**(僧伽)をつくった。サンガには長や支配者はなく，僧たちは平等であった。修行生活が安易に流れないために，ブッダは基本的な戒律として，殺生・盗み・みだらな行い・うそをつくこと・飲酒の5つを禁じた**五戒**を教えた。これを**不殺生戒・不偸盗戒・不邪淫戒・不妄語戒・不飲酒戒**という。

　女性の出家ははじめ許されなかったが，のちに認められるようになった。このほかに多くの在家信者がいた。在家信者たちは，**三宝**(仏・法・僧)を敬い，出家者たちの衣食住の世話をした。狭い意味ではサンガは出家者の集団であるが，広い意味では，在家信者をも含めた集まり(教団)をさす。この時期の仏教を**初期仏教**，あるいは**原始仏教**と呼ぶ。

❷**部派仏教**　ブッダの死後100年ほどして，教団は，戒律(道徳的な規範とサンガでの共同生活を維持するための規則)を厳密に守ろうとする保守的な立場の**上座部**と，戒律を柔軟にとらえ，むしろブッダの精神を現実の社会のなかで生かそうとする進歩的な**大衆部**とに分かれた。その2つの派は，以後，さらに分かれ，20ほどの部派が成立した。この時期の仏教を**部派仏教**と呼ぶ。部派仏教では，戒律を守り，**阿羅漢**(「修行を完成し，人々から尊敬を受ける聖者」の意)となることがめざされた。

❸**大乗仏教**　紀元前1世紀頃になると，いっさいの衆生の救済をめざす**菩薩**を理想とし，自分の悟りをめざす(**自利**)だけでなく，他の人々をも救いへと導こうとする(**利他**)人々が出てきた。この改革運動から，6世紀頃にいわゆる大乗仏教が成立した。大乗仏教の側に立つ人は，みずからを，多くの人を救済する「大きな乗り物」であるとし，それに対して旧来の部派仏教を，「小さな乗り物」にすぎないという批判的な意味を込めて，**小乗**と呼んだ。

　　補説　**菩薩**　菩薩ということばは，サンスクリット語の音を漢字に移したもの。もとは，「悟りを求めて修行する者」を意味した。大乗仏教では，利他的な意味を強調し，自分の悟りを求めるだけでなく，衆生を救済しようと努める人という意味で用いられ，慈悲の理想像とされた。

2　大乗仏教

❶**一切衆生悉有仏性**　大乗仏教の1つの大きな特徴は，すべての人がブッダになりうる可能性をもっているとする点である。「一切衆生悉有仏性」(『大般涅槃経』)ということばは，そのことを言い表したものである。「山川草木悉皆成仏」というように，自然もまた仏になりうるといわれることもある。

❷**六波羅蜜**　成仏をめざす菩薩が実践すべきものとして，六波羅蜜という6つの徳目があげられた。波羅蜜とは「彼岸への道」，あるいは「修行の完成」という意味であるが，具体的には，**布施**(他者に施し，与えること)，**持戒**(戒律を守ること)，**忍辱**(苦難を耐え忍ぶこと)，**精進**(善をなすよう努め励むこと)，**禅定**(精神

を統一し，安定させること），**智慧**（惑いからのがれ，真実を見きわめること。般若ともいわれる）の6つをさす。

❸**空の思想**　大乗仏教の発展に思想的な面で大きな寄与をなしたのは，**ナーガールジュナ**（竜樹，150頃～250頃）と，**アサンガ**（無著，生没年不詳）・**ヴァスバンドゥ**（世親，320頃～400頃）の兄弟である。ナーガールジュナは，ブッダが説く「縁起」の思想を受けつぎ，いっさいの存在には固定した実体がないこと，つまり「**無自性**」であり，「**空**」であることを強調した。このナーガールジュナの思想から，**中観派**という学派が生まれた。一

> | 原典の ことば | ★1 |
> | --- | --- |
>
> ## 空
>
> 舎利子よ。あらゆる物質的現象には自性がないのであり，しかも自性がないという実相は，常に物質的現象という姿をとる。
>
> およそ物質的現象というのは，すべて自性をもたないのであり，逆に自性がなく縁起するからこそ物質的現象が成り立つ。
>
> 同じように，感覚も，表象作用も，意志も，意識・無意識を含めたどんな認識も，それじたいに自性はなく，縁起のうちに無常に生滅している。
> ——『般若心経』
>
> 『現代語訳　般若心経』（玄侑宗久，ちくま新書）
>
> ★1 釈迦の弟子シャーリプトラ　★2 色即是空，空即是色

方，アサンガ，ヴァスバンドゥは，存在するものと見なされている現象の世界は，心によって，あるいは意識のはたらきによって生みだされたものであるという思想を展開した。彼らを中心に**唯識派**と呼ばれる学派が形成された。

3 中国への伝播

❶**北伝仏教と南伝仏教**　仏教は，大きく大乗仏教と小乗仏教とに分かれる。小乗系の仏教は，スリランカや東南アジアに伝わった。もちろん，小乗という名前は，大乗仏教の側から付けられたものであり，この南方に伝わった仏教自体がそう名のったわけではない。南方に伝わった仏教は，今日，**上座部仏教**ないし**南伝仏教**と呼ばれている。

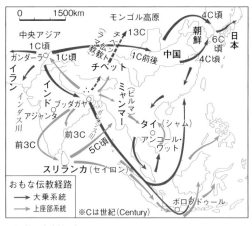

▲仏教の伝播経路

　一方，大乗仏教はチベット・中国・朝鮮・日本にひろまった。南伝仏教に対して，**北伝仏教**と呼ばれる。

❷中国への伝播　それとともに多くの仏典が中国にもたらされ，翻訳された。翻訳にあたっては，鳩摩羅什らの西域（中国西方の内陸アジア諸国）出身の僧が大きな役割を果たした。三蔵法師として知られる玄奘（602～664）は，みずから仏典をインドからもち帰っただけでなく，膨大な仏典を中国語に翻訳した。

　中国では，どの経典を重視するかで，仏教のなかに多くの宗派が形成された。鳩摩羅什訳の『法華経』を所依（より所となる経典）とした天台宗や，『華厳経』を所依とする華厳宗などである。また浄土への往生を説く『無量寿経』などが翻訳されると，浄土教がひろがった。密教や禅宗も中国に伝えられ，ひろがりをみせた。これらの教えや経典の多くは日本にも伝えられ，独自の発展を遂げた。

[仏教の展開]

　・大乗仏教…チベット・中国・朝鮮・日本に伝播→北伝仏教

　・上座部仏教…スリランカや東南アジアに伝播→南伝仏教

TOPICS

仏教とキリスト教の相違

　仏教では，人間の存在する世界はすべて変化するという法則のもとにあるととらえる。その存在法則はブッダにより見いだされたものであり，彼によってつくられたものではない。

　これに対して，キリスト教では，絶対者である万能の神が摂理を定める。世界も人間も神の創造したものである。その意思は人間の理解を超えている。それゆえ，キリスト教では，すべてを神にゆだねるほかない。自己の救いも神の意志にゆだねるほかはない。そこに祈りがある。

　これに対して，仏教には，キリスト教の神と同じ意味での絶対者は存在しない。人間にとって超えがたい絶対的なものは，存在法則（すべては因と縁によって生じ，移りゆくという無常の法）のみである。それゆえ，存在法則に従うほかないが，キリスト教と異なり，この法則を知り，理解することはできる。むしろ，存在法則を知らないことによって苦が生じ，存在法則を知ることによって永遠の安らぎ（涅槃）に達することができるとされる。その意味では，仏教は知的な性格を強くもつ宗教であるといえる。

　キリスト教では祈りが重視され，仏教では正しい道の自覚と実践が重視される点にそれぞれの特徴がある。また，キリスト教では，創造主である神と被造物である人間との間には越えることのできない絶対的な区別があるとされるのに対し，仏教では，人間は誰でも悟りを得ることによってブッダ（覚者）になることができるとされる。この点に大きな違いがある。

5 中国の源流思想

1 | 古代中国の社会と思想

　中国では，紀元前1600年頃黄河中流域に<ruby>殷<rt>いん</rt></ruby>王朝が成立し，紀元前11世紀頃<ruby>周<rt>しゅう</rt></ruby>王朝がこれにかわった。周時代の後半は<ruby>春秋<rt>しゅんじゅう</rt></ruby>・<ruby>戦国時代<rt>せんごく</rt></ruby>と呼ばれ，<ruby>孔子<rt>こう し</rt></ruby>をはじめ多くの思想家が出た。

1 「<ruby>天<rt>てん</rt></ruby>」の思想

❶<ruby>天帝<rt>てんてい</rt></ruby>　殷の時代には，祭器としての青銅器はあったが，農具はまだ木製や石製で，農耕は自然条件に左右された。自然の恵みを得るために，人々は共同の**祖先神**や川・土・山などの**自然神**を<ruby>祀<rt>まつ</rt></ruby>った。さらにそれらの至上神としての**天帝**(上帝)の意志が<ruby>卜占<rt>ぼくせん</rt></ruby>(うらない)によって問われ，その神託によって政治が行われた。

> 補説　**天帝**　古代の中国では，天が自然や人などの万物を支配するという信仰があった。「天」は天空であるとともに，天帝でもあった。天帝は，天にいる超越的な人格神であり，天帝の下す命令を「天命」と呼んだ。

▲<ruby>卜辞<rt>ぼく じ</rt></ruby>(甲骨文字)　亀の腹甲に甲骨文字が刻まれている。卜占に用いられたもので卜辞という。

❷「<ruby>天<rt>てん</rt></ruby>」の思想　周の<ruby>武王<rt>ぶ</rt></ruby>は殷の<ruby>紂王<rt>ちゅう</rt></ruby>を廃して王位を奪い，周王朝を樹立した。武王の弟<ruby>周公旦<rt>しゅうこうたん</rt></ruby>は，周が殷を滅ぼしたことを，「天」の思想に基づいて正当化したといわれる。「天」の思想とは，天子は「天」の子であり，天命に従って徳を修め正しい政治をしなければならず，正しくない政治を行う徳のない天子は天命にそむくものであるから，「天」は有徳な者を新しい天子にする，という考え方である。ここに**天命は人の徳によって<ruby>革<rt>あらた</rt></ruby>る**という思想(⇨p.94「<ruby>易姓革命<rt>えきせい</rt></ruby>」)が生まれた。

2 礼の文化

　周王朝は，祖先崇拝と血縁関係に基づいた，氏族的性格の強い独特の封建制度を確立した。その秩序の基礎となったのは，祖先・血縁を同じくする人々の結びつきである<ruby>宗族<rt>そうぞく</rt></ruby>であり，そのあり方を定めたものが<ruby>宗法<rt>そうほう</rt></ruby>であった。宗法は祖先の祭や共同会食などを通じて宗族の結びつきを強めようとするもので，祭のための厳粛な<ruby>礼式<rt>れいしき</rt></ruby>が定められ，子が父に服従する徳としての<ruby>孝<rt>こう</rt></ruby>，弟が兄に服従する徳としての<ruby>悌<rt>てい</rt></ruby>を中心とする**家族道徳**が重視された。

３ 諸子百家

❶**春秋・戦国時代**　紀元前770年，周王朝は周辺の異民族の侵入を避けて，都を鎬京(西安)から東の洛邑(洛陽)に移した。こののち紀元前221年に秦が中国を統一するまでの約550年間を，**春秋・戦国時代**という。

　この時代に，農業が急速に発展した。鉄製農具が使われるようになり，宗族的な大家族による共同耕作はくずれて，家族単位の耕作もできるようになり，土地・農具や生産物の私有化がすすんだ。周の王室は名目的な存在となり，有力な諸侯がそれぞれ自国の富国強兵につとめて，たがいに争った。

❷**諸子百家**　この激動の時代は，単一の強力な政治権力はなく，自由な雰囲気があふれ，諸侯は富国強兵のための新しい考え方を求めた。そこで，この新しい時代の要請にこたえて，活発な思想活動が展開された。この時期に活躍した思想家たちは諸子百家と呼ばれる。その数は前漢末の図書目録によれば189家におよぶが，おもなものは次の9つに整理される。

▼春秋・戦国時代の思想家たち

学派	思想内容	おもな思想家
儒家	仁の思想	孔子・曾子 孟子・荀子
道家	道の思想	老子・荘子
墨家	兼愛交利	墨子・告子・楊子
名家	論理学派	恵施・公孫竜
農家	農本主義	許行
陰陽家	陰陽五行説	鄒衍
縦横家	外交策	蘇秦・張儀
兵家	戦術論	孫子・呉子
法家	法治主義	管子・韓非子・李斯

▲春秋・戦国時代の中国の諸子百家

2 ｜ 孔子の思想

　孔子は，周代以来の**天命の思想**や礼の文化，さらには孝悌といった家族道徳に基づいた人間らしい生き方を説いた。彼の学問や教えは現実の生活への適用と実践を重視するものであった。孔子に始まる思想を儒家と呼ぶ。

1 仁

　孔子の思想の中心は，仁である。仁は「人」に「二」をそえた字で，**人間としてのあり方，人と人とが支え合う人間存在のあり方を示すことば**である。

❶**忠と恕**　孔子は対話の相手によって説明のしかたをかえたため，仁の概念は一

見とらえにくい。孝悌(⇨p.91)こそ仁の根本であるとも述べているが，弟子だった曾子によれば，仁の道は忠恕であるという。

忠は自分自身についてうそいつわりをいわないこと，自己に誠実であることである。恕は，他人に対する思いやりの心である。弟子の子貢が生涯行うべき核心を質問したのに対し，孔子は，「それ恕か，おのれの欲せざるところを人にほどこすことなかれ」(『論語』衛霊公篇)と答えている。自分にしてほしくないことは他人にもしてはいけ

▲孔子廟大成殿　北京に建てられたもの。

ないのであり，恕は，他人の立場を心から理解する思いやりである。つまり，他人を人間として尊重することである。

仁は，心からの人間への愛ということができる。

❷誠実な心　孔子はまた，人の誠実な心をたいせつにした。「巧言令色，鮮いかな仁」(『論語』学而篇)というように，口先がうまい人，かっこうをつける人を信用しなかった。そういう人はまことの心がうすいとみたのである。誠実な心は場面に応じて行動や態度に現れる。したがって形式的なことばやふるまいだけで判断することはできない。孔子は型にはまった考え方をしなかったのである。

2 礼

❶道徳的な行為　孔子は，仁とともに礼を重視した。周代の社会秩序を維持するための慣習的な儀礼としてではなく，道徳的行為としての礼を求めた。「礼はその奢らんよりは寧ろ検せよ。喪はその易めんよりは寧ろ戚めよ」(『論語』八佾篇)と述べた。礼は，形をととのえるよりも，まず心をつくすことだと教えたのである。他人を思いやる仁の心を内にもったうえでの礼の実践が重んじられたのである。

❷克己復礼　顔淵が仁について質問したところ，「己に克ちて礼に復るを仁という」(克己復礼)と答え，さらに「礼に非ざれば視ることなかれ，礼に非ざれば聴くことなかれ，礼に非ざればいうことなかれ，礼に非ざれば動くことなかれ」(『論語』顔淵篇)と述べた。人間は自己をコントロールしなければ，欲望やしたいままの行動に流される。それでは動物に近くなり，人間らしさや人間としてのあり方から遠くなる。人間としてのあり方を確立するために，自己のわがままな欲望や行動を抑制する礼を実践することのたいせつさを孔子は説いたのである。

POINT!

[仁] ｛ 忠恕…仁の心の側面(自己をいつわらず，他人を尊重)
　　　 礼……仁の客観的な側面(自己を抑制し，仁の心を実践)

3 孝と悌

❶孝と悌　孔子の思想は，当時の社会において，周の封建制度を理想とするものであった。乱れた世の秩序の回復を，周の秩序に求めたのである。何より**家族道徳をもとにした社会秩序**が重視された。「孝悌はそれ仁を為すの本なるか」(『論語』学而篇)と孔子は述べている。孝は子が親や祖先につかえることをさし，悌は兄や年長者に対するあり方で，地域社会の道徳である。

❷徳治主義　そして，この家族道徳から出発して，政治も行われなければならない。徳を身につけ(**修身**)，家庭円満とし(**斉家**)，それができてはじめて国は秩序正しく治められ(**治国**)，天下は太平となる(**平天下**)。そのような有徳者こそ君主でなければならないとする孔子の修己治人の考え方は**徳治主義**と呼ばれる。

周の封建制を理想とした孔子は，人間としてのあり方を探求するために，『詩経』『書経』などの古典を学ぶべきことを説いた。しかし，それはあくまでも実践を前提としての学問であった。

> 補説　**五経**　孔子は周代に王室などに伝承されてきた知識を整理して，人々の学ぶべき古典とした。それは孔子の死後，弟子たちによってさらに手を加えられ，『詩経』『書経』『易経』『礼記』『春秋』の5つ(『楽経』もあったが失われた)となった。これが儒家の五経といわれるものである。
>
> 『詩経』は祭の歌詞や地方の民謡など，『書経』は孔子の生まれた魯の国に伝わった周公に関する記録，『易経』は筮竹によるうらない，『礼記』は礼についての説明・覚え書，『春秋』は魯の国の史官が記した年代記である。

4 人間の尊重

「厩焚けたり。子，朝より退きて曰わく，人を傷えりやと。馬を問わず」(『論語』郷党篇)。この文から，人間をたいせつにする孔子の態度がうかがえる。馬は当時，貴重な財産であった。馬小屋が火事と聞くと，凡人なら財産としての馬が心配になる。しかし，孔子は何よりもまず人間の心配をしたのである。弟子たちがこの一文を『論語』に入れて残したのは，それだけ感動的なできごとであったからであろう。この話は私たちの心をも深く打つ。仁が，時代や制度を超えた，人間そのもののあり方を示していることが，ここからも見てとれる。

原典のことば　孔子のことば(『論語』)

子曰く，吾十有五にして学に志す。三十にして立つ。四十にして惑はず。五十にして天命を知る。六十にして耳順う。七十にして心の欲する所に従へども，矩を踰えず。　　　　(為政篇)

子曰く，故きを温めて新しきを知れば，以て師為る可し。　　　　(為政篇)

樊遅，仁を問ふ。子曰く，人を愛すと。知を問ふ。子曰く，人を知ると。(顔淵篇)

子曰く，仁遠からんや。我仁を欲すれば，斯に仁至る。　　　　(述而篇)

『新釈漢文大系1 論語』(吉田賢抗，明治書院)

★1 道理を越えることがない。

5 君子の道

　孔子は，人間本来の道を探究し，それにそって生きることに平安を見いだした。生涯のうちで，生命の危機に直面したこともあった。宋の国の匡では人ちがいのため包囲され，陳と蔡の国境でも孔子を亡ぼそうとする一派から包囲された。いずれの場合も孔子は，自分が道にそっているかぎり，他の人が自分を亡ぼすことはできないと，平然とした態度であったという。仁に生きる君子は，堂々と大道を行く態度で生きるべきだと考え，抜け道やごまかしを排した。「七十にして心の欲する所に従へども，矩を蹈えず」(『論語』為政篇)ということばには，道を求め続け，道にそうことができるようになった人の，ゆるぎない平安の境地をみることができる。

人物紹介　**孔子**　（前551頃~前479）　魯の国の曲阜(山東省)に生まれ，幼くして父母を失い，貧しいなかで学問によって身を立てようと勉強した。魯の国は周公旦が建国したといわれ，孔子は魯に伝わる周の伝統文化を学ぶとともに，周公旦を理想の人物と考えるようになった。学問を積んだ孔子は，魯の大司寇(最高裁判事のような地位)となったが，権力の争いによらない政治をしようとして失敗し，56歳のとき魯の国を去った。

▲孔子

　こののち，孔子は徳治主義に基づく理想の政治を実現することをめざして，諸国をめぐって君主たちに説いた。しかし，どの国でも登用されず，70歳頃魯の国へ帰って門弟の教育に力をつくした。

　孔子の思想は，自身の著書よりも，一般的には『論語』によってひろく知られている。『論語』は，孔子の言行を弟子たちが集成したものである。『論語』は『大学』『中庸』『孟子』とともに四書と呼ばれている。

┤ TOPICS ├

孔子と学問

　「学びて時に之を習う，亦説ばしからずや。朋遠方より，来る有り。亦楽しからずや。」という『論語(学而篇)』のことばは，孔子自身が「学ぶことの楽しさ」を語ったものとして有名である。学問を積み重ね，時に，学問する者同士で道について語り合うことは，世間の辛さを忘れる程の楽しさ，という。

　孔子があるべき学問の態度として強調する

のは，みずから考えることと先人に学ぶことの両面である。これは，「学びて思はざればすなはち罔し。思ひて学ばざればすなはち殆し。」(為政篇)ということばに表されている。自分が思索しなければ，ものごとの本質はよく理解できないし，先人に学ばず，独りよがりになってしまっても，真理からはずれて危険であると説いているのである。

３｜儒家思想の展開

　孔子の思想はその弟子たちに受けつがれたが，一方では兼愛説を唱える墨子の教えが一時盛んとなった。孔子の死後約100年たって出た孟子は，性善説に基づいて孔子の教えを再興した。荀子は，性悪説により孔子の教えを現実に即して展開した。

1 孟子：四端の心

❶性善説　孟子は，孔子の孫の子思の門人について学んだ人である。孟子は，孔子の教えのうちで仁義を重視し，人は生まれながらに善に向かう心をもっているとした。これが性善説である。

❷四端の心　善に向かう心とは，他人の不幸をみるにしのびない惻隠の心，自分や他人の不善を恥じ憎む羞悪の心，へりくだって他人にゆずる

惻隠の心 ── 仁

羞悪の心 ── 義

辞譲の心 ── 礼　　　王道

是非の心 ── 智

▲孟子の教え

辞譲の心，善悪を正しく判断する是非の心である。惻隠の心は仁のいとぐち(可能性)であり，羞悪の心は義(正しい道理にかなうこと)のいとぐち，辞譲の心は礼のいとぐち，是非の心は智のいとぐちである。この４つのいとぐちを四端の心といい，四端の心を育てることによって人間は仁・義・礼・智の四徳を身につけることができると教えた。

❸仁義　孟子は，浩然の気(生命や活力の源となる力強い精神力)をもち，四徳を備えた理想的人間像を大丈夫と呼んだ。孟子は，人間の心のもち方としての仁，人間の行うべき道としての義を重んじ，仁義の道を実践すべきことを説いた。

2 王道と五倫

❶王道政治　政治に関しては，孟子は，仁義の徳を実践する王道政治を理想とした。有徳の君主が行う政治が王道である。孟子によれば，王道は人民の利益のためにする政治であり，「民の道たる，恒産(職)ある者は恒心(正しい心)あり，恒産なき者は恒心なし」(『孟子』滕文公篇・上)ということばが示すように，人民の生活を安定させることによって心も安定し，社会の秩序も安定する。

❷覇道政治　これに対して，君主の利益のためにする政治は力の政治となる。そのような政治を覇道政治という。覇者は大国で強い武力をもたなければ，政治の安定を得ることができない。孟子は，王道が天命にかなう政治であり，覇道はそれからはずれたものであるとして，強く批判した。

❸易姓革命　王道の政治にあっては，君主は人民の幸福を実現するために，人民の世論に従わなくてはならない。これを実行しない君主は有徳の人ではなく，天

はその命を革て，有徳な人を君主にするという易姓革命の思想を展開した。ここには，天命とは人民の世論であるという人民中心の政治論がみられる。

❹**五倫の道**　孟子は，人民は有徳者によって治められるものであるとし，為政者と被支配者を区別した。そして，人間関係における正しいあり方として五倫の道を説いた。五倫の道とは，基本的な人間関係の理想的なあり方であり，親子のあいだの親(親愛の情)，君臣のあいだの義(正しく仕えること)，夫婦のあいだの別(男女の区別を守ること)，長幼のあいだの序(序列)，朋友のあいだの信(信頼)の5つである。

　のちに，漢代の儒者**董仲舒**は，仁義礼智の四徳に「信」を加えて五常を唱え，両者をあわせた**五倫五常**は儒教倫理の基礎とされた。

> **原典のことば**　**孟子のことば(『孟子』)**
>
> 孟子曰く，民を貴しと為し，社稷これに次ぎ，君を軽しと為す。是の故に丘民★1に得られて天子と為り★3，天子に得られて諸侯と為り，諸侯に得られて大夫と為る★4。諸侯社稷を危くすれば，則ち変置す。
>
> (尽心篇・下)
>
> 『新釈漢文大系4　孟子』(内野熊一郎，明治書院)
>
> ★1 土地の神と穀物の神　★2 君主　★3 衆民の人望を得ると天子になり　★4 諸侯が国家を危機に陥れると退位させられる

[孟子の思想]

・孔子の仁義の教えを重視し，性善説に立った。

・仁・義・礼・智の四徳，親・義・別・序・信の五倫の道を説いた。

・王道政治を理想とし，易姓革命の思想を展開した。

人物紹介　孟子　(前372頃〜前289頃)　孔子の生まれた魯の国の近くの鄒に生まれ，孔子の孫の子思の門人に学んだ。幼くして「孟母三遷の教え」を受けた。これは，墓場の近くに住んでいたとき，孟子が葬式のまねをしたので，母は心配して市場のそばに転居したが，こんどは商売のまねをしたので，学校の近くへ移ったところ，孟子は学校で習う礼儀作法をまねて遊んだので，安心してそこを住所としたというものである。また，孟子が家をはなれて遊学し，いやになって家へ帰ってきたとき，母は動かしていた機の糸を断ち切って，「学問を中途でやめるのは，これと同じだ」と戒めたという。いわゆる「断機の教え」である。

▲孟子
(故宮博物館蔵)

　孟子も孔子と同じく，諸侯をたずねて王道を説いたが用いられず，晩年は郷里にしりぞいて弟子たちとともに『孟子』などを著述した。

3 荀子：礼の重視

❶**性悪説**　孟子の性善説に対し，孔子の礼の教えを重視して性悪説に立ったのが，孟子よりすこしおくれて出た荀子(前298頃〜前235頃)である。荀子によれば，**人は自然のままでは，自分の欲望を満足させることを行為の基本とするため**，社

会全体の調和を保つことができない。そこで，各自の欲望を抑え，社会の秩序を保つようにしなければならない。

❷礼の重視　そのための社会の規準として，荀子は礼を重視した。礼は聖人が社会秩序を保つためにつくったものであるが，この礼に従うことによって，聖人もほかの人も自己の欲望を調節して社会秩序を保つことができる。人の本性は悪であるから，礼という規準によって人の本性を矯正し，その範囲内で各自の欲望の満足をはからねばならないと説いた。これを「礼治主義」という。

　このように人間を外面から規制しなければならないとする荀子の考え方は，法家によっていっそう現実的なものとして展開された。それはまた，秦による統一支配の理念となった。

> 補説　法家　韓非子(？～前233頃)が説いた法律を重視する学派。韓非子は荀子に学んだが，礼を規準とする考え方はまだ現実的でないとして，礼のかわりに法を規準として信賞必罰を実行しなければならないとした(法治主義)。
> 兼愛　墨子(前470頃～前390頃，墨家の祖)が説いた無差別の愛の教え。墨子は儒家の思想を学んだが，儒家では自分の父に対する愛と他人の父に対する愛に差別があるとし，差別をのぞいて，自分を愛するように他人を愛さなければ社会の秩序は保たれないと主張した。そして複雑な礼をむだなものとし，侵略戦争を否定し(非攻)，自分と他者が互いに利益をもたらし合うこと(交利)や勤労と倹約を重んじた。

　　　[荀子の思想]
　　　・孔子の礼の教えを重視し，性悪説に立った。
　　　・礼による人の矯正を説く(礼治主義)→法家の法治主義に発展。

4 朱子学と陽明学

❶朱子　儒家思想は，漢代から唐代までは経典の字句解釈に重点がおかれ，ほとんど新しい発展はなかったが，宋代には仏教や道教の影響もあって，朱子(朱熹，1130～1200)が出て，儒家思想を性理の学(いわゆる朱子学)として体系づけた。

❷理気二元論　彼は，宇宙の万物は運動する「気」によって構成され，宇宙の原理である「理」によって存在しているとする(理気二元論)。人間もまた「気」(情・欲＝気質の性)を克服して「本然の性」(＝理)にかえることが必要であり(性即理)，それには万物に即して理(聖人の教え)を窮め(窮理)，雑念をすてて欲望を制御(居敬)して「本然の性」を守らねばならないとした。

❸陽明学　これに対し，人間の心は一つであり，そのまま理でありうるという「心即理」を主張したのが，明代の王陽明(1472～1528)である。彼は人間を本来的に道徳的・自律的なものとしてとらえ，人間の心の良知を信頼して(致良知)，実践においてそれを実現すべきこと(知行合一)を説いた。

4 ｜ 道家の思想

　老子に始まり，荘子が継承した老荘思想の根底には，儒家思想は道徳という人為的で相対的なものを基礎としており，宇宙の根本原理や自然の調和に反するという批判があった。老荘思想は，宇宙の根本原理を「道（タオ）」と呼んだことから，道家と呼ばれる。

1 老子の「道」

❶老子　老子は戦国時代の人といわれるが，生没年も不明で，歴史上のどの人物なのか学問的にはっきりしない。しかし，『老子』（正しくは『老子道徳経』）という書物が残されていて，道家思想の基本となっている。

▲老子

❷「道」と「無」　老子によれば，万物は道から生まれて道に帰る。**道は万物の自然のあり方そのものであり，万物を生みだしながら，それを支配することなく，あるがままにまかせる。**人間は，みずからの感覚や知覚（人知）でとらえられるものを「有」とし，とらえられないものを「無」とする。つまり，何もないと考える。しかし，現象はその背後にある「道（タオ）」から生まれ，そこへと帰っていくのである。「道」は万物の本源であるが，人間はそれをそのものとして把握することはできない。仮に「道」と名づけているにすぎない。老子は「道」を**人間の力では把握できないもの**という意味で「無」とも呼んでいる。この「無」の思想は禅にも影響を与えた。

2 無為自然

❶自然と作為　人間にとっても道に従う**自然**の生活がその本来のあり方である。人知にとらわれるところから**作為**が生じ，かたよった生き方となり，本来の自己を失う。損得にとらわれると盲目となり，かえって損をし，知にとらわれると見落としに気づかず，かえって真実を見失う。限りある人知で作為すれば，ものごとの一面はなし得ても，全体からみると何ほどのこともなかったり，かえって困ったことになったりする。たとえば現

> **原典のことば　無為自然**
>
> 　欠けているものは完全になり，まがっているならまっすぐになる。うつろだから満ちる。……これが自然の法則である。聖人はこの法則を体得し，自己主張をせず「道」にのっとることによって天下の範となる。
> （現代語訳）　　　　　　　　──『老子』22章
>
> **道**
> 　大道廃れて仁義有り。知慧出でて大偽有り。六親（親子・兄弟・夫婦）和せずして孝慈有り。国家混乱して忠臣有り。
> 　　　　　　　　　　　　　　　──『老子』18章
>
> 『新釈漢文大系7　老子　荘子』（阿部吉雄ほか，明治書院）

代においては，科学技術がさまざまなものを発明し，自然を開発して，多くのものを生みだすとともに，反面，環境破壊などの大きな問題を引きおこしていることもその一例である。

❷無為自然　人知にとらわれず，作為をしないで，自然の道に従い，これと一体となって生きるとき，人は本来の生き方ができ，真の幸福が得られる。老子はこのような無為自然の生き方を説く。道に従って生きることは，一見なにもしないように見える。しかし，自然な生き方によってこそ，あるべきものが本当の意味で実現される。「無為にしてなさざるなし(無為自然)」である。

❸老子の理想　老子の理想とする生き方は，自然に成立する村落を単位とする小さな国(小国寡民)で，他者と争わず(柔弱謙下)，自然に従って生きることであった。このように考えた老子は，儒家の思想に対して，仁や義は大道(無為自然)がおとろえているところで声高にいいたてられているだけであり，こざかしい人知をふりかざしても，かえって世の中を悪くするだけであると批判した。

3 荘子：自然との調和

❶荘子　荘子は，孟子とほぼ同じ頃の人とされる。宋の国の郷里で役人となったが退き，貧しいけれども悠悠自適の生活をおくったといわれている。その思想は『荘子』によって知ることができる。荘子は，老子と同様に道徳や文化を，人間が生みだした相対的なものとみなした。

▲荘子

❷万物斉同　正や不正，善悪，貧富，身分の上下などの対立的な価値は，人間の判断に基づいてはじめて生まれてくる。それらの基準を取り除き，ものごとをその本来のあり方から見れば，すべてのものは同じ価値をもつ。これを万物斉同という。

　人間は，その基準にとらわれ，価値があるとされるものを追い求めるかぎり，不自由を意識せざるをえない。それに対して，自分の判断や基準，欲望を捨て，心を虚しくして，自然のはたらきに身を任せる(心斎坐忘)ことによって，心の平和を保つことができる。このように，自然と一体になり，自由におおらかに生きること(逍遙遊)を荘子は理想とし，それができる人を真人(至人)と呼んだ。

補説　道教　老子や荘子の思想は，のちに，神仙思想などの民間信仰と結びつき，道教を生みだした。修行を通して道(タオ)と一体となった不老長寿の仙人が理想とされた。そこには，老荘思想や神仙思想だけでなく，儒家の思想や仏教の儀礼なども流れ込んでいる。中国では，儒教・仏教と並んで三大宗教の一つとされ，多くの人々の信仰を集めた。

POINT!

老荘思想(老子・荘子＝道家の思想)…儒家思想を人為的として批判し，無為自然，心斎坐忘などを理想とした。

6 芸術と人間

1 芸術の意義

　美や芸術は私たちにとって非常に身近なものである。誰でも，咲き誇る桜の花の美しさや，海に映った夕日の輝きに心打たれるという経験をする。そしてその美しさに感動するだけでなく，それを表現し，人に伝えようとする。

　なぜ私たちは美しいものに打たれ，それにひきつけられるのであろうか。この問いに答えることは簡単ではないが，ゲーテの「美は知に走る心に，生命とあたたかさを与えてくれる」ということばが手がかりになるであろう。

　美は，私たちの生をよろこびで満たし，あたたかさで包んでくれる。そこから私たちは日々生きる意欲をくみとってくることができる。美に触れることがなければ，私たちの生は，きっと，味気ない，乾燥したものになってしまうであろう。

　美を表現する芸術は，どのような意義をもち，私たちに何を与えてくれるのであろうか。その点について，代表的な芸術家のことばを参考にしながら考えてみたい。

1 ロダン

人物紹介　オーギュスト＝ロダン　F. A. R. Rodin（1840〜1917）　フランスの彫刻家。1840年，パリで平凡な役人の子として生まれる。14歳で工芸美術学校に入学，彫刻を学んだ。その後は，官立の美術学校の入学試験に3度失敗し，職人生活を続けながら貧困のなかで忍耐強く勉強を続けた。苦難ののち製作した「青銅時代」で評価を得た。彼は，生涯を通して，建築の装飾にすぎなかった彫刻に美術としての独立性を与えたといわれる。代表作に，「地獄の門」「考える人」「カレーの市民」「接吻」などがある。

▲オーギュスト＝ロダン

> **原典の　ことば**　自然の研究
>
> 　われわれは進歩の時代，文明の時代に生きていると絶えず聞かされる。科学と機械学との見地から見たら本当かもしれない。芸術から見るとまるで嘘だ。
>
> 　科学は幸福を与えるか。私はそんな気がしない。……（中略）……
>
> 　近代の建築を見ると憂愁に投ぜられる。しかるに昔のものは未だ人の心を奪う。ある小さな町を訪れて汽車に乗りそこなって，次のを待たなければならなくなる。私は昔の寺院のあたりへ散歩する。気持ちよい寺院で，きわめて単純ではあるが，趣味をもって置かれたそのゴシック装飾は，美妙な凸凹を示して，光りの中に，私の好意ある眼に不思議な悦びを与える。平穏と思索と──柱をかすめて静かに動く明るい影のように軟らかくて落ち付いた思索と──に誘い込むところのその小さな外陣の中に立ち尽す。あ

あ私はすっかり魅せられて立ち去るのである。もし停車場で待っていたら，死ぬほど飽きあきした事だろうし，またくたびれて不満で家へ帰った事だろう。ところが事実，私は何かを得た—立派な調節の智慧と往昔の建築の美しい魅力とを。

　芸術のみ幸福を与える。そして私が芸術と呼ぶのは自然の研究である。解剖の精神を通しての自然との不断の親交である。

　見る事と感ずる事とを知る者は到るところにいつでも讃嘆すべきものを見出だすだろう。見る事と感ずる事とを知る者は倦怠というあの近代社会の「黒 獣」に襲われない。深く見かつ感ずる者は自分の感情を表現する欲望，芸術家たる欲望を決して失わない。自然はいっさいの美の源ではないか。自然は唯一の創造者ではないか。自然に近よる事によってのみ芸術家は自然が彼に黙示したいっさいのものをわれわれにもたらし得るのである。

——『ロダンの言葉抄』
（高村光太郎・訳，岩波文庫）

語釈　★1 将来なにをするかわからない未知数の不敵な存在をいう慣用表現。

補説　彫刻家ロダンの芸術観が述べられている文章である。ロダンによれば，近代は芸術的不幸の時代であるが，芸術が人間に幸福を与えるものであることに変わりはない。そして，それは，身近な自然のなかにおいてこそ求められるという。この文章の前にある寺院散策の話（「内陣」）などを手がかりとして，「芸術とは何か」について考えてみよう。

❶文明による美の破壊　ロダンによれば，自然こそ芸術の源であり，人間の心に幸福を与えてくれるものである。ところが，科学と機械生産に象徴される近代は，むしろそのような幸福を人間から奪う。それは，近代文明の均一主義が「世界を圧倒」し，「芸術の美質を破壊」して，そこに生きる人間の心を荒廃させつつあるからである。また同時に，近代文明が多量の物質とひきかえに，人の心に美しさ・豊かさを与えるものを奪いさってしまいつつあるからである。

▲「カレーの市民」（ロダン作，国立西洋美術館蔵）危機に陥ったカレーの町を救うために，すすんで敵の人質となった六人の市民像。それぞれの人物の想いがリアルに表現されている。

❷自然の生命の探究　ロダンによれば，自然界においては，どんなに小さくありふれたものにも，それなりの存在の意味が与えられている。また，自然は，全体としてみても，調和のとれた，一つの美しい生命のリズムをかなでている。この自然の生命こそ，芸術作品を通してわれわれの感情に語りかけてくるものである。そして，この自然の生命を探究することこそが芸術である。ロダンは，芸術は「自然の研究」であるといい，真の芸術は誠実に自然に学ぶところから生まれるものだという。その考えは，自然と人間の調和をたいせつにする日本芸術の伝統にも深く通じるものがある。

2 世阿弥

| 人物紹介 | 世阿弥 |

（1363〜1443）室町時代の観世流の能役者・能作家。幼少のころから父観阿弥のもとで能の修業に励んだ。やがて、足利幕府の三代将軍義満の支援を得て能を大成した。義満の死後は、政治的に恵まれなかったが、世阿弥の観世流の人気は高く、多くの民衆をひきつけた。晩年は、佐渡に流されるなど、不遇のうちに過ごした。『風姿花伝』（『花伝書』ともいう）や『至花道書』などの著書があるほか、多くの謡曲も残している。

原典のことば　能の芸術性

花というものは、あらゆる草木において、四季それぞれ咲くべき季節に咲き、時節を得てしかも新鮮なのを、人々は賞翫★1するのである。

申楽★2においても、観客が新鮮に感じることがすなわち面白さなのである。したがって、花と面白さと珍しい新鮮さとは、三つとも同じ意味合いなのである。

どのような花でも、散らないで残ることはありえない。散ってしまうからこそ、咲く時節に花開くことが新鮮にうつるのである。能★3も、一つの表しかたにこだわらないことが、まず花だと心得るべきである。一つの表現に安住しないで、他の表現をもこころみるようにすれば、新鮮さが生まれてくる。

……（中略）……

たくさんの演目をこなしている役者というのは、春にさきがけて咲く梅の花から、秋のおそい菊の花にいたるまで、一年中の花の種をもっているようなものである。どんな花でも、人の望み、時と場合に応じて、自在に取り出すことができる。あらゆる演目をこなしていないと、場合に応じて取り出すことができず、花を失うこともあるだろう。

たとえば、春の花の時節が過ぎてしまって、夏の草花を賞翫しようという時分に、春の花にあたる芸ばかりを得意としている役者が、夏の花の芸をもたないで、季節の去った春の花をまたもち出して演じていたのでは、時節に合った花として観客に受け入れられるだろうか。

このたとえでわかるであろう。このように、観客の心に新鮮さを与えるものだけが花なのである。花伝の花の段に「多くの能の稽古をつくし、工夫をきわめぬいて後に、いつまでも花を失わないところを会得できよう」といってあるのも、この教えである。そうであるから、花といっても特別なものが存在するわけではない。多くの演目の稽古をつくし、工夫をきわめていくなかから、どうすれば珍しさという感じが出てくるかを心得るのが花である。（現代語訳）

——世阿弥『風姿花伝』

語釈　★1 鑑賞する。★2 「猿楽」とも書き、平安時代から室町時代の初めまで行われた、こっけいなものまねや曲芸。「能」の意味でも使う。★3 世阿弥の功績などにより室町時代から発達した劇で、謡曲と囃子に合わせて、能役者が舞やしぐさを演ずるもの。

補説　世阿弥の功績は、能を深遠で優美な一つの芸術にまで高め、その価値を不動にした点にある。上の『風姿花伝（花伝書）』の一節は、世阿弥が能の芸術的生命と考えた「花」について論じたものである。

❶能の芸術的生命　世阿弥は，能の芸術性は「幽玄」と「花」の理念によって支えられているという。幽玄とは，ことばでは表現しつくせない奥深い趣をさす。中世の和歌・連歌(⤵p.252)にも見られる美の境地である。幽玄は能を演じる基本であり，能が演じられ，舞台で観客に感激を与えるときに「花」があるという。

❷花　世阿弥は『風姿花伝』において，「花」を植物の花にたとえる。そもそも草木の花は四季おりおりに色々な花が咲くから面白いのであり，年中同じ花ばかりでは何の興味もわかない。能も同じく，前に見たものを久しぶりに見るからこそ面白さがある。このように，面白さは新鮮さから生まれるのだから，役者は数多くの種類の能を身につけておく必要がある。また，能を演ずる者は，観客に面白

▲能舞台　「シテ」「ワキ」などと呼ばれる役者，笛・太鼓などの囃子方，歌曲を謡う地謡から構成される。

さを感じさせるために，相手の心の動きや相手が求めるものを把握し，自分のペースに観客をひきいれる呼吸を体得する必要もある。だが，それはいたずらに風変わりな姿を演ずることではない。

❸花が生み出す境地　このように，時々に移りやすい観客の心をつかみ，同じ作品でも変化をもたせ，新しさを出せるよう工夫できることが「花」を知るということである。それはひたすら修業した結果，はじめて知りうるものである。能は細かな説明の言動もなく，音曲と舞により，見る人を異なった世界にひきこむ神秘的な力をもっている。これこそ能の永遠の生命であり，「花」によって生み出される境地だといえる。

3　岡倉天心

人物紹介　**岡倉天心**　（1862〜1913）　横浜に生まれる。東京帝国大学卒業後，文部省に勤務し，職務のかたわら大学時代の恩師フェノロサの美術研究を助けた。フェノロサの帰米後は，東京美術学校長として，また美術学校を辞してからは，橋本雅邦らと創設した日本美術院の理論的指導者として美術界で活躍した。その間，インドや中国あるいはアメリカに渡って，日本美術や東洋文化のために雄弁と才筆をふるった。著書としては，『茶の本』『東洋の理想』などがある。

原典のことば　**芸術の鑑賞**

　傑作は我々の最も繊細な感情に奏でる一種の交響楽である。真の芸術は伯牙★1であり，我々は竜門の琴★2である。美の不思議なタッチに合うと，我が心の秘められた絃は目覚めて，

我々はその求めに応じて振動し，感動する。心は心に話しかける。我々は語られざるものに耳を傾け，見えざるものに眺め入る。名匠は我々の知らざる調べを呼び起す。久しく忘れられていた記憶はすべて新しい意味をもって蘇ってくる。恐怖に抑えられていた希望や，認める勇気がなかった憧憬が新たな装いを凝らして登場する。我々の心は画家が色を塗る画布である。彼らの絵具は我々の感情である。その明暗は喜びの光であり，悲しみの影である。我々が傑作によって存する如く，傑作は我々によって存する。

……(中略)……

　共感を持ち得る人にとっては傑作は生ける実在となって，友情の絆でそれに惹きつけられるように感ずる。名匠は不朽である。何となればその愛も恐れも，我々の心の中に繰り返し生きていくからである。我々の心に訴えるものは，技量というよりも精神であり，技術というよりも人間である——その魅力が人間的であればあるほど，我々の反応は深くなる。名匠と我々の間にこの祕かな黙契があればこそ，詩や小説を読んで作中の主人公と共に苦しみ共に喜ぶことができるのである。　　　——岡倉天心『茶の本(The Book of Tea)』

『明治文学全集　第38巻』(桜庭信之・訳，筑摩書房)

[語釈] ★1 斉の人で，春秋時代に琴の名人として知られた。★2 中国河南省の山中の桐の古木で作った琴で，伯牙がひく以前には誰もひけず，伯牙がひくと美しい楽曲が流れたといわれる。★3 すぐれた芸術家。★4 語りあわないのに，考えや気持ちが一致すること。

[補説] 岡倉天心は，西欧文化一辺倒の文明開化政策に反対し，東洋文化の独自性・優秀性を強調し，日本美術の再興のために尽力した。この資料は，彼が芸術を鑑賞することの意味や心得について論じたものである。

❶芸術鑑賞の意味　岡倉天心によれば，芸術作品は人間の感覚的能力により対象をとらえるものであるが，作品の底には作者の「人間」が息づいている。しかも，その作品が名作(傑作)であればあるほど，その作品の底に流れる人間性は豊かなものがあるという。芸術作品の命というものは，「技量というよりも精神であり，技術というよりも人間である」というのが，彼の確信するところであった。それゆえ，私たちが芸術を鑑賞するということの意味は，作品を

▲岡倉天心

通じて，その底にひそむ作者の感情を理解し，その感情とつながりをもつことでなければならない。すなわち，**作者がその作品において表現した感動を，自分自身の心のなかに再現し，共感していくことでなければならない**という。

❷芸術鑑賞の心得　芸術鑑賞は作者と鑑賞者の共感によって成立するものであるが，それを真に可能にするためには，鑑賞者の心得や態度というものも必要である。とりわけ，彼がこの本で強調しているのは「互譲の精神」，すなわち**作品に謙虚に接しようとする心**である。私たちが強情に自己にたてこもって作品にのぞむよ

うでは，自己と作者の心の交流ができず，作者の感動が自分に少しも伝わってこない。しかし，真に芸術的共感をもちうる人にとっては，「傑作は生ける実在となって，友情の絆（きずな）でそれに惹（ひ）きつけられるように感ずる」ものであるという。

2 | 芸術と人生

1 精神的な豊かさ

聖書にも「人はパンのみにて生くるものにあらず(Man shall not live by bread alone)」とあるように，人間は，物質的な満足だけを目的として生きているのではない。精神的な満足を得ようとして，古来，人々は哲学的にものを考え，宗教心をよびおこし，芸術を生んできたのである。

先に学んだように，オランダのホイジンガ(⟳ p.14)は人間を**ホモ・ルーデンス**（**遊戯人**（ゆうぎ））と規定したが，詩を作ったり，音楽を奏（かな）でたり，絵筆をふるったり，芸術作品を鑑賞したりすることは，人が生物として生きていくうえでは，とくに必要なことではない。しかし，精神的な豊かさを得ようとするとき，こうした「遊び心」に根ざした行為が大きな意味をもつ。そしてそれが，人間らしさを生むのである。

2 自己表現の想い

▲ベートーヴェン

芸術を生むのは「遊び心」だけではない。困難にうちかとうとする崇高な精神の高まりもまた，すぐれた芸術作品を生む。耳の病に冒されたベートーヴェン(L. v. Beethoven, 1770〜1827)は，その苦難の運命に立ち向かう強靭（きょうじん）な意志を曲のなかに表現した。その作品は今日なお多くの人々に感動を与えている。一人の人間の自己表現の強い想いが，その人の人生に生きがいと喜びをもたらすとともに，時代を超え，国境を越えて，多くの人々に感動と生きる意欲をわきたたせる。それが，芸術なのである。

3 美しいものに感動する心

19世紀のオランダの画家ゴッホ(V. v. Gogh，1853〜90)は，「偉大な芸術家や真剣な巨匠（きょしょう）がその傑作の中でいおうとした究極の言葉を汲（く）みとろうと努めたまえ。そこに神を見いだすことになるだろう」と語っている。私たちは，美しいものを美しいと感じる心，美しいものに感動する感受性を養っていかなければならない。

POINT!

芸術…人が感動を何かに表現しようと思ったときに生まれる。人間の精神をより美しく，豊かなものにし，人生を導く指針ともなる。

☑ 要点チェック

CHAPTER 2　人間としての自覚	答
□ 1　自然の根源を探究した古代ギリシャの哲学者を何というか。	1　自然哲学者
□ 2　「万物の根源」をギリシャ語で何というか。	2　アルケー
□ 3　万物の根源は「水」であると考えた哲学者は誰か。	3　タレス
□ 4　デモクリトスは，万物の根源を何に見いだしたか。	4　アトム（原子）
□ 5　人間は万物の尺度であると唱え，相対主義を唱えたソフィストは誰か。	5　プロタゴラス
□ 6　人間の善い能力としての「徳」をギリシャ語で何というか。	6　アレテー
□ 7　ソクラテスは，問答法が相手の無知を明らかにする手助けとなることから何と呼んだか。	7　助産術（産婆術）
□ 8　ソクラテスは，知らないことを認めることを何と呼んだか。	8　不知の知
□ 9　ソクラテスは，人格の原理として，精神の向上に努めることを何と呼んだか。	9　魂への配慮
□ 10　プラトンは，存在の根拠・真の実在を何と呼んだか。	10　イデア
□ 11　プラトンは人間の魂を三つの部分に分類した。それをすべて答えよ。	11　理性，欲望，気概（意志）
□ 12　プラトンは，哲学者が国家を統治する政治を何と呼んだか。	12　哲人政治
□ 13　アリストテレスは，個物の素材，個物に形を与えている本質を，それぞれ何と呼んだか。	13　質料（ヒュレー），形相（エイドス）
□ 14　アリストテレスは，理性によって真理をとらえる生活の態度を何と呼んだか。	14　観想（テオーリア）
□ 15　アリストテレスは，徳を二つに分類して，それぞれ何と呼んだか。	15　知性的徳，倫理的徳（習性的徳）
□ 16　アリストテレスは，過剰でも不足でもない適度な徳の状態を何と呼んだか。	16　中庸（メソテース）
□ 17　ヘレニズム時代に快楽主義を唱えた哲学の学派は何か。	17　エピクロス派
□ 18　禁欲主義を唱え，ストア派を創始した哲学者は誰か。	18　ゼノン
□ 19　シナイ山でヤハウェから十戒をさずかった預言者は誰か。	19　モーセ
□ 20　律法や預言者のことばなどから成る，ユダヤ教の聖典は何か。	20　旧約聖書
□ 21　イスラエルの国家を再興する民族の救世主を，ユダヤ教では何と呼ぶか。	21　メシア
□ 22　洗礼者ヨハネから洗礼を受けて，みずからが救世主であることを自覚した預言者は誰か。	22　イエス
□ 23　キリスト教では，神の無差別の愛・無償の愛を何というか。	23　アガペー

2
人間としての自覚

☐ 24	イエスの死によって人類の罪が贖われたと説いた使徒は誰か。	24	パウロ
☐ 25	キリスト教の教義の確立に貢献した代表的な教父は誰か。	25	アウグスティヌス
☐ 26	中世にスコラ哲学を大成した神学者は誰か。	26	トマス=アクィナス
☐ 27	イスラームの唯一神を何というか。	27	アッラー
☐ 28	神の預言を伝え，イスラームの開祖となったのは誰か。	28	ムハンマド (マホメット)
☐ 29	イスラームの中心的な聖典は何と呼ばれるか。	29	クルアーン (コーラン)
☐ 30	イスラームのもっとも大切な教義で，神・天使・聖典・預言者・来世・天命(宿命)の六つを信じることを何というか。	30	六信
☐ 31	イスラーム信徒の行う五行とは，信仰告白，礼拝，喜捨，断食と，もう一つは何か。	31	巡礼
☐ 32	バラモン(祭司)を中心とする古代インドの多神教を何というか。	32	バラモン教
☐ 33	『ウパニシャッド』で説かれている宇宙の根本原理，人間の本質を，それぞれ何というか。	33	ブラフマン(梵)，アートマン(我)
☐ 34	ブッダの説いた四諦とは，苦諦・集諦とあと二つは何か。	34	滅諦，道諦
☐ 35	涅槃に至るために八つの正しい道を実践することを何というか。	35	八正道
☐ 36	ブッダが悟った，すべてのものは支え合うことによって存在しているという真理(ダルマ)を何というか。	36	縁起
☐ 37	四法印とは，一切皆苦・諸行無常・諸法無我とあと一つは何か。	37	涅槃寂静
☐ 38	仏教で，すべての生きるものをいつくしむ精神を何というか。	38	慈悲
☐ 39	ブッダの死後，原始仏教の教団が分裂してできた二つの部派を，それぞれ何というか。	39	上座部，大衆部
☐ 40	空の思想を説き，大乗仏教の発展に大きな寄与をなした思想家は誰か。	40	ナーガールジュナ (竜樹)
☐ 41	孔子は，心からの人間への愛を何と呼んだか。	41	仁
☐ 42	孟子は，四徳を身につけるための惻隠の心・羞悪の心・辞譲の心・是非の心をまとめて何と呼んだか。	42	四端の心
☐ 43	性悪説に立った荀子が重視した孔子の教えは何か。	43	礼
☐ 44	墨子が説いた身内に限らない無差別の愛の教えを何と呼ぶか。	44	兼愛
☐ 45	老子は，作為をしないで自然の道に従い，道と一体となる生き方を何と呼んだか。	45	無為自然
☐ 46	荘子は，自分の判断や基準，欲望を捨て，心を虚しくして，天地自然と一体になることを何と呼んだか。	46	心斎坐忘
☐ 47	能の理念として「幽玄」「花」を唱えた能作家・能役者は誰か。	47	世阿弥
☐ 48	『茶の本』『東洋の理想』を著し，東洋文化の独自性・優秀性を強調したのは誰か。	48	岡倉天心

2 練習問題 解答 ⤴ p.344

① 〈ギリシャ思想：善〉
　　古代ギリシャ・ローマでは様々な仕方で善について考えられてきたが，その説明として最も適当なものを，次の①〜④のうちから１つ選べ。

① ストア派は，宇宙を貫く理法（ロゴス）に従って生きることで得られる精神的快楽を幸福とみなし，この幸福を最高善として理解した。

② プロタゴラスは，最高の真実在である善そのものを万物の尺度とみなし，それを認識した哲学者が国家を支配すべきであると説いた。

③ アリストテレスは，理性を人間に固有の能力とみなし，人間にとっては理性に基づく魂の優れた活動こそが最高善であると考えた。

④ エピクロスは，物事の尺度は相対的なものであり，各人ごとに異なるため，善についての普遍的な判断というものは存在しないと主張した。

② 〈ギリシャ思想：欲望〉
　　古代ギリシャ・ローマでは欲望をめぐって様々な考察がなされてきた。その説明として最も適当なものを，次の①〜④のうちから１つ選べ。

① ソクラテスは，魂のそなえるべき徳が何かを知れば，その知を利用して，手段を選ばずあらゆる欲望を満たすことができるので，徳の知を追い求めていくべきだと説いた。

② プラトンは，人間の魂の三部分を二頭の馬とその御者に譬え，欲望的部分が御者として，理性的部分と気概的部分をあらわす二頭の馬を導いていくという人間の自然本性の姿を描いた。

③ アリストテレスは，欲望や感情に関わる倫理的徳のみに従うことと，知性や思慮に関わる知性的徳のみに従うこととの両極端を避け，両者の間の中庸を選択するような性格を身につけるべきであると説いた。

④ エピクロスは，快楽が人間にとっての幸福であるとみなしたが，その快楽とは，自然で必要な欲望を節度ある仕方で満たし，身体の苦痛や魂の動揺から解放された状態のことであると考えた。

③　〈キリスト教〉

　　次の資料を読んだＡとＢの会話を読み，会話中の　 a 　・　 b 　の中に入る記述の組み合わせとして最も適当なものを，あとの①～④のうちから１つ選べ。

資料

> 　わたしが律法や預言者を廃止するために来たと思ってはならない。廃止するどころか，成就するために来たのである。……『目には目を，歯には歯を』と命じられたことを聞いたであろう。しかし，わたしはあなた達に言う，悪人に手向かってはならない。だれかがあなたの右の頰を打ったら，左をも向けよ。……また兄弟にだけ親しくしたからとて，なんの特別なことをしたのだろう。異教人でも同じことをするではないか。　　　──「マタイによる福音書」
>
> 『新約聖書　福音書』(塚本虎二・訳，岩波文庫)

Ａ：律法って，確か　 a 　もそうだったよね。

Ｂ：そうだよ。とても重要な律法だよ。でもイエスは，時に律法を守れない弱者を擁護する立場をとったんだよ。

Ａ：ということは，律法を否定したの？

Ｂ：そこが難しいところで，資料にあるように，イエスは「律法を廃するどころか，成就するために来た」って言ってるんだよ。

Ａ：なんか訳がわからないよ。

Ｂ：先生はそこのところを，　 b 　って説明したくれたよ。

Ａ：やっぱりわからないや。

Ｂ：本当は僕もよくわかってないんだよ。一緒に先生のところへ聞きにいこう。

①　a：モーセが，バビロン捕囚の後，シナイ山で神から授かった十戒
　　b：律法を守ることは結局愛を損なうことなんだよ。だから，律法を乗り越えていくことこそが重要で，イエスはそれを成就って言葉で示したんだよ

②　a：モーセが，出エジプトの後，シナイ山で神から授かった十戒
　　b：形式化した律法を守ることより，律法に込められた神の愛の実践が大事だということだよ。それは，つまり律法を内面化するということなんだ

③　a：モーセが，出エジプトの後，シナイ山で神から授かった十戒
　　b：律法を守ることは結局愛を損なうことなんだよ。だから，律法を乗り越えていくことこそが重要で，イエスはそれを成就って言葉で示したんだよ

④　a：モーセが，バビロン捕囚の後，シナイ山で神から授かった十戒
　　b：形式化した律法を守ることより，律法に込められた神の愛の実践が大事だということだよ。それは，つまり律法を内面化するということなんだ

④　〈トマス＝アクィナス〉

　次の文を読み，文中の空欄　a　～　c　に入る語句の組合せとして最も適当なものを，あとの①～⑥のうちから１つ選べ。

　信仰と理性の　a　的関係を重視した中世の神学者トマス＝アクィナスは，当時ギリシャ語やアラビア語から翻訳された　b　の哲学に大きな影響を受け，その　c　の考えを踏まえ，私有財産制度を認めつつ，同時に，貧者への施しなどを通して社会における富の偏在を是正する必要性を説いた。

① a　調和　　b　アリストテレス　　c　配分的正義
② a　敵対　　b　プラトン　　　　　c　哲人政治
③ a　調和　　b　プラトン　　　　　c　哲人政治
④ a　敵対　　b　アリストテレス　　c　配分的正義
⑤ a　調和　　b　プラトン　　　　　c　配分的正義
⑥ a　敵対　　b　アリストテレス　　c　哲人政治

⑤　〈イスラム教の戒律〉

　次の資料は，イスラームの聖典『クルアーン』の中の文章である。この資料が示す内容を表す語句として最も適当なものを，あとの①～④のうちから１つ選べ。

資料

> 　忠義とは，アッラー最後の日，諸天使，啓典，諸預言者を信じ，その愛着にもかかわらず財産を近親たち，孤児たち，貧者たち，旅路にある者，求める者たちに与え……困窮と苦難と危難の時にあって忍耐するものである。
>
> 　　　　　　　　　　　　　　　　　　　　　　　　—— 『クルアーン』
> 　　　　　　　　『日亜対訳　クルアーン』(中田考・監修，作品社)

① 喜捨　　② 巡礼　　③ 断食　　④ 信仰告白

⑥　〈イスラームの義務：五行〉

　次のア～ウは，イスラームの基本的な義務である五行に関する記述である。その正誤の組合せとして正しいものを，あとの①～⑧のうちから１つ選べ。

ア　健康な成人男女は，イスラーム暦９月のラマダーン月の日中，一切の飲食を絶たなくてはならない。

イ　経済的，肉体的に可能であれば，イエスが十字架上の死を遂げたエルサレムに巡礼しなくてはならない。

ウ　毎日５回メッカの方角を向いて跪き，カーバ神殿にあるアッラーの肖像画を称えなくてはならない。

①	ア 正	イ 正	ウ 正	②	ア 正	イ 正	ウ 誤
③	ア 正	イ 誤	ウ 正	④	ア 正	イ 誤	ウ 誤
⑤	ア 誤	イ 正	ウ 正	⑥	ア 誤	イ 正	ウ 誤
⑦	ア 誤	イ 誤	ウ 正	⑧	ア 誤	イ 誤	ウ 誤

⑦ 〈古代インドの思想〉

　古代インドでは世界を貫く真理について様々な仕方で考えられてきたが，その説明として最も適当なものを，次の①〜④のうちから１つ選べ。

① 竜樹（ナーガールジュナ）は，存在するすべてのものには実体がないという思想を説いた。

② ウパニシャッド哲学では，人間だけでなくすべての生あるものが成仏できる可能性をもつと説かれた。

③ 世親（ヴァスバンドゥ）は，梵我一如の体得によって輪廻の苦しみから解脱することを説いた。

④ ジャイナ教では，世界のあらゆる物事は人間の心によって生み出された表象であると説かれた。

⑧ 〈ブッダの教え〉

　次の資料を読み，文中の　a　にあてはまる記述として最も適当なものを，あとの①〜④のうちから１つ選べ。

資料

> 　比丘たち，出家した者はこの二つの極端に近づいてはならない。二つとは何か。第一にさまざまの対象に向かって愛欲快楽を追い求めるということ。これは低劣で，卑しく，世俗の者のしわざであり，とうとい道を求める者のすることではなく，真の目的にはかなわない。また，第二には自ら肉体的な疲労消耗を追い求めるということ，これは苦しく，とうとい道を求める者のすることではなく，真の目的にかなわない。比丘たち，　a　。これは，人の眼を開き，理解を生じさせ，心の静けさ・すぐれた知恵・正しいさとり・涅槃のために役立つものである。
> 　　　　　　　　　　　　　　　　　　　　　　　　　——「初転法輪」
> 　　『世界の名著１　バラモン教／原始仏典』（桜部建・訳，中央公論社）

① ふたつの極端から離れ持戒と精進の道を歩むべきである

② 如来はそれら両極端を避けた中道をはっきりと悟った

③ ふたつの極端から離れ忍辱と禅譲の道を歩むべきである

④ 如来はそれら両極端を避けた中庸をはっきりと悟った

⑨　〈孟子の王道政治〉
　　次の資料を読んだＡとＢの会話を読み，会話中の　a　・　b　の中に入る記述の組み合わせとして最も適当なものを，あとの①〜④のうちから１つ選べ。
資料

> 　もしも，王様はどうしたら自分の国に利益になるのか，大夫は大夫でどうしたら自分の家に利益になるのか，役人や庶民もまたどうしたら自分の身に利益になるのかとばかりいって……国家は必ず滅亡してしまいましょう。……だから王様，どうかこれからは，ただ仁義だけをおっしゃってください。どうして利益，利益とばかり口になさるのです。　　　　　　　　　　──『孟子』
> 『孟子　上』(小林勝人・訳注，岩波文庫)

Ａ：この資料の出典は，確か『孟子』だよね。
Ｂ：孟子は　a　でよく知られているよ。
Ａ：資料に「仁義」とあるけど，これに「礼智」を加えた４つの徳は，四徳とよばれ孟子が重視したものだったよね。
Ｂ：孟子は，　b　。

①　a：人の性は悪であるとし，小国寡民という国家観をもっていたこと
　　b：四徳を身につけるなかで養われる強い精神力を浩然の気と呼んだよ
②　a：人の性は善であるとし，王道政治を重視したこと
　　b：四徳を体得すると悠々と世界を遊ぶ境地で生きる真人になれると説いたよ
③　a：人の性は善であるとし，王道政治を重視したこと
　　b：四徳を身につけるなかで養われる強い精神力を浩然の気と呼んだよ
④　a：人の性は悪であるとし，小国寡民という国家観をもっていたこと
　　b：四徳を体得すると悠々と世界を遊ぶ境地で生きる真人になれると説いたよ

⑩　〈中国の源流思想〉
　　秩序や規範に対する考え方をめぐって，中国においてなされた議論の説明として適当でないものを，次の①〜④のうちから１つ選べ。
①　韓非子は，人間の善意に基礎をおく儒家の仁愛の教えを批判し，法や刑罰によって社会秩序が維持されるべきだと説いた。
②　老子は，自他の分け隔てなく人を愛する墨子の兼愛説を批判し，兼愛による限り親疎の区別に基づく孝・悌が損なわれると説いた。
③　荀子は，孟子の性善説を批判し，孔孟の徳治主義に対して，性悪説の立場から礼による人間の教化を目指す礼治主義を唱えた。
④　王陽明は，朱子の説が世界を貫く規範である理を事物の内に求める傾向にあると批判し，理は自らの心の内にあると唱えた。

第2編

現代と倫理

・・・・

≫ 現代に生きる人間の倫理①

まとめ

❶ 人間の発見 ☞p.114

□ ルネサンス

- ・ルネサンス…イタリアで始まった「**文芸復興**」。ギリシャ・ローマの古典を研究し，人間性の回復をめざすヒューマニズム（人文主義）。**人間中心主義**。
- ・ダンテ…叙事詩『**神曲**』。　・ペトラルカ…「**人文主義の父**」。
- ・ピコ゠デラ゠ミランドラ…人間は自由意志をもった存在→**人間の尊厳**。
- ・「**万能人**」…ルネサンスの理想的人間像。レオナルド゠ダ゠ヴィンチ。
- ・マキャヴェリ…『**君主論**』。政治を道徳から切り離す**マキャヴェリズム**。

□ 宗教改革

- ・北方ルネサンス…ヨーロッパ北方の国々で発展。**宗教的ヒューマニズム**。エラスムス『自由意志論』『**愚神礼讃**』，トマス゠モア『**ユートピア**』
- ・宗教改革…北方ルネサンスが基盤。ルターの「95か条の意見書（論題）」をきっかけに，腐敗したローマ教会に対して真の信仰を求める運動が発展。
- ・ルターの改革…①信仰義認説　②聖書中心主義：「**聖書のみ**」③万人司祭説：神の前の平等。④職業召命観：職業は神から与えられた召命（天職）。
- ・カルヴァンの予定説…神に救われるか否かはあらかじめ決められている。
- ・カルヴィニズム…予定説は禁欲倫理を生みだす→のちに**資本主義の精神**に。

□ モラリスト

- ・モンテーニュ…「**ク・セ・ジュ？（私は何を知るか）**」と問う**懐疑主義**。
- ・パスカル…人間は中間者＝「**人間は考える葦である**」。繊細の精神。

❷ 自然の発見・真理の探究 ☞p.126

□ 近代自然科学の成立

- ・近代の自然観…観察と実験により，仮説を検証→**法則**を確認。
- ・近代自然科学の成立…コペルニクスの地動説，ケプラー，ガリレイ，ニュートンの『**プリンキピア**』→機械論的自然観を確立。科学革命。

□ 新しい学問の方法（ベーコン）

- ・「**知は力なり**」…自然を征服するために知を道具として利用する。
- ・**イドラ（偶像）**…種族のイドラ・洞窟のイドラ・市場のイドラ・劇場のイドラ。
- ・**帰納法**…観察・実験→共通する事実を発見→一般的な法則を得る。

□ 理性の力（デカルト）
- ・良識（ボン・サンス）…人間は判断力，理性をもつ。『方法序説』。
- ・演繹法…絶対に確実な真理→理性による推論→個別的な結論を得る。
- ・方法的懐疑…疑わしいものを排除する→「われ思う，ゆえにわれあり」。

□ 経験論と合理論
- ・経験論…ロック「白紙（タブラ・ラサ）」，バークリー，ヒューム。
- ・合理論…スピノザの汎神論。ライプニッツ「モナド（単子）」と予定調和。

❸ 市民社会の倫理 ☞p.139

□ 啓蒙の時代
- ・自然法思想…グロティウスが基礎づける→自然権（自己保存・自由・平等）。

□ 社会契約説
- ・ホッブズ…「万人の万人に対する闘争」→自然権を譲渡→国家が成立。
- ・ロック…所有をめぐる争い→自然権を政府に信託。抵抗権・革命権を認める。
- ・ルソー…不平等な社会→権利を共同体に譲渡→一般意志に従う。直接民主制。

□ フランス啓蒙思想
- ・モンテスキュー…『法の精神』：三権分立の理論。　・ヴォルテール…『哲学書簡』。
- ・百科全書派…ディドロ，ダランベールらが啓蒙思想を集大成。

□ カントの哲学
- ・認識論…「対象が認識にしたがう」＝「構成説」：コペルニクス的転回。理論理性：認識の能力。実践理性：行為や意志の決定に関わる能力。
- ・道徳法則…無条件の命令（定言命法）⇔条件付きの命令（仮言命法）
- ・人格主義…人格に人間の尊厳を見いだす。「目的の国」。

□ ドイツ観念論とロマン主義
- ・フィヒテとシェリング…カントの二元論の克服→一元論的な哲学の構築。
- ・ロマン主義…啓蒙主義に反対し，個人の尊重と感性の解放を訴える。

□ ヘーゲルの哲学
- ・絶対精神…世界史のなかで自由を実現していく。「理性の狡智」。
- ・弁証法…正（テーゼ）→反（アンチテーゼ）→合（ジンテーゼ）という運動法則。
- ・人倫…家族→市民社会（欲望の体系）→国家の3段階で発展。

SECTION 1 人間の発見

1 | ルネサンス

1 ルネサンスの歴史的背景

❶封建的秩序の衰退 西ヨーロッパでは，十字軍の失敗，中央集権国家の成立，都市の興隆および市民階級の台頭などによって，それまで長きにわたって人々を精神と社会の両面から支配してきた中世封建社会の秩序とキリスト教会の権威がゆらぎはじめた。そのような状況のなかで，14世紀頃から，古代ギリシャ・ローマの文化に目を向け，新しい時代の原理を探し求める試みがはじまった。そこから生まれた，あるがままの人間を肯定する躍動的な文化がルネサンスである。

❷ルネサンス ルネサンス（Renaissance）ということばは，「復活」あるいは「復興・再生」を意味する。古代ギリシャ・ローマの文芸を復興させたという点で，「文芸復興」と訳される。ルネサンスは，14世紀に商業活動の最もさかんな北イタリアの自治都市でおこった。最初フィレンツェを中心に開花し，ついでローマ，

▲フィレンツェ大聖堂

ベネチアに，そしてイタリア各地に，さらにヨーロッパ全体に広がっていった。

2 ヒューマニズム（人文主義）

❶ヒューマニズム（人文主義） ルネサンスの時代，イタリアでは，古典の文献の蒐集や研究に従事する人々は，**ヒューマニスト（人文主義者）**と呼ばれた。彼らが担った，**ギリシャ・ローマの古典を研究し，人間性の回復をめざそうとする動き**は，**ヒューマニズム（Humanism，人文主義）**と呼ばれる。

❷人間への注目 イタリア人たちは，単に知識を獲得して教養を深めるためにギリシャ・ローマの古典に目を向けたのではない。そうではなく，封建制度や教会の権威に縛られる以前の，自由で自然な人間の躍動的な営みに光を当てようとしたのである。

つまり，ヒューマニズムは，中世の神中心主義から**人間中心主義**への移行でもあった。人間が改めて発見され，その尊厳に目が向けられたのである。

> **補説 ヒューマニズム** ラテン語のフマニタスhumanitas「人間的なもの」に由来する。古代ローマ人は，人間の生活の理想は古典的な教養を身につけることだと考えた。それゆえ，フマニタスは「教養」をも意味した。

ヒューマニスト(人文主義者)…ギリシャ・ローマの古典を研究し，人間性の回復をめざそうとした。

3 ダンテとペトラルカ，ボッカチオ

❶ダンテ　ルネサンス人文主義の運動の先駆者となったのは，フィレンツェ出身の詩人ダンテ(Dante Alighieri，1265～1321)である。彼の愛の詩集『新生(しんせい)』，そして魂が地獄・煉獄(れんごく)を経て純化されていく過程を叙述した宗教的叙事詩『神曲(しんきょく)』は，ルネサンスの幕開けを象徴する。『神曲』は，中世にひろく用いられたラテン語ではなく，イタリアのトスカーナ地方の方言で書かれた。「ローマの城壁は襟(えり)を正してこれを見るべし」というダンテのことばは，イタリア人文主義の精神をよく表している。

▲ダンテ

❷ペトラルカ　ダンテにはなお中世的なものが残存していたが，それを払拭し，ルネサンスの精神を最もよく体現しているのが，「人文主義の父」と称せられるペトラルカ(Francesco Petrarca，1304～74)である。ペトラルカがギリシャ・ローマの古典を重視したのは，それを通して「人間的教養」を身につけることができたからである。人間性と教養を身につけることは，人間として完成することであった。

❸ボッカチオ　ペトラルカの友人であるボッカチオ(Giovanni Boccaccio，1313～75)は，古典を無視する神学者や，異教を不道徳なものとして責める修道僧を非難して，ヒューマニズムの普及に貢献した。彼の主著『デカメロン(十日物語)』には，ルネサンス的な人間性解放の精神が満ちている。

4 ピコ゠デラ゠ミランドラ

❶自由意志　15世紀に人文主義の立場からスコラ哲学(⇨p.70)の神学的世界観を批判した人に，ピコ゠デラ゠ミランドラ(Pico della Mirandola，1463～94)がいる。

　ピコは『人間の尊厳について』のなかで，「なんじ(人間)は最下等の被造物である禽獣(きんじゅう)(鳥やけだもの)に堕(だ)することもありうるが，しかしなんじみずからの決断によって神的な高級なものに再生することもできる」と述べている。このように，人間を，神によってその行動や運命が定められた存在ととらえるのではなく，自由意志をもった存在と

▲ピコ゠デラ゠ミランドラ

してとらえたところに，その思想の特徴がある。

②人間の尊厳　もし無感動・無関心に生きることを選択すれば植物のようになり，欲望のままに生きることを選択すれば動物のようになり，理性によってすべてを正しく考える哲学者となろうと決意すれば天界に住む霊となり，心の奥に入って純粋な観想者となるときは人間の形をもった神となる，とピコは述べている。

　まさにこの自由意志をもち，みずからのあり方を自己の意志によって選びとるところに，ピコは**人間の尊厳**を見いだしたのである。このように，キリスト教が大きな意味をもっていた中世にはなかった，**新しい人間観**を表現したところに，ピコの思想の意義がある。

POINT!
　ピコ＝デラ＝ミランドラ…人間を，自由意志をもつ存在としてとらえ，そこに人間の尊厳を見いだした。

⑤「万能人」という理想

①レオナルド＝ダ＝ヴィンチ　イタリア・ルネサンスを代表する人物として，しばしばレオナルド＝ダ＝ヴィンチ(Leonardo da Vinci，1452～1519)の名があげられる。彼は，「**最後の晩餐**」や「**モナ・リザ**」など，すぐれた絵画を残した画家だが，同時に，天文や機械，建築，土木など，さまざまな分野で抜群の才能を発揮した人でもあった。生涯で30あまりの遺体を解剖し，きわめて正確な解剖図を残している。彼は芸術家としての才能と科学的な精神をあわせもった「**万能人(普遍人)**」であった。

▲レオナルド＝ダ＝ヴィンチ

②ルネサンスの理想的人間像　中世において理想とされたのは，深い信仰を有する人であった。それに対して，ルネサンスにおいて理想とされたのは，みずからのあり方をみずから決定する強い意志をもつ人，そして，豊かな教養と才能をもち，さまざまな分野で真理を探究するとともに，美を感受し表現することのできる，文字どおりの万能人であった。万能人は，神

▲アテネの学堂　市民と対話をするソクラテス(①)，議論をするプラトン(②)とアリストテレス(③)たちが描かれている。(ラファエロ筆，バチカン宮殿蔵)

に身を委ねた人間ではなく，自身のなかにさまざまな可能性をもち，それを具体化する能力をもった人間であった。中世からルネサンスにかけての時期に，人間に対する理解は大きな変化を遂げた。

　こうした人間像は，来世ではなく，現実の生活に積極的な意味を認めようとする態度にも結びついていた。**現実肯定の精神**も，ルネサンスの大きな特徴の一つであったといえる。

> 補説 **ルネサンスの芸術家**　そのほかの重要なルネサンスの芸術家として，「ダヴィデ像」やシスティーナ礼拝堂の天井画で知られる彫刻家のミケランジェロ，「アテネの学堂」「聖母子」で知られる画家のラファエロ，「ヴィーナスの誕生」「春」で知られる画家のボッティチェリがいる。

> **POINT!**
> ルネサンスにおいては，あらゆる領域においてその豊かな才能を発揮することのできる万能人(普遍人)が理想とされた。

6 マキァヴェリの政治思想

❶マキァヴェリ　15世紀から16世紀初頭にかけて，イタリアの政治的・社会的な現実を直視しながら，特異な政治思想を展開した人に，マキァヴェリ(N. B. Machiavelli, 1469〜1527)がいる。彼は『君主論』において，政治を宗教や道徳から切り離して考察した。その意味で，この著作は近代的政治学の始まりとされる。

　マキァヴェリによれば，政治は，人間と社会のあり方を直視するところから始めなければならない。社会は善意で

▲マキァヴェリ

成り立っているのではない。人間は本来，恩知らずで偽善者で物欲に目がない。すぐれた君主は，こうした人間を巧妙に導いて政治の目的を実現しなければならない。そのためには，人民に愛されるのではなく，恐れられなければならない。

❷君主の政治　君主が人民に対する方法として二つのものがある。一つは**法律**であり，もう一つは**暴力**である。

> **原典のことば** **君主に求められるもの**
> 　戦いに勝つには，二つの方法があることを知らなくてはならない。その一つは法律によるものであり，他は力によるものである。前者は人間本来のものであり，後者は本来野獣のものである。だが多くのばあい，最初のものだけでは不十分であって，後者の助けを求めなくてはならない。つまり，君主は，野獣と人間とをたくみに使いわけることが必要である。　——マキァヴェリ『君主論』

前者は人間の道であり，後者は野獣の道である。政治を行うにあたって，君主は人間の道と野獣の道とをたくみに使い分けなければならない。

　　君主は，野獣の道においても，**キツネとライオン**の二役を演じなければならない。政治にはライオンの勇猛さ（暴力）とキツネの奸智（狡猾さ）が必要だからである。というのも，ライオンはわなを見抜くことができず，キツネはオオカミから身を守れないからである。この両者をあわせもつことによって，君主ははじめて強い政治的な実行力を発揮することができる。

❸ **マキァヴェリズム**　マキァヴェリの思想は，目的のために手段を選ばない**権謀術数主義**として，**マキァヴェリズム**と呼ばれた。しかし，マキァヴェリには，人間と政治，外交に関する客観的な観察を踏まえて，イタリアの国家統一を達成しようという強い意志があった。

　　このように，マキァヴェリの政治思想では，人間や社会が現実に即した形でとらえられており，ルネサンス的精神を発揮した一人であった。

　　マキァヴェリ…『君主論』を著し，政治を宗教や道徳から切り離して考察した。

2 ｜ 宗教改革

1 北方ルネサンス

❶ **ルネサンスの展開**　イタリア・ルネサンスの人文主義は，15世紀末から16世紀の初頭にかけて，アルプスを越え，ヨーロッパ北方の国々にも波及し，新たな展開を遂げた。これらを総称して**北方ルネサンス**という。そこにはイタリア・ルネサンスにはなかったいくつかの特徴がある。

❷ **宗教的ヒューマニズム**　まず，古典を熱狂的に模倣せず，むしろ批判的に読み，そこから深い人生観や内面的知識を謙虚にくみとろうとした点である。次に，イタリア・ルネサンスの貴族主義的傾向に対して，倫理的で市民的な傾向が強かった。さらに，ローマ教会に対しては批判的であったが，キリスト教そのものに対する信仰は強く，聖書やその他のキリスト教の文献から直接学ぼうとする傾向が強かった。つまり，北方ルネサンスは**宗教的ヒューマニズム**ともいうべき傾向をもち，宗教改革運動の先駆としての役割をはたした。

❸ **エラスムス**　北方ルネサンスの代表的人物として挙げられるのは，ネーデルラント（オランダ）のエラスムス（Desiderius Erasmus，1466～1536）である。彼は，聖書の一字一句に拘泥するよりも，むしろ個人の心の内面において神を直接信仰すべきことを主張した。エラスムスの

▲エラスムス

宗教的ヒューマニズムは，ルターにも影響を与えたが，のちに『自由意志論』を発表し，**奴隷意志論**(奴隷のように神の意志通りに生きろという考え)を説くルターと論争した。

　エラスムスは，イギリスに渡って『愚神礼讃』(1511)を執筆した。それは，痴愚と狂気がいかにこの世を支配しているかを描き，君主や貴族，僧侶などの生活を風刺したものであった。

❹**トマス＝モア**　イギリスに渡ったエラスムスが交流したのが，ヒューマニストのトマス＝モア(Thomas More，1478〜1535)だった。彼は『ユートピア』を発表し，土地所有者の囲い込み運動で農民が貧困に陥ったイギリスの現状を批判するとともに，私有財産をもたず，自然に従って暮らす理想の国を描いた。

　イギリスのルネサンスは16世紀後半のエリザベス1世時代に最盛期を迎え，フランシス＝ベーコン(⇨p.129)やシェークスピアなどが活躍した。

> 補説　**ユートピア(utopia)**　ギリシャ語をもとにしたトマス＝モアの造語で，「どこにもない所」という意味。トマス＝モアの著書『ユートピア』のなかでは，理想的な至福の島国の名前を指した。その後，一般化して，「理想社会・理想郷」という意味で用いられるようになった。

２ 宗教改革

❶**ローマ教会の腐敗**　北方ルネサンスは，古典文芸の復興という形をとらず，聖書などの研究に向かったが，同時に，ローマ教会の腐敗や搾取を目の当たりにして，真の信仰を求める運動へと発展していった。そこに生まれたのが，いわゆる宗教改革である。宗教改革もまた，ルネサンスと同様，封建制度や教会の束縛から離れて，人間らしい生き方を求めようとするヒューマニズムのあらわれであったといえるであろう。

❷**95か条の意見書(論題)**　16世紀初頭，教皇や教会は，その奢侈(ぜいたく)により，財政困難に陥っていた。ローマ教会はこれを解消するため，聖ピエトロ大聖堂の建築を理由に，信者の犯した罪が許されるという贖宥状(免罪符)の販売を始めた。

▲ルター

　ヴィッテンベルク大学教授であったルターは，贖宥状が信者に悪い影響を及ぼすことを憂慮して，1517年，ヴィッテンベルクの教会の扉に見解をまとめた「95か条の意見書(論題)」を掲げた。ルターは，罪のゆるしは贖宥状のような外的な形で得られるのではなく，真の「悔い改め」によると考えた。この主張は，教会の腐敗を目の当たりにしていた民衆に強い共感を引きおこした。これが宗教改革運動の出発点になった。

人物紹介	ルター

Martin Luther(1483~1546)　ドイツのアイスレーベンで生まれた。エルフルト大学に入学，法律を学んでいたが，そのころ激しい雷雨にあって生命の危険を感じた体験がきっかけとなり，アウグスティヌス派の修道院にはいり司祭となった。1520年に，教皇と教会を批判する『キリスト者の自由』を発表，ローマ教会から破門された。その後ルターは『新約聖書』のドイツ語訳に取り組んだ。1524年にドイツ農民戦争が起こって，再洗礼派のミュンツァーのひきいる革命的運動と結びつき，領主と対立するようになると，ルターは反乱農民を激しく批判し，領主に武力弾圧を要請した。これは，ルターの改革が貴族的な，上からのものだったことを示している。

3 「信仰のみ」というルターの主張

❶信仰とは何か　ローマ教会による贖宥状の販売を批判するルターにとって，キリスト教の信仰とは何かという問題はきわめて大きな問題であった。それは，人は何によって「義とされるのか(正しいとされるのか)」という問題であった。

❷信仰義認説　ルターはひたすら聖書を読み，パウロ(⊸p.66)の「神の義は福音(神の言葉)のなかに啓示され，信仰に始まり信仰に至らせる」ということばを見いだした。神の義は神から与えられる賜物であり，人はそれを信仰を通じて受け取るだけである。したがって，ルターは，人が善行を積んだり，教会から贖宥状を買ったりするような外面的な事柄によるのではなく，自分の罪を自覚し，その良心を通じて内面的に神と接しなければならないと考えた。つまり，人が義とされるのは「信仰のみ」による。この「信仰によってのみ義とされる」という信仰義認説こそ，ルターの改革思想の原点であるといえる。

❸聖書中心主義　信仰によってのみ義とされるということは，教会や聖職者の権威にではなく，神のことば，つまり聖書にのみ従うということである。こうして，ルターは「聖書のみ」という聖書中心主義をとった。この立場は，すべてのよりどころを神のことばに求めたという意味で，福音主義とも呼ばれる。

　福音主義の立場から，ルターは『新約聖書』のドイツ語訳に取り組んだ。聖書のことばは聖職者だけのものではなく，むしろ民衆こそがそれを知る必要があると考えたからである。このドイツ語訳の聖書は，印刷術の普及を背景に，ドイツ全土でひろく読まれた。

▲ルターのドイツ語訳の聖書

4 キリスト者の自由

❶キリスト者とは何か　1520年，ルターは『キリスト者の自由』などの宗教改革の三大論文を発表するとともに，教皇の破門威嚇書を教会法令集などといっしょに火に投じ，ドイツ国民に宗教改革運動に立ちあがる決意を公然と示した。『キ

リスト者の自由』のなかでルターは，「キリスト者とは何であるか」と問い，キリスト者のあるべき姿を，次のような互いに矛盾する二つの命題の総合として示している。「キリスト者はすべてのものの上に立つ自由の君主であって，だれにも従属しない。キリスト者はすべてのものに奉仕する僕(しもべ)であって，だれにも従属する」。信仰においては，誰からも制約を受けず，自由であり，愛においては，すべての人に奉仕するというのである。

> **原典のことば　キリスト者の自由**
>
> 　キリスト者は信仰だけで充分であり，義とされるのにいかなる行いをも要しない…。かくて彼がいかなる行いをももはや必要としないとすれば，たしかに彼はすべての誡(いまし)めと律法とから解き放たれているし，解き放たれているとすれば，たしかに彼は自由なのである。これがキリスト教的な自由であり，「信仰のみ」なのである。
> 　　　　──ルター『キリスト者の自由』
> 　『新訳キリスト者の自由・聖書への序言』
> 　　　　（石原謙・訳，岩波文庫）

❷万人司祭説(ばんにんしさい)　真の信仰を有する者は何ものにも従属しない自由な君主であるということは，すべての者が平等であり，司祭として直接神に接することができるということでもある。ルターは，聖職者が特権的な身分をもつことを否定し，神の前においては，聖職者であれ，世俗の生活を送る者であれ，平等であることを主張した。これを万人司祭説という。

❸職業召命観(しょうめい)　ルターは，万人司祭説をさらに一歩進めて，世俗のすべての職業に価値を認めた。あらゆる職業は，神からそれを果たすように与えられた使命，つまり召命（天職）であり，世俗の職業にはげむことこそ神の意にかなうのである。これを職業召命観という。ここにも中世とは区別される新しい人間像が見られる。

> 補説　**召命**　神からそれぞれの使命を果たすように召されている(任じられている)ことを意味する。ドイツ語ではベルーフ(Beruf)，英語ではcallingということばが使われる。もともとは聖職についてのみ使われたが，ルターは世俗の職業にもそのような意味を認めた。そのため，Berufもcallingも，「召命」と「職業」という二つの意味で使われる。

［ルターの宗教改革］
- 「信仰によってのみ義とされる」という主張（信仰義認説）に基づいた。
- 聖書中心主義・万人司祭説・職業召命観を柱とした。

5 カルヴァンの予定説

　ルターの「信仰のみ」という考えをさらに徹底させ，スイスにおいて宗教改革運動を推進したのがカルヴァンである。

❶予定説　カルヴァンはルターと同じく，信仰の重要性を強調し，聖書を唯一絶対のものとみなした。彼が主著『キリスト教綱要』のなかで強調したのは，すべ

てのものが摂理(神の意志)によって導かれ，支配され，
決定されているということであった。**誰が救われ，永遠
の生命を得るか，誰が永遠の滅亡に至るかということも，
あらかじめ神によって決められている。この(二重)予定
説が，カルヴァンの思想の大きな特徴である。**

▲カルヴァン

❷**権威からの自由**　予定説は，一見すると人間性を無視す
るもののように思われるが，当時の民衆にとって，この
世の外的な権威(たとえば教会や諸侯による支配)からの
自由を保障するものであった。つまり救いが予定されて
いるという確信は，人々にこの世のなにものにも屈服することはないという自信
を与えた。また，どのような試練にあっても，社会の変革に邁進する力を与えた。

> **人物紹介　カルヴァン**　Jean Calvin(1509~64)　北フランスのノワイヨンの中産階級の家に生
> まれた。パリでルター派の信仰に触れ，福音主義の指導者になった。福音
> 主義へのきびしい迫害をのがれてスイスのバーゼルに亡命し，主著『キリスト教綱要』を書
> きあげた。旅行の途中で立ち寄ったジュネーヴで，宗教改革運動に参加した。その改革があ
> まりに厳格であったため，市当局によっていったん追放されたが，1541年にふたたび呼びも
> どされ，そこで自分の宗教理念の実現のために全力をそそいだ。こうして確立されたカルヴ
> ァン主義は，ジュネーヴの新興中産層の意識を母胎にしたものであったが，同じように中産
> 層の台頭しつつあったイギリス・オランダ・フランスなどの国々に普及し，近代社会の担い
> 手を生みだす精神的支柱となった。

6　職業召命観と禁欲倫理

❶**職業召命観**　神による救いがあらか
じめ決められているとすれば，自分
は救われる者なのか，そうでないの
か。**カルヴァンの予定説は，人々を
自分が神に「選ばれているのか，捨
てられているのか」という不安に直
面させた。**

　カルヴァンによれば，すべてのも
のは神の栄光を実現するためにあり，
キリスト者に求められるのは，自分
がそのための道具であると認識する

> **原典のことば　召命**
>
> 　神は，われわれひとりひとりが，そのあ
> らゆる行為において自分の召命(職業)を重
> んじることを命じている。……われわれが，
> 自分の愚かさと無謀さから，あらゆるもの
> を混乱させてしまうようになることを恐れて，
> 神は自分や暮らし方に区別を設けて，めい
> めいにその為すべきことを命じた。そして，
> 誰も自分の限度を軽々しく踏みこえること
> のないように，そういう暮らし方を，神は
> 召命(職業)と呼んだ。
> ──カルヴァン『キリスト教綱要』

ことである。それは，神の教えをきびしく守りながら日常の職業にはげみ，信仰
と隣人愛を実践することにほかならない。各人は自己の職業にはげむことによっ
て，みずからの救いへの予定を確信することができるのである。このようにカル

ヴァンは，一人ひとりの職業を，「神の栄光のために」役立つところの神の**召命**(calling)，すなわち天職であると積極的に意義づけた。

❷**禁欲倫理**　職業の神聖化は，勤勉・まじめ・節制・質素などの禁欲倫理を生みだした。さらに，職業にはげんだ結果として獲得される利潤は，神の栄光を実現するための行為から得られた成果であり，自分が救われる確証でもある(「救済財」という)として肯定された。カルヴァンの予定説は，**職業召命観**と**禁欲倫理**に強固に結びついていったのである。

❸**カルヴィニズム**　このようなカルヴァンの思想はカルヴィニズムと呼ばれる。カルヴィニズムは，新興中産層が台頭しつつあったイギリスやオランダ，フランスなどにひろまっていった。とくにイギリスでカルヴィニズムの影響を受けた人々は，**ピューリタン(清教徒)**と呼ばれ，市民革命の担い手となった。

❹**資本主義の精神**　カルヴァンによれば，勤労の結果得られた利潤は，神の栄光を実現するために行った行為の結果であるから，みずからの欲望充足のために消費することはできない。このような考えが生産の拡大につながり，さらに利潤が大きくなって資本の蓄積をもたらすことになった。ドイツの社会学者**マックス゠ウェーバー**(Max Weber, 1864~1920)は，『プロテスタンティズムの倫理と資本主義の精神』(1904~05)のなかで，カルヴィニズムからピ

▲マックス゠ウェーバー

ューリタンに受けつがれた禁欲倫理が資本主義的経営を生み出し，やがて宗教的性格を失って，利潤の追求そのものを目的とする「**資本主義の精神**」になったと指摘した。そういう意味で，カルヴィニズムが近代社会の形成に与えた影響は多大であった。

補説　**カトリックとプロテスタント**　ルターやカルヴァンの宗教改革運動は，キリスト教に新しい流れを生みだした。それは従来のローマ教会に抗議(プロテスト)したという意味で，**プロテスタンティズム**と呼ばれ，その信者は**プロテスタント**と呼ばれた。それに対して，ローマ教皇を首長と仰ぐ従来の立場はカトリシズムと呼ばれるようになった。教派としては，カトリック教会，あるいはローマ・カトリック教会と呼ばれる。「**カトリック**」は，「普遍的」という意味のギリシャ語に由来することばであり，教派を超えた意味で用いられることもある。日本語で，プロテスタンティズムを「新教」，カトリックを「旧教」と呼ぶこともあるが，カトリック教会自身が「旧教」という表現を用いることはない。

[カルヴァン]
・予定説を唱えた。
・その職業召命観は近代的な「資本主義の精神」の形成を準備した。

3 | モラリスト

1 モンテーニュ

❶モラリスト　イタリアの人文主義の伝統を引きつぎ，16～17世紀のフランスで人間性を探究した思想家をモラリストと呼ぶ。この場合のモラリストは，道徳学者という意味ではない。「モラル」(moral)の語源となったのは，習俗や性格，特徴を意味するラテン語「モレス」(mores)である。彼らモラリストは**人間や社会を冷静に観察し，人間のあるべき姿を深く追究した人々**といえる。その思索は多くの場合，随想風の手記や格言に書き表された。

❷モンテーニュ　モラリストを代表する人物として，まず挙げられるのは，16世紀の思想家モンテーニュ(Michel de Montaigne，1533～92)である。

　モンテーニュが生きた時代は，フランスの宗教戦争(ユグノー戦争)と重なる。カトリックとプロテスタントが40年近くにわたって戦い，たびたび虐殺がくり返された。それを通してモンテーニュは，人間がいかに残虐な動物である

▲モンテーニュ

かを知った。モンテーニュの考えでは，人間がそのような残虐な行為をするのは，自己への省察が欠けているからである。思いあがりや不遜，独断や偏見，そして他者への不寛容，これらが人間を野蛮な行為へと導くのである。

❸懐疑主義　著書『随想録(エセー)』のなかでモンテーニュは，「ク・セ・ジュ？(私は何を知るか)」をモットーにした。このことばは，自己を反省することの重要性を表すとともに，独断や偏見にとらわれず，事実に謙虚に耳を傾ける必要性を語っている。また，人間の知が限界をもつこと，他者の見解に寛容であるべきことも語っている。その態度は，ソクラテスの「無知の知」にも通じており，**懐疑主義**または**懐疑論**と呼ばれる。

> **原典のことば　人間の本性**
>
> 　われわれは自然のなかで人間として生まれた。われわれは神でも野獣でもない，人間として育ってきた。さまざまの欠点と悪徳をそなえているけれども，これが人間の運命であり，本性である。したがって，人間であることに徹し，たとえそれがいかに不確実で不安定なものであろうとも，この本性の善さと美しさを開発してゆくほかに人間の生き方はない。
>
> ——モンテーニュ『随想録』

2 パスカル

❶パスカル　パスカルは，17世紀のフランスで，デカルト哲学(⇒p.132)の影響をうけながら，それとは異なり，モラリストの立場から鋭い人間観察を行った。

❷「考える葦」　パスカルは主著『パン
セ』において，人間を無限と虚無，
偉大と悲惨のあいだに浮かぶ中間(中
間者)ととらえている。広大な宇宙
にくらべると，人間はほとんど無に
等しい。一本の葦にすぎず，水を与
えなければ，すぐにも死にいたらし
めることができる。だが，パスカル
は「**人間は考える葦である**」といい，
それゆえに，宇宙よりも高貴である
という。なぜなら，人間は自分が死
ぬことと宇宙が人間よりもはるかに強力なことを知っているが，宇宙はそれを知
らないからである。

> **原典の ことば　考える葦**
>
> 　人間はひとくきの葦にすぎない。自然の
> なかで最も弱いものである。だが，それは
> 考える葦である。彼をおしつぶすために，
> 宇宙全体が武装するには及ばない。蒸気や
> 一滴の水でも彼を殺すのに十分である。だが，
> たとい宇宙が彼をおしつぶしても，人間は
> 彼を殺すものより尊いだろう。なぜなら，
> 彼は自分が死ぬことと，宇宙の自分に対す
> る優勢とを知っているからである。宇宙は
> 何も知らない。
> 　　　　　　　　——パスカル『パンセ』
> 　　　　　　　　　(前田陽一・訳，中央公論社)

❸三つの秩序　パスカルによれば，私たちの現実は，**身体(物質)・精神(理性)・愛
(心情)**という三つの秩序からなっている。富や権力を追求する人は身体の秩序に
属し，知を求める人は精神(理性)の秩序に，信仰に生きる人は愛(心情)の秩序に
属している。パスカルは，人間がかかえる偉大と悲惨という矛盾は，愛(心情)の
秩序において解決されるとした。そのとき人は，心情の論理によって，キリスト
との深い内面的な共同関係を保つ「愛」の次元へと飛躍するのである。

❹繊細の精神　『パンセ』においてパスカルは，人間の精神に
は「**幾何学的精神**」と「**繊細の精神**」があることを述べてい
る。幾何学的精神とは，デカルトの哲学にも見られるように，
ものごとを正確に分析し，客観的にとらえようとする精神で
ある。それに対して，繊細の精神とは，私たちが**日常接する
複雑な事象を，論理的な推論によらず，全体として直観的に
とらえる**ものである。

▲パスカル

　パスカルは，学問的な認識には幾何学的精神が必要である
ことを強調したが，それだけでは人生の諸問題をとりあつかうことはできないと
考えた。彼は，デカルトの哲学が十分な解決を与えることができなかった人生の
諸問題を，繊細の精神＝直観的能力によって考えようとしたといえる。

人物 紹介 **パスカル**	Blaise Pascal(1623〜62)　フランスのクレルモンに生まれ，16歳のとき

『円錐曲線論』を書いて人々を驚かせた。物理学(パスカルの原理)や数学(整
数論・確率論・積分法)の領域でも大きな業績を残した。カトリック教徒であり，強い宗教的
体験から，31歳以後は，思索と著述に専心した。

SECTION 2 自然の発見・真理の探究

1 │ 近代自然科学の成立

1 新しい自然観

❶**自然の発見**　ルネサンスと宗教改革の運動によって人間が新しく見直され、し
だいに人間本来のあり方が自覚されるようになった。このような「**人間の発見**」
は、同時に「**自然の発見**」にも結びついていった。人間中心の考えが顕著になる

にしたがい、人間がはたらきかける
自然もこれまでとはちがった視点で
とらえられるようになった。

❷**中世の自然観**　中世においては、自
然は神の秩序のなかで、ある目的を
もって存在していると考えられた。
このように、**自然の事物はすべて、
一定の目的のために存在していると
いう自然の見方を、目的論的自然観**
という。アリストテレスの哲学に由

▲神学の講義の様子

来し、その影響を受けたトマス＝アクィナスによって中世の神学(スコラ哲学)に
取り入れられ、支配的な自然観となった。

❸**近代の自然観**　近代に入り、教会の権威がゆらぎはじめると、人々はキリスト
教的な世界観から自由になった。その結果、自然の現象に意図や目的が込められ
ていると見るのではなく、現象それ自体をとらえようとする試みがなされるよう

▲天文学者 (フェルメール筆、ルーヴル美術館蔵)
地球儀を見ながら研究をしている。

になった。

　現象のしくみを明らかにするために、
正確な観察に基づいて、原因と結果との
関係をとらえることが重視された。仮説
として立てられた理論は、実験によって
検証される。実験によって確認された原
因と結果との関係が、**法則**として認めら
れた。

　このようにして、自然は、**観察と実験
の対象**として、また**法則によって貫かれ
ている現象**としてとらえられるようにな

り，キリスト教的世界観が支配的であった中世とはまったく異なった様相を人間に見せるようになった。つまり，**自然は新たな仕方で発見された**のである。ここに近代の自然科学が生まれた。

2 近代自然科学の成立

近代自然科学の基礎づけに大きく貢献した人として，地動説を説いたコペルニクスや，惑星の運動法則を発見したケプラー，振子の等時性や落体の法則を発見したガリレイなどが挙げられる。

❶**コペルニクス** ポーランドの天文学者コペルニクス(Nicolaus Copernicus, 1473～1543)は，主著『天体の回転について』で地動説を唱えた。中世ヨーロッパの宇宙像では，アリストテレスやプトレマイオス(2世紀頃のギリシャの天文学者)の思想に基づき，地球を中心にしてその周りを惑星や太陽が回転しているととらえられていた(天動説)。宇宙の大きさも有限だと考えていた。それに対してコペルニクスは，太陽を中心としてその周りを惑星が回転していると考えたのである。

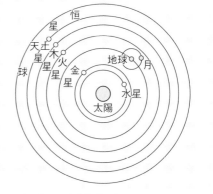

▲**コペルニクスの宇宙体系** 太陽を中心に惑星が同心円を描いている。恒星は，一番外側の天球に張りついている。(『西欧近代科学』村上陽一郎・新曜社)

ただし，コペルニクスの地動説は完全ではなく，太陽が宇宙の中心であり(太陽中心説)，地球は太陽の周りを円運動している，宇宙は有限の球体であるととらえるなどの限界をもっていた。

> 補説 **コペルニクスとカトリック教会** コペルニクスの地動説は，プロテスタントから激しく批判されたが，カトリック教会から弾圧されたわけではなかった。それは，プロテスタントは聖書のことばに厳格であったこと，コペルニクスがカトリックの司祭であったことと関わりがあると考えられる。

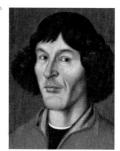

▲コペルニクス

❷**ケプラー** ドイツの天文学者ケプラー(Johannes Kepler, 1571～1630)は，天体の観測データと計算をもとにして，太陽系の惑星の運動は楕円軌道であることを発見した(「ケプラーの法則」)。ケプラーの惑星運動の理論はニュートンの万有引力の法則に影響を与え，コペルニクスの地動説はガリレイに影響を与えた。

❸**ガリレイ** イタリアの科学者ガリレイ(Galileo Galilei, 1564～1642)は，アリストテレス(⊃p.52「形相」)やスコラ哲学が主張したような，自然のなかに事物

の本質が存在するという考え方を否定し，自然を客観的な数量関係に還元して理解しようとした。彼は「**自然という書物は数学の言葉で書かれている**」ということばを残している。このように，自然現象のうちに存在する法則を数学的に定式化することによって，近代の自然科学の基礎が確立されたといえる。

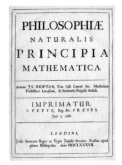

▲『プリンキピア』の表紙

❹ニュートン　近代自然科学の成立に大きな役割を果たしたのが，万有引力の法則を発見したイギリスの科学者ニュートン(Isaac Newton，1643〜1727)である。ニュートンは，主著『**プリンキピア**』(『**自然哲学の数学的諸原理**』)のなかで，**自然を物質から構成され一定の因果関係の法則に従って運動する「機械」として描きだした。**ここに，目的論的自然観とはまったく異なる機械論的自然観が確立されたのである。

❺カトリック教会による弾圧　ニュートンの自然の見方は，キリスト教とまったく無縁であったわけではない。そのなかには，宇宙を創造した神の栄光を明らかにするという意図が存在していた。コペルニクスやケプラーの天体研究も同様である。

　しかし，キリスト教的な世界観に対立する説を主張した者が迫害を受けることも多かった。イタリアの哲学者ブルーノ(Giordano Bruno，1548〜1600)は，コペルニクスの地動説を擁護したことに加えて，宇宙が無限であることを主張したため，カトリック教会から異端の判決を受け，火刑に処せられた。ガリレイも，主著『**天文対話**』において地動説を支持したために，異端審問所で宗教裁判にかけられ，みずからの主張を捨てざるをえなかった。

▲ガリレイの宗教裁判
(ロベール＝フルーリ筆，ルーヴル美術館蔵)

　しかし，キリスト教も，自然を厳密に観察の対象としてとらえ，そのしくみを明らかにして法則を発見するという近代自然科学の大きな流れをおしとどめることはできなかった。

[補説]　**ガリレイの宗教裁判**　ガリレイは，『天文対話』を出版する前にも裁判にかけられ，地動説を放棄する誓約をさせられていた。その裁判で，コペルニクスの『天体の回転について』も禁書になった。これらに加えて，『天文対話』が対話の形式を借りてコペルニクスの側に立ち，カトリック教会が

依拠するプトレマイオスの体系を嘲笑する表現がされていたため，ローマ教皇や保守的なイエズス会の怒りを買うことになった。

［自然観の変遷］

　・中世キリスト教の目的論的自然観…近代には衰退。

　・近代自然科学…機械論的自然観に基づき，自然を観察や実験の対象ととらえた。

❻**科学革命**　コペルニクスの地動説から，ケプラー，ガリレイを経て，ニュートンの万有引力の法則に至る科学の大規模な変革は，「科学革命」(⇨p.217)と呼ばれる。この変革こそが，のちの産業革命を可能にし，現代の科学技術の基礎となったのである。

2│新しい学問の方法（ベーコン）

　神学を中心に組み立てられた中世の学問およびその方法を批判し，新しい学問の基礎を確立した人にイギリスのフランシス＝ベーコンとフランスのデカルトがいる。

1 「知は力なり」

❶**中世の学問の批判**　ベーコンが批判したのは，中世の学問(スコラ哲学)において事実が軽視され，必要以上に論理が重んじられたこと，そのために空虚な議論に陥り，人間の現実生活にほとんど貢献することがなかった点である。

❷**「知は力なり」**　ベーコンは，『ノヴム・オルガヌム(Novum Organum，新機関)』のなかで，確実な知を得るためには，**「自然に奉仕すること(服従すること)」**が大切であることを強調した。予断をもたず，ただ自然から学ぶことによっ

▲ベーコン

て，われわれは確実な知を得ることができる。そのような知こそがわれわれに力を与えることを，ベーコンは「知は力なり」と言い表した。

　自然に服従し，それを忠実に観察して，個別的なものから一歩一歩段階的に登っていき，最後に一般的な真理へと至ることによって，われわれははじめて「原因」に到達する。そして「原因」をいったん把握することができれば，知性はその知を道具として利用し，

原典のことば　知は力なり

　人間の知識と力とはひとつに合一する，原因を知らなくては結果を生ぜしめないから。というのは自然とは，これに従うことによらなくては征服されないからである。
　　　　　　──ベーコン『ノヴム・オルガヌム─新機関』
　　　　　　　　　　　　(桂寿一・訳，岩波文庫)

みずからが意図する「結果」を生みだすことができる。そのことをベーコンは，この「知は力なり」ということばで表現したのである。

| 人物紹介 | ベーコン | Francis Bacon(1561〜1626)　ロンドンで名門政治家の子として生まれた。 |

ケンブリッジ大学に学び，パリに留学。帰国後，法律家・政治家として活躍し，大法官にもなったが，収賄の罪で弾劾され，一時ロンドン塔に幽閉された。晩年は隠棲し，研究と執筆に専念した。新しい学問とその方法をうちたてた『ノヴム・オルガヌム(新機関)』や『ニュー・アトランティス』などの著書がある。

2 イドラ(偶像)

❶知性の限界　自然に奉仕し，そこで得た知識をもとに一歩一歩段階を経て，普遍的な真理へと至ることは，決して容易な作業ではない。人間の知性は，ひとたびこうだと思いこんでしまうと，それをいったん受け入れたからとか，気に入っているからといった理由で，容易にそこから抜け出すことができないからである。自分の説を反証する事例が示されても，みずからの権威が傷つくことを恐れて，それを無視することもある。

　ベーコンが人間の精神を，歪んだりくもったりしている鏡にたとえているように，私たちは多くの先入観や偏見にとらわれている。ベーコンが，自然から学び，確実な知を得るためにまず強調したのは，そのような歪みやくもりを取り除くことであった。

❷イドラ　人間の精神のなかにあって，**物事を正しく認識することを妨げている偏見や思いこみ**を，ベーコンは「イドラ」ということばで表現している。「イドラ」とは，ラテン語で「幻影・偶像」という意味の語である。代表的なイドラとして，ベーコンは次の四つを挙げている。

1 種族のイドラ　人間が人間であるかぎりもっていて，**人間という種族に共通するもの**。たとえば，人間の感覚や考え方が事物の尺度であるという誤った思いこみである。人間の感覚はしばしば錯覚であることがあるし，人間の考え方は感情や恐怖によって強く影響される。それをすべての事柄の尺度にすることはできない。

2 洞窟のイドラ　**個人の性格・教育・習慣**などから生じるもの。洞窟にとじこめられている人間は，その背後から光が壁に映しだす事物の影を実在のものと思いこんでいる。個人はみな，このような洞窟をもち，そこから世界や事物をながめているのである。

3 市場のイドラ　**人々の交際する場(市場)で不適切に使用される言語(ことば)から生じる思いこみ**。言語はもともと実際の生活での必要から生まれたものであるが，それが不適切に使われると，人々を空虚なことばのうえだけの議論にひきずりこみ，混乱に陥れる。

④ 劇場のイドラ　人間が自分で思索し考察することなく，**伝統と権威をもつ学説に頼ろうとするときに生まれるもの**。従来の多くの思想は，舞台で演じられる劇やドラマのように，架空の事柄を現実であるかのように描きだしているにすぎない。

3 新しい学問の方法（帰納法）

❶帰納法　イドラをとりのぞいたあと，ただ純粋に自然から学ぶことによって，確実な知へと至るための方法としてベーコンが考えたのが，帰納法であった。

　帰納法は，まず**観察や実験によって具体的な事例をたくさん集める**。次に，集めた事例を分類・整理し，そこに共通する事実を発見する。最後に，そこに一般的な法則や原理が存在していることを推測する。

例　事例1「ソクラテスは死んだ」
　　事例2「プラトンも死んだ」
　→共通する事実「私が知りえた人はみな死んだ」
　→一般的な法則「人間はみな死ぬ」
　このように，**帰納法は個別的な事例から一般的な法則を導く方法**である。

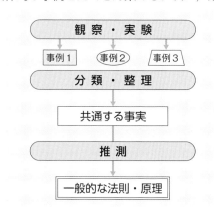
▲帰納法

もちろん誤った結論を導きだす可能性もあるので，ベーコンは，結論を批判・検討する必要性も強調している。

❷独断論の批判　ベーコンは，中世のスコラ哲学と錬金術は無益な学問体系であると批判した。スコラ哲学は，「クモ」が糸を吐き出すように頭のなかで観念的な思弁を展開するだけであるし（**独断論**，dogmatism），錬金術は，「アリ」のように材料を集めて金に変えようとするが，できあがった物はにせものである（機械的な経験論）。それらに対して，ベーコンは，「ミツバチ」がさまざまな花から蜜を集めて自分の力で変形し消化して蜂蜜にするように，帰納法を基礎に置くことが重要であると唱えた。

❸「大革新」　ベーコンの著書の題名「**ノヴム・オルガヌム（新機関）**」とは，「真理を探究するための新しい道具」という意味であり，帰納法こそが，その新しい道具であるとベーコンは考えたのである。

　また『ノヴム・オルガヌム』という著作は，『大革新』

▲『ノヴム・オルガヌム』の表紙

(Instauratio Magna)と題したきわめて大きな著作の一部として出版された。ベーコンがこの「大革新」ということばで表現しようとしたのは、帰納法を基礎にすることによって、学問に文字通り「大革新」をもたらそうとすることであった。

[ベーコン]
・人間の正しい認識を妨げている偏見や思いこみを、四つのイドラ(種族・洞窟・市場・劇場)にまとめた。
・学問の新しい方法として、観察や実験によって得られた多くの事例から一般法則を導く帰納法を唱えた。

3 | 理性の力(デカルト)

　経験を重視し、自然そのものから学ぼうとするベーコンの方法は、近代の新しい学問が形成されるうえできわめて大きな意味をもった。それとともに注目されるのは、理性と、理性による合理的思考の重要性を強調したデカルトの思想である。

1 良識(ボン・サンス)

❶理性と良識　デカルトは、真理を探究するためにまず必要なのは理性であり、理性を正しく導くことであると考えた。それは、彼が1637年に出版した『方法序説』の正式な書名「理性をよく導き、学問において真理を探究するための方法序説」によく表されている。

▲デカルト

　この本は、「良識(ボン・サンス、bon sens)はこの世で最も公平に配分されたものである」ということばで始まる。ここでの「良識」とは、真と偽とを区別する能力、つまり判断力、あるいは一般的に理性と呼ばれる能力である。

　デカルトは、記憶力や想像力は人によって違いがあるが、「良識」は誰もが生まれつきそなえている能力であり、差異はないと考えた。実際に、私たちは真偽の判断に迷ったりするし、誤った判断をすることもある。しかし、それは「良識」をうまく使えなかったからだとデカルトは考えた。だからこそ、理性を正しく使用し、真理を探究するための方法について考える必要があると唱えた。

❷真理探究のための四つの規則　デカルトは、真理探究の方法についてさまざまに思索を重ねた結果、真理探究に必要な四つの規則を見いだした。

　① 明晰(明証)の規則　明証的に真理であると認めるものでなければ、どんなものも真理として受け入れないこと。

2　**分析の規則**　検討しようとする問題をできるかぎり多くの小さな部分に分けること。

3　**総合の規則**　最も単純なものから，一歩ずつ，最も複雑なものの認識へと順序に従ってのぼっていくこと。

4　**枚挙の規則**　何ものも見落とさないために，完全な枚挙と，全体にわたる見直しを行うこと。

　どれもあたり前のように見えるが，理性を正しく導き，真理を発見するためには，なくてはならない規則である。実際，これらの規則に従って，デカルトは数学や自然学，哲学において，非常に多くの成果を挙げていったのである。

２　演繹法

❶**帰納法の限界**　「明晰の規則」が示すように，絶対に正しいと考えられるものだけを受け入れるというのが，デカルトの立てた原則であった。帰納法から導き出される法則に対しては，つねに反証が挙げられる可能性が伴う。つまり誤謬の可能性がどこまでもつきまとう。それに対してデカルトは，学問は，誤謬の可能性をはらまない，明白で普遍的な認識の体系でなければならないと考えた。

❷**演繹法**　そのための方法が演繹法である。演繹法は，まず絶対に確実な真理(原理)から出発しなければならない。次に理性による推論を重ねていき，最後に個別的な結論を得るのである。

　例　確実な真理「人間はみな死ぬ」
　　　→推論「ソクラテスは人間だ」
　　　→個別的な結論「ソクラテス
　　　　は必ず死ぬ」

　このように，演繹法は一般的な真理から推論によって個別的な結論を得る方法である。

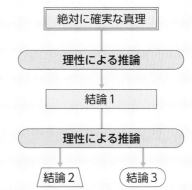

▲演繹法

３　方法的懐疑

❶**方法的懐疑**　『方法序説』のなかでデカルトは，絶対に確実な真理を見いだす試みを実際に行っている。それは，すべてのものを疑い，疑わしいものをすべて排除していくことであり，方法的懐疑と呼ばれる。「方法的」というのは，疑いのための疑いではなく，真理に到達するための手段(方法)としての疑いだからである。

❷「コギト・エルゴ・スム」　たしかに，目の前にあると思っている机も幻覚であるかもしれない。おなかの痛みも錯覚かもしれない。絶対確実だと思われる数学的な真理も，神が欺いて，そう思いこませているだけなのかもしれない。そのようにすべてのものを疑い，排除しても，どうしても疑うことができないものがある。それは，私がこのように疑っているということ，**そのように疑っている私の存在**である。そのことをデカルトは，「われ思う，ゆえにわれあり（コギト・エルゴ・スム，cogito ergo sum）」と表現した。

<table><tr><td>原典の
ことば</td><td>われ思う，ゆえにわれあり</td></tr></table>

　……私は，それまでに私の精神に入りきたったすべてのものは，私の夢の幻想と同様に，真ならぬものである，と仮想しようと決心した。しかしながら，そうするとただちに，私は気づいた，私がこのように，すべては偽である，と考えている間も，そう考えている私は，必然的に何ものかでなければならぬ，と。そして「私は考える，ゆえに私はある」というこの真理は，懐疑論者のどのような法外な想定によってもゆり動かしえぬほど，堅固な確実なものであることを，私は認めた……
——デカルト『方法序説』
『世界の名著22 デカルト』（野田又夫・訳，中央公論社）

　このようにしてデカルトは，あらゆる知の根底に置かれるべき絶対に確実な真理を発見し，その上に，知の体系を築こうとしたのである。

4 精神と物体（物心二元論）

❶**精神と物体の特性**　「われ思う，ゆえにわれあり」の「われ」は，思考するもの，つまり，身体から独立した精神的なものである。精神と身体や物体はまったく異なったものであり，デカルトは両者を厳密に区別した。**精神の特性が思惟**（考えること）にあるのに対し，**物体の特性**は，空間的な広がりをもつこと，つまり延長にあるとした。

❷**物心二元論**　このようにデカルトは，精神と物体の二元論（物心二元論，心身二元論）を主張した。それは，一方では，「**主体**」としての自己という近代的な自我観を生みだすとともに，他方では，自然を単なる物質とみなす考え方を生みだした。人間の身体も，単なる物質から構成された**機械**，自動的に動く機械と見なされたのである（**機械論的自然観**）。

5 高邁の精神

❶**情念**　デカルトの考えでは，精神と物体とは，まったく違った原理で動く，異なった実体であった。しかし実際には，私たちの心と身体とは深く結びついている。デカルト自身も，情念，つまり愛や憎しみ，欲望，喜び，悲しみなどの心の動きについて説明するときには，両者の結びつきを考えている。情念とは，身体に生じた刺激を精神が受けとったものにほかならない。

❷高邁の精神　デカルトは、これらの情念は、判断を誤らせ、意志を誤った方向
に導くことで、精神のはたらきを妨げると考えた。それを防ぐためには、情念を
抑制しなければならない。デカルトは、みずからの意志で情念を抑制する気高い
心を高邁の精神と呼び、道徳論の中心に置いた。それは「他のすべての徳の鍵で
あり、あらゆる情念の迷いに対する万能薬」であるとしている。

人物紹介	**デカルト**	René Descartes(1596〜1650)　フランス貴族の家に生まれた。スコラ的教

育をうけ、ポアチエ大学で法学を学んだが、自然学や数学にも関心をもった。
「世間という大きな書物」から学ぶために諸国を遍歴したが、1629年、オランダに渡り、『方
法序説』や『省察』『哲学の原理』などを著した。1649年に招かれてストックホルムに移住
したが、翌年病のため没した。哲学だけでなく、解析幾何学や光学の研究でも知られる。

［デカルト］

・絶対に確実な真理から、推論によって結論を導く演繹法を確立。
・「方法的懐疑」により、精神は物体から独立しているととらえ、「物心
二元論」を唱えた。

4 ｜ 経験論と合理論

1 経験論と合理論の潮流

❶ベーコン　ベーコンは、経験を重視し、それを通して得られた知識こそ確実な
ものだと考えた。彼がとるべき方法と唱えたのは、観察や実験によって具体的事
例を集め、それらに共通する一般的な法則を導き出す帰納法(＝実験的方法)であ
った。ベーコンによって近代の経験論の礎が築かれたといえる。

❷デカルト　それに対し、デカルトは、人間の理性に絶対的な信頼を置き、疑い
えない知の体系を作りあげようとした。デカルトが唱えた方法は、理性によって
見いだされる絶対に確実な真理から出発し、正しい推論を重ねることによって、
個別的な結論を得る演繹法であった。それに立脚する立場は合理論と呼ばれる。

❸イギリス経験論と大陸合理論　経験論はおもにイギリスで発展を遂げ、合理論
はヨーロッパ大陸で発展を遂げた。そのため、前者の潮流はイギリス経験論、後
者の潮流は大陸合理論と呼ばれる。イギリス経験論の潮流に属する思想家として
は、ロックやバークリー、ヒュームを挙げることができる。それに対して、大陸
合理論の潮流に属する思想家には、オランダのスピノザやドイツのライプニッツ
がいる。

イギリス経験論	ベーコン ── ロック ── バークリー ── ヒューム
大陸合理論	デカルト ── スピノザ ── ライプニッツ

3

現代に生きる人間の倫理①

2 経験論（ロック，バークリー，ヒューム）

❶生得観念　経験論と合理論の大きな違いは，**生得観念**を認めるか否かという点にある。デカルトによれば，私たちには，感覚や経験を通して外から獲得される観念（心のはたらきの対象となるもの）だけでなく，それらに依存せず，**生まれながらにもっている観念**（たとえば神とか善といった観念）がある。これが生得観念である。

> **原典のことば**
>
> ## タブラ・ラサ
>
> 　心は，言ってみれば文字をまったく欠いた白紙で，観念はすこしもないと想定しよう。どのようにして心は観念を備えるようになるか。……私は一語で経験からと答える。この経験に私たちのいっさいの知識は根底をもち，この経験からいっさいの知識は究極的に由来する。
>
> 　　　　　　　　──ロック『人間知性論』
> 　　　　　　　　（大槻春彦・訳，岩波書店）

❷ロック　ロック（John Locke，1632～1704）は政治家でもあったが（⇨p.142），『人間知性論』などを著した哲学者でもあった。そのなかでロックは，認識の起源の問題についてくわしく論じ，デカルトの生得観念説を批判した。

❸白紙（タブラ・ラサ）　ロックによれば，私たちの心は，最初は何も書かれていない「白紙（タブラ・ラサ，tabula rasa）」の状態にあり，感覚や経験を通してはじめてそのなかに観念が形成される。たとえば，生得的な観念の代表として，神の観念がしばしば取りあげられるが，ロックは，幼い子どものなかに神の観念を見いだすことができないことや，宗教すらもたない民族があることからも，神が生得観念ではないことは明白であるとした。

❹バークリー　バークリー（George Berkeley，1685～1753）は，さらに経験論を徹底し，「**存在するとは，知覚されることである**」として，一般に存在するとされている外的な事物も知覚に還元できると考えた。これは，外的な事物が存在することを否定し，知覚する心のみが実在すると考える**唯心論**にあたる。

▲バークリー

❺ヒューム　ヒューム（David Hume，1711～76）は，人間の観念の源泉は「**印象**」であるとした。印象とは，感覚にいきいきと現れてくる表象であり，この印象が想起ないし想像によって再現されることによって観念となる。このように，すべての観念は，印象すなわち直接の経験に由来する。

　二つの印象が結びついてくり返し生じるとき，そこに原因と結果という必然的な関係（因果法則）が想定されるが，ヒュームによれば，それは理性があらかじめもっている観念ではなく，習慣（くりかえし）に基づいて作りだされた主観的な確

信(信念)にすぎない。心もまた，絶えず変化する**知覚の束**にすぎないとされる。

❻**懐疑主義**（かいぎ）　私たちの知識は，結局，主観的な確信にすぎず，そこに絶対的な根拠を見いだすことはできない。ヒュームは，知覚する心は実在すると考えたバークリーよりも経験論を徹底して，すべての知識の客観的根拠を疑う**懐疑主義（懐疑論）**に傾いた。

▲ヒューム

3 合理論(スピノザ)

❶**スピノザ**　スピノザ(Baruch de Spinoza，1632〜77)は，オランダのアムステルダムでユダヤ商人の子として生まれた。最初ユダヤ教の学校で神学を学んだが，やがてヨーロッパの新しい思想に関心をよせ，数学・自然学などを学び，とくにデカルトの思想に傾倒した。

　スピノザもまた，数学を学問の模範と考え，幾何学的方法を哲学に適用し，定義から出発して根本的原理である公理をうちたて，これを基礎にして多くの命題を演繹しようと試みた。

▲スピノザ

❷**汎神論**（はんしん）　スピノザは，主著『**エチカ**』で，デカルトにおける精神と物体との二元論を批判し，「**神即自然**」（すなわち）という一元論的な立場に立った。スピノザは自然を単なる物質的なものとしてではなく，すべてのものをそれ自身のなかから生みだしていく能動的なもの(**能産的自然**)であると同時に，生みだされるもの(**所産的自然**)であるととらえた。スピノザによれば，両者は別々のものではなく，むしろ一体であり，神とは，結局，このすべてのものを生みだすとともに，生みだされたものである自然のことにほかならない。このように**自然のすべてが神であり，神は存在するものそのものである**という考えは，汎神論と呼ばれる。

❸**「神に酔える人」**　神と自然とを一体のものと考えたスピノザは，「神に酔える人」といわれた。一方で，こうした考えは，自然を超越した創造主としての神を否定するものとして，当時のユダヤ教やキリスト教からは厳しい批判を浴び，ユダヤ教会からは無神論者として破門された。しかし，それは世界を理性的にとらえようとすることから生じた一つの必然的な帰結であったともいえる。

❹**神への知的な愛**　スピノザによれば，人間は表面的なものに惑わされ，情念にしばられて生きているが，そういうあり方から脱するためには，すべての事柄をその必然性にしたがって，つまり「**永遠の相の下に**」（そう・もと）とらえなければならない。それを可能にするのは**理性**である。理性に導かれ，すべてのものが神によって生

みだされていることを知るとき，人は必然的に**神への知的な愛**を抱く。スピノザは，この神への愛も，神が自己を愛する「**神の知的愛**」の一部分であるとした。

4 合理論（ライプニッツ）

❶**ライプニッツ**　ライプニッツ(G. W. Leibniz, 1646～1716)
は，ドイツ生まれの哲学者であるが，同時に微積分学の基
礎原理を発見するなど，学問のさまざまな領域で活躍した。
合理論の立場に立ち，生得観念に関してロックを批判し，
数学的真理のような必然的な真理は経験からは導きだされ
ないとした。また，すべての観念を少数の根本原理から演
繹的に導きだす普遍学を確立することを試みた。

▲ライプニッツ

❷**モナド（単子）**　ライプニッツは，デカルトの二元論やス
ピノザの一元論とは異なり，多元論の立場に立った。ライプニッツによれば，宇
宙は，彼が**モナド（単子）**と名づけた「**単純で不可分なもの**」から成っている。モ
ナドは，いわゆるアトム（原子）とは異なる。アトムはどんなに繊細なものであろ
うと，空間的なひろがり（縦・横・高さ）をもつ物質であるが，モナドはひろがり
のない非物質的なものだからである。モナドは宇宙全体を映す**表象**の能力と，そ
れ自身の活動によって，自分の状態を変化させていく傾向性，つまり**欲求**の能力
とを有している。ライプニッツは，人間や生物や無機物を支えているものは，こ
のようなモナドであると考えたのである。

❸**予定調和**　ライプニッツによれば，モナドはそれぞれに独立していて，相互に
関係しない（「**モナドは窓をもたない**」と表現した）。しかし，宇宙は決して無秩
序ではない。ライプニッツは，宇宙が秩序をもっているのは，神が宇宙を創造す
る際に，あらかじめ全体が調和するようにしておいたからだという**予定調和**の説
を展開した。しかし，ライプニッツのモナド論は，人間の個体性や主体性を否定
するものではなく，その自発的活動を積極的に認めるものであった。

POINT!

　[経験論と合理論]
　　・ロック…生まれたときの人間の心は，生得観念をもたない白紙（タブ
　　　ラ・ラサ）だととらえた。
　　・ライプニッツ…宇宙は「モナド（単子）」から成り，秩序をもつように
　　　神が創造した（予定調和）と説いた。

SECTION ③ 市民社会の倫理

1 ｜ 啓蒙の時代

1 啓蒙思想

❶社会や国家の変革　ルネサンスと宗教改革の運動による「人間の発見」は，同時に「自然の発見」にも結びつき，16世紀から17世紀前半にかけて近代自然科学を成立させた。17世紀の後半に入ると，人々の目は社会や国家にも向けられていき，宗教や社会の制度，国家のあり方を合理的なものに変えていこうという運動がなされるようになった。

❷啓蒙　そのような運動を支えた思想は，啓蒙思想と呼ばれる。啓蒙とは「蒙を啓く」と表すように，「無知な人々に知識を授ける（啓発する）」という意味である。英語ではenlightenment，フランス語ではlumières（リュミエール）ということばにあたり，もとは，理性の光ですべての事柄を見ることを意味した。つまり，啓蒙とは，迷信にとら

> **原典のことば　啓蒙**
>
> 　啓蒙とは，人間が自分の未成年状態から抜けでることである，ところでこの状態は，人間がみずから招いたものであるから，彼自身にその責めがある。未成年とは，他人の指導がなければ，自分自身の悟性を使用し得ない状態である。
>
> ——カント『啓蒙とは何か』
> （篠田英雄・訳，岩波文庫）

われた状態や権威に盲目的に服従した状態から，理性に基づいてすべての事柄を判断できる状態へと移行することである。ドイツの哲学者カント（⊃p.148）は，『啓蒙とは何か』という論文で，啓蒙とは，他人の力を借りなければ判断が下せない「未成年状態」から，自分自身の悟性（理性）で判断できる状態へと脱却することであると言い表している。

2 市民社会の形成

❶近代市民革命　啓蒙思想の運動がまず目を向けたのは，政治のあり方である。中世の封建的身分制度のもとでは，一人ひとりの人間が対等な権利をもって自由に行動することはできなかった。それに対して，人間は誰しも一市民として対等に権利と自由を享受する存在であるという考えに基づいて，封建体制を打破し，自主的に市民の結合体である市民社会を形成することがめざされた。それをまず実行に移したのが，ピューリタン革命（1642〜49）から名誉革命（1688〜89）にいたるイギリスの市民革命である。

❷社会契約説　啓蒙思想は，18世紀に入ると，イギリスからフランス，ドイツへ

と大きなひろがりをみせた。そのため，18世紀は「啓蒙の時代」といわれる。この近代市民社会の形成期，つまり17世紀後半から18世紀にかけての時期に，イギリスとフランスにおいて合理主義的な政治理論として政治の動向に大きな影響を与えたのが，ホッブズ，ロック，ルソーの社会契約説である。

> 補説　**市民**　「市民」ということばは，歴史上，さまざまな身分・階級を指すのに用いられてきた。①古代ギリシャやローマの「自由市民」…都市国家の政治に参加する権利をもつ者。②中世ヨーロッパ都市の「市民」…都市共同体のなかで一定の自治や自由を与えられていた特権的な身分。③近代市民革命における「市民」…産業資本家（ブルジョワジー）を中心とし，封建的な絶対王政を打破して自由を獲得した市民階級。④「世界市民」…国家や民族の枠を超えて，すべての人間を一つの世界の市民と見なす立場。古代ギリシャやヘレニズム時代の思想，またカントの哲学のなかにも見られる。

3 自然法思想

❶**自然法思想**　社会契約説は，自然法の**思想**を踏まえ，それを発展させる形で成立した。自然法思想は古代ギリシャ哲学のなかにすでにその萌芽が見られる。古代ギリシャのストア派（⇨p.57）は，宇宙（自然）全体が理性（ロゴス）によって貫かれ支配されていると考え，ロゴスから法が生まれるとした。また西洋中世において，トマス＝アクィナス（⇨p.71）は，神が被造物を統治する際の理念を**永遠法**（永久法）と呼び，永遠法が人間の理性に刻印づけられたものが**自然法**であるとした。自然法は，国家において公共の福祉の実現のために制定される**人定法**（実定法）とは区別される。人定法が特定の社会でしか通用しないのに対し，**自然法は，時代や国を超えた普遍的な性格をもつ**とされた。

❷**グロティウス**　近代になって，オランダの法学者グロティウス（Hugo Grotius，1583〜1645）は，自然法は神から生じるのではなく，人間の社会的な自然（本性）から生じると説いた。つまり，自然法は人間の本性そのものに備わっている原理と考えられるようになったのである。

❸**自然権**　それとともに，人間の自己保存や自由・平等などの権利が自然権と呼ばれるようになった。それらは**自然法にもとづく人間の権利**として時代や場所を超えて認めら

▲グロティウス

れるべきものとされた。このような近代的な自然法思想が基礎となって，ホッブズやロックの社会契約説が成立したのである。

2 社会契約説

1 ホッブズ

❶**リヴァイアサン**　ホッブズの主著は『**リヴァイアサン**』（Leviathan）と題されて

いる。リヴァイアサンとは，旧約聖書に出てくる巨大な海の怪物の名である。ホッブズはこの書の序説で，人間はその技術によって「人工的動物（機械）」をつくったが，さらに人間そのものを模して国家と呼ばれる「人工的人間」を創造したと述べている。そして，「人工的人間」としての国家を聖書の怪物リヴァイアサンにたとえたのである。

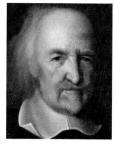
▲ホッブズ

❷ホッブズの自然状態　ホッブズによれば，人間は，社会を作る以前の自然状態においては，何より自分の生命と身体を保持することを欲求する。つまり，**自己保存の欲求**をもって生きている。同時に，自分の生命を維持するために，自分が欲するままに自分の力を用いる自然の権利，つまり**自然権**をもっている。

　しかし，すべての人間が自然権を行使しようとすると，相互の利害が対立し，衝突がおこる。欲するものを手に入れるために，相手を滅ぼすか屈服させようとする。「人は人に対してオオカミ」となるのである。ここに「万人の万人に対する闘争」の状態が出現する。

　こうして，人間は自然状態では戦争へと至らざるをえない。自由に働くこともできず，つねに恐怖を感じ，死の危険にさらされる。自然権を行使しようとすると，かえって自然権そのものが否定されてしまうのである。

❸社会契約　そこで人々は，理性が命じるところにしたがい，**自然法**にしたがって平和を求めるようになる。そのために協定を結び，自分の自然権を放棄

> **原典のことば　万人の万人に対する闘争**
>
> 　自分たちすべてを畏怖させるような共通の権力がないあいだは，人間は戦争と呼ばれる状態，各人の各人にたいする戦争状態にある。すなわち《戦争》とは，闘いつまり戦闘行為だけではない。闘いによって争おうとする意志が十分に示されていさえすれば，そのあいだは戦争である。
> ——ホッブズ『リヴァイアサン』
> 『世界の名著23 ホッブズ』
> （永井道雄・宗片邦義・訳，中央公論社）

して，一つの権力に委ねる。つまり，社会契約を結んで，**自分の権利を一人の人間，あるいは一つの合議体に譲渡する**。これによって国家が成立する。

　人々から権利を譲渡された者，つまり主権者は，契約を結んだ人々が契約にしたがって義務をつくすように強制する絶対的な権力をもつ。他方，権利を譲渡した者は，主権者の命令（＝法）に絶対的に服従しなければならない。主権者の権力が弱ければ，ふたたび戦争状態に陥るからである。このような大きな権力をもつものとして，ホッブズは，国家を怪物リヴァイアサンにたとえたのである。

❹絶対王政との関係　ホッブズの社会契約説は，主権者である国家への絶対的な服従を認めたことにより，当時の絶対王政を容認したと批判された。しかし，彼は，国王の支配権を神によって根拠づけようとする**王権神授説**をはっきりと否定

した。社会契約を結ぶことによって国家が作られるというホッブズの理論は，国家とは本来，国民の安全と平和を保持するために作られるものであるという考え，そして国家主権の絶対性も国民一人ひとりの自然権にその根拠をもつという思想と結びついている。**近代民主主義**の礎がここに形成されたということができる。

人物紹介　ホッブズ　Thomas Hobbes（1588〜1679）　イギリス西南部マームズベリで国教会の牧師の子として生まれた。オックスフォード大学卒業後はフランスやイタリアへ旅行。ガリレイらと交わり，デカルトとも接した。1640年以来，ピューリタン革命の動乱をのがれてパリに亡命，著作活動に専念し，主著『リヴァイアサン』を完成，1651年ロンドンで出版した。この著書は教会の権威を批判していたため，教会や王党派の人々から危険視され，パリにいづらくなり，母国イギリスの共和政府から迎えられて帰国した。共和制が倒れた王政復古後も，チャールズ2世に愛され，政争にまきこまれることなく，著作と研究にうちこみ，晩年をすごした。

POINT!

［ホッブズ］
・自然状態を万人の万人に対する闘争の状態ととらえた。
・個人が自然権を譲渡して一つの権力にゆだねる社会契約を結ぶことで，国家が成立すると考えた。

2 ロック

❶ロックの自然状態　ロックもまた，ホッブズの思想を受けついで王権神授説を批判し，**社会契約説**の立場をとった。しかし，自然状態や自然権についての理解は，ホッブズとは異なる。

▲ロック

ロックによれば，**自然状態**で人は，ホッブズが考えたように必然的に戦争にいたるわけではなく，むしろ，自然法（理性）にしたがって自由に行動し，そこでは平和が保たれている。そして生命・自由・財産を所有する権利，つまり**所有権**を自然権として保持している。

❷所有をめぐる争い　しかし，この自然状態における自由や平和は，必ずしも安定したものではない。所有をめぐって争いが生じるからである。自然状態では，所有の権利を安定して保持するために，次の三つのものが欠けている。第一に，正邪の基準としてあらゆる紛争を裁決する尺度としての「法」，第二に，確立された法にしたがって紛争の解決をはかる権威ある公平な「裁判官」，第三に，正しい判決がくだされた場合，この判決を適正に執行させる「権力」である。この三つのものが欠けているために，争いが拡大する可能性につねにさらされている。

❸市民政府への信託　それを避けるために，人々は契約を結んで，**市民のための政府**をつくる。つまり，法律を制定する権利，立法権を政府に信託し，その執行

を政府に委ねる。しかし，政府が人民の信託に反して，個人の生命・自由・財産を侵害するような場合には，その権力は人民の手にもどさなければならないとした。政府が権力を濫用する場合には，それに抵抗する権利(抵抗権)があるし，従来の政府を解体して新しい政府を作る権利(革命権)をもっているとした。

❹**権力分立**　さらにロックは，権力の濫用を防ぐために，**立法権**と，国内的な行政の**執行権**，および対外的な行政の執行権である**連合権**を分けるべきであるとする権力分立を主張した。

原典の ことば　**抵抗権**

　それでは，君主の命令に抵抗してもよいのだろうか。……それに対して，私は，実力をもって抵抗すべきはただ不正で不法な暴力に対してのみであり，誰であれそれ以外の場合に抵抗を行う者は神と人間との双方から正当な非難を受ける，従って，しばしば示唆されるような危険や混乱が生じることはないであろうと答えよう。
　　　　──ジョン＝ロック『統治二論』
　　　　　　　　(加藤節・訳，岩波文庫)

　このようにロックは，国家の主権が人民にあること，つまり**人民主権**を明らかにし，**人民から信託を受けた政府が法によって統治すべき**ことを説いた。ここに**近代民主主義**の基本原則が形づくられたといえる。ロックの政治思想は，名誉革命を理論的に根拠づけるとともに，フランス革命やアメリカの独立運動にも多大な影響を与えた。

人物 紹介　ロック　John Locke(1632～1704)　オックスフォード大学で哲学・政治・宗教などを学び，また医学も修めた。1666年アシュリー卿(ホイッグ党の中心人物，のちのシャフツベリ伯)と知り合い，以来同家の家庭教師・医師・秘書を務めるとともに，政治的活動も始めた。伯の政治的失脚で，ともにオランダに亡命し，主著『統治二論(市民政府二論)』『人間知性論』を執筆した。名誉革命後の1689年にイギリスに帰国，革命の指導的思想家として名声を博した。その思想は自国のみならず，アメリカの「独立宣言」(1776)，フランスの「人権宣言」(1789)にも大きな影響を与えた。

POINT!　**[ロック]**
・所有権をより安定したものにするために，社会契約によって**市民のための政府**を樹立するべきとした。
・政府に対する**抵抗権**や**革命権**，権力の分立を唱えた。

3　ルソー

❶**ルソーの自然状態**　18世紀のフランスの思想家ルソーもまた，社会契約説を唱えた一人である。ルソーは，自然状態を，ロックよりもいっそう理想的なものととらえた。自然状態にある人間は，悪徳を知らない無垢の人であり，社会的な不

平等を知らず，**完全な自由・平等・独立を享受している**。さ
らに，自己保存の感情だけでなく，**他人に同情し憐れむ心**（あわ）も
もっている。

❷**不平等の起源**　しかし，一人の人間が土地に囲いをして，こ
れは自分のものだと宣言したことによって，財産私有の観念
が生まれるとともに，自然状態が崩壊し，**社会状態に移行し**
た。こうして，人間のあいだに**不平等**が生じ，支配と隷属（れいぞく）の
関係が生まれた。

▲ルソー

そこに生じた無秩序から脱却するた
めに，契約が結ばれ国家が作られたが，
ルソーは，その契約を富める者が自分
の権利を正当化するために行ったいつ
わりの契約であると批判した。彼によ
れば，それによっていっそう深刻化し
た不平等の極点が専制主義であった。

> **原典の ことば　不平等の起源**
>
> 　ある土地に囲いをして「これはおれのも
> のだ」と言うことを思いつき，人々がそれ
> を信ずるほど単純なのを見いだした最初の
> 人間が，政治社会の真の創立者であった。
> 　　　　　　　——ルソー『人間不平等起原論』
> 　『世界の名著36 ルソー』(小林善彦・訳，中央公論社)

このように，ルソーは当時の社会を痛烈に批判した。

❸**社会契約**　それでは，人間はこの悲惨な状態を脱して，自然状態でもっていた
自由と平等をどのようにしてふたたび獲得することができるのであろうか。この
問いに対する答えが彼の**社会契約説**であった。

社会契約は，**すべての人があらゆる権利を共同体に譲渡し，一般意志に従う**こ
とによって成立する。すべての人があらゆる権利を共同体に譲渡すれば，すべて
の構成員が不可分な全体の一部となり，自己と共同体とは一体となる。したがっ
て，そこに完全な**協和**が実現される。

一般意志とは，つねに公共的利益をめざす誤りのない意志であり，個々人の意
志(特殊意志)でもなく，その総和であ
る全体意志でもない。人民が十分な情
報をもち，党派を組まないで討議する
ならば，大多数の個人の特殊意志から
全体の共通意志としての一般意志が生
じる。したがって，この意志はつねに
人民の意志である。一般意志に従うと
き，人は抑圧されるのではなく，むし
ろ完全な自由を享受する。社会契約に
よって，自由と協和が実現するのであ
る。

> **原典の ことば　社会契約**
>
> 　各人はすべての人に自己を譲り渡すから，
> 特定のだれにも自己を譲り渡さないことに
> なる。また自分に対する権利を構成員に譲
> る場合，同じ権利を構成員から受け取らな
> いことはないので，各人は喪失したすべて
> のものと同じ価値のものを得，さらに自分
> のもつものを保存するために，いっそう多
> くの力を獲得する。　　——ルソー『社会契約論』
> 　『世界の名著36 ルソー』(井上幸治・訳，中央公論社)

❹**共和国**　このようにして，人民の自発的意志によって，共通の自我・意志をもつ一つの共同体が形成される。それをルソーは**共和国**(république)と呼んでいる。その主権者は人民自身であり，すべての構成員がその政治に参加する。政府は，人民の意志の執行機関にすぎない。このように，ルソーは，ロックやモンテスキュー(⤷p.146)の権力分立制とは異なり，**直接民主制**の国家を理想とした。

　ルソーの政治思想は，フランス革命に直接大きな影響を与えただけでなく，西欧諸国はもちろんのこと，遠く中国や日本にも影響を及ぼした。とくに日本では中江兆民(⤷p.270)によって紹介され，自由民権運動に大きな影響を与えた。

❺**教育論**　ルソーは，文明の進歩こそあらゆる不幸の原因であり，社会的不平等を促進したと考え，本来の自己に帰る必要性を強調した。ルソーの思想を表すとされることば**「自然に帰れ」**は，文明社会に対する彼の批判をよく表している。

　ルソーは『エミール』(1762)のなかで，教育とは，文明がもたらした社会的不平等に適応できるように子どもを育てあげることではなく，子どもが生まれながらにもっている自然の善性を守り育てていくことであると主張した。子どもの人格を尊重する彼の新しい教育観は，後世に大きな影響を与えた。

人物紹介　ルソー　Jean-Jacques Rousseau(1712~78)　ジュネーヴに生まれ，16歳のとき家出し，各地を放浪した。ある貴族の夫人の庇護を受け，独学で哲学や文学などを学んだ。30歳のときパリに出て，ディドロらと知りあった。38歳のときアカデミーの懸賞論文として執筆した『学問芸術論』で有名になる。その後，『人間不平等起原論』『社会契約論』『エミール』などの代表作を次々と発表し，注目を集めた。『エミール』の内容はカトリック教会の怒りを買い，一時スイスに逃れた。その後，偽名でパリに戻り，晩年は『告白録』を執筆した(出版は死後)。

[ルソー]
・自由で平等な自然状態を文明が壊し，不平等な社会が生まれたとした。
・社会契約論により，すべての人があらゆる権利を共同体に譲渡し，一般意志に従うことにより，不平等を克服できるとした。

▼ホッブズ・ロック・ルソーの社会契約論

思想家	自然状態	社会契約	政治体制
ホッブズ	万人の万人に対する闘争	自然権を譲渡した権力者に絶対的に服従する	君主制を擁護
ロック	自由で平和だが，不安定	自然権を政府に委ねるが，抵抗権・革命権をもつ	市民のための政府権力分立
ルソー	完全な自由・平等・独立	自然権を共同体に譲渡し，一般意志に従う	直接民主制

3 | フランス啓蒙思想

1 啓蒙思想のひろがり

　18世紀に入ると，啓蒙思想はイギリスからフランス，ドイツへとひろがってい
った。フランスでは，依然として絶対王政すなわち「旧体制(アンシャン・レジー
ム)」が支配的な力をもっていたが，それを支える迷妄や偏見，不合理な社会制度，
人々を抑圧する政治的・宗教的権威を批判し，そうした桎梏から人間を解放しよう
とする啓蒙思想が大きな力をもつようになった。**モンテスキュー**，**ヴォルテール**，
ディドロ，**ルソー**らが代表的な思想家である。

2 モンテスキュー

▲モンテスキュー

❶**モンテスキュー**　モンテスキュー(Charles-Louis de S.
Montesquieu，1689~1755)は，ボルドー高等法院に勤め
るかたわら，1721年に『ペルシア人の手紙』を発表して，
当時のフランスの社会，とくに政治と宗教を痛烈に批判し，
文名をとどろかせた。その後，イギリスをはじめヨーロッパ
各地を旅行して，それぞれの制度を研究し，1748年に『法
の精神』を著した。そのなかで，モンテスキューは，イギリスの政治体制とロッ
クの社会契約説の影響のもとに，**立憲君主制**と**三権分立**の理論を展開した。

❷**政治体制**　モンテスキューによれば，政治体制は，**共和制**(民主政と貴族政を含
む)と**君主制**，**専制**の三つに分けられる。共和制は人民全体あるいは人民の一部
が主権をもつ政治体制であり，君主制は一人の人間が制定した法にしたがって統
治する政治体制である。それに対して専制は，一人の人間が法も規律もなくすべ
てを自分の意思と気まぐれによって政治を行う政治体制である。それぞれの政治
体制を支える原理は，徳行，名誉，恐怖である。モンテスキューは恐怖心に基づ
いた政治体制である専制を徹底して批判した。

▼モンテスキューによる政治体制の分類

政治体制	主権者	原理
共和制	人民全体(民主政)または人民の一部(貴族政)	徳行
君主制	法にしたがう一人の人間	名誉
専制	自分の意のままに政治をする一人の人間	恐怖

❸**三権分立**　モンテスキューによれば，国家には**立法・執行**(行政)・**裁判**(司法)と
いう三種の権力があるが，それらが同一の人間または団体の手に集められるなら
ば，そこに権力の濫用が生じ，人民の自由は失われる。したがって，三つの権力
を別の人間または機関に配置し，権力をもって権力を抑制する三権分立が肝要で

あると主張した。

　モンテスキューは，フランスの政治や社会の現実を直接きびしいことばで批判した最初の人であった。彼の展開した政治理論は，フランス革命の思想的支柱となり，またその三権分立論はのちにアメリカ独立革命において実現された。

3 ヴォルテール

❶ヴォルテール　ヴォルテール(Voltaire，1694〜1778)は，劇・詩・小説・評論・歴史書などで，平易な文章によって専制政治に対する批判を行った。若いころから政府を批判する詩を発表し，バスティーユの牢獄に投獄されたこともある。三年間のイギリス滞在を契機として，1734年に『哲学書簡（イギリス便り）』を発表した。そのなかでヴォルテールは，イギリスが政治的・宗教的自由を実現し，経済的に発展する

▲ヴォルテール

とともに，すぐれた文化や学問を生みだしていることを紹介し(ニュートンの物理学やロックの哲学など)，絶対王政下のフランスを批判した。この著書のためにヴォルテールはふたたび政府から追われる身になった。

❷宗教の批判　晩年はスイス国境近くのフェルネーに住み，「フェルネーの長老」として，ヨーロッパ思想界に大きな影響を与えた。1764年には『哲学辞典』を発表し，宗教・哲学・政治・経済・自然科学など，諸領域にわたって自説を展開した。とくに目立つのは宗教に対する批判である。宗教とは原始文明の産物にすぎず，その教義が争いと分裂の原因を作りだしていて，宗教を盲信することが，人類のあらゆる不幸の源となっているという考えを述べている。宗教的な狂信を批判した『寛容論』(1763)もヴォルテールの重要な著作の一つである。

4 百科全書派

❶百科全書派　百科全書派とは，ディドロとダランベールが編集したフランスの『百科全書』(1751〜72)の執筆にあたり，その刊行に協力した啓蒙思想家たちを指す。『百科全書』22巻は啓蒙思想を集大成したものであり，フランス革命の知的源泉となった。

　百科全書派の人々は専制政治

▲ジョフラン夫人のサロン　(ガブリエル・ルモニエ筆，ルーアン美術館蔵)17〜18世紀のフランスでは，貴族の邸宅に文化人が招かれ，文学や芸術を自由に議論した。ルソーやヴォルテールらの啓蒙思想家もサロンによく出入りした。

現代に生きる人間の倫理①

の不合理を批判する点では一致しているが，一人ひとりの思想内容はかなり異なっている。

❷ディドロ　ディドロ(Denis Diderot, 1713〜84)は，最初の著作『哲学的思索』で，世界を創造したものとしての神を認めつつ，創造された世界はそれ自身の法則によって動くという理神論の立場からキリスト教を批判し，とくにその不寛容をきびしく非難した。代表作『ダランベールの夢』では，宇宙に存在するのは物質だけであり，物質は永遠の自己運動を行うという唯物論的な見解を表明した。

▲ディドロ

　モンテスキューからディドロにいたる啓蒙思想家たちは，いずれも文明の進歩を肯定し，理性に基づいて人間を完成できるという確信をもって，社会の制度や政治を合理的なものに変革することをめざした。

4│カントの哲学

1 ドイツ啓蒙思想

❶18世紀のドイツ　18世紀になると，西ヨーロッパの近代化の波は，後進国であったドイツにも及び，啓蒙主義の思想もドイツに流入した。ただドイツの近代化は支配者の側からの，いわば「上から」の近代化であったし，啓蒙思想もまた，プロイセン王フリードリヒ二世(啓蒙専制君主と呼ばれた)など，啓蒙的な王から示されたものであった。

❷カント　そのような状況のなかで，理性を重視する啓蒙主義の精神をよく理解し，みずからの思想のなかに生かした哲学者が現れた。近代哲学の流れのなかできわめて大きな足跡を残したカント(⇨p.153)である。

　イギリスやフランスの啓蒙思想は，現実の社会や政治と深い関わりをもち，それを改革する運動と強い結びつきをもっていた。それに対して，ドイツの啓蒙思想は，カントにも見られるように，主として人間精神の自由や自律，人

▲カント

格の尊厳など，人間の内面に目を向けた。それは，イギリスやフランスに比べ，ドイツでは政治や経済がまだ十分に発展を遂げていなかったため，改革運動を担う層が十分に形成されていなかったことにも関わる。そのため，啓蒙主義思想の関心も，もっぱら精神的な領域に向けられた。

2 批判哲学

❶合理論の限界　カントは最初，ライプニッツやヴォルフ(1679〜1754)ら，合理論の立場をとる哲学者から強い影響を受けていた。しかし，ヒューム(⇨p.136)の因果律についての理解に触れ，合理論は経験から遊離して議論を展開していることに気づいた。このことをカントは，著書『プロレゴーメナ(序論)』(1783)のなかで，「独断のまどろみ」を破られたと語っている。

❷経験論への批判　それと同時に，カントは経験論が懐疑主義(⇨p.137)に傾く点をも批判し，改めて人間の認識が及ぶ範囲とその限界を明らかにすることを試みた。カントはこのような試みを批判と呼び，それを遂行するみずからの哲学を批判哲学と呼んだ。彼の批判哲学は，合理論と経験論を受けつぎ，それを批判的に統合しようとする試みであった。

3 カントの認識論

❶感性と悟性の働き　カントは，物事が認識されるためには，まずその材料になるものが与えられなければならないと考えた。それを果たすのは，外からの感覚的な刺激を受けとる感性である。しかしそこで受けとられたものは，まとまりのない素材の集まりにすぎない。そこに秩序を与えて知識を成立させるのが悟性である。悟性は，あらかじめ経験に先だって(アプリオリ)もっている自分自身の形式に従って，感性が受けとった素材を秩序づける。たとえば原因と結果との関係づけも，このような形式の一つである。こうして，はじめて意味のある認識が成立する。

> **原典のことば　感性と悟性(直観と概念)**
> われわれの本性が必然的に伴っているのは，直観は決して感性的以外にはありえないということ…である。これに対して感性的直観の対象を思惟する能力は悟性である。これらの特性のいずれの一方も他方に優先できない。感性なしには，われわれにはいかなる対象も与えられないであろうし，悟性なしには，いかなる対象も思惟されないであろう。内容のない思考は空虚であり，概念のない直観は盲目である。
> ──カント『純粋理性批判』
> 『カント全集4』(有福孝岳・訳，岩波書店)

❷「物自体」　このように，外からの刺激を受けとる力(感性)と，それに秩序を与える力(悟性)がはたらいてはじめて認識が成立する。それならば，私たちが認識しているものは，事物そのもの，つまり「物自体」ではなく，悟性がもつ形式によって秩序づけられたものであるということになる。この悟性を通して把握されたものを，カントは現象と呼ぶ。カントによれば，私たちは現象を認識するのみであって，「物自体」を知ることはできないのである。

❸コペルニクス的転回　従来は，認識とは対象をそのまま受けとることであると考えられてきた(「模写説」)。ところが，実際に私たちが行っているのは，認識の

形式にしたがって対象を秩序づけることであるということを，カントは明らかにした（「構成説」）。つまり，「認識が対象にしたがう」という従来の考え方をカントはひっくり返し，「対象が認識にしたがう」と考えたのである。このことをカントは，天動説をひっくり返して地動説を主張したコペルニクスにちなんで，コペルニクス的転回と呼んだ。

❹理論理性と実践理性　このように，カントによれば，私たちは，まず感性によって認識の素材を受けとり（直観のはたらき），それを悟性の概念によって秩序づけることによって，意味のある認識を行う。つまり，経験が意味ある認識の前提になるのである。

　私たちの認識の能力は，この経験を飛びこえて，経験に与えられないもの，たとえば自由とか，魂の不死とか，神の存在に関する問題にも強い関心を抱く。しかし，そのような経験の限界を超えた問題については，私たちの認識の能力は，たとえば「世界には始まりがある」とか，「世界には始まりがない」といったように，相反する命題を導きだすという矛盾に陥ってしまう。これを二律背反（アンチノミー）という。カントは，このような問題は，理論的な認識の能力（理論理性）の限界を超えており，行為や意志の決定に関わる能力（実践理性）に委ねなければならないとした。

　カントの認識論…「認識が対象にしたがう」のではなく，「対象が認識にしたがう」＝コペルニクス的転回。

4 道徳法則

❶実践理性　人間は肉体をもち，本能や欲望によって動かされる。のどが渇けば水を飲むし，空腹を感じれば，何か食べ物を食べる。このように人間は一面で，自然法則が支配する世界に属している。しかし他面，人間は本能や欲望にしたがうだけでなく，むしろそれを抑え，自分の考える義務や理想を実現しようと努力する。つまり，自然法則にしたがうのではなく，むしろ道徳法則にしたがって行為しようとする。

　いったい何が私たちに，道徳法則にしたがって行為せよと命じるのであろうか。カントは，それは私たち自身の理性（実践理性）であるという。私たちは，自分の内面から呼びかける良心の声を聞くのである。

❷仮言命法と定言命法　カントは理性の命令には二種類があるという。一つは仮言的な，つまり条件付きの命令（仮言命法）であり，もう一つは，定言的な，つまりどのような条件のもとでもそれを行えという命令（定言命法）である。

・仮言命法　<u>例</u>　「もし相手に気に入られたいなら，その人に親切にせよ」

・定言命法　<u>例</u>　「他人に親切にせよ」

　このような無条件の絶対的命令の形をとるところに，自然法則とはちがった，道徳法則の特徴がある。カントは定言命法を，具体的に次のように言い表している。「なんじの意志の格率〔基準，行動方針〕が，つねに同時に，普遍的立法の原理として妥当するように行為せよ（あなたのやることが，いつでも同時に，誰にでもあてはまるように，そのような基準に従って行為せよ）」。

5　道徳性と適法性

❶**道徳性と適法性**　カントは，定言命法のみを道徳的命令とみなし，何かを得たいとか，**幸福**になりたいなどと願って行為するような場合には，**道徳性**を認めなかった。相手に気に入られたいと思って親切にする場合，たしかにその行為そのものは道徳にかなっている。つまり，そこには**適法性**（法則にかなっていること）はある。しかし，そのような利己的な目的のためになされる行為には道徳性はないとしたのである。

**原典の
ことば**　　星空と道徳法則

　くり返し，じっと考えれば考えるほど，つねに新たに，そしてより高まってくる感嘆と畏敬の念で心を満たすものが二つある。私の上にある星の輝く空と，私のうちにある道徳法則である。

——カント『実践理性批判』

★1　自然科学が対象とする自然界（経験界）
★2　道徳学としての哲学が対象とする可想界（英知界）
＊上記のことばはカントの墓碑銘となっている

❷**動機主義**　カントは，適法性と道徳性を厳密に区別した。道徳性は，行為の結果得られるものをいっさい考慮せず，ただ**道徳法則に対する尊敬**から，つまり，ただ道徳法則の命令（義務）であるという理由だけで行為する場合にのみ生まれる。このように義務にしたがって善をなそうとする意志を，カントは**善意志**と呼んだ。

　カントは，行為の結果をいっさい考慮せず，ただ**動機**だけに基づいて，道徳的であるか否かを判断した。その意味で，カントの道徳論は**動機主義**であるといわれる。

❸**自律と自由**　道徳法則にしたがうことは，理性が立てた法則にみずからしたがうことを意味している。このことをカントは**自律**ということばで呼んだ。反対に，幸福を望んで行為する場合のように，自分で立てた法則以外のものによって意志を決定するあり方を，カントは**他律**と呼んだ。他律の場合，意志は行為の結果にしばられているが，自律の場合には，意志は何ものにもしばられていない。このように，みずからが立てた道徳法則にしたがうことこそが真の**自由**であるとカントは考えたのである。

6 人格主義

❶**人格**　カントは，理性を有し，みずからが立てた道徳法則にしたがう**自律**の能力をもった人間を，何かの手段や道具となる物から区別して，人格と呼んだ。そして，人格としての人間に，人間が人間として尊重される根拠，すなわち**人間の尊厳**を見いだした（**人格主義**）。

❷**「目的の国」**　人格としての人間は，ただ単に何かのための手段として利用されるべきものではなく，「目的そのもの」として尊重されなければならない。このことをカントは，「**あなた自身や，そのほかのすべての人の人格の内にある人間性を，単なる手段としてのみ扱うのではなく，つねに同時に目的として扱うように，行為せよ**」という定言命法で表現している。

　たとえば，医者が患者の手術をする場合，医者はそれによって報酬を得ているので，その点では患者を手段とみなしているといえる。しかし，それはあくまで患者の快復と健康のためであり，同時に患者を目的として扱っているのである。このように，道徳法則はすべての人間を「目的そのもの」として扱うことを命じるのである。

　カントは，すべての人が，お互いを人格として，あるいは目的として尊重しあう社会を「目的の国」と呼んだ。そこでは，道徳性におのずから幸福がむすびついた理想の状態である**最高善**が実現されるとした。カントは，このような「目的の国」を究極の理想としたのである。

[カント]
・理性が立てた道徳法則にしたがう自律に道徳性を認めた。
・自律の能力をもった人間を人格と呼んだ。

7 永遠平和

❶**国際平和の構想**　カントはまた，「目的の国」という理想を国際社会のなかでも実現しようとした。つまり，すべての国家がたがいに目的として尊重され，手段として利用されることのない平和な国際社会を構想した。

❷**国際機関の設立**　『**永遠平和のために**』（1795）と題した著作のなかでカントは，国家間の紛争を武力によってではなく，国家間の協力と協定によって解決していかなければならないと強調している。また，永遠平和という理想を目標として，すべての国家が協力して国家間の紛争を解決するための国際機関がつくられなければならないとした。カントのこの理念は，のちに完全な形ではないとしても，国際連盟や国際連合という形で具体化されたといえる。

人物紹介	カント

Immanuel Kant(1724~1804)　カントは東プロイセンの政治・経済の中心地であったケーニヒスベルク(現在は，ロシアのカリーニングラード)に貧しい馬具職人の子として生まれた。当時のドイツは封建的要素が強く残った政治的・社会的後進国であった。しかしカントは，西欧への窓口としての港町ケーニヒスベルクに流れこんでくる新しい西欧思潮と比較的自由な都市の空気のなかで成長した。ルター派の一派である敬虔派(ピエティスムス)の熱心な信者である両親の深い愛情は，彼の心に誠実で慎み深い信仰心を植えつけた。

ケーニヒスベルク大学卒業後，家庭教師を経て，31歳のとき母校に職を得て，哲学および自然科学の研究者として出発し，46歳で教授となった。カントは，規則正しく，質素で静かな学究生活を送った。昼食だけの一食主義で，日課としてその後の散歩を欠かしたことがなかった。ケーニヒスベルクの市民がカントの散歩を見て時計を合わせるほどだった。ただ，

▲ケーニヒスベルク大学

ルソーの『エミール』を読んだときだけ，そのあまりに美しい文章にひきこまれ，散歩を忘れたといわれる。カントの人間尊重の精神は，ルソーから教えられたものであった。

カントは56歳以降，次々に重要な著作を刊行した。その代表的なものが三批判書(『純粋理性批判』『実践理性批判』『判断力批判』)である。その後，ケーニヒスベルク大学総長を務め，生涯を生まれた町ですごした。

5 ｜ ドイツ観念論とロマン主義

1 ドイツ観念論

ドイツの啓蒙思想と近代哲学は，人間の内面により大きな関心を向け，外界の事物よりも人間の精神や理性，さらにはそれらが生みだす観念や理念を重視した。そのため，カントに始まり，フィヒテやシェリングを経て，ヘーゲルによって完成されたといわれるドイツの近代哲学は，一般に**ドイツ観念論**と呼ばれる。また，人間の理性のはたらきや，それが掲げる理念・理想を重視したことから，**ドイツ理想主義**ともいう。

▲ドイツ観念論の流れ

2 フィヒテとシェリング

カントは，ドイツ近代哲学の確立に大きく寄与したが，そこには大きな問題も残

された。カントは感性と悟性，物自体と現象，自然と道徳などを区別し，厳密な思想を展開したが，それらを統合する視点を示さなかった。そのため，カントの哲学は二元論的な性格を強くもった。この二元論的な対立をいかに克服するかということが，ドイツ観念論に属する思想家たちにとって大きな課題となった。

❶フィヒテ　フィヒテ(Johann G. Fichte，1762～1814)は，すべてのものの根底に「自我」という根源的なはたらきを置き，そのはたらきからすべての事象を説明しようとした。そのような形で一元論的な哲学の構築をめざしたのである。

▲フィヒテ

フィヒテはまた，1806年，ナポレオン軍がイエナ・アウエルシュテットの戦いでプロシア軍を破り，ベルリンに入城した際には，その占領下で「ドイツ国民に告ぐ」と題した連続講演をおこない，ドイツ国民の志気を鼓舞したことでも知られる。

❷シェリング　シェリング(F. W. J. Schelling, 1775～1854)は，自我だけでなく，自然もまた根源的な存在であると主張し，その理解に立って，独自の自然哲学をうち立てた。しかし，シェリングは自我と自然との二元論を主張したわけではなく，むしろ両者を根源的な同一性から導きだそうとした(同一哲学)。フィヒテと同様，一元論の立場をとり，カントの二元論的な思考を克服しようとしたのである。ただし，この絶対的な同一性と有限な存在との関係は，必ずしも十分に説明されなかった。シェリングに続くヘーゲルはまさにその点を問題にしたといえる。

▲シェリング

3 ロマン主義

❶ロマン主義　啓蒙主義は，理性に基づいた合理的な立場から，伝統的な制度や文化に含まれる非合理な部分を批判した。こうした動きに反対して，18世紀末から19世紀前半にかけて，ドイツを中心としてヨーロッパにひろまった芸術・哲学の運動がロマン主義である。

❷感性の優位　ロマン主義は，普遍的な法則や原理よりも，一人ひとりの人間の感性や個性を重視する(個人の尊重)とともに，物事を合理的にとらえる理性よりも，いきいきとした直観や感情を重視する(感性の解放)。理性や法則ではとらえられない躍動的な心の動きや神秘的なものに目を向け，それらを自由に表現する文芸や美術，音楽を通して人間性をはぐくむことをめざした。

この運動を中心的に担った文学者・芸術家には，ドイツでは，文学者でもあり

哲学者でもあったシュレーゲル兄弟（A. W. Schlegel, F. Schlegel）や小説家のノヴァーリス（Novalis），作曲家のシューマン（R. A. Schumann），オーストリアでは，作曲家のシューベルト（F. P. Schubert），イギリスでは詩人のワーズワース（W. Wordsworth）やコールリッジ（S. T. Coleridge），フランスでは小説家のシャトーブリアン（F. R. Chateaubriand）や『レ・ミゼラブル』などを書いた小説家のヴィ

▲「民衆を導く自由の女神」
（ドラクロワ筆，ルーヴル美術館蔵）

クトル＝ユゴー（Victor-Marie Hugo），画家のドラクロワ（E. Delacroix）らがいる。

　ロマン主義の運動は，啓蒙主義の思想によって迷信が批判されるあまり，宗教や伝統までが破壊されてしまうことをおそれた人々に支持された。とくにドイツでは，伝統的なものを賛美し，ドイツ固有の文化や民族性を評価する傾向をあわせもっていた。ロマン主義は日本の明治期の文学にも影響を与えた（⇨p.276）。

6｜ヘーゲルの哲学

1 ヘーゲル哲学の特徴

　ヘーゲルは，カントからシェリングにいたる哲学を受けつぎ，ドイツ観念論（理想主義）を完成させたといわれる。それは，ヘーゲルが彼らの問題意識を受けつぐとともに，そこで残された問題に解決を与え，彼らの哲学を乗りこえようとしたからである。他方でヘーゲルは，『法哲学講義』（1821）において，哲学は「時代の子ども」であるということばを残しているように，現実の社会にも強い関心を示した。イギリスやフランスで市民革命を通して作りだされた**市民社会**を評価

▲ヘーゲル

するとともに，それがかかえる矛盾に目を向け，あるべき社会を構想している。その点もヘーゲル哲学の特徴として挙げることができる。

2 絶対精神

❶絶対精神の運動　フィヒテやシェリングがカントの二元論を克服しようと試みたのを受けついで，ヘーゲルは，すべてのものの根底に絶対精神を考えた。絶対

精神とは，いわば，存在するものすべてを包む大きな**精神**である。この絶対精神の運動の結果としてすべてのものを説明しようとした。それを運動するものとしてとらえた点にヘーゲルの思想の特徴がある。つまり，絶対精神は最初，すべてのものを可能性として内包するとともに，それ自身のなかに発展の原動力になるものをもち，自己自身を現実のなかに具体化し，実現していくのである。

❷**精神の本性**　では，絶対精神は何を実現するのであろうか。この問いに対してヘーゲルは，**精神（理性）の唯一の真理は自由である**と答える。つまり，精神のいっさいの属性は自由であり，それは，自由を求め，自由を生みだすのである。

　したがって，世界の歴史とは，絶対精神がその本質である自由を具体化し，自分が何であるかという知識（自己意識，自覚）を獲得していく過程にほかならない。このことをヘーゲルは，次のように言い表している。「東洋では一人の者（君主）のみが自由であり，ギリシャ・ローマでは少数の者（政治に携わる貴族など）が自由であったが，現代では，われわれはすべての者が本来自由であることを知っている」と。そしてそれをまとめて，「**世界史は自由の意識の進歩である**」（『歴史哲学講義』）と述べている。

❸**理性の狡智**　一見したところ，世界の歴史は諸民族・諸国家の闘争と興亡のくりかえしであり，英雄たちの覇権争いのくりかえしでしかないように見える。しかしその背後で，世界史のなかではたらく絶対精神（「世界精神」と呼ばれる）が，**自己の本質である自由を実現していくために，英雄たちの欲望や野心を道具として利用している**とヘーゲルはいう。世界精神は，歴史の背後で民族や英雄たちを，いわばあやつっているのである。そのような世界精神の智恵を，ヘーゲルは「理性の狡智」と呼んでいる。

3　弁証法

❶**シェリングへの批判**　絶対精神が自己を実現していく道筋，あるいはその運動を貫く論理を，ヘーゲルは「弁証法（Dialektik）」と呼んでいる。ヘーゲルは，シェリングの哲学にはこの道筋が描かれていないと批判した。

原典のことば　弁証法

　花が咲けば蕾が消えるから，蕾は花によって否定されたと言うこともできよう。同様に，果実により，花は植物のあり方としては，いまだ偽であったことが宣告され，植物の真理として花にかわって果実が現われる。植物のこれらの諸形態は，それぞれ異なっているばかりでなく，たがいに両立しないものとして排斥しあっている。しかし同時に，その流動的な本性によって，諸形態は有機的統一の諸契機となっており，この統一においては，それらはたがいに争わないばかりでなく，どの一つも他と同じく必然的である。そして，同じく必然的であるというこのことが，全体としての生命を成り立たせているのである。

——ヘーゲル『精神現象学』
『世界の名著35 ヘーゲル』（山本信・訳，中央公論社）

❷弁証法の運動　前頁の「原典のことば」に植物の例が挙げられているように，すべてのものは，自分自身のなかから自分と対立し矛盾するものを生みだし，それが他なるものになる（自己の外化）。次に，その他なるものがさらに否定される（この否定性こそが弁証法の命である）。しかし，自分自身と他なるものの2つの契機が全面的に否定されるのではなく，一方ではそれぞれの不必要なものが廃棄されるとともに，他方ではそれぞれの特徴が生か

図中：
正 → 矛盾による展開 → 反
正・反の両要素を含みながら双方を超えた新しいものへ発展
合／正 → 新たな矛盾 → 反
合／正
矛盾・否定を契機とする発展の方向

▲弁証法

されて，新しい段階へと移っていくのである。つまり，両者が統合され，そこに高次の統一が生まれる（止揚，アウフヘーベン）。このようにすべてのものは，「正（テーゼ）」→「反（アンチテーゼ）」→「合（ジンテーゼ）」という運動をくり返し，発展していく。この運動の法則・論理をヘーゲルは弁証法と呼んだのである。

POINT!　ヘーゲルは，絶対精神が自由を実現していく道筋，あるいはその運動を貫く論理を，「正－反－合」の弁証法としてとらえた。

4 人倫

❶自由の実現　カントは，自由を，法律が保証するような形式的なものとしてではなく，意志の自律において成立する具体的なものとしてとらえた。しかし，ヘーゲルからすると，それはどこまでも意識の内面にとどまるものである。ヘーゲルは，自由はむしろこの現実の社会のなかで実現されるべきもの

> **原典のことば**　**人倫**
> 　息子を人倫的に教育する最良の仕方についてたずねた或る父親の質問に対し，ピタゴラス派の一人（また他の人々が語ったとも言われている）は，こう答えた。「息子さんを良い法律をもった国家の公民にすることです。」
> ——ヘーゲル『法の哲学綱要（法哲学講義）』
> 『人類の知的遺産46 ヘーゲル』（城塚登・訳，講談社）

と考え，その具体化された道徳性を「人倫」ということばで呼んだ。

❷人倫　ヘーゲルは，法と道徳と人倫とのあいだにも，弁証法的な関係を見ている。法は，外側から人々の行動を規制し，秩序を維持することによって自由を可能にする。しかし，それはただ外面的な自由にとどまる。それに対して道徳は，意志の自律を通して自由を実現する。しかし，その自由はまだ内面的なものにとどまっている。自由が本当の意味で自由になるのは，それが社会のなかで具体的な形

をとることによってであるとヘーゲルは考えた。それが**法と道徳との総合としての人倫**である。

❸**人倫の第一段階・家族**　さらにヘーゲルは，この人倫についても，3つの段階を経た発展のプロセスを考えた。人倫の最初の形態は家族（正）である。家族は夫婦・親子の愛情によって結びついた自然な共同体である。そこでは成員が強く結びついているが，個としては十分に独立していない。

❹**人倫の第二段階・市民社会**　子どもはやがて成長し，家族という自然な愛情によって結合された共同体から独立し，市民社会（反）の一員となっていく。そこで人は一個の自由で平等な独立した人格となる。しかし，市民社会の成員はそれぞれ自分の利益を追求するため，そこに対立や争いが生じ，結局不自由に陥る。ヘーゲルは，こうした市民社会の本質を**欲望の体系**と呼んだ。そこではあるべき人間関係が失われ，「**人倫の喪失態**」が生じる。

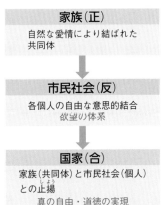

家族（正）
自然な愛情により結ばれた共同体

↓

市民社会（反）
各個人の自由な意思的結合 欲望の体系

↓

国家（合）
家族（共同体）と市民社会（個人）との止揚 真の自由・道徳の実現

▲人倫の三段階

❺**人倫の第三段階・国家**　こうした矛盾を克服するものとして，ヘーゲルは国家（合）を位置づけた。国家において，家族における人間同士の自然で安定した結びつきと，市民社会のなかで実現された個人の独立性とが，ともに生かされると考えたのである。このように，国家のなかで市民社会のさまざまな問題が解決されると考えたところに，ヘーゲルの倫理観の特徴がある。ヘーゲルは，**国家の一員であることが個人の最高の義務であると主張して，個人に対する国家の優位**を唱えた。

　ヘーゲルの哲学は，その後の思想にきわめて大きな影響を与えた。マルクス（⇨p.171）やキルケゴール（⇨p.183），あるいは西田幾多郎（⇨p.277）なども，ヘーゲルの思想との批判的な対決を通して，自分自身の思想を作り上げていった。

人物紹介　ヘーゲル　G. W. F. Hegel（1770〜1831）　ヘーゲルは，南ドイツのシュトゥットガルトで生まれ，テュービンゲン神学校で学んだ。在学中にフランス革命が起こったときには大きな感動を経験し，他の学生とともにこの革命に熱狂した。1807年に発表した『**精神現象学**』によって独自の哲学をうち立てた。この書は，1806年ナポレオン軍がイエナに侵攻したときに書きあげられた。馬上のナポレオンをヘーゲルは「世界精神！」と呼んだといわれている。歴史の激動のなかで膨大な哲学体系を構築し，大きな影響を与えた。

POINT!

［ヘーゲルの人倫］
・自由が現実の社会に実現された形態。
・家族→市民社会→国家という三段階を経て発展する。

☑ 要点チェック

CHAPTER **3** 現代に生きる人間の倫理①		答
☐ 1	ルネサンス期に，ギリシャ・ローマの古典を研究し，人間性の回復をめざそうとした思想を何というか。	1 ヒューマニズム（人文主義）
☐ 2	『新生』『神曲』を著したイタリアの詩人は誰か。	2 ダンテ
☐ 3	『人間の尊厳について』を著し，人間は自由意志をもった存在だととらえた人文主義者は誰か。	3 ピコ＝デラ＝ミランドラ
☐ 4	ルネサンス期の理想的な人間像を何というか。	4 万能人（普遍人）
☐ 5	4の代表的な人物で，絵画や天文学，機械，建築，土木など，さまざまな分野で抜群の才能を発揮したのは誰か。	5 レオナルド＝ダ＝ヴィンチ
☐ 6	『君主論』を著し，君主の政治にはライオンの勇猛さ（暴力）と狐の奸智（狡猾さ）が必要だと説いたのは誰か。	6 マキァヴェリ
☐ 7	『愚神礼讃』を著した北方ルネサンスの代表的人物は誰か。	7 エラスムス
☐ 8	トマス＝モアが理想の国を描いた著書は何か。	8 ユートピア
☐ 9	ローマ教会が贖宥状（免罪符）を販売していることをただすため，ルターが教会の扉に掲げた見解を何というか。	9 95か条の意見書（論題）
☐ 10	ルターが唱えた，人は「信仰によってのみ義とされる」という考え方を何というか。	10 信仰義認説
☐ 11	ルターが唱えた，神の前においては，聖職者でも世俗の生活を送る者でも平等であるという考え方を何というか。	11 万人司祭説
☐ 12	ルターやカルヴァンが唱えた，あらゆる職業は神から与えられた使命であるという考え方を何というか。	12 職業召命観
☐ 13	カルヴァンが唱えた，救われるか否かはあらかじめ神によって決められているという考え方を何というか。	13 （二重）予定説
☐ 14	禁欲倫理が利潤と資本の蓄積を促し，やがて宗教的基盤を失って「資本主義の精神」となったと主張した社会学者は誰か。	14 マックス＝ウェーバー
☐ 15	『随想録（エセー）』を著したモラリストは誰か。	15 モンテーニュ
☐ 16	パスカルが人間を「中間者」ととらえた著書は何か。	16 パンセ
☐ 17	パスカルは，日常接する複雑な事象を全体として直観的にとらえようとする精神を何と呼んだか。	17 繊細の精神
☐ 18	『プリンキピア』を著し，機械論的自然観を確立した科学者は誰か。	18 ニュートン
☐ 19	ベーコンは，物事を正しく認識することを妨げている偏見や思いこみを何と呼んだか。	19 イドラ
☐ 20	経験論，合理論が依拠する思考方法はそれぞれ何か。	20 帰納法，演繹法

3

現代に生きる人間の倫理①

□ 21	デカルトが，すべてのものを疑い，疑わしいものをすべて排除していった方法を何というか。	21	方法的懐疑
□ 22	物心二元論を唱えたデカルトは，精神と物体の特性をそれぞれ何ととらえたか。	22	思惟，延長
□ 23	デカルトは，みずからの意志で情念を支配する気高い心を何と呼んだか。	23	高邁の精神
□ 24	ロックは，人の心は最初は何も書かれていない状態であることを何と呼んだか。	24	白紙（タブラ・ラサ）
□ 25	知識は主観的な確信にすぎず，そこに絶対的な根拠を見いだすことはできないという懐疑主義を唱えたのは誰か。	25	ヒューム
□ 26	主著『エチカ』で，デカルトの物心二元論を批判し，「神即自然」という汎神論を唱えたのは誰か。	26	スピノザ
□ 27	ライプニッツは，宇宙を形づくっている「単純で不可分なもの」を何と呼んだか。	27	モナド（単子）
□ 28	自然法は人間の自然（本性）から生じると説いた法学者は誰か。	28	グロティウス
□ 29	自然法に基づいてすべての人間にそなわっている自己保存や自由・平等などの権利を何というか。	29	自然権
□ 30	自然状態を「万人の万人に対する戦い」と考えたのは誰か。	30	ホッブズ
□ 31	自然状態における争いをさけるために，自然権を政府に信託するという社会契約説を唱えたのは誰か。	31	ロック
□ 32	ルソーの社会契約説では，すべての人があらゆる権利を共同体に譲渡したあと，何に従わねばならないか。	32	一般意志
□ 33	『法の精神』を著し，三権分立を唱えたのは誰か。	33	モンテスキュー
□ 34	『百科全書』を編集した啓蒙思想家はダランベールと誰か。	34	ディドロ
□ 35	カントは，「対象が認識にしたがう」という認識論を，天文学の歴史的な発見にちなんで何と呼んだか。	35	コペルニクス的転回
□ 36	カントは，無条件の絶対的命令を何と呼んだか。	36	定言命法
□ 37	カントは，理性を有し，みずからが立てた道徳法則にしたがう自律の能力をもった人間を何と呼んだか。	37	人格
□ 38	カントの三批判書とは『純粋理性批判』『判断力批判』と何か。	38	実践理性批判
□ 39	ヘーゲルが説いた，自由を本質とし，歴史を根本で支配しているものを何というか。	39	絶対精神
□ 40	ヘーゲルは，正→反→合の三段階を経て展開する運動の法則を何と呼んだか。	40	弁証法
□ 41	ヘーゲルは，人倫が発展する三段階をそれぞれ何ととらえたか。	41	家族,市民社会,国家

CHAPTER 3 練習問題 解答 ☞ p.345

① 〈ルネサンス〉

　ルネサンスの時代に活躍した人物の説明として最も適当なものを，次の①～④のうちから1つ選べ。

① ボッカチオは，『デカメロン』において，聖俗を問わず，当時のほぼすべての階級・職業の人々が，人間的な欲望に動かされながら生きる姿を大胆かつ滑稽に描き出した。

② マキァヴェリは，『君主論』において，君主は，偉大さと悲惨さとの間を揺れ動く中間的存在である人間の自主性を尊重しつつ，統治しなければいけないと主張した。

③ ミケランジェロは，『最後の審判』において，裏切りによる死を予告する劇的な瞬間のキリストと弟子たちの姿を，写実的ながら全体の調和を失うことなく表現した。

④ エラスムスは，『愚神礼讃（痴愚神礼讃）』において，私有財産制度のない理想的な平等社会における人々の生活ぶりを具体的に示し，反語的（アイロニカル）に当時の社会を批判した。

② 〈ルター〉

　宗教改革の始まりに大きな役割を果たしたのがルターである。ルターの思想の説明として最も適当なものを，次の①～④のうちから1つ選べ。

① 神の前ではすべてのキリスト者は平等であり，教会の権威によってではなく，自己の信仰心によって直接神と向き合う。そして，聖書のみがキリスト教の信仰のよりどころである。

② どの人間が救われるかは，神の意志によってあらかじめ定められており，各人が聖書の教えに従って，神への奉仕として世俗の職業生活に励むことが，救いの確証になり得る。

③ 聖書に説かれた信仰の真理と自然の光に基づく理性の真理とは区別されるが，両者は矛盾するのではなく，理性の真理が信仰の真理に従うことによって互いに補足し合い調和する。

④ キリスト者は，すべてのものの上に立つ自由な主人であって，誰にも従属していない。したがって，農民が教会や領主の支配に対抗して暴徒化することには十分な理由がある。

③ 〈経験論と合理論〉

次の資料を読んだAとBの会話を読み，会話中の　a　・　b　の中に入る記述の組み合わせとして最も適当なものを，あとの①〜④のうちから１つ選べ。

資料

> このようにすべてのものを虚偽と考えようと欲していた間にも，そう考えている『私』はどうしても何ものかでなければならないということであった。そして「私は考える，だから私は存在する」というこの真理は，懐疑論者のどんなに途方もない仮定といえどもそれを動揺させることはできないほど堅固で確実なのを見て，私はこれを自分が探究しつつあった哲学の第一原理として何の懸念もなく受けいれることができると判断した。　　　　──　a　『方法序説』
> 　　　　　　　　『世界の大思想９　　a　』(多田英次・訳，河出書房新社)

A：これは，誰が書いた記述だろう。

B：　a　だよ。文中に有名な言葉があるよ。ラテン語で「コギト・エルゴ・スム」といわれるものだね。

A：なるほど。彼は　b　ということで有名なひとだよね。

① 　a：大陸合理論の祖とされるデカルト　　　　b：物心二元論を展開した

② 　a：イギリス経験論の祖とされるバークリー　　b：汎神論を主張した

③ 　a：大陸合理論の祖とされるデカルト　　　　b：汎神論を主張した

④ 　a：イギリス経験論の祖とされるバークリー　　b：物心二元論を展開した

④ 〈社会契約説〉

社会契約説において，自然状態に言及している思想家たちの著作の説明として最も適当なものを，次の①〜④のうちから１つ選べ。

① 『リヴァイアサン』には，自然状態にある人間は一般意志に従い自由で平和に暮らしていたとある。

② 『統治二論(市民政府論)』には，自然状態は理性的な自然法が支配する平和な状態だとある。

③ 『人間不平等起源論』には，自然状態における人間の一生は「きたならしく，残忍で，しかも短い」とある。

④ 『社会契約論』には，自然状態は各自が自己保存の権利を恣意的に追求する闘争状態だとある。

⑤ 〈カント〉

次の資料を読み，その内容の説明として最も適当なものを，あとの①〜④のうちから１つ選べ。

資料

> すべての人間が、ひとりひとり、自由の諸原理にしたがって法的体制の下で生きることを意志しても、それだけではこの目的のためには十分ではなく……すべてが一緒になってこの状態を意志するという困難な課題の解決が必要であって、市民社会もそれによってはじめて全体として統一される……だれでもひとりでは共同的意志を実現することは不可能で……すべてのひとびとの特殊な意志のちがいをこえて、さらにそれを合一させる原因が付け加わらなければならないから、そこでかの理念を（実践において）実行する段階では、法的状態の開始は権力による開始以外には期待できないのであって、公法はこうした権力の強制に基づいて後から成立する。　　　——カント『永遠平和のために』
> 『永遠平和のために』（宇都宮芳明・訳、岩波文庫）

① カントは、人類が永遠平和を実現するには、我々の善良な願いを結集していくことが大事だと主張した。そのためには、時間をかけた話し合いが必要であり、少数意見も尊重しつつ、公法を成立させることが重要なのである。

② カントは、人類が永遠平和を実現するには、公共の空間をつくりそこで自由な言論活動を行うことが大事だと訴えた。そのためには権力の確立が必要であり、この権力により公法を成立させることが重要なのである。

③ カントは、人類が永遠平和を実現するには、意見の違いを乗り越えた意志の統一が行われるべきだと考えた。そのためには、時間をかけた話し合いが必要であり、少数意見も尊重しつつ、公法を成立させることが重要なのである。

④ カントは、人類が永遠平和を実現するには、意見の違いを乗り越えた意志の統一が行われるべきだと考えた。そのためには権力の確立が必要であり、この権力により公法を成立させることが重要なのである。

⑥ 〈ヘーゲル〉

カントの立場を形式的であると批判して、倫理の具体的内容を重視したヘーゲルによるカント批判として最も適当なものを、次の①〜④のうちから1つ選べ。

① 責務を担う主体は、この私自身であるから、道徳は自己の実存に関わる真理の次元で具体的に考える必要がある。

② 責務を果たす手段は、物質的なものであるから、道徳の具体的内容を精神のあり方から観念的に考えてはならない。

③ 責務を担う場面は、人間関係や社会制度と深く関わっているから、これらを通して道徳を具体化せねばならない。

④ 責務を果たす目的は、人々の幸福の具体的な増大にあるから、道徳的に重視すべきは行為の動機よりも結果である。

CHAPTER

4 ≫現代に生きる人間の倫理②

まとめ

❶ 個人と社会 ☞p.166

□ 功利主義

- 自由放任主義(レッセ・フェール)…市場での自由競争が適切な資源の配分をもたらす＝「見えざる手」。アダム＝スミス『諸国民の富(国富論)』。
- 功利主義…ベンサム。快楽や幸福をもたらす度合いによって善悪を判断＝功利の原理。最大多数の最大幸福の実現をめざす。快楽計算により，功利性を数量化。
- 質的功利主義…J. S. ミル。感覚的な快楽より精神的な快楽のほうが質が高い。『自由論』で他者危害の原則に基づいて自由を主張。

□ 社会主義

- 初期の社会主義…サン＝シモン，フーリエ，オーウェンらの空想的社会主義。
- マルクス…人間は労働によって他の人間と結びつき，類的存在となる→生産手段をもたない労働者(プロレタリア)は四つの疎外に直面→疎外された労働。
- 唯物史観…生産力と生産関係が社会の土台(下部構造)であり，法律や文化などの上部構造を規定→階級闘争により社会主義が実現される。
- 社会主義の実現…改良主義による資本主義の修正と社会主義国家の建設に分岐。

□ 実証主義と進化論思想

- コントの実証主義…検証可能な経験的事実に基づく→社会学を創始。
- 進化論の思想…スペンサー：社会有機体説に基づく社会進化論を唱える。

□ プラグマティズム

- プラグマティズム…人間の精神活動を有用性から考える実用主義。パースが創始。
- ジェームズ…有用性を知識や理論が真理であるか否かの基準とする。
- デューイ…創造的知性：知性は問題を解決していくための道具。

❷ 新たな人間像を求めて ☞p.183

□ 主体性の回復

- キルケゴール…主体的真理こそ求めるもの。絶望を経て宗教的実存に至る。
- ニーチェ…怨恨(ルサンチマン)に基づくキリスト教道徳のためにニヒリズムが支配→「力への意志」を体現した「超人」に人間の可能性を見いだす。

□ 生の哲学・現象学・実存主義

- 生の哲学…「生」を直接的な体験により把握しようとするディルタイ。

- 現象学…「事象そのものへ」がフッサールのモットー。
- ヤスパース…限界状況(げんかいじょうきょう)の前で挫折➡超越者に目を開き，実存的な交わりへ。
- ハイデッガー…現存在(ダーザイン)としての人間は「死への存在」。
- サルトル…人間は自分を作りあげていく投企的存在➡「実存は本質に先立つ」。自由と責任をもつ➡みずから社会の状況に参加(アンガジュマン)。
- メルロ＝ポンティ…行為の基盤にある「生きた身体」を問題にした。

□ 精神の深層へ
- フロイト…人間の無意識に着目。心の構造＝エス(イド)・自我・超自我。
- ユング…民族や人類全体が共有する無意識の領域を集合的無意識と呼んだ。

□ 言語・理性への反省
- ソシュール…言語は「差異の体系」＝構造(システム)➡構造主義の基礎を築く。
- ウィトゲンシュタイン…分析哲学で言語を分析➡言語批判と言語ゲーム。
- フランクフルト学派…ホルクハイマーとアドルノが道具的理性を批判。

□ 構造主義
- レヴィ＝ストロース…構造人類学。未開社会の人々の「野生の思考」に着目。
- フーコー…近代社会は狂気を排除し，病院や監獄に閉じ込めた。
- ポスト構造主義…デリダ，ドゥルーズ，リオタールによる「脱構築」。

❸ 現代の思想的課題 ☞p.205

□ 現代のヒューマニズム
- シュヴァイツァー…「生命への畏敬(いけい)」　・ガンディー…非暴力主義の抵抗運動。

□ 他者との共存
- レヴィナス…自己を超越した他者の「顔」に応答するとき，倫理が成立する。
- アーレント…全体主義の批判➡「活動」により公共性の領域を形成。
- ハーバーマス…コミュニケーション的行為により社会の合意を形成する。
- ロールズ…「公正としての正義」　・セン…潜在能力(ケイパビリティ)。
- リバタリアニズムとコミュニタリアニズムのあいだの論争。

□ 科学と自然・生命
- ベルクソン…「生の哲学」「生命」の脈動に直接触れ，直観する。
- クーン…新しい科学理論の成立はパラダイムの転換(科学革命)。

SECTION 1 個人と社会

1 | 功利主義

1 「見えざる手」

❶ **イギリス産業革命**　イギリスでは，名誉革命以後，近代的な政治体制が徐々に整えられるとともに，1760年頃から1830年頃にかけて産業革命がなしとげられた。生産力が急激に増大し，富が蓄積されて資本主義体制が整備されるとともに，それが基盤となって市民社会が形成されていった。

❷ **アダム＝スミス**　当初は，それぞれの人間が自分の利益(私益)を追求していけば，おのずから社会全体の利益(公益)も増進されるという楽観的な見方がなされていた。「経済学の父」と呼ばれるスコットランド出身の経済学者アダム＝スミス(Adam Smith，1723～90)も，『諸国民の富(国富論)』のなかで，同様の主張をした。

▲アダム＝スミス

❸ **自由放任主義**　市場経済は，価格によって需要と供給が自動的に調整されるメカニズム(「見えざる手」invisible hand)をもっているので，それぞれの人間が自分の利益を追求しても，結果的には適切な資源の配分がなされる。つまり，**個人の自由な利益の追求(自由競争)が社会全体の利益につながり，社会の望ましい状態が生みだされる**と考えたのである。これは，市場経済に対する国家の統制を排除する自由放任主義(レッセ・フェール，フランス語で「なすに任せよ」の意)の考え方である。

❹ **共感**　アダム＝スミスが市場経済での自由競争を主張した背後には，彼の人間観があった。スミスは，人間は「**共感(sympathy)**」の能力を有しており，「**公平な観察者**」の存在を意識するため，その声を聞いておのずから自分の行動を抑制し，社会にふさわしい行動をとると考えたのである(『道徳感情論』)。

2 最大多数の最大幸福

❶ **功利主義**　実際の社会では，アダム＝スミスが考えたような，私益と公益との調和は実現しなかった。むしろ経済的な不平等が生まれ，貧困や失業が社会全体の問題になっていった。そのような状況のなかで，改革の方向を探ったのが功利主義(utilitarianism)の思想である。

❷ **ベンサム**　功利主義をはじめて理論化したのは，ヘーゲル

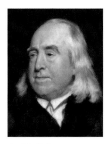

▲ベンサム

とほぼ同じ頃に活躍したベンサムである。彼は，主著『道徳および立法の諸原理序説』(1789)の冒頭で，「自然は人類を快楽と苦痛という二人の君主の支配のもとに置いた」と述べている。つまり，人間はその本性上，快楽を求め苦痛を避けるというのである。そこから出発してベンサムは，**快楽を感じ，苦痛を感じないことこそ幸福であり，善である**とした。このように，功利主義は，**功利性**(utility)，つまり快楽や幸福をもたらす性質を多くもつかどうかで，その行為が善いか悪いかを判断する(**功利性の原理**)。

❸**最大多数の最大幸福**　そのような意味で，功利主義は一種の快楽主義であるということもできる。しかしそれは，決して自分の快楽だけを追求する利己的なものではなかった。功利主義は，「**それぞれの人間を一人として数え，誰であれ，それ以上には数えない**」という原則を重んじる。つまり，人間に質的差異を認めず，すべての人を平等な人格として尊重したのである。

　その立場から功利主義は，自分自身が感じる快楽と他人が感じる快楽とを同じように評価した。功利主義が追求したのは，自分が可能な限り大きな幸福を得ることではなく，**個人の幸福の総和である社会全体の幸福を最大にしようとする「最大多数の最大幸福」**であった。この原則が功利主義のいちばん大きな特徴をなす。

　功利主義は，ある一人の人間にではなく，できるだけ多くの人に，しかもできるだけ多くの幸福をもたらす行為こそ，めざすべき行為であるとしたのである。

人物紹介　ベンサム　Jeremy Bentham(1748〜1832)　ロンドンに生まれ，オックスフォード大学に学ぶ。一時は父と同じく弁護士として活動した。若い頃に「最大多数の最大幸福」ということばに出会ったことがきっかけになり，『道徳および立法の諸原理序説』を著し，功利の原理を明らかにした。救貧法の制定に努力したり，『ウェストミンスター評論』の創刊に協力したりして，18世紀末から19世紀初めのイギリスの啓蒙運動を担った。代議制民主主義と経済的自由主義を主張した「哲学的急進派」の中心となり，その思想はイギリスのみならず，広くヨーロッパ諸国に影響を与えた。

3　サンクション(制裁)と快楽計算

❶**サンクション(制裁)**　なぜ自分の幸福だけでなく，できるだけ多くの人の幸福を考えなければならないのか。その問題と関わって，ベンサムは『道徳および立法の諸原理序説』のなかで，サンクション(sanction，制裁)の問題に触れている。サンクションには次の四つがある。

1. **自然的サンクション**　たばこの不始末で火事をおこし，財産を失ってしまった場合のように，自分の不注意のために自然から制裁を受けること。
2. **政治的・法的サンクション**　法律を犯したために逮捕され，刑罰を与えられること。
3. **道徳的サンクション**　法律には違反していないが，ある集団のなかでは望ま

しくない行為をしたとき，その集団のなかで批判されること。

④ **宗教的サンクション**　ある行為をしたために，来世で神によって罰を受けることをおそれること。

このようなサンクションがあるため，人は，単に自分の快楽だけを追求しても，実際には快楽に結びつかず，むしろ苦痛を引きおこすということを，実生活のなかで学んでいく。そういう苦痛を避けるためには，自分だけでなく，他者の快楽をも考慮に入れざるをえない。

『道徳および立法の諸原理序説』という表題が示すように，ベンサムが功利主義を主張したとき，法の制定や政策の立案という問題が強く意識されていた。それらを通してベンサムは，個人の利益の追求と社会全体の利益との調和をはかろうとしたのである。

❷**快楽計算**　ベンサムの功利主義のもう一つの特徴は，功利性の基準を明確にしようとした点である。ベンサムは，従来の道徳学説においては善悪を区別する基準が必ずしもはっきりしていなかった点に不満をいだいていた。

そこでベンサムは，快楽の大きさを計算することで功利性を**数量化**し，善悪の基準を明確にしようとした。この快楽計算の尺度として，ベンサムは，「強さ」「持続性」「確実性」「実現の時期の近さ（遠近性）」「生産性（多産性）」「純粋性」「範囲（関係者の数）」を挙げている。この7つの尺度によって快楽の量を量り，その総和を計算するのである。こうして，ベンサムは，善悪の判断や立法・政策の立案に客観性をもたせようとした。

ベンサム…個々の行為や，立法や政策の立案においても，「最大多数の最大幸福」をめざすべきであるという功利主義を主張。

4　質的功利主義

❶**J. S. ミル**　ベンサムの功利主義は，産業革命期のイギリスにおいて大きな影響を与えたが，いくつかの問題点をはらんでいた。その問題と取り組んだのが，J. S. ミルである。

ベンサムが功利主義を説いて以降，功利主義者は低級な「豚の快楽」を追求する人々を擁護しているという批判が加えられた。ミルはその批判に応えるために，『功利主義論』(1863)のなかで快楽の質を問題にした。

❷**質的功利主義**　快楽の質の違いや高低を判断するのはむずかしいが，ミルは，「2つの快楽がある場合，その両方を十分に経験している人が，ちゅうちょすることなく選ぶ快楽の

▲J. S. ミル

方が質が高い」と述べている。感覚的な快楽(たとえばおいしいものを食べたときの喜び)と精神的な快楽(たとえば美しい詩を読んだときの喜び)があるとき，精神的な快楽の方が質が高いし，誰であれ，それをちゅうちょなく選ぶというのがミルの考えであった。そのことをミルは次のように言い表している。「満足した豚であるよりは，不満足な人間である方が望ましく，満足した愚か者であるよりは，不満足なソクラテスの方がよい」。このようなミルの立場を質的功利主義という。

❸内的なサンクション　ミルは，サンクションに関してもベンサムの見解を修正し，**外的なサンクション**と**内的なサンクション**を区別した。ベンサムが挙げた4つのサンクションはすべて外的なサンクションであるが，人間にとってより重要なのは内的なサンクションである。それは道徳的義務に反したときに感じる強弱さまざまな苦痛である。この感情が義務の観念と結びつくとき，良心が形成される。

　この良心のために，人は，自分だけの利益の追求を抑制するだけでなく，他人の幸福のために自分の幸福を犠牲にすることにも喜びを感じる。ミルの考えでは，功利主義は「**献身の道徳**」とも結びつきうる。ミルは，「人々からしてもらいたいと望むことは，何ごとでも，人々にそのとおりにしなさい」(「マタイによる福音書」)というイエスの「**黄金律**」(⇨ p.64)のなかに功利主義の倫理の完全な精神が見られることを強調している。このようにミルは，**功利主義の利他的な側面**を強調した。

❹**思想と討論の自由**　ミルは『自由論』(1859)のなかで，**他者危害の原則**を主張して，政府が言論活動を統制するために強制力を行使する権利を否定し，**思想と討論の自由**こそが大切であることを強調した。異なった意見をもつ者のあいだでの討論こそが，それぞれの見解が死んだドグマ(独断的教義)に陥ることを防ぐからである。

> **原典のことば　他者危害の原則**
>
> 　人間が個人としてであれ，集団としてであれ，誰かの行動の自由に干渉するのが正当だといえるのは，自衛を目的とする場合だけである。文明社会で個人に対して力を行使するのが正当だといえるのはただひとつ，他人に危害が及ぶのを防ぐことを目的とする場合だけである。——ミル『自由論』
> (山岡洋一・訳，光文社古典新訳文庫)

　また，ミルは，思想や討論の自由を保証することで，**個性**をはぐくむことが可能になると考えた。個性をはぐくむことで，それぞれの人間の成長が可能になるし，同時に社会全体の発展も可能になると考えたのである。

　この『自由論』は日本でも1871(明治4)年に『自由之理』という題で，中村正直による翻訳が出版された。そして，明治初期の日本の思想界とのちの自由民権運動に非常に大きな影響を与えた。

補説 **他者危害の原則** ミルが『自由論』で主張した原則。他者に危害が及ぶのを防ぐ場合をのぞいて，個人の自由に干渉することはできないということ。社会が法的制裁や世論による制裁という形で個人に干渉するとき，その干渉が正当かどうかを決める絶対的な原則とされた。「本人にとって良いことだから」というのは，他人の自由に干渉する正当な理由にはならないということである。

人物紹介 **J. S. ミル** John Stuart Mill（1806～73） 父は，イギリスの哲学者（功利主義者）・経済学者として有名なジェームズ＝ミルで，その長男として生まれた。16歳のとき功利主義者の会を作って，社会改革をめざすベンサムらの「哲学的急進派」のメンバーになった。1865～68年に下院議員を務め，選挙法改正や労働者・婦人の地位の向上などの運動に力を尽くした。その著作は『論理学体系』『経済学原理』『自由論』『功利主義論』『代議政体論』『女性の解放』など多方面にわたる。

POINT! ミル…快楽の質を問題にし，ベンサムの功利主義を修正して「質的功利主義」の立場をとった。

2 | 社会主義

1 社会主義

❶資本主義社会の成立 18世紀後半になると，産業革命により生産が飛躍的に拡大し，富を蓄積した産業資本家が労働者を使用する資本主義社会が成立した。しかし他方で，資本主義の発達は，安い賃金で長時間働かされる労働者を大量に生み出した。その結果として，**貧困や失業，資本家と労働者の階級対立**などの社会問題が生まれた。

▲産業革命期のイギリスの工場　子どもや女性も安い賃金で長時間，働かされた。

❷社会主義 これらの問題は資本主義という社会制度から必然的に生みだされたのだという考えに立って，社会を変革しようとする思想が生まれた。それが社会主義である。資本主義は財産の私有と自由競争を前提にして発展してきたが，社会主義は，その前提そのものに目を向け，**財産や生産手段の共有，資源の計画的な管理や配分**などを通して，真に自由で平等な社会を実現しようとした。

2 初期の社会主義思想

❶サン＝シモン，フーリエ，オーウェン 社会主義のさきがけとなったのは，フランスの**サン＝シモン**（Saint-Simon，1760～1825）や**フーリエ**（Charles Fourier，1772～1837），イギリスの**オーウェン**（Robert Owen，1771～1858）の思想である。

　サン゠シモンは，産業者(資本家や科学者，労働者など)が自主的・合理的に生産にたずさわり，搾取(他人の労働の成果を無償で取得すること)を生まない理想的社会を作りあげるべきことを主張した。フーリエは，資本主義の無秩序性を批判し，「ファランジュ」と名づけた理想的な農業協同体を構想した。オーウェンは，アメリカで，愛と協同による人道主義的な共産村(ニュー・ハーモニー村)を作ろうと試みたのち，労働組合運動や協同組合運動を指導して，労働者の生活向上に力を尽くした。

▲サン゠シモン

❷空想的社会主義　彼らは，資本主義のもつ矛盾を鋭く批判し，人道主義的な立場から，搾取のない平等な，労働者中心の理想社会を構想した。しかし，現実の社会の科学的な分析を欠き，理想の社会を実現するための具体的な手段をもたなかった。それゆえ，マルクスやエンゲルスから「空想的社会主義」(ユートピア社会主義)と批判された。

3 マルクスの思想的基盤

❶マルクスの思想形成　マルクスは，ウェーバー(⇨p.123)，フロイト(⇨p.27, 194)と並んで，現代の哲学・思想に大きな影響を与えた知の巨人の一人である。

　マルクスの思想は，フランスの初期の社会主義のほかに，アダム゠スミスなどのイギリス古典経済学や，ドイツ観念論の哲学からも影響を受けている。『資本論』のなかでマルクスは，ヘーゲルの弁証法は逆立ちしていると批判しているが，若い頃はヘーゲル哲学に傾倒しており，「青年ヘーゲル派」のグループに数えられることもある。青年ヘーゲル派の一員であったフォイエルバッハ(L. A. Feuerbach，1804〜72)の唯物論も，マルクスの思想の重要な源泉の一つであった。

▲マルクス

❷フォイエルバッハの唯物論　マルクスは，フォイエルバッハが『キリスト教の本質』(1841)のなかで，神は人間の本質が外に投影され，一つの対象としてとらえ直されたものにほかならないと述べ，宗教を「人間の本質」に解消したことを高く評価した(「フォイエルバッハに関するテーゼ」)。フォイエルバッハは，ヘーゲルのいう「自己の(本質の)**外化**」という考え方に基づいていて(⇨p.157)，人間は自己の本質を外化して作り出した神に支配されていると主張したのである。

❸フォイエルバッハ批判　しかし，マルクスは，フォイエルバッハの思想は宗教や哲学の領域に限られており，政治や社会の現実を正確にとらえず，観念的なも

現代に生きる人間の倫理②

のにとどまっていると批判した。「フォイエルバッハに関するテーゼ」の最後で，マルクスは次のように述べている。「哲学者たちは，ただ世界をさまざまに解釈してきただけにすぎない。しかし重要なことは，世界を変えることである」。マルクスの立場をよく示すことばである。

4　マルクスの労働観

❶類的存在　マルクスは人間の本質を労働のなかに見た。**労働とは，人間が自分の欲求や能力を実現し，発展させる活動である。**それはただ単に生活手段を得，肉体を維持していくためだけの活動ではない。人間はそれを通して自分のさまざまな可能性を実現していく。そしてそこに喜びや生きがいを感じる。

> **原典のことば　類的存在**
>
> 　人間は，自分の生命活動そのものを，自分の意欲や自分の意識の対象にする。彼は意識している生命活動をもっている。……意識している生命活動は，動物的な生命活動から直接に人間を区別する。まさにこのことによってのみ，人間は一つの類的存在なのである。　──マルクス『経済学・哲学草稿』
> （城塚登・田中吉六・訳，岩波文庫）

　また，人間は孤立して労働するのではない。他の人間と関わりをもち，社会的関係のなかで労働する。つまり，人間は本質的に社会的動物，あるいは他の人間と結びついた類的存在なのである。

❷4つの疎外　資本主義社会では，資本家（ブルジョワ）が生産手段を私有し，独占しているため，生産手段をもたない労働者（プロレタリア）は生きるために資本家のもとではたらかなければならない。つまり，賃金労働者として，自分の労働力を資本家に売りわたさなければならない。そのため，**労働によって生みだされた物は，労働者自身ではなく，資本家の所有となる。**ここに疎外（人間が作りだした物が，人間から離れて疎遠なものとなり，逆に人間を支配する力としてはたらくこと）という現象が生じる。マルクスは，『経済学・哲学草稿』（1844）のなかで，資本主義社会では労働者が4つの疎外の形態に直面していると主張した。

1　**生産物からの疎外**　生産された物は，労働者には疎遠なものとなる。労働者は自分自身の労働の成果である生産物から疎外される。

2　**労働からの疎外**　労働自身も，労働者のものではない。資本家に労働力を売りわたすことによって，労働は，労働者が自主的に行うものではなく，資本家から強制されるものになる。労働もまた，労働者に疎遠なものとなるのである。

3　**類的存在からの疎外**　労働は，ただ生存のための手段になってしまい，他者との関わりのなかで労働し，そこに喜びを見いだすという人間の本性そのもの（類的存在）が否定される。こうして，労働者は類的存在から疎外される。

4　**人間からの疎外**　本来もっていた他者との結びつきが否定され，労働者は孤

立する。労働者は人間からも疎外される。

　労働者が直面している疎外状況を，マルクスは疎外された労働(労働疎外)と呼んだ。そして，このような人間の不幸を克服するためには，資本主義体制を支えている私有財産制を否定し，生産手段を社会全体で共有する共産制に移行しなければならないと考えたのである。

> 補説　**物象化**　マルクスは，資本主義制度のもとでは，人間がその労働力を資本家に売りわたさなければならず，一つの商品として物のように取り扱われること，それによって，社会的な関係も物と物との関係へと変質させられてしまうことを，「**物象化**」と呼んだ。さらに，物象化の結果として，人間が生みだしたもの(たとえば貨幣)がそれ自体として価値をもっているかのようにみなされる**物神崇拝**が生まれることを論じている。

POINT!

マルクス…本来は類的存在である人間が，資本主義社会では，疎外された労働(労働疎外)を強いられているととらえた。

5　唯物史観

❶生産力と生産関係　マルクスは，資本主義体制から，生産手段を社会全体で共有する共産制に移行しなければならないことを説明するために，独自の歴史観を展開した。それが唯物史観(史的唯物論)である。

　唯物史観によれば，社会を動かしているものは，人間の労働，つまり生産活動であり，生産活動は生産力と生産関係によって説明される。生産力とは，機械などの手段を用いて生産物を生みだす力のことである。一方，生産関係とは，資本主義社会でいえば，生産手段を所有する資本家と，生産手段をもたず，労働力を売って生産にたずさわる労働者との関係である。この生産力と生産関係の全体は，**生産様式**と呼ばれる。マルクスは，歴史的な生産様式として，アジア的，古代的，封建的，近代資本主義的(ブルジョワ的)生産様式を挙げている。

❷土台(下部構造)と上部構造　生産様式は，社会の基本的なあり方を決定する土台(下部構造)を構成する。この土台の上で，人間の精神的な活動が営まれ，法律や政治制度，思想，宗教，芸術などが形成される。人間が意識的に作り出したこれらのものは上部構造と呼ばれる。マルクスは，基本的には，土台(下部構造)が上部構造を規定している，つまり物質的・経済的な生産活動が人間の精神的な営みを規定していると考えた。

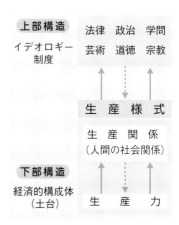

▲マルクスの社会の見方

❸**社会革命**　では，社会はどのように変動するのか。まず下部構造において，生産力に見合った生産関係が形成される。生産力はたえず発展していくが，生産関係の方はそれに合わせて変化するわけではない。むしろ，支配階級が現状を維持しようとするので，固定した形態が維持される。そのため，**生産力と生産関係のあいだには矛盾が生まれる**。生産関係は，生産力を発展させるものではなく，その妨げとなるのである。このような状態になると，やがて古い生産関係は壊され，発展した生産力に見合った新しい生産関係が作られる。下部構造の変動によって，巨大な上部構造の全体が，徐々に，あるいは急速にくつがえるのである。これが「社会革命」である。

❹**階級闘争**　「社会革命」は，これまで生産手段を保持し，社会を中心的に動かしてきた階級が，発展した生産力を担う新たな階級に取って代わられることでもある。その意味で，歴史はつねに階級闘争の歴史であったとマルクスはいう（『共産党宣言』）。そして，近代資本主義社会では，資本家（ブルジョワ）階級と労働者（プロレタリア）階級という敵対する二大階級のあいだで闘争が行われるととらえたのである。

❺**共産主義**　マルクスは，いかにして階級のない，完全に自由で平等な社会を実現することができるかを考えた。マルクスによれば，労働者階級が資本家階級との階級闘争に勝利することによって，まず**社会主義**が実現される。ここでは，労働者階級が政治的支配権を確立し，生産手段は国家の手に集中される。そして，過渡的な段階の社会主義は，個々人が全面的に発展し生産力が成長したのち，より高い段階の**共産主義**に移行する。そこでは，一人ひとりの自由が同時にすべての人の自由であるような共同生産制社会が実現され，「**各人がその能力に応じてはたらき，その必要に応じて受け取る**」ことができるようになる。マルクスは唯物史観のもとに，このような歴史を考えたのである。

人物紹介　マルクス　Karl H. Marx（1818～83）　ドイツのトリーアの町でユダヤ系の弁護士の家に生まれた。ボン大学とベルリン大学で法学を学んだ。卒業後，ジャーナリストとして体制に対する厳しい批判を行ったために，母国を追われ，パリやブリュッセル，ロンドンで亡命生活を送った。パリ滞在中に労働の疎外について論じ，社会主義思想・共産主義思想を確立した。1848年には『共産党宣言』を発表した。ロンドンでは貧困生活を強いられたが，よき理解者であったエンゲルスの物心両面にわたる援助によって，研究に没頭し，世界の社会主義運動を指導した。1867年，『資本論』の第一巻を完成させたが，第二巻・第三巻の完成（のち，エンゲルスが完成）をまたず，1883年にその生涯を終えた。

POINT! マルクス…階級闘争が歴史を動かしてきたととらえ，資本主義は，やがて労働者階級によって社会主義・共産主義に変革されるという唯物史観（史的唯物論）を説いた。

6 改良主義―資本主義の修正

❶**資本主義の変化**　19世紀の後半から20世紀にかけて，西欧諸国の資本主義は，マルクスの分析・予測とは異なった形で発展を遂げた。マルクスは，資本主義では，過当な市場競争によって生産過程が維持できなくなり，失業・貧困・インフレや恐慌を引きおこして，必然的に崩壊の道を歩むと予測した。しかし，資本主義諸国は自由放任主義を修正し，政府が財政や福祉の政策を担う**修正資本主義**へと変化していった。労働者の生活は窮乏化の道をたどるのではなく，むしろ向上し，政治的にも参政権の獲得や民主主義の拡大(大衆民主主義化)によって労働者の発言権や社会的地位が向上した。

❷**改良主義**　このような状況のもと，利潤の公平な分配や土地や資本の公有化，社会保障制度の整備などを，暴力的な革命によってではなく，議会制度の枠内で漸進的に実現していこうという**改良主義**的な考え方が生まれてきた。

❸**フェビアン協会**　イギリスにおいて改良主義の運動をリードしたのは，功利主義やオーウェンの社会主義の影響を受け，1884年に，**ウェッブ夫妻**(Sidney Webb, Beatrice Webb)や**バーナード=ショウ**(G. Bernard Shaw)らによって設立されたフェビアン協会である。のちにラッセル(⇨ p.208)も協会の一員になっている。彼らの改良主義的な考え方は，**フェビアン社会主義**と呼ばれる。フェビアン協会は，1900年にイギリス労働党が結成された際にも，大きな役割を果たした。

❹**社会民主主義**　ドイツ社会民主党を指導した**ベルンシュタイン**(Eduard Bernstein)も，西ヨーロッパ諸国の現実をふまえ，マルクスの唱えた社会主義のいくつかの主要な原則，たとえば階級闘争激化論や暴力革命論，プロレタリア独裁論に修正を加え(**修正主義**)，**議会制度を通して合法的に社会主義を実現しようとする平和革命の立場**に立った。この立場は社会民主主義と呼ばれる。

7 革命による社会主義の実現

❶**レーニン**　ロシアでは，レーニン(Vladimir I. Lenin, 1870～1924)が，19紀末から20世紀にかけての資本主義を帝国主義段階の資本主義と規定し，議会制度を通しての社会改革は不可能と主張して，ロシア革命を指導し，社会主義国家を樹立した。

❷**毛沢東**　第二次世界大戦後は，東ヨーロッパ諸国や中国で社会主義国家が誕生した。毛沢東(1893～1976)は，半封建的で半植民地的という中国の置かれた状況を的確に把握し，中国独自の社会主義革命の道を模索し，実現していった。

❸**社会主義体制の崩壊**　1980年代末から90年代初めにかけて，

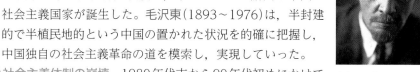

▲レーニン

4

現代に生きる人間の倫理②

社会主義陣営の盟主であったソビエト連邦が消滅し，東欧諸国の社会主義政権があいついで崩壊するなど，政治体制としての社会主義は失敗に終わった状況が見られる。しかし，マルクスが批判した人間の疎外（一つの商品とみなされ，主体性を奪われたあり方）や，格差・不平等，失業・貧困，国家間や宗教間の対立などは，現代でも大きな問題でありつづけている。そのような現実の問題を考える手がかりとして，社会主義の思想は今でも大きな意義をもっている。

- ・西欧諸国のなかの社会主義運動…資本主義のなかで漸進的に社会主義を実現していく社会民主主義の道に進んだ。
- ・レーニン，毛沢東…革命によって社会主義国家を建設した。

3 ｜ 実証主義と進化論思想

1 コントの実証主義

❶自然科学の発達　近代の自然科学は，19世紀に入ると，産業革命後の技術の進歩とも歩調をあわせ，飛躍的な発展を遂げた。たとえば「エネルギー保存の法則」が発見され，生物学でも生物体の細胞説が確立された。そのような意味で19世紀を「科学の世紀」と呼ぶこともできる。

❷実証主義　このような自然科学の成果を哲学に取りいれて，人間や社会に関わる事象を科学的に解明しようという動きが

▲コント

生まれた。フランスの思想家コントが提唱した実証主義がそれである。
　実証主義とは，観念的・形而上的なものをすべて排除し，知識を**検証可能な経験的事実**（実証できるもの）のみで構成しようとする立場である。そしてそのような知識に基づいて社会的な事象に関する法則を発見し，社会の進歩を実現しようとした。

❸三段階の法則　コントによれば，人間の知識は次の3つの段階を経て進歩する。

1. **神学的段階**　人々は，すべての現象を超自然的な存在（神）の意志から説明しようとする。
2. **形而上学的段階**　人々は，すべての現象を，その背後にある本質や本性から説明しようとする。
3. **実証的段階**　人々は，経験的な事実に基づいて現象の法則を探究する。そして，この法則に基づいて将来を予見し，計画を立てて，人間の生活を改善しようとする。この「予見するために見る」ということが，実証主義がめざす立場である。

　さまざまな学問のうち，自然科学はすでに実証的段階に達しているが，社会を対象とする**社会科学**(それをコントは「**社会学**」と呼んだ)は，まだその段階に達していない。コントは，それを自然科学と同じように実証科学にすることによって，人類の進歩に寄与させようとしたのである。

❹**社会の進歩**　コントはさらに，知識の諸段階に対応して，**社会**も三つの段階を経て発展するとした。

▼社会の進歩の三段階

社会の三段階	支配の形態	支配者
軍事的段階	人間による人間の支配	軍人
法律的段階	法による人間の支配	法律家
産業的段階	人間による自然の征服	産業家

　コントは，人類の進歩の最高の段階は，実証的精神と産業的精神との統一によって特徴づけられるとした。

> 人物紹介　**コント**　Auguste Comte(1798〜1857)　南フランスのモンペリエに生まれ，パリ理工科大学で物理学・数学・政治学などを学ぶ。社会主義者サン＝シモンの秘書となったが，のち不仲となり絶交した。1826〜29年に自宅に少数の聴衆を集めて講義を行い，これを『実証哲学講義』として出版，実証主義・社会学の創始者となった。晩年には，人類への愛と尊敬を説く「人類教」を提唱した。

② 進化論の思想

❶**ダーウィン**　進化論は古くから存在したが，下等なものから高等なものへ変化・発展する生物進化の事実を明らかにし，これを科学的理論として体系化したのはイギリスの博物学者ダーウィン(Charles Darwin，1809〜82)である。彼によれば，自然界においては生存競争が行われ，生活条件(環境)によりよく適応した個体(＝適者)のみが生存し，世代をかさねて生存に有利な優れた種が形成される(適者生存・自然淘汰)。このような考えを展開したダーウィンの主著『種の起

▲ダーウィン

源』(1859)は，生物学界だけでなく，思想界にも多大な影響を与えた。**適者生存の考え方は，社会における優勝劣敗を是認する考え方につながり，当時の産業資本家たちに迎えられた。**

❷**スペンサー**　イギリスの哲学者スペンサーは，ダーウィンとほぼ同じ頃に，生物の進化という着想を抱き，それを社会にも適用して，進化論哲学を構想した。

　スペンサーは，社会を，部分(個人)の総和には還元できない，それ独自の原理で動く一つの生物的な有機体としてとらえる**社会有機体説**を唱えた。そして社会も，一つの有機体として**進化**していくと考えた(社会進化論)。その進化の程度は，

4　現代に生きる人間の倫理②

個人が環境にいかに順応し，個性をどのように生かすかによって判断される。したがって，完全な社会，いいかえれば最終的に実現される社会とは，各個人がその個性を最大限に生かし，みずからの自由と幸福を実現することと，社会全体の安定と発展が調和するような社会である。このように，**スペンサーは社会進化の過程を，社会内部の分業と協力関係の進展の過程としてとらえた。**

▲スペンサー

❸**総合哲学**　スペンサーはこのような理解のうえに「総合哲学」を構想し，長い年月をかけて『総合哲学体系』を執筆した。それは，宇宙の生成から最新の文明にいたるまでを，進化論の原理に基づいて組織的に叙述したものである。スペンサーによれば，私たちの日常的な知識は断片的で，そこには統一がない。科学はこのような知識にそれぞれの領域において統一を与える。スペンサーは，これら個別科学の部分的に統一された知識に完全な統一性を与えるものこそ，「総合哲学」であるとしたのである。

人物紹介　**スペンサー**　Herbert Spencer(1820〜1903)　イギリスのダービーで非英国国教徒の家庭に生まれた。病弱のため，叔父の家で教育をうけた。17歳で鉄道技師となったが，のち『エコノミスト』の編集にたずさわりながら，独学してひろく研究を重ねた。彼の思想は，西欧をはじめアメリカや日本にも普及した。たとえばスペンサーの『社会静学』(1851)は日本では『社会平権論』(1881〜84)という表題で出版され，板垣退助が「民権の教科書」と呼んだことからも知られるように，自由民権運動に多大な影響を与えた。

POINT!

　・コント…経験的な事実に基づいて社会事象に関する法則を解明しようとする実証主義を唱えた。
　・スペンサー…社会は一つの有機体であり，生物のように進化するととらえる社会進化論を唱えた。

4 ｜ プラグマティズム

1 プラグマティズムとは

❶**プラグマティズム**　19世紀後半を代表する思想の一つにプラグマティズムがある。アメリカで生まれた思想であり，建国以来のアメリカの精神・風土をよく表している。

　プラグマティズムという名称は，「行動」を意味するギリシャ語のプラグマ(pragma)に由来する。すなわち，プラグマティズムは，概念がもつ意味を抽象的に理解するのではなく，**実際の生活のなかで具体的な行為と結びつけて理解しようとする**ところに特徴がある。それはまた，人間の精神活動がもつ意味を，実

際の生活のなかでどのような結果を生みだすか，あるいはどういう役割を果たしているかという**有用性**の観点から考えようとする。有用性をもつかぎりで，宗教も科学も存在意義をもつと考えるのである。そのため，プラグマティズムということばは，実用主義や**有用主義**，あるいは実際主義とも訳される。

❷**プラグマティズムの歴史的背景**　この立場は，観察や実験を通して得られる知識を重視したイギリス経験論や，近代の科学技術が依拠した実験的方法，さらには，人間の行動を環境に対する適応のプロセスととらえる進化論などの影響を強く受けている。それと同時に，独立戦争，西部開拓，南北戦争，産業革命などを推進してきたアメリカ人の行動の論理（たとえば，フロンティア精神）を理論化したものとみなされることもある。つまり，プラグマティズムは，アメリカのヨーロッパからの文化的独立を表現した思想という側面をもっていたといえる。

4

現代に生きる人間の倫理②

2 パース

❶**形而上学クラブ**　1776年の独立以降，約1世紀間のアメリカは，新しい国家や社会の建設をめざす実践・行動の時代であった。19世紀後半になると，そのような実践・行動やそこでつちかわれた経験をふりかえり，新しい思想を築こうとする人々が現れた。その一人が哲学や論理学の領域で独創的な仕事をしたパースである。

　プラグマティズムの思想は，1870年代のはじめ，パースやジェームズを中心としたハーバード大学の若手研究者たち

▲パース

の会合から生み出された。その会合は，形而上学に対する皮肉と挑戦という意味を込めて，「形而上学クラブ」と名づけられた。

❷**プラグマティズムの格言**　そこで形成されたプラグマティズムの基本的な考え方を，パースは「**プラグマティズムの格言**」と呼ばれる次のことばで言い表している。「まず，ある**概念**が私たちの行動にどのような影響を及ぼすのか，そしてどのような結果をもたらすのかを考えなければならない。それを通して見いだされる結果こそが，その概念のすべてである」。

　たとえば「もろい」という概念の場合，その意味は，対象に力を加えたとき，それ

▲ハーバード大学　ハーバード大学は，ボストン近郊のケンブリッジ市にあるアメリカ最古の大学。

がすぐに壊れるという点にある。このように，ある概念の意味は，対象に実際に

何らかの操作を加え，そこにどういう結果が生じるかを見てとることではじめて知られると考えるのである。

　逆にいえば，そのような結果との結びつきがまったくない，ただ頭のなかだけで考えられた概念は，無意味な概念であるということでもある。パースは，そのような無意味な概念を，哲学上の議論から追放しようとしたのである。

人物紹介　パース　Charles S. Peirce（1839〜1914）　父はハーバード大学教授で天文学者・数学者であった。マサチューセッツ州ケンブリッジに生まれ，ハーバード大学に学んだ。卒業後，合衆国沿岸観測所につとめながら「形而上学クラブ」をつくって哲学を研究した。プラグマティズムの提唱者であり，分析哲学，記号論理学の先駆者としても知られる。

3　ジェームズ

❶ジェームズ　パースと同じく，「形而上学クラブ」の主要なメンバーであったジェームズは，1898年，カリフォルニア大学での講演でパースの見解を紹介し，**プラグマティズム**の運動を提唱した。これを機会に，プラグマティズムということばはひろく世界に知られるようになった。

　パースは，概念の意味を明らかにする方法としてプラグマティズムを提唱したが，ジェームズは，パースの理解を拡張して，プラグマティズムを，**概念や思想の真理性**を判定するための理論として考えようとした。

▲ジェームズ

❷真理の有用性　ジェームズによれば，ある知識や理論が真理であるかどうかは，それに基づいて実際に行動したときに望ましい結果が得られるかどうか，いいかえれば，**有用であるかどうか**によって決まる。つまり，有用性が，真理であるか否かの基準となるのである。

> **原典のことば　真理の有用性**
>
> 　真理について，「それは真理であるから有用である」とも言えるし，また「それは有用であるから真理である」とも言える。これら二つの言い方は正確に同じことを，すなわち，これこそ充足され真理化されうる観念だ，ということを意味している。　──ジェームズ『プラグマティズム』
> （桝田啓三郎・訳，岩波文庫）

　この立場では，真理は絶対的なものではなくなり，ある人やある状況のなかでは有用な結果をもたらしたというように，真理が相対化されてしまう。そのため，ジェームズは，真理はつねに検証される必要があるとした。

　ジェームズによれば，「人生には生きがいがある」というような検証が困難な信念も，その信念が実際にその人の人生を生きがいのあるものにするならば真理性を有するとみなすことができるし，**宗教**も，神を信じることによって人々が安心感や充実感を得ることができれば真理とみなすことができるとした。ジェーム

ズのプラグマティズムには，近代の科学技術がもたらした成果と，宗教的な世界観とを調和させようという意図もあったと考えられる。

> **人物紹介　ジェームズ**　William James（1842～1910）　ニューヨークに生まれ，一家の移転にあわせて，フランスやイタリアで過ごした。一時は画家になることをめざしたが，その道をあきらめ，ハーバード大学で医学を学んだ。同大学で，生理学や解剖学，心理学などを教えた。その後，スペンサーの進化論哲学に関心を抱き，哲学をも学んだ。ハーバード大学で，心理学の教授を務めるかたわら，哲学教授になった。アメリカ心理学の基礎ともいうべき『心理学原理』（1890）を著すとともに，プラグマティズムを確立し，著書『プラグマティズム』（1907）を出版した。フランスの哲学者ベルクソンとも交流があった。またジェームズと西田幾多郎は，ともに「純粋経験（pure experience）」という概念を用いており，両者の思想には近いものがある（⇨p.278）。

POINT!

🖐　ジェームズ…知識や思想の真理性は，有用な結果をもたらすかどうか（有用性）によって決まるとするプラグマティズムを提唱した。

4 デューイ

❶デューイ　プラグマティズムをさらに発展させたのは，デューイであった。デューイは，はじめヘーゲル哲学の影響を受け，ついでダーウィンの進化論をはじめとする生物学の影響を受けて，プラグマティズムを理論的に完成した。さらにその立場から民主主義教育を提唱して教育界にも多大な貢献をした。

▲デューイ

❷創造的知性　19世紀後半のアメリカ社会では，産業革命を経て，資本家と労働者との対立や人種間の対立，新旧の移民間の対立が生まれていた。そのような対立を克服し，理想的な民主主義社会を建設するために，デューイは知性に大きな役割を期待した。

　デューイによれば，知性とは，日常生活のなかでさまざまな困難や障害に直面したとき，その状況を把握し，問題を解決するためにいかに行動すべきかを考え，そして実際に私たちをその行動へと導いていく能力である。つまり，**知性は，困難を乗りこえて，問題を解決していくための道具**であり，創造的知性でなければならない。このように，知性は困難や障害を解決していくための道具だと考えるみずからの思想を，デューイは道具主義（instrumentalism）と呼んだ。

> **原典のことば　道具主義**
>
> 　概念，理論，思想体系は，道具である。すべての道具の場合と同じように，その価値は，それ自身のうちにあるのではなく，その使用の結果に現われる作業能力のうちにある。　　——デューイ『哲学の改造』
>
> （清水幾太郎・清水禮子・訳，岩波文庫）

❸**試行錯誤と問題解決**　知性が立てた理論は，最初は不確実な仮説にすぎない。したがって，理論は，行動から生じた結果によって検証され，修正されなければならない。このような**試行錯誤**を通して理論は発展し，より有効な**問題解決**の道具となっていくのである。

　別のいい方をすれば，知識や理論などの価値は，道具一般がそうであるように，それ自体のなかにあるのではなく，それらが実際に使用された結果の有効性にある。ある理論が問題の解決につながれば，その理論は真であるとされ，逆に混乱を増やすことになれば，それは偽とされる。このように，**真理は人間が行動を通して創造するもの**だとしたところに，デューイのプラグマティズムの特徴がある。

❹**真の民主主義と教育**　このように，知識や理論の価値を行為の結果から判断するとき，知識や理論は，さしあたっては**相対的**な価値しかもたない。だからこそ，デューイは，すべての人が自由に交流し，意見を交換し，互いに協力して困難や課題に取り組むことを重視した。そこでは自由と平等だけでなく，寛容と同情，そして協調が求められる。デューイはそこに**真の民主主義**が実現されると考えたのである。

　教育もまた，そのような理念に貫かれたものでなければならない。デューイは，教師が準備した案にそって受動的に授業を受けるのではなく，子どもたちが与えられたテーマについてみずから問題を設定し，試行錯誤しながらそれを検証し，解決していく「**問題解決学習**」を提唱した。

❺**ネオプラグマティズム**　プラグマティズムは，20世紀前半，シカゴ大学教授を務めた**ミード**(George H. Mead，1863〜1931)によって，とくに社会心理学の領域で発展をした。20世紀後半には，**クワイン**(Willard V. Quine，1908〜2000)や**ローティ**(Richard Rorty，1931〜2007)らによって，プラグマティズムを新たな立場から現代に蘇らせようという試みがなされた。この潮流は**ネオプラグマティズム**と呼ばれる。

人物紹介　デューイ　John Dewey(1859〜1952)　ヴァーモント州バーリントンの食料品店の子として生まれた。ヴァーモント大学卒業後，進化論に興味をもってジョンズ＝ホプキンズ大学の大学院で哲学を専攻，のちシカゴ，コロンビア各大学の教授を歴任した。第一次世界大戦後，各国を歴訪して教育視察や助言を行った。1919年に日本を訪れ，東京大学で連続講演を行い，この講演をもとに『哲学の改造』を出版した。教育学者としても著名で，ほかに『民主主義と教育』『学校と社会』などの著書がある。

POINT!　デューイ…知性は困難や障害を解決していくための道具だと考える道具主義を提唱するとともに，それを通して真の民主主義を実現することをめざした。

SECTION ② 新たな人間像を求めて

1 | 主体性の回復

1 近代社会の矛盾

❶人間の疎外　産業社会における労働者は，巨大なシステムのなかの一つの歯車であり，すぐに取り換え可能な一つの部品にすぎない。そのような状況のなかで，人々は，**働きがいや生きがい，個性**を喪失し，**無力感**を募らせていった。**人間の疎外**という問題に人々は直面するようになったのである。

▲映画『モダン・タイムス』（1936）　チャップリンは，工場の機械の歯車となってはたらく労働者を風刺的に演じた。

❷大衆と画一化　産業社会の発展は，大量生産される商品の消費者を生み出し，近代民主政治の発展は大量の有権者を生みだした。また，新聞・ラジオなどのマス・メディアの発達は，情報の受動的な受容者を大量に作りだした。これらの人々は「**大衆**」と呼ばれる。彼らの多くは，個性のない画一化された生を営み，怠惰な日常性に埋没して暮らすようになった。

❸主体性の回復　これらの状況が著しく進んだのは20世紀だが，19世紀にその状況を批判し，乗り越えようとした思想家が**キルケゴール**と**ニーチェ**である。彼らは，誰とも取り換えることのできない自分のかけがえのなさや，自分こそが決断し行為する主体であるというみずからの**主体性**に目を向けることによって，人間の本来のあり方を回復しようとした。その意味で，実存主義の先駆者といわれる。

2 キルケゴール

❶実存　デンマークの思想家キルケゴールは，『日記』のなかで，「たとえ全世界を征服し，獲得したとしても，自己自身を見失ったならば，なんの益があろうか」と述べた。彼が何を追い求めたかは，このことばからよく見てとれる。自分の欲望にも他の誰にも支配されず，みずからの意志に基づいて決断し行為すること，つねに一個の**主体**として生きること，つまり実存こそ，彼がめざしたものであった。

▲キルケゴール

[補説]　**実存**　英語のexistence「実存」ということばは，ラテン語のexistentia（現実存在）に由来する。これは，ex（out of）とsistere（stand）からなる合成語で，「外

現代に生きる人間の倫理②

に出て立つ」「立ち現れる」ことを意味する。キルケゴールは，一個の主体としてみずからの生き方を選びとり，行為するという，物とは本質的に異なった人間存在のあり方を，「実存」と表現した。

❷**主体的真理**　キルケゴールにとってたいせつなのは，すべての人が共有する普遍的な知識や真理ではない。（そこには普遍性を重視したヘーゲルの哲学に対する批判が込められている。）たいせつなのは，主体としての私にとっての真理である。そのことをキルケゴールは『日記』のなかで，次のように言い表している。

　「わたしにとって真に必要なことは，……何をなすべきかを知ることである。……大事なことは，**わたしにとっての真理を見いだすこと**，わたしが喜んでそのために生きかつ死ぬことのできる理念を見いだすことである」。

　「わたしにとっての真理」，すなわち主体的真理こそ，人間が追い求めるべきものであるという考えがここに表明されている。「喜んでそのために生きかつ死ぬことのできる理念」を見いだしたとき，私たちは本当に一個の主体として生きることができるのである。

❸**不安**　しかし，それは容易なことではない。私たちは一個の主体として，未来に向かって決断し，生きようとする。けれども，未来は具体的な形をもたない，確かにつかむことのできないもの，その意味で「無」と表現せざるをえないものである。それを前にして，私たちはたじろぎ，めまいを覚える。そのめまいをキルケゴールは「**不安**」ということばで表現した。

❹**絶望**　誰であれ，自己のうちに不安を宿している。そしてそれが自分を支配

> **原典のことば　絶望**
>
> 　絶望はまた別の意味で，一層明確に死に至る病である。この病では人は断じて死ぬことはない（人が普通に死ぬと呼んでいる意味では），── 換言すればこの病は肉体的な死をもっては終らないのである。反対に，絶望の苦悩は死ぬことができないといううまさにその点に存するのである。絶望は死病にとりつかれている者に似ている，──この者はそこに横たわりつつ死に瀕しているのではあるが，死ぬことができないのである。　──キルケゴール『死に至る病』
> （斎藤信治・訳，岩波文庫）

し，「絶望」へといたる。絶望は人間にとって最大の不幸であり，悲惨である。キルケゴールはそれを「死にいたる病」と表現している。というのも，そこには神との関係が欠落しているからである。しかし絶望は，同時に，本来的な自己のあり方へといたる道でもある。**絶望を経て，自己が自己へといたるプロセスこそ，実存なのである。**

　キルケゴールは，真の実存へといたるプロセスを，三つの段階に分けて説明した。

① **美的実存**　欲望に動かされ，官能的享楽を追い求めるような生き方である。一見自由に見えるが，欲望の奴隷になっているにすぎない。自己を見失った生き方であり，絶望へといたらざるをえない。

2 **倫理的実存**　享楽的生活を棄て，良心に従って，真摯に「あれか，これか」の二者択一の選択を行い，責任をもって生きていこうとする生き方である。しかし，義務や責任を果たそうとすればするほど，自己の有限性や無力さ，罪深さを痛感し，この場合もまた，絶望へといたらざるをえない。

3 **宗教的実存**　不安と絶望のうちで，神の前に「単独者」としてただ一人立ち，自由な決断によって信仰の不条理を受け入れることで，神との結びつきを獲得し，本来の自己を取り戻す。この信仰への飛躍を可能にするのは，法や道徳ではない。ただ**信仰への情熱**のみがそれを可能にする。したがって，信仰者は社会のなかでは孤独な「**例外者**」であらざるをえない。

　　この3つのプロセスを経て，人は主体的な真理を獲得するのである。

POINT!

キルケゴール…究極的な自己のあり方を，神の前に単独者として立ち，信仰へと飛躍する「宗教的実存」のなかに見いだした。

人物紹介　**キルケゴール**　S. A. Kierkegaard(1813～55)　デンマークの首都コペンハーゲンに生まれた。生まれつき虚弱な体質と憂愁な性格の持ち主であった。父は貧困から身をおこした豊かな毛織物商人であった。この父が貧しいとき，苦しさのあまり神を呪ったことがあること，父が結婚前に母を妊娠させた子どもが自分であることを知った衝撃(「**大地震**」と呼ばれる)や，自分自身がレギーネ゠オルセンとの婚約を一方的に破棄したことが，キルケゴールのその後の生き方と思想に深い影響を及ぼした。この体験は彼の罪の意識を深いものにしたが，同時に内面に宗教的な思索の世界を切り開く力にもなった。

　キルケゴールは，コペンハーゲン大学を卒業後，ベルリン大学で聴講したシェリングの思想から強い影響を受け，ヘーゲルの弁証法を批判しながら独自の思想を形成していった。その後，デンマークの風刺新聞に中傷されたことがきっかけになって，社会のあり方や堕落した教会をきびしく批判するようになった。1855年，突然路上で卒倒し，42歳の若さでこの世を去った。

3 ニーチェ

❶**ニーチェ**　19世紀後半に生きたドイツの思想家ニーチェも，当時の人々が自己を見失い，惰性に流されて無気力で退廃的な生活を送っていること(**デカダンス**)をきびしく批判した。その点で，キルケゴールと同様の立場にある。しかし，キルケゴールがキリスト教の信仰のなかに真の実存を求めたのに対し，ニーチェは，自己のあり方をみずから超えていく人間(「**超人**」)の力のなかにこそ，そのような状況を克服する可能性を見いだした。

▲ニーチェ

❷**ニヒリズム**　ニーチェは，19世紀のヨーロッパを，人々が生きる意味や目標を

見いだすことができなくなったニヒリズムの時代ととらえた。つまり，絶対的な価値が見失われ，「何のために」という問いに答えを見いだすことができなくなっているというのである。

❸**力への意志**　なぜニヒリズムがヨーロッパを支配するようになったのか。その原因をニーチェは，キリスト教に求めた。人間は本来，欲するものを闘いとろうとする意志，より強くなろうとする意志，不断に自己を発展・成長させようとする生命力をもっている。つまり「力への意志」こそ，人間の本質である。

❹**キリスト教の禁欲道徳**　しかし，キリスト教の禁欲道徳は，欲望を悪とし，人間の生命力を否定した。弱い者，虐げられた者への愛を説いて，人間のなかの気高いものを否定した。ニーチェによれば，この普遍的な人間愛の道徳の根底にあるのは，弱者が強者をねたむ怨恨（ルサンチマン）である。キリスト教が掲げる道徳は，すべてこのねたみの道徳，つまり奴隷道徳にほかならない。これが，力強く生きようとする強者の足を引っぱり，すべての人間を平均化してしまうのである。そうして人々はめざすべきものを失い，そこにニヒリズムが生まれる。

❺**超人**　いまや，絶対的な価値は失われた。「神は死んだ」のである。いま，何を支えとし，何を目標として生きるべきなのか。どのようにして新しい価値は創造されるのか。その可能性をニーチェは，超人のなかに見た。超人は，重い荷を背負いながら砂漠を歩いていくラクダ，荷（この世の価値）を捨て，すべてのものの頂点に立とうとする獅子，すべてを新しく創りだそうとする赤子，この3つの段階を経て生まれる。超人とは，彼岸の存在ではなく，**現実を肯定して，おのれの生命を充実させ，力あふれる自己を生きぬく自由人であり，力への意志の体現者**である。

> **原典のことば　超人**
>
> 　わたしはあなたがたに超人を教えよう。人間は克服されなければならない或物なのだ。あなたがたは人間を克服するために，何をしたというのか？
>
> 　これまでの存在はすべて，自分自身を乗り超える何物かを創造してきた。あなたがたはこの大きな上げ潮にさからう引き潮になろうとするのか，人間を克服するよりもむしろ動物にひきかえそうとするのか？
> ──ニーチェ『ツァラトゥストラ★はこう言った』
> （氷上英廣・訳，岩波文庫）
>
> ★ツァラトゥストラとは，古代ペルシャのゾロアスター教の開祖ゾロアスターの名前をドイツ語読みしたもの。

❻**永劫回帰**　仮にわれわれの世界が何の意味も目的もなく，永遠に同じことがくり返される永劫回帰の世界であっても，それに背を向けてはいけない。ニーチェは，「これが人生であったか，さればもう一度！」とその運命を受け入れ（運命愛），積極的に肯定するところに，意味が失われた人生の悲惨さを乗り越え，ニヒリズムを克服する可能性（**能動的ニヒリズム**）を見いだしたのである。

補説 **ニーチェとナチズム・現代思想**　ニーチェの思想は，死後に20世紀の政治や思想に大きな影響を与えた。第一次世界大戦に敗北した後のドイツでは，強力な指導者を待望する国民に，「力への意志」「超人」などの思想が本来の意味とは違った形でひろまり，ナチズムに政治的に利用される結果になった。一方で，ニーチェの近代批判は，ハイデッガー，ホルクハイマー，アドルノ，フーコーなどの現代の思想家に，さまざまな形で影響を与えた。

人物紹介 **ニーチェ**　Friedrich W. Nietzsche（1844～1900）　ドイツのザクセン州で牧師の子として生まれた。ボンとライプチヒの大学で神学・哲学を学んだ後，弱冠24歳でスイスのバーゼル大学の古典文献学の教授となった。健康を害して35歳で大学を辞職した後は，年金生活をしながらヨーロッパ各地を転地療養した。この間，持病や孤独と闘いながら，きびしい思索と研究を続け，つぎつぎと著書を刊行した。45歳のときに発病した後は，母と妹に看病され，1900年，ワイマールでその生涯を閉じた。著書に『悲劇の誕生』『人間的な，あまりに人間的な』『**力への意志**』『ツァラトゥストラはこう言った』『アンチクリスト』『**善悪の彼岸**』などがある。

POINT!　ニーチェ…キリスト教のルサンチマンの道徳を批判。「力への意志」を体現した超人のなかに，それを克服する可能性を見いだした。

2 | 生の哲学・現象学・実存主義

1 生の哲学

　19世紀の終わりから20世紀のはじめにかけて，ドイツでは，新カント学派と呼ばれる学派が主流となっていた。実証主義や唯物論的な客観主義に対抗して，厳密な学としての哲学を確立しようとしたこの学派は，一時，大きな影響力をもったが，1920年代に入ると急速にその力を失っていった。代わって，そこでほとんど無視されていた人間の「生」に目を向け，その「生」の領域全体を直接的な体験を通して把握し，理解しようとする新しい潮流，そしてその上に形而上学的な統一原理に基づいた世界観を構築しようとした潮流が力をもつようになった。

　その一つがいわゆる「生の哲学」である。そのなかには，前述したニーチェや，「**体験**」を重視し，その内的な分析を試みたディルタイ（Wilhelm Dilthey, 1833～1911），後述するベルクソン（⇨p.216）らがいる。

2 現象学

❶事象そのものへ　フッサール（Edmund Husserl, 1859～1938）が提唱した現象学も，そのような新しい潮流の一つである。現象学の特徴は，「**事象そのものへ**」という標語が示すように，わたしたちが事象に対して予めとってしまっている態度（自然的態度）を，いったん括弧に入れて（エポケーして），事象がわたしたちの意識の中でどのように構成されてくるのかを明らかにしようとした点にある。

❷**生活世界**　フッサールはその後期の思索のなかでは「**生活世界**」というものに注目した。それは，私たちが客観的に存在していると想定する科学的な世界の根底に，言わば自明なものとして予め与えられている世界である。私たちの認識は，ただ単に意識とそれによって構成される対象との関係としてではなく，この慣れ親しんだ世界の上に成立するとフッサールは考えたのである。この考えは以下で見るハイデッガー(⤷p.189)やメルロ－ポンティ(⤷p.193)に大きな影響を与えた。

> | 人物紹介 | **フッサール** | Edmund Husserl, 1859～1938　オーストリア出身でフライブルク大学などドイツの大学で教鞭を執った。数学の研究から出発し，やがて哲学研究に専念して，現象学を確立した。田辺元など多くの日本の哲学者が彼のもとで学んだ。 |

❸ 実存主義

　現代社会の一つの特徴は，多くの人々が，豊かさの裏側で，その個性を喪失し，平均化され，画一化された生を営み，安易で怠惰な日常性の中に埋没して暮らしている点にある。キルケゴールやニーチェも，このような社会の現状を鋭く批判し，それを超克する道を追い求めた人であったが，彼らの思想を受けつぎ，人間一人ひとりの主体的な生を追求しようとする思想家たちが現れ，人々に大きな影響を与えた。彼らの思想は**実存主義**，あるいは**実存哲学**と呼ばれる。

❹ ヤスパース

❶**限界状況**　ドイツの哲学者ヤスパースは，現代を「機械・技術の支配する大衆の時代」ととらえた。そのなかで人間は，平均化した，没個性的な大衆の一人として生を営んでいるとした。

▲ヤスパース

　しかし，そのような人間も，自分自身に向きあわざるをえないできごとに直面する。具体的には，死・苦悩・争い・罪責であり，それらは自分の力ではどうすることもできない大きな壁(限界状況)である。人は，そこから目をそらすのではなく，限界状況を直視して，自分自身の実存の課題として引きうけることを迫られる。そこで人が自覚するのは，自分の有限性である。限界を乗り越えられない自己を前にして，人は絶望するほかはない。

❷**超越者**　しかしその挫折は，ヤスパースが超越者あるいは**包括者**と呼ぶ，自分を包む大きな存在へと目を開かせる。このことを彼は，「私を実存せしめる決断によって，私は神(包括者)が存在することを確信する」と表現している。このことによって，人は自分自身の**実存**にめざめるのである。このように，「超越者」に重要な意味を認めるヤスパースの実存主義は，神をめざす実存主義と呼ばれる。

❸実存的な交わり　ヤスパースの思想は，多くの点でキルケゴールのそれを受けつぐが，「交わり」の意味を強調する点で異なる。ヤスパースによれば，われわれはわれわれ自身であろうとするとき，必然的に孤独である(キルケゴールのことばを使えば，「単独者」である)。しかし孤独であるとき，われわれはまだ本当の意味で自己自身ではない。**他者とかかわり，互いに互いを創造しあうとき，つまり「実存的な交わり」のなかにあるときに，われわれははじめて自己自身であり，自由である。**

　この交わりは，自己を率直にさらけだし，問いかけあうこと，つまり挫折をそのなかに含むような過程をとおして成立する。この実存と実存の関わりをヤスパースは，「**愛しながらのたたかい(愛の闘争)**」と呼んだ。

人物紹介	ヤスパース

Karl Jaspers(1883～1969)　最初法律を志したが，やがて医学に転じ，ハイデルベルク大学で精神医学科の助手となり，精神病理学者として出発した。やがて彼の関心は哲学に移り，医学や心理学の知識を生かした独自の実存哲学を展開した。ヒトラーが政権をにぎったとき，妻がユダヤ人であったためにヤスパースは離婚を強要されたが，妻への愛と自由を守りぬくために，これを敢然と拒否した。このため，ヤスパースは大学の職を追われ，終戦までの8年間沈黙を余儀なくされた。戦後はスイスのバーゼル大学の教授となり，戦争中ナチスに対して消極的にしか抵抗できなかった自分を反省し，積極的に世界平和や戦争・政治・社会主義の問題を論じた。

POINT!

　ヤスパース…人間は限界状況を前にして挫折するが，自己を包む超越者に目を開かせられることによって，自分自身の実存にめざめるとした。

5　ハイデッガー(ハイデガー)

❶**存在とは何か**　ハイデッガーはフッサールの現象学から大きな影響を受けつつ，**解釈学的現象学**という独自の立場に立ち，「存在とは何か」を問い進めた。その際，ハイデッガーは，みずからの存在に関心をもち，その意味を問う人間を「**現存在(ダーザイン，現にここにある存在)**」と呼び，「存在とは何か」という問いの通路とした。

▲ハイデッガー

❷**世界-内-存在**　ハイデッガーによれば，現存在としての人間は，世界のうちに投げ出され(**被投性**)，世界のなかのさまざまな事物にかかわりながら存在している**世界-内-存在**である。同時に人間は，自分の将来のあり方について，自分の責任において選択し，決断する主体でもある(**投企**)。

（縦書き）4　現代に生きる人間の倫理②

❸**ひと（世人，ダス・マン）**　たいていの場合，人間は，周囲の意見や事情に自分を合わせて，自己の主体性を喪失した，非本来的なあり方で生活している。つまり，誰でもありうる平均的なひと（世人，ダス・マン，das Man）として生きている。そのとき人間は，自分の存在を限界づけている**死**と，それを前にしたときに生じる**不安**から目をそらす。

しかし，死は誰もが引き受けざるをえない，代理が不可能な自分の可能性である（その意味で人間は「死への存在」である）。死から目をそらすのではなく，本来的な自己の呼び声＝**良心**

原典のことば　死への存在

現存在の日常性は，死に直面しながら，そこから頽落的に逃避することによって，次のことを証している。つまり，「ひと」も，はっきりと死に思いを致していない場合でも，死への存在と規定されるということをである。言いかえれば，平均的日常性においても，現存在にとっては，死が不断に関心の的になっている。
——ハイデッガー『存在と時間』

に従って，自分の有限性，死という事実を進んで認め，不安を引き受けようと決断するとき（ハイデッガーはこのことを「**死への先駆的決意性**」と表現する），本来的自己への脱出が可能になる。つまり，みずからの可能性をみずから選びとる（実存する）ことができる。

❹**故郷の喪失**　後期のハイデッガーは，西洋の文明を根底において支えている「技術」の問題に目を向けた。技術の本質は，すべてのものを「役立つもの」に仕立てあげてしまうところにある。自然は，もはやその本来のあり方においてではなく，ただ単に利便性を引き出しうるものと見なされ，人間は自分が「地上の主人」であるかのように思いこむ。そこでは人間は，自分が本来立つ場所を，つまり**故郷を喪失**している。そこでなおどのような思索が可能かという問いをめぐって，後期のハイデッガーの思索は展開された。

人物紹介　ハイデッガー　Martin Heidegger（1889〜1976）　西南ドイツの山村メスキルヒに生まれた。フライブルク大学で哲学と神学を学び，リッケルトやフッサールの影響を受けた。キルケゴールの思想に深い感銘をおぼえたハイデッガーは，やがてみずから「基礎存在論」と呼ぶ人間（現存在）の分析を展開していった。母校フライブルク大学の総長にもなったが，戦争中ナチスに協力したという理由で（ナチスに対して「服従することなき同行者」であったとされた），戦後，一時教壇を追われた。九鬼周造や三木清，西谷啓治など，多くの日本人がハイデッガーのもとで学び，大きな影響を受けた。

POINT!　ハイデッガー…現存在としての人間は「死への存在」である。死という事実を引き受けることによって，本来の自己として生きることができるとした。

6 サルトル

❶投企的存在　サルトルは，ハイデッガーから影響を受けながら，独自の実存主義の思想を展開した。その著作『**実存主義はヒューマニズムである**(邦題：実存主義とは何か)』のなかでサルトルは，物の存在と人間の存在とを区別している。物はただそこにあるだけの存在，単にあるところのもの(**即自存在**)にすぎないが，人間は，つねに自己を意識し，自分の未来を自分で選び，決定し，自分で自分を作るもの(**対自存在**)であると主張した。つまり，人間は物のようにただ**存在**するのでなく，**実存**するのである。

▲サルトル

4

現代に生きる人間の倫理 ②

　いいかえれば，人間は自分を作りあげていく存在であるが，そのような人間のあり方をサルトルは，ハイデッガーの用語を借りて，投企的存在と言い表している。

❷実存は本質に先立つ　投企的であるということは，すなわち，自由であるということである。それは，**人間が自分の未来を選び，自分を作りだす以前に，すでにその固定した本質があるのではなく，すべてがあらかじめ決定されているわけではない**ということである。そのことを，サルトルは「実存は本質に先立つ」と言い表している。それは別の観点からいうと，人間が何であるか，何であるべきかを決定する神が存在しないということである。このサルトルの立場は**無神論的実存主義**と呼ばれる。

> **原典のことば**　実存は本質に先立つ
>
> 　人間の本性は存在しない。その本性を考える神が存在しないからである。人間は，みずからそう考えるところのものであるのみならず，みずから望むところのものであり，実存してのちにみずから考えるところのもの，実存への飛躍ののちにみずから望むところのもの，であるにすぎない。人間はみずからつくるところのもの以外の何ものでもない。以上が実存主義の第一原理なのである。　　　──サルトル『実存主義とは何か』
> (伊吹武彦・訳，人文書院)

❸自由の刑　人間は，実存するものとして，自分の人生を自分自身で選びとる。その責任は，他の誰でもなく，自分自身にある。そして人間はこの自由と責任の重さから逃れることはできない。そのことをサルトルは，「人間は自由であるべく呪われており，**自由の刑に処せられている**」と表現している。自由の重荷は，ほかならぬ自分自身で担わなくてはならないのである。この重荷と，そこに生じる不安から逃れることは，自己をあざむくことであり，自己を放棄し，否定することである。私たちはその重荷や不安をのりこえ，みずからの責任で自由を生きぬかなければならないのである。

❹アンガジュマン サルトルによれば，人間は，つねに自分で自分の未来を選び，決定するものであるが，その選択は自分のなかで完結したものではなく，他者にも影響を及ぼす。ある一つのあり方を選ぶことは，そのあり方を自分のまわりの人間に，そして全人類に示すことでもある。つまり，かくあるべきだと思う人間像を提示することにつながっている。それが全人類のあり方を決めることもあるのである。

たとえば，いま自分が社会のなかで確立されている結婚の制度にのっとって結婚すると仮定してみよう。その場合，自分は積極的にであれ消極的にであれ，一夫一婦制という現在の制度を承認したことになる（一夫多妻制という制度のもとで結婚すれば，この制度を承認したことになる）。この選択によって，私たちは自分を社会の状況に**参加**（アンガジュマン）させていく。そしてそのことによって社会を拘束する。自分の自由な選択は，人類全体に対する責任にも結びついているのである。そのことをサルトルは，「**人間はみずからを選ぶことにより同時に他のすべての人間を選ぶ**」と表現している。

> 補説 **アンガジュマン**（engagement）　サルトルの思想によく出てくることばで，二重の意味が込められている。一つは，社会にかかわり「参加」するという意味であるが，同時に，「拘束」という意味も込められている。人間の実存は社会の状況に拘束されているが，逆にその選択によって社会を拘束するからである。

> 人物紹介 **サルトル**　Jean Paul Sartre（1905〜80）　パリで生まれ，幼い頃父を失い，母方の家で育てられた。パリの高等師範学校で哲学を学んだ。このとき，**メルロ゠ポンティ**（哲学者），**ポール゠ニザン**（小説家・批評家で対ナチス抗戦中に殺された），**シモーヌ゠ド゠ボーヴォワール**（文学者）らのすぐれた友人と知りあい，相互に影響を与えあった。卒業後，リセ（高等学校）で哲学の教師になり，ドイツへ留学しフッサールやハイデッガーの影響を受けた。第二次世界大戦中はレジスタンスを指導した。フランスの**マルセル**や**カミュ**などと交流し，小説・戯曲・評論なども発表しながら，独自の実存思想を『存在と無』で展開した。現実の社会に深い関心を寄せ，行動する知識人として活躍した。1966年にボーヴォワールとともに来日した。

> 人物紹介 **ボーヴォワール**　Simone de Beauvoir（1908〜86）　フランスの文学者・哲学者。『第二の性』『老い』などで日本でも知られている。主著『第二の性』で「**人は女に生まれるのではない。女になるのだ**」と述べ，現実の社会で女性に見られる形態は，生まれつきのものではなく，文明によって作りあげられたものであると説いた。この主張は後のフェミニズムの運動（⇨p.320）に大きな影響を与えた。サルトルとは高等師範学校以来のつきあいで，サルトルの死まで，そのよき理解者・批判者・秘書・協働者であり，パートナーであった。2人は，伝統的結婚制度によって束縛されるのを拒否し，初めは，1929年に2年間の契約結婚というかたちで結ばれた。

▲ボーヴォワール

人物紹介 マルセル	Gabriel Marcel(1889~1973)　フランスの劇作家・哲学者。カトリックの信者であり，有神論的実存主義の代表的な思想家。主著は『存在と所有』。

主体的実存と客体的存在という異なる次元の交錯点として身体をとらえ，自己の身体が思考の重要な契機であることを，「私は身体である」ということばで表現した。

人物紹介 カミュ	Albert Camus(1913~60)　フランスの小説家・劇作家。代表作は小説『異邦人』『ペスト』，評論『反抗的人間』。1957年にノーベル文学賞を受賞。評論『シ

ーシュポスの神話』では，不条理に直面しながらも絶望することなく生きるギリシャ神話のシーシュポスの姿に，実存の真のあり方を見いだした。文学者の政治参加の是非をめぐって，サルトルと論争した。

▼実存主義の二つの潮流

有神論的実存主義	キルケゴール，ヤスパース，マルセル	神という超越的存在とのかかわりのなかで人間の真の実存を考える
無神論的実存主義	ニーチェ，ハイデッガー(前期),サルトル,ボーヴォワール	人間の立場において主体的な実存の確立をめざす

7 メルロ＝ポンティ

❶行為の基盤としての身体　メルロ＝ポンティ(Maurice Merleau-Ponty，1908~61)はフッサールの現象学やハイデッガーの哲学から影響を受けながら，『知覚の現象学』(1945)などで身体をめぐる興味深い思索を展開した。

　私たちの身体は単なる物体でも，意志を実現するための単なる道具でもない。むしろそれによって私たちの行為は支えられている，つまり身体こそが私たちの行為の基盤であるというのがメルロ＝ポンティの考えであった。

❷生きた身体　たとえば目の前のコップを手に取ろうとするとき，私たちはたしかに自分の意志に基づいて手を動かすのであるが，どのような手順で手を動かすのか予め考えて動かすのではない。その行為はいわば「習慣」として私たちのうちに沈殿している。そのような「習慣的な身体」があってはじめて私たちの行為が可能になっている。メルロ＝ポンティの独特の言い方を借りれば，私たちはそのような仕方で世界のうちに「住み込んでいる」。そのことによって自在に体を動かすことができるのである。身体こそが私たちが行為する「地平」を，あるいは「世界」を切り開いているといってもよい。

　このようにいわば「生きた身体」を問題にしたところにメルロ＝ポンティの身体論の独自な貢献がある。

3 | 精神の深層へ

1 本能と無意識

❶理性の時代　デカルト(⇨p.132)やカント(⇨p.148)の思想に典型的に見られるように、近代は理性の時代である。理性を原理として学問も社会も発展を遂げてきた。それに対して、**感情や衝動、本能**などは、**理性をゆがめるもの、その判断を誤らせるもの**として、脇(わき)に押しやられてきた。

❷無意識の世界　しかし、19世紀から20世紀にかけて、近代社会の矛盾(むじゅん)があらわになるとともに、理性だけでなく、感情や本能が私たちの心のなかで重要なはたらきをしていることに注意が向けられるようになった。しかも、人間の心のはたらきは意識だけで成り立っているのではなく、本人が意識していない隠された部分につながっていることに気づいた人々が出てきた。つまり、人間の意識の根底に無意識の領域がひろがっていることが明らかになってきたのである。

2 フロイト

❶精神分析学　無意識の領域の重要性に最初に気づいたのは、オーストリアの精神科医フロイト(⇨p.27)であった。彼は、ヒステリー(外的な刺激に対して激しい精神的・身体的反応を示す神経症の一種)の患者に、その症状を生みだすきっかけになったものを思いださせ、それと結びついた不快な感情を発散させると症状が軽快したことに注目した。フロイトは、人間は無意識のうちに不快なものを抑圧しており、それが表面化することによって、さまざまな症状を引きおこすのではないかと考え、**精神分析**という治療法を考えた。それは、**夢判断や自由連想法**などによって、患者の心の深層を探り、抑圧された欲求を取り除く方法である。

　フロイトは、精神・神経を病む患者の心理現象だけでなく、記憶・行為の失錯(しっさく)(過(あやま)ち)や夢などにも**無意識**が関与していると唱えた。**意識の深層に発する衝動や欲動によって人間の心理や行動が規定されている**と考えたのである。このフロイトの理論を精神分析学という。

> [補説]　**前意識**　記憶などはふつう私たちの意識に昇らないが、努力すればそれを意識化することができる。それらが貯蔵されていると考えられる領域をフロイトは「前意識」と呼んだ。

❷心の構造　この意識と無意識の領域を含む心的活動の全体を、フロイトは**エス(イド)・自我・超自我**という概念を使って説明した。

> ① **エス(イド)**　エス(ドイツ語)、あるいはイド(ラテン語)というのは、英語のitにあたる代名詞。人間の**本能的な欲望の源泉**である**無意識の領域**を表している。エスは、**欲望を満足させて快楽を得ようとする快楽原則に支配されて**いる。

2 **自我**　自我は，エスから生じてくる強い欲望を延
期したり昇華したりして，自己を防衛する(⇨
p.27「防衛機制」)。また，社会や現実に適応し(**現
実原則**)，エスの欲望と超自我の要求とのあいだ
に生じる葛藤を調整する。この自我のはたらきは，
意識の領域にも無意識の領域にもわたっている。

3 **超自我**　超自我は，両親のしつけや教育などによ
って形成される**規範の領域**であり，良心にあたる。
超自我は，意識の領域でも無意識の領域でもはた
らき，エスがひたすら欲望を満たそうとするのを
きびしく監督し，抑制する。

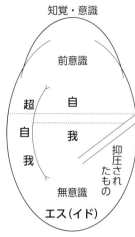

知覚・意識

前意識

超自我

自我

抑圧されたもの

無意識

エス(イド)

▲フロイトの心の構造

　フロイトは，エスから生じる欲望を，とくに性
的衝動と結びつけて理解したため，多くの批判を
受けた。しかし，フロイトの理論は，精神疾患を患う人の治療だけでなく，
広く一般の人の心理分析にも適用できるものである。

❸**エロスとタナトス**　フロイトは，人間の本能(欲動)は**エロス(生の本能)** とタナ
トス(死への欲動)という二つの原理から成り立っているという二元論を唱えた。
エロスは，男女の性愛にみられるように，生(種族保存)へと向かう本能である。
それに対して，人間は自己やその他の対象を破壊・攻撃しようとする本能ももっ
ている。これがタナトスである。人間は，人を愛するだけでなく，憎むこともあ
るし，家族をつくり子孫を残す一方で，戦争によって大きな破壊や殺戮も行う。

❹**フロイトの理論の意義**　フロイトは，理性や自我を重視した近代の人間観に対
して，無意識という通常は隠された精神のはたらきが，強い力でその持ち主であ
る人間の意識や行動を動かしていることを明らかにした。フロイトの理論は，精
神医学や心理学はもちろん，文化人類学や社会学，さらには文学・芸術・現代思
想にも大きな影響をおよぼした。

POINT!

［フロイト］
・意識の深層にある**無意識**のはたらきによって人間の意識や行動が規定
されていることを明らかにした。
・心の構造を**エス(イド)・自我・超自我**から説明した。

3 ユング

❶**リビドー**　フロイトの弟子であったスイスの精神医学者ユング(⇨p.29)も，人
間の意識と無意識の複雑な関係に注目した一人である。ただユングは，フロイト

がその理論において性的衝動の役割を重んじたことに批判的であった。ユングは，フロイトが無意識の領域のなかにとらえた性的な衝動を，リビドー（⇨p.29）と呼ぶ広い意味での生命エネルギーだと理解した。そして，それが自我のなかでさまざまに形を変え，人間の活動を支えていると考えた。

▲ユング

　また，このことと関係させて人間の性格を分類し，生命エネルギーが外に向かう者を**外向型**の性格，それが内に向かう者を**内向型**の性格とした。

❷**集合的無意識**　ユングは，無意識には，一人ひとりの経験が抑圧され，封印される領域だけでなく，民族や人類全体に共通するイメージの領域があると考えた。そして前者を**個人的無意識**と呼び，後者を集合的無意識（**普遍的無意識**）と呼んだ。集合的無意識とは，太古の昔から人類の祖先が何度となくくりかえしてきた体験が，いつのまにか無意識的な心のはたらきのなかに沈殿して形成されたものとして理解することができる。

❸**元型**　集合的無意識は，神話や昔話，宗教的な儀礼のなかにイメージや象徴として現れてくるが，その元になる普遍的な型をユングは元型と呼んだ。たとえば，すべてを受容し，包容する**グレート・マザー**（太母，great mother）や，女性のなかにある理想的男性像としての**アニムス**（animus）と男性のなかにある理想的女性像としての**アニマ**（anima）などである。こうした集合的無意識があるために，直接的な関わりをもたない民族の神話や昔話のなかに類似したモチーフが語られると考えられる。

　フロイトやユングは，人間の心の深層に迫り，現代文明を支えてきた科学主義や合理主義，客観主義とは異なった観点から人間の精神の営みの解明に努めた。

人物紹介　**ユング**	Carl Gustav Jung（1875〜1961）　スイス生まれで，バーゼル大学・チューリッヒ大学で医学を学んだ。無意識の心のはたらきが精神疾患に関与していることに気づき，強い関心を寄せた。心の深層への関心は，フロイトとの出会いによって一層深まり，その影響を受けながら，精神分析の研究に従事した。やがて，学問上の対立を理由にフロイトと決別し，その後は，チューリッヒにユング研究所を設けるなどして，患者の治療と研究にあたった。

POINT!

・集合的無意識…人類に共通するイメージをもつ無意識の領域。
・元型…集合的無意識がイメージや象徴として現れるときに元になる普遍的な型。

4 | 言語・理性への反省

1 啓蒙・理性に対する批判

❶ **啓蒙と理性**　啓蒙ということばが, もともと, **理性の光ですべての事柄を見る**ことを意味したように (⊃p.139), 理性は, 人間の進歩, 近代化を支える大きな光であり, 武器であった。理性こそが, 人間を未開の状態から解放するとともに, 自然の法則を発見し, 自然をみずからのために利用することを可能にしたのである。そのことによって人間は活動する領域を一挙に拡大させた。

❷ **理性の問い直し**　それは同時に, 本能や衝動, 感情などを闇のなかに閉じ込め, 抑圧することを意味した。そのことが私たちの精神のバランスを失わせる結果を生んでいることはすでに見たとおりである。それは, 私たちのまわりにある自然をただ利用するだけのものと見なすゆがんだ自然観を生んできた (⊃p.200〜201)。

　そのような状況を踏まえて, 20世紀になると, あらためて理性やそれを支える言語のはたらきを見直し, 問い直すことがなされるようになった。

2 ソシュール

❶ **パロールとラング**　言語が私たちの思考のなかで果たす役割について根本的な反省を行い, 現代の言語学の基礎を築いたのは, スイスの言語学者ソシュール (Ferdinand de Saussure, 1857〜1913) である。

▲ソシュール

　ソシュールはまず, 私たちが日常の具体的なシチュエーションのなかで発することば (パロール, parole) と, 語彙や文法など, 社会で共有されている制度としての言語 (ラング, langue) とを区別し, 後者を前提にしてはじめて前者が可能となるとした。

❷ **言語は「差異の体系」**　ソシュールは, 言語 (ラング) を「**差異の体系**」ととらえた。伝統的な言語観では, 私たちが言語を用いる以前に, 私たちのまわりにあるものはあらかじめ区分け (分節化) されており, それにたとえば "川" とか "river", あるいは "海" とか "sea" という名前を付けているのだと考えられてきた。しかし, たとえば "青い" ということばを例にとれば, 日本語の "青い" は, 青物とか青信号ということばが示すように, 緑系統の色をも指すことばであり, 英語の "blue" とは, その指す範囲, 意味内容が異なっている。言語によって, 世界をどこで区切り, どのように分節化するのかが異なっているのである。つまり, **世界の見え方 (世界観) は言語によって異なる**のである。

　そして, それぞれの言語でいえば, ある一つのことばは, 他のことばとの違い

（差異）によって，はじめて意味をもつ。たとえば日本語の“材木”ということばは，“樹木”ということばから区別されて，はじめて意味内容が理解される。つまり，この差異を前提にして，一つひとつのことばはその言語のなかで機能する。別の言い方をすれば，**言語は，それに属することばが互いに差異をもつことによって，全体で一つのシステムとして成りたっているのである。**

❸**構造（システム）**　私たちは，「差異の体系」としての言語に依拠して現実を認識している。つまり，私たちが言語を作りあげているというよりも，むしろ，無意識的・集団的に形成されてきた一つの構造（システム）としての言語によって，私たちの思考が規定されているのである。そのような観点を示したことを踏まえて，ソシュールは**構造言語学**の創始者とも，**構造主義**（⇨p.202）の基礎を築いた一人であるともいわれる。

❹**ラカン**　ソシュールの構造言語学に手がかりをえながら，フロイトの無意識の理論を発展させた人に，フランスの哲学者・精神科医の**ラカン**（Jacques Lacan，1901〜1981）がいる。ラカンは彼の無意識についての理解を，「無意識は言語のように構造化されている」と言い表している。また，小さな子どもがその発達の過程で自分自身を客観視していく段階を「**鏡像段階**」と言い表したことでも知られる。

POINT!　ソシュール…言語は「差異の体系」であり，現実を認識するために集団的に形成されてきた構造（システム）であるととらえた。

3 分析哲学

❶**分析哲学**　20世紀の半ばごろまでは，アメリカのプラグマティズムが，その国家的繁栄を背景に思想界でも強い影響力をもったが，それ以降，英米哲学の主流となったのは分析哲学である。

　分析哲学は，プラグマティズムと同様に，近代の科学的な方法やその成果を重視するが，とくに思想上の諸問題を**言語の分析**によって解明しようとする点に最大の特徴をもつ。すなわち，従来の哲学の諸問題や認識の混乱は，日常言語の不用意な誤用によるものであるから，注意深い言語の分析によって，そこで用いられる言語の意味をはっきりさせることで混乱は避けられるとするのである。

▲ウィトゲンシュタイン

　こうした考えは，ウィトゲンシュタインらによって唱えられ，オースティン，ストローソンらの，いわゆる「日常言語学派」によって発

展した。

❷ウィトゲンシュタイン　ウィトゲンシュタインはみずからの哲学を「言語の混乱を取り除く試み」と規定している。彼によれば、「言語の混乱」が生じるのは、本来、事実に対応するかどうかを確認することができる命題のみが意味をもち、真であるとされるべきであるのに、そのような対応を確認できない事柄について（たとえば、神や善悪などについて）語ろうとするからである。そこで、ウィトゲンシュタインは、意味のある判断と無意味な判断を区別すること、つまり**言語批判**を哲学の課

> **原典の ことば**　**言語批判**
>
> 　言い表せないものはもちろん存在する。このものはおのずと示される〔自己を示す〕のであり、神秘的なるものである。
> 　もともと哲学の正しい方法とは以下のごときものであろう——語れることしか、すなわち自然科学の命題しか、つまり何ら哲学と関りないことしか語らないことであり、そして、誰かが形而上学的なことを語ろうとすれば、そのつど当人に、君は自分の命題内の記号のこれこれに何の意義も与えていない、と指摘してやることである。
> 　　　——ウィトゲンシュタイン『論理哲学論考』
> 　　　　　　　　　（中平浩司・訳、ちくま学芸文庫）

題としたのである。そのことを彼は主著『論理哲学論考』のなかで、「およそ語りうるものは明晰に語ることができる。語りえないものについては、沈黙しなければならない」と言い表している。

❸**言語ゲーム**　ウィトゲンシュタインは、後期の思想では、言語を言語ゲームという観点から問題にした。つまり、言語の使用にもゲームと同じように一定のルールがあり、そのルールに従って発話するからその内容が相手に伝わると考えたのである。一般に、言語による表現は事実を写すことであるといわれるが、人に命令することばなどは、そうしたことを目的にしたものではない。それにもかかわらず、私たちはなぜそのようなことばを理解することができるのか。

　ウィトゲンシュタインは、言語による表現とは、**日常の生活のなかに根をおろした一定のルールに従ってことばを交わす行為**にほかならないと考えた。私たちはあらかじめそのルールをもっているのではなく、実際にことばが交わされる場所に身を置くことによって、ルールが存在していることを、そしてそれがどのように機能しているかを知るのである。また、その社会のなかにあるルールも普遍的なものではなく、慣習的なものにすぎないと、ウィトゲンシュタインは考えた。このような言語理解は、哲学だけでなく、言語学や社会学など、さまざまな分野に大きな影響を与えた。

人物 紹介　ウィトゲンシュタイン　Ludwig Wittgenstein（1889～1951）　オーストリア生まれの哲学者。ベルリン工科大学、マンチェスター大学などで物理学や工学を学んだあと、ケンブリッジ大学のラッセルのもとで哲学を学んだ。第一次世界大戦に従軍したあと、小学校教員や建築家などの職に就き、1939年にケンブリッジ大学の教授に就任。著書には『論理哲学論考』『哲学探究』などがある。

❹**クワイン**　分析哲学者の一人である**クワイン**(Willard van Orman Quine, 1908〜2000)は科学理論にも関心を寄せ，その理論を構成する一つ一つの命題について私たちは検証したり，反証したりすることはできず，その検証・ないし反証は，全体を事実と照合することによってはじめて可能になるという「**知の全体論(ホーリズム)**」を主張した。

POINT!

ウィトゲンシュタイン…日常の会話は一定のルールに従ってことばを交わす行為であることを主張し，それを「**言語ゲーム**」と呼んだ。

4 フランクフルト学派

❶**フランクフルト学派**　近代の**理性**がはらむ問題を鋭く批判した人々に，ドイツのフランクフルト大学の「社会研究所」を拠点にして研究を行った学者たちがいる。彼らは，一般にフランクフルト学派と呼ばれるが，その中心メンバーであったホルクハイマーとアドルノの共著『**啓蒙の弁証法**』のなかに，彼らの思想がよく表現されている。

▲アドルノ

❷**啓蒙の弁証法**　近代の考え方では，理性こそが，人々を啓蒙し，社会のさまざまな制度を合理化し，自由な文明社会を作りあげるはずであった。それなのに，どうしてナチズムのような「新しい野蛮状態」が生まれてきたのか，戦後，彼らはこのことを問い続けた。

❸**道具的理性**　ホルクハイマーとアドルノによれば，このような理性の逆説が生まれたのは，理性が最初から，自然の原理を明らかにし，それを支配するための**道具**として，また与えられた課題を合理的に，かつ効率よく果たすための**手段**として考えられてきた点にあ

> **原典のことば　啓蒙の弁証法**
>
> 　われわれは，社会における自由が，啓蒙的思想と不可分のものであることを，いささかも疑うものではない。……しかしながらわれわれは，次のこともそれに劣らず明白に認識したと思う。つまり啓蒙的思想は，その具体的な歴史上の諸形態や，それが組み込まれている社会の諸制度のうちばかりではなく，ほかならぬその概念のうちに，すでに，今日いたるところで生起しているあの退行への萌芽を含んでいるのである。
> ──ホルクハイマー／アドルノ『啓蒙の弁証法』
> (徳永恂・訳，岩波書店)

る。つまり理性が道具的理性であった点に，彼らは近代以降の理性主義の問題点を見るのである。

　道具的理性は，自然を支配の対象とする(外的自然の支配)だけでなく，人間の内面，つまり本能や衝動，感情をもコントロールし，押さえ込もうとする(内的

自然の支配）。そのことによって人間の想像力や感情表現の力，他者への共感の力などが枯渇（こかつ）し，人間の理性以外の部分がいわば空洞化したのである。それが，人間の野生化を招き，大量虐殺（ぎゃくさつ）のような野蛮な行為を招いたと考えられる。

❹**自由からの逃走**　フロムは，社会心理学に基づいて，近代という時代が可能にした，伝統的な束縛からの**自由**が，人々に孤独感や無力感を生みだしたことを指摘した。人々は自由をむしろ重荷ととらえ，「自由からの逃走」を企てるようになったのである。そこに権威に寄りかかろうとする心理が生まれ，それがファシズムを生みだす基盤になったとした（「**権威主義的性格**」）。

❺**科学主義の批判**　ホルクハイマーらは，科学中心の考え方（科学主義）に対しても批判を加えている。なぜなら，専門分化した今日の科学は，社会の矛盾（むじゅん）を事実として追認することしかできないからである。彼らは，理性がもっていた**批判の精神**を回復し，そこから社会を変革するための理論を導きだすことをめざした（「**批判理論**」）。

> 補説　**フランクフルト学派**　フランクフルト学派は，1920年代に創設されたフランクフルト大学付属研究機関の社会研究所を中心に集まった，学際的な研究者のグループである。とくに1930年代には**ホルクハイマー**（M. Horkheimer，1895～1973）が2代目の所長に就任し，機関誌『社会研究誌』を創刊して急速に発展した。この学派の中心人物の一人である**アドルノ**（T. W. Adorno，1903～69）も，このとき学派に加わった。ほかに**マルクーゼ**（H. Marcuse，1898～1979）や社会心理学者**フロム**（E. Fromm，1900～80）などのすぐれたメンバーを擁したが，ナチスが政権をとると，それぞれのメンバーはドイツを逃れてヨーロッパ各地を転々とし，アメリカへ亡命する者もあった。戦後，ホルクハイマーとアドルノがフランクフルトにもどって研究所を再建した。

POINT!

ホルクハイマー，アドルノ…人間の疎外・非人間化の原因は，近代以降の理性の道具化（道具的理性）にあるとした。

5 ｜ 構造主義

1 レヴィ＝ストロースの構造人類学

❶**レヴィ＝ストロース**　理性を中心に置く立場からすると，「未開」は「文明」より劣ったものであり，その不合理な思考や制度は，理性によって克服されなければならない。また，人間性はその抑圧された状態から解放されなければならない。しかし，はたして「未開」は「文明」より劣ったものなのであろうか。そこに価値の上下があるのであろうか。そのような問い直しを行った人に，フランスの文化人類学者レヴィ＝ストロースがいる。

❷**構造主義** レヴィ＝ストロースは，人間の思考は社会のなかで歴史的に形成されてきた言語体系という**構造（システム）**によって規定されているというソシュールの構造言語学から刺激を受け，その考え方を，ブラジルの未開民族の調査から得た結果に適用した。そして，社会の根底には，個々の人間が意識していない構造やシステムがあり，それが人々の思考や社会のあり方を規定していることを明らかにした。

▲レヴィ＝ストロース

たとえば，いわゆる未開社会においても，近親婚について，文明社会よりもはるかに厳しい規制（禁忌・タブー）があるが，それが意図せず，広範囲にわたる人間関係の形成や，他部族との友好関係の形成に役立っていると考えた。

このようなレヴィ＝ストロースの立場は**構造人類学**とも呼ばれるが，その方法は**構造主義**と呼ばれ，1960年代に，実存主義に代わって人文科学や社会科学に大きな影響を与えた。

> 補説 **構造主義** structuralisme（ストリュクチュラリスム）の訳語。ソシュール言語学に端を発し，フランスでひろく展開された思想で，人文科学・社会科学の対象について歴史的記述よりも構造分析に重点を置く立場。たとえば，レヴィ＝ストロースは，未開社会を構成するさまざまなシステムが合理的なものであることを明らかにしたが，そのような構造は，そのなかで生活している人々が意識することのない隠された構造である（私たちが日本語を話すとき，日本語の文法構造をいちいち意識しないのと同じように）。このように，構造主義は文化や社会の隠された合理的な構造を明らかにしようとした。代表的な思想家に，レヴィ＝ストロースのほか，ラカン，アルチュセール，フーコー（いずれもフランス）らがいる。

❸**野生の思考** レヴィ＝ストロースはまた，未開社会の人々の思考のなかに，具体的なもの，感性的なものを少しもそこなわずに論理的なものに置き換えていく思考を発見し，それを「野生の思考」（pensée sauvage）と呼んだ。それは西洋人の「栽培化され，家畜化された思考」ではなく，「野生状態の思考」である。それは感性的な用語を用いて，まわりの世界を分節化していくが，そこには論理的な思考が存在している。そのような意味でレヴィ＝ストロースは，未開社会の思考は決して「野蛮人の思考」ではなく，「野生の思考」であると主張した。

もちろんこの「野生の思考」は，科学的思考のように大きな成果をあげてはいない。それは，レヴィ＝ストロースによれば，「野生の思考」がありあわせの素材を用いて物を作る「**器用仕事（ブリコラージュ）**」にたとえられているからである。しかし，それもまた，論理性を備えた思考である点では科学的思考と何ら異なるところはない。むしろ，科学的思考が自然を征服の対象ととらえ，それを破壊する方向に突き進んだのに対し，「野生の思考」は自然との調和のなかでなされる営みであり，「文明」にはないものがそこでは保持されている。

人物紹介　レヴィ＝ストロース　Claude Lévi-Strauss（1908～2009）　フランスの人類学者。ブリュッセル生まれ。パリ大学卒。1935～39年，サンパウロ大学（ブラジル）教授。この間，ブラジルの未開民族の調査にあたった。ユダヤ人であったため，1941年にナチス支配下のフランスから逃れてアメリカへ亡命した。1949年，パリで『**親族の基本構造**』を刊行。そのなかで近親婚（この場合イトコ婚）について，無文字社会においては文明社会よりもはるかに厳しい規制（禁忌）があるが，それは優生学的配慮によるものではなく，無意識の社会維持システムとして機能していると主張して，一躍注目された。1959年以後，コレージュ・ド・フランス教授。著書はほかに，『**悲しき熱帯**』をはじめ，『構造人類学』『野生の思考』『今日のトーテミスム』などがある。

2　フーコー

❶フーコー　構造主義の流れを汲むフランスの哲学者フーコーも，人間の思考や行動を無意識のうちに規定している構造に目を向け，それを過去の文献・資料などを収集して分析することによって，知の歴史のなかから発掘しようと試みた一人である。フーコーはそうした学問的態度を「知の考古学」と呼んだ。

▲フーコー

❷近代批判　フーコーによれば，近代の社会では，理性を基準にしてすべてが判断されることにより，**狂気や犯罪**，病気などが異常なものとして排除されてきた（『**狂気の歴史**』）。それとともに，軍隊や監獄，学校，工場，病院といった装置を通して，合理的な基準を逸脱した者を異常視する価値観が生みだされてきた（『**監獄の誕生**』）。これらの装置は，人々を無意識のうちに，こうした価値観で一様化し，規格化するはたらきをしてきた。近代がスローガンとして掲げてきた「**自由な主体**」は，決して自律的なものではなく，むしろ，人間は権力や公の秩序によって無意識のうちに埋め込まれた価値観にしたがって行動するだけの存在であることを，フーコーは明らかにした。

人物紹介　フーコー　Michel Foucault（1926～84）　フランスの構造主義哲学者。ポワティエ（フランス）生まれ。エコール・ノルマル（高等師範学校）で哲学を修め，卒業後は異常心理・精神医学などを研究した。1970年より，コレージュ・ド・フランス教授。著書に『狂気の歴史』『言葉と物』『監獄の誕生』『知の考古学』『性の歴史』などがある。

POINT!

・レヴィ＝ストロース…未開社会の人々のなかにも「野生の思考」と呼ばれる論理的な思考があることを主張した。
・フーコー…近代社会が，狂気や犯罪を社会から排除し，病院・監獄に押し込めることで，人々を権力に服従させてきたと主張した。

3 ポスト構造主義

❶ポスト構造主義　ポスト構造主義は，さきに述べた構造主義の思想を受けつぐ現代フランスの思想潮流である。代表的な思想家としては，デリダ，**ドゥルーズ**，**リオタール**（Jean-Francois Lyotard, 1924～98）らがいる。

　構造主義は，ヨーロッパ中心のものの見方や，理性中心のものの考え方，進歩主義的な文明論などに対する批判を含むものであった。ポスト構造主義はこのような批判を受けつぐとともに，構造主義のなかになお残存する**ヨーロッパ＝理性中心主義**を徹底して批判しようとした。たとえばレヴィ＝ストロースによる「文明－野生」という価値の転換も，転倒したヨーロッパ中心主義にすぎないとみなした。

▲デリダ

❷脱構築　デリダはみずからの立場を，「**脱構築**，déconstruction」ということばで言い表している。それは，西洋の理性＝ロゴス中心のものの見方に立脚した哲学（形而上学）の解体（ずらし）をめざしたものである。西洋の形而上学は，伝統的に，外的・感覚的なものの背後に純粋な真理の存在を想定し，ことばによるその把握をめざしてきた。デリダは，この純粋な真理とされるもののうちに，最初からすでにことばが浸透しており，形而上学が真理とするものは決して純粋でも根源的でもありえないこと，それゆえ，根源的なものをことばによって言い表そうとする形而上学の試みは最初から挫折していることを主張した。

> **人物紹介　デリダ**　Jacques Derrida（1930～2004）　フランス植民地時代のアルジェリアで生まれた現代フランスの代表的な哲学者。エコール・ノルマル，社会科学高等研究院などで教えた。「脱構築」と呼ばれる形而上学批判を行い，哲学だけでなく，文学や政治，芸術など，さまざまな領域で大きな影響を与えた。

❸ドゥルーズ　あらゆるものは，変化してやまない多様なもの，差異をもったものであるが，それを哲学は類型化し，「同一性」のなかに押し込めてきた。ドゥルーズ（Gilles Deleuze, 1925～1995）はその主著『**差異と反復**』（1968）のなかで，この同一性指向を批判し，差異に立脚した思考，「**差異の哲学**」を構想した。

　ドゥルーズはまた精神分析家の**ガタリ**（Pierre-Félix Guattari, 1930～1992）との共著『**アンチ・オイディプス**』（1972）のなかで，人間のなかにある「**欲望**」をたえず生まれては変化し，多様な方向に動いていくものとしてとらえた。他のものと結びついては断絶するその様子を「**欲望する機械**」と表現している。そしてそれに方向性を与え，規律のなかに押さえ込もうとする家族や社会，国家などの制度を批判した。

SECTION ③ 現代の思想的課題

1 | 現代のヒューマニズム

1 ヒューマニズムの危機

❶近代の思想　これまで見てきたように，近代の思想の根底に流れるものは**人間性の尊重**であったといえるであろう。言いかえれば，人間性を抑圧するものを取り除き，人間をそこから解放することをめざすものであった。つまり，その基調をなすのは**ヒューマニズム**であった。

❷現代の世界の情況　しかし現代は，このヒューマニズムが大きな危機に直面している時代である。近代の科学技術は光の面だけでなく，多くの陰の面を伴って発展してきた。労働のあり方の変化，経済の仕組みの変化，グローバル化は，人間の疎外，人間性の喪失という事態をひきおこしたし，また自然環境の破壊や南北問題（先進国と開発途上国の格差拡大），イデオロギーの対立，民族・宗教上の対立，戦争，それに伴う難民の発生，兵器開発競争など，さまざまな問題をひきおこしている。時代を動かす大きな力の前に，一人ひとりの人間の価値や尊厳が踏みにじられようとしている。

2 シュヴァイツァー

❶生命への畏敬　その困難な状況のなかでも，人間性を擁護しようとする思想が紡がれ，それを具体化しようする実践がなされてきた。その代表的な一人として私たちはシュヴァイツァーの名前を挙げることができる。

　シュヴァイツァーが人間性を擁護するために掲げたのは，「生命への畏敬」という理念であった。生命への畏敬とは，「**人間は生きようとする生命に取り囲まれた，生きようとする生命である**」という真実から出発し，この「生きようとする生命」を真に価値あるものとして尊ぶ態度を意味する。すなわ

> **原典のことば　生命への畏敬**
>
> 　考える者となった人間は同時にまた，あらゆる「生への意志」にたいして，自分のそれにたいすると同様な「生への畏敬」をはらうことの必要性を体験する。かれは他の生を自分の生のうちに体験する。かれにとって「善」とは，生を保持し，生を助長し，発展可能性の生をそれの最高の価値にまで到達させることである。……
>
> 　それゆえ，「生への畏敬」の倫理とは，愛・献身・苦しみの共感・喜びの共感・共同などと名づけられているすべてのものを含むのである。
>
> ──シュヴァイツァー『シュヴァイツァー選集2 わが生活と思想より』
> （竹山道雄・訳，白水社）

ち，シュヴァイツァーは，私たち自身の内にある「生きようとする意志」だけでなく，他の生命のなかにある「生きようとする意志」をも，まったく同様にいとおしみ，尊重することを，その思想と行動の核に置いたのである。

❷密林の聖者　このような信念に基づいて，シュヴァイツァーは，38歳のときにアフリカのガボンにおもむき，ランバレネに病院を建て，現地の人々の医療と福祉にあたり，生涯を終えた。その行動をたたえて「密林の聖者」と呼ばれるが，その献身的奉仕を貫くものは，生命への畏敬に基づく深い人類愛の精神であった。

▲シュヴァイツァー

| 人物紹介 | **シュヴァイツァー** |

Albert Schweitzer(1875〜1965)　ドイツ(現在はフランス領)のカイゼルスベルクの牧師の子として生まれ，敬虔な宗教的雰囲気のなかで少年時代をすごした。シュトラスブルク(ストラスブール)大学で神学を学び，哲学・神学の学位を得て母校で教鞭をとっていたが，30歳のときから医学を学んだ。神学者・哲学者であるとともに，バッハの研究家でありパイプオルガンの奏者でもあった。38歳のとき，その名声を捨て，アフリカに渡った。現地の人の治療にあたるだけでなく，世界平和と原水爆禁止を願って，各地を精力的に講演してまわった。1952年，その献身的医療活動とヒューマニズム活動に対して，ノーベル平和賞が贈られた。主著に『水と原生林のはざまで』『文化と倫理』『わが生活と思想より』などがある。

3 ガンディー

❶イギリスによる植民地支配　インド独立の父として，また，徹底した平和主義者として知られるガンディーは，イギリスによる過酷な植民地支配のもとで育った。それは，ガンディーにとって最大の不真理・不正義であり，インドをこの暴力的なイギリス支配から解放し，独立を獲得することが，まず実現されなければならない真理であった。そこからガンディーの長く苦しい民族解放運動の闘いが始まった。

▲ガンディー

❷非暴力主義　正しい目標は正しい手段で実現されなければならないというのが，彼の信念であった。つまり，それは暴力的な手段による解放と独立であってはならなかった。そこで，非暴力主義に立つ対英非協力・不服従の運動として，自治・独立(スワラージ)と国産品愛用(スワデーシ)をスローガンに掲げた抵抗運動が実践された。

　人類愛の精神を基調として相手の人間性を信頼し，精神的・道徳的抵抗によって相手の剣をにぶらせること，つまり，相手にみずから自己の非，自己の不正義，自己の不真理を悟らせ，相手を道徳的に高めていくことによって真理を実現しようとするのが，ガンディーの非暴力主義の精神である。暴力に暴力で対抗しても，

さらに暴力を呼ぶだけである。この野獣の法則によってではなく，**道徳的抵抗運動＝非暴力によってこそ，真理は実現される**とガンディーは考えた。

愛と自己犠牲を原理とする非暴力の精神によって導かれたインドの抵抗運動・民族解放運動は，第二次世界大戦後に実を結び，ついにイギリスからの独立を勝ち取った。このことはガンディーの思想と実践の勝利であり，非暴力主義の偉大さの証明でもあった。

❸**ガンディーの根本思想**　ガンディーの思想と実践は，次のような根本原理から成る。

原典のことば　**非暴力**

　原子爆弾という最大の悲劇から正当に取り出されるべき教訓は，暴力はそれに対抗する暴力によって破壊されないのと全く同じく，原子爆弾もそれに対抗する爆弾によっては破壊されない，ということである。人間は非暴力によってのみ暴力から脱しなければならぬ。憎しみに打ち勝つことができるのは愛のみである。もし，憎しみによって対抗するならば，憎しみの表面ばかりを広げるのではなく，その深さをも増すことにしかならない。　　　——ガンディー

『今こそ読みたいガンディーの言葉』
（古賀勝郎・訳，朝日新聞出版）

① **真理把持（把持）**（サティヤーグラハ，satyāgraha）　宇宙の根源にある絶対的な真理を把握し，真理を自己と社会のなかに実現すること。

② **不殺生**（アヒンサー，ahimsā）　すべての生物を同胞とみなし，殺生を禁止すること。それは，肉食の禁止，戦争の放棄につながる。また，悪に対する非協力，愛による抵抗という実践的な意味ももっている。

③ **自己浄化**（ブラフマチャリヤー，brahmacharyā）　情欲を制御し，感覚器官全体を統御して，自己を純潔・正常に保つこと。

④ **無所有**（アパリグラハ，aparigraha）　真理を探究するものにとっては特別の貯えは必要でなく，そのときそのときに必要なものは神から与えられること。

　このように，すべての生あるものへの**博愛**と**非暴力**の精神によって，ガンディーはインドのイギリスからの解放と独立とを勝ち取ったのである。

人物紹介　ガンディー　Mohandas Karamchand Gandhi（1869〜1948）　インドのグジャラート地方のクシャトリア階級の家に生まれた。18歳のときイギリスに留学，法律を学び弁護士となる。帰国後，インド商社の顧問弁護士として南アフリカへおもむいた。そこでインド人に対する人種差別を経験し，差別撤廃の闘争運動を指導した。この時期にガンディーの思想の基本が形づくられた。その後，45歳でインドに帰り，インドの独立を求めて苦しい抵抗運動をつづけた。イギリスによる過酷な弾圧や数度にわたる投獄，イスラーム教徒とヒンドゥー教徒の対立などの苦しい試練に遭ったが，人間性への信頼，インドの大地と民衆への愛，暴力への憎悪を保持しつづけ，真理を求めて清貧で厳格な生活を守った。独立達成後はパキスタンとの対立宥和のためにはたらいたが，狂信的ヒンドゥー教徒の青年の凶弾に倒れた。死後に残された物質的遺産は，わずかに履き古されたサンダルと眼鏡だけであったが，その精神的遺産は世界の人々にとってはかりしれないほど大きいものであった。

その大きな功績により，ガンディーはマハトマ(Mahatma,「偉大なる魂」の意)という尊称で呼ばれている。

POINT!

　ガンディー…インドの民族解放を求めて，非暴力主義の抵抗運動を指導した。

❹**キング牧師**　ガンディーの思想は，アメリカの黒人解放運動の指導者キング牧師(Martin Luther King, Jr., 1929〜68)に受けつがれた。彼もまた黒人差別への抵抗は，**非暴力・不服従**でなければならないことを主張した。キング牧師は，アメリカ社会のなかでさまざまな差別を受けていた有色人種の人々が合衆国市民(公民)としての自由と平等を求めておこした**公民権運動**の指導者の一人となった。その運動が最も高まった1963年の「ワシントン大行進」の際に，

▲キング牧師

キング牧師は「私には夢がある(I have a dream.)」という演説を行った。そのなかで，人種差別の撤廃を求めるとともに，黒人に対する差別に対しては，「物理的な暴力」によってではなく，「魂の力」で立ち向かわなければならないことを強調した。アメリカの「公民権法」はその翌年に成立した。

補説　**市民的不服従**　国家・政府による不正な政治や法制度，命令に対して，暴力を用いて対抗するのではなく，制度や命令に従わないことで抵抗し，異議申し立てをすること。ガンディーやキング牧師の抵抗運動はその典型である。ロールズ(⇨p.213)は『正義論』のなかで，市民的不服従は，非暴力の行為を通して共同体の多数派の正義感覚に呼びかけ，自由で平等な社会の原理が重んじられていないことを訴えるとともに，そのことを通して，政府の法や政策に変化をもたらすことをめざすものであると定義している。

4　ラッセル

❶**ラッセル**　イギリスの哲学者・数学者ラッセル(Bertrand Russell, 1872〜1970)も，現代において，自由主義の立場から反戦・平和のために力を尽くした。

❷**個人の自由と幸福**　ラッセルは最初，数学・論理学の分野で大きな業績を残したが，しだいに社会問題に関心を向け，第一次世界大戦のときから**反戦・平和運動**に積極的に参加するようになった。ラッセルが最大の価値を置いたのは，

▲ラッセル

社会の制度や国家ではなく，あくまで個人の自由と幸福であった。個人の自由と幸福の前提は平和であり，これをふみにじる最大のものこそ戦争であった。ラッセルの反戦・平和運動の出発点は，この戦争への怒りと憎しみであった。

❸核兵器禁止の運動　ラッセルは第二次世界大戦後，核兵器の登場に衝撃を受け，人類絶滅の恐怖を強く感じて，**核兵器禁止**と平和のための運動にその身をささげた。世界平和の確立をめざした「世界政府論」や，アインシュタインと核兵器廃絶を訴えた**ラッセル・アインシュタイン宣言**(1955)などで知られる。1965年以降はアメリカのベトナム侵略戦争への抗議行動に全力を注いだ。

2 ┃ 他者との共存

1 差別や偏見のない社会を築くという課題

❶差別と偏見　先に，近代のさまざまな思想は，人間性を抑圧するものを取り除き，自由で平等な社会を築くことをめざしてきたと記した。しかし実際には，私たちの社会のなかには，なお多くの**差別**や**偏見**が存在している。差別に苦しむ障がい者はいまも多いし，ナショナリズムの風潮が強まるとともに，外国人や他の民族に対する偏見が助長されたりしている。

　差別や偏見においては，他者の弱点などをあげつらって，差別の対象を作りあげ，自分を多数者(マジョリティ)のなかに位置づけることで，自分自身の弱さや不安定さを隠蔽しようとする意識がはたらいている。そのような意識は，経済的に不況に陥ったり，社会のなかや，あるいは国と国のあいだに深刻な対立が生じたりしたときにいっそう強められ，その結果として，差別や偏見がより解決困難な問題として立ちはだかってくる。

❷他者の尊重　倫理を学ぶことの意義は，第1編で見たように，自己のアイデンティティを確立し，自分自身の生きがいを見いだす点にあるが，同時に，**他者も自分と同じように生きがいをもっており，その実現のために努力する存在であることを互いに認めあう**という点にもある。いわれのない偏見に惑わされることなく，かけがえのない存在として互いに尊重しあうこと，そしてそれを通してより豊かな社会を築いていくことが，私たちに大きな目標として課されているといえる。

2 他者への奉仕

❶社会への無関心　社会のなかで生きていくうえで，私たちが一個の独立した主体として自己形成を行っていくことが重要であることはいうまでもない。しかし現代では，かつて共同体がもっていた求心力が失われ，他者との結びつきが稀薄になっている。その結果として，**他者との結びつきや社会への関わりに無関心になり**，自己の世界に閉じこもる人々が増えている。

　しかし，これまでも見てきたように，私たちは他者との結びつきのなかで，自己の可能性を具体化し，社会をより豊かなものにしてきたのである。あらためて

他者との関わりのあり方を問うことが，現代の一つの重要な問題になっていると
いえるであろう。

❷**マザー゠テレサ**　このような問題を考えるうえで，私たち
に一つの大きな示唆を与えてくれるのは，マザー゠テレサ
(Mother Teresa，1910〜97)の生き方である。彼女はア
ルバニア系の敬虔なカトリック教徒の家に生まれ，19歳で
修道女としてインドにおもむいた。最初学校教育にたずさ
わったが，やがて「神の愛の宣教者会」を設立し，キリス
ト教の隣人愛の精神に基づいて，飢えた人や誰からも必要
とされることなく路上に見捨てられた人々，病人，孤児の
ために献身的な活動をした。

▲マザー゠テレサ

　マザー゠テレサに，「この世の最大の不幸は，貧しさでも病でもありません。
誰からも自分が必要とされていないと感じることです」ということばがある。人
と人とのつながりが人間を支えていることをよく示したことばだといえる。

3 レヴィナスの他者論

❶**レヴィナス**　伝統的な哲学では自我の問題がその中心に置
かれてきたため，「他者」の問題はいわば片隅に追いやら
れてきた。それに対してフランスの哲学者レヴィナス
(Emmanuel Lévinas，1906〜95)は，主著『**全体性と無
限**』のなかで，「他者」の問題こそ，哲学の中心課題であ
ることを主張した。

▲レヴィナス

　レヴィナスはリトアニア生まれのユダヤ人であるが，フ
ランスのストラスブール大学で学んだのち，ドイツのフラ
イブルク大学で，フッサールやハイデッガーから哲学を学んだ。1931年にはフ
ランスに帰化した。第二次世界大戦中は，リトアニア在住の父や兄弟など多くの
親族がナチスによって殺害され，みずからも捕虜としてナチスの収容所生活を体
験した。このような経験が彼の「他者」をめぐる思索に強く反映している。

❷**他者の「顔」**　レヴィナスによれば，自我は「自由」のうちにその本質をもつ。
つまり他なるもの，異質なもののなかにありながら，それらを包みこみ，そこ
に同一性を見いだし，自己自身でありつづけようとする。この自我の自己同一化
の営み(全体性)からもれでるもの，つまり**異質なものこそが「他者」**である。
「他者」は永久にその自己同一化の営みの「外」にいる。この**自我からは決して
とらえることのできない，私を超越した他者**を，レヴィナスは「**顔**」ということ
ばで言い表した。

❸「顔」が訴えるもの　レヴィナスにとって「顔」は，なにより「貧しき者」の，「見知らぬ者」の，「寡婦（かふ）」の，そして「孤児」の顔である。ここには，レヴィナスの戦争体験が背景にある。「顔」は防ぐ手だてなく死にさらされたものの哀願（あいがん）・訴えである。その「抵抗しないものの抵抗」は無力であるが，相手に対して責務を負うことを迫る。そこに「倫理」が成立する。レヴィナスはこの「倫理」がいっさいのものに先立つことを主張している。そのような意味での「倫理の優位の確立」こそ，彼がめざしたものであった。

> **原典のことば　〈他者〉の顔**
>
> 　〈他者〉が私に対置するのは，……全体との関係において，〈他者〉の存在が超越していることそのものである。〈他者〉が対置するのはどのような意味でも最上級の権力ではなく，まさに〈他者〉の超越という無限なものである。この無限なものは殺人よりも強いのであって，〈他者〉の顔としてすでに私たちに抵抗している。この無限なものが〈他者〉の顔であり本源的な表出であって，「あなたは殺してはならない」という最初のことばなのである。
>
> ——レヴィナス『全体性と無限』
> （熊野純彦・訳，岩波文庫）

4　公共性

❶アーレント　ドイツ生まれの政治哲学者アーレントもまた，ユダヤ系の家庭の生まれであり（ナチスが政権をとったあと，フランスを経てアメリカに亡命），いかにしてファシズム，あるいは全体主義の危険を回避することができるかを問題にした人である。この問いに対してアーレントが示した答えは，「公共性」の空間こそが，全体主義の危険を回避する鍵になりうるというものであった。

▲アーレント

❷公共性の領域　アーレントは『人間の条件』(1958)のなかで，人間が行う活動を３つに分類している。

1. 労働(labor)　生命を維持するために食料を得たり，物を生産したりする活動。
2. 仕事(work)　道具や芸術作品など耐久性をもった消費の対象を作る活動。
3. 活動(action)　物を介さず人と人とが直接関わりあうこと。そこでは人は，言語を介して相互に関わりあい，公共性の領域(public realm)を形成する。

　人間にとって最も重要なのは「活動」である。しかし現代では，「労働」や「仕事」によって「活動」の領域が覆（おお）われてしまっている。そのため，人々が公共性の領域への関心を失い，多様な思考ができなくなった。それが全体主義を生み出す素地になったとアーレントは考えた。

　互いにことばを交わし，さまざまな思想が触れあう公共的な空間を形成することの重要性を，アーレントは改めて指摘したのである。

人物
紹介 **アーレント**　Hannah Arendt, 1906〜1975　ドイツ・マールブルク大学ではハイデッ
ガーのもとで，ハイデルベルク大学ではヤスパースのもとで哲学を学んだ。
アメリカ亡命後は，ニューヨークのニュースクール大学などで教えた。『人間の条件』のほか，
『全体主義の起源』(1951)などの著作がある。元ナチス高官アイヒマンの裁判の傍聴記事を執
筆して大論争を巻き起こしたこともあった。2012年に制作された映画「ハンナ・アーレン
ト」(監督はMargarethe von Trotta)は考えることこそが重要であるというアーレントの信
念を伝える内容になっている。

⑤ コミュニケーション的理性（対話的理性）

❶ハーバーマス　ドイツの哲学者ハーバーマス(Jürgen
Habermas, 1929〜)は，フランクフルト学派に属し，2
節で触れたホルクハイマーらの**批判理論**(⊃p.201)を受け
つぎ，発展させた。彼は，理性が単なる**道具的理性**ではな
く，互いに意見を述べあい，了解しあおうとする**コミュニ
ケーションの能力**をもつことに注目した。その点で，アー
レントと共通する関心をもった思想家だといえる。

▲ハーバーマス

❷市民的公共性　ハーバーマスは，西欧近代の市民社会には，イギリスのコーヒ
ーハウス，フランスのサロン(⊃p.147)のような，市民による公共性の領域が生
まれていたことに着目する。そこでは，私的な市民が互いに自由に議論し，世論
を形成することを通じて政治的な決定に参与し，市民社会を支えていた。そうし
た市民的な公共性は，やがて新聞・雑誌などのジャーナリズムに発展した。

❸公共性の構造転換　しかし現代では，市民的な公共性の領域は，マス・コミュ
ニケーションやマス・デモクラシーの発達によって，本来の機能を失った。貨幣
や権力を媒体にしている経済的・政治的システムの支配下に置かれ，自由に議論
が交わされる場所ではなくなっている。システムに支配された現代の公共性では，
理性も目的を効率的に達成するための道具という性格を強くもつにいたっている
(「**公共性の構造転換**」)。

❹生活世界の植民地化　ハーバーマスによれば，家族・コミュニティ・公共性の
領域(**生活世界**)は，言語を媒体として互いの了解を求めるコミュニケーション的
行為によって成り立っている。しかし現代では，経済・政治のシステムによって
生活世界が侵食され，その結果として，人間性の危機が生まれている(「生活世界
の植民地化」)。

❺対話的理性　ハーバーマスは，理性は本来，他者と対話し，相互の了解を追求す
る対話的理性という性格をもっているととらえる。理性は，互いの意見を尊重し
あいながら相互に批判を行い，**討議**(ディスクルス)を重ね，合意を形成するので

ある。ハーバーマスは，現代社会のさまざまな問題を解決していくためには，この対話的理性に依拠したコミュニケーション的行為こそが必要であると主張した。

> 補説　**市民的公共性**　日本では，「公」というと，「公私混同」「公権力」などのことばが示すように，つねに「私」と対立する概念ととらえられているが，「公共性」の概念はそれとは異なる。市民的公共性は，西欧近代のコーヒーハウスやサロン，初期の新聞・雑誌に見られるように，本来はコミュニティや市民社会などの**私的な領域**から生まれてきたものであり，公権力のような「公」の領域を批判し，統御する機能をもっていた。

・**アーレント**…全体主義を批判し，人々が言語を媒介として関わりあう「**活動(action)**」によって公共性の領域を形成することが必要だと説いた。
・**ハーバーマス**…**市民的公共性**において，討議を行い，合意を形成するというコミュニケーション的行為によって，社会のさまざまな問題を解決するべきだと説いた。

6　正義

❶**ロールズ**　近代の諸思想は，すべての人を平等な人格として尊重することを理念として掲げ，その実現に向けて努力してきた。しかし実際には，実質的な平等を実現するにはいたっていない。この実質的な平等実現の問題をめぐって，重要な論点を提起した人に，アメリカの政治哲学者ロールズがいる。

> 人物紹介　**ロールズ**　John Rawls, 1921～2002　アメリカの哲学者，倫理学・政治哲学の分野で大きな業績を残した。とくに1971年に刊行した『**正義論**』は大きな反響を呼んだ。1993年にはそれを発展させた『政治的リベラリズム』を発表している。プリンストン大学を卒業したあと，陸軍に入り，日本軍と戦った。日本の敗戦後，広島を訪れ，原爆投下後の惨状(さんじょう)を目の当たりにした。1995年に「原爆投下はなぜ不正なのか？(ヒロシマから50年)」という論文を発表している。

❷**公正としての正義**　ロールズは，主著『正義論』(1971)のなかで，この実質的な平等の問題を「**公正としての正義(justice as fairness)**」ととらえた。**自由や富，社会で活動する機会などの社会的な価値(社会的基本財)は，可能な限り平等に分配されなければならない**としたのである。

▲ロールズ

❸**原初状態**　ロールズはまず，「最大多数の最大幸福」を優先する功利主義の立場では，公正でない分配も認めざるをえないことを批判し，社会契約説に手がかりを求めた。自分や他者の能力や立場についてまったく知らない「**原初状態**」(「**無知のヴェール**」をかぶった状態，社会契約説でいう「自然状態」)を想定し，人々が自由な立場か

ら合意するであろう原則から正義の原理を導きだそうとしたのである。

❹**第一原理と第二原理** ロールズによれば，原初状態においては，第一に，すべての人に自由が平等に与えられなければならないということに合意する（**平等な自由の原理**）。第二に，仮に不平等が生じるとしても，それはすべての人に平等に機会が与えられた結果でなければならないし，不遇な境遇に置かれる人々の利益を可能なかぎり配慮するものでなければならないという原則に合意する（**公正な機会均等の原理と格差〔是正〕の原理**）。

> **原典のことば** **無知のヴェール**
>
> 正義の諸原理は，〈無知のヴェール〉（veil of ignorance）に覆われた状態のままで選択される。諸原理を選択するにあたって，自然本性的な偶然性や社会情況による偶発性の違いが結果的にある人を有利にしたり不利にしたりすることがなくなる，という条件がこれによって確保される。全員が同じような状況におかれており，特定個人の状態を優遇する諸原理を誰も策定できないがゆえに，正義の諸原理が公正な合意もしくは交渉の結果もたらされる。
>
> ──ロールズ『正義論』
> （川本隆史・福間聡・神島裕子・訳，紀伊國屋書店）

　この2つの原則に基づくことによって「公正としての正義」が実現され，平等が単なる名目的なものではなく，実質的な意味を獲得すると，ロールズは考えたのである。ロールズの『正義論』は，ベトナム反戦運動や黒人の解放運動，学生運動がアメリカ社会を揺るがした時代に発表され，大きな反響を呼んだ。

ロールズ…自由や富，社会で活動する機会などの社会的基本財を平等に分配するための原理として，「公正としての正義」を唱えた。

❺**セン** インドの経済学者セン（Amartya Sen，1933~ ）もまた，富の分配の不正義の問題に取り組んだ人である。

　センは，ロールズの「正義論」を批判し，人間の豊かさや幸せは富の分配の問題にのみ還元することはできないという。それよりも，それぞれの人がどれほど多様な可能性をもっているか，そしてそれを実現していく**自由**をもっているかが大切である。そして，それぞれの人が選択できる可能性の幅，言いかえれば潜在能力（**ケイパビリティ**，

▲セン

capability）をひろげることによって，よりよい生，つまり福祉が実現されると主張した。

❻**リバタリアニズム** 平等や公正などの問題をめぐっては，現在もさまざまな立場から議論が続けられているが，その一つがリバタリアニズム（libertarianism）と呼ばれる立場である。リバタリアニズムは何より個人の自由を重視し，私有財

産制を自由の実現に不可欠の制度と考える。

　たとえばノージック(Robert Nozick, 1938〜2002)は『アナーキー・国家・ユートピア』(1974)のなかで，政府が徴税などによって富を再分配することに対して，自由を侵害するものとして強く反対した。国家は国防や治安維持など，最小限の役割を担う「**最小国家**」でなければならないというのが彼の考えであった。

❼**コミュニタリアニズム**　それに対して，コミュニタリアニズム(共同体主義，communitarianism)と呼ばれる立場は，個人の自由な活動よりもコミュニティ(共同体)が共有する価値を重視する。共同体を重視するといっても，もちろん個人の自由や権利を否定する全体主義の立場に立つわけではない。しかし，個人が主体的な存在となっていく過程で，コミュニティの共通の価値観，コミュニティが育んできた共通善が重要な役割を果たすとし，個人よりもコミュニティの優位を主張する。

　この立場に立った人にはカナダのマギル大学で教鞭を執った**テイラー**(Charles Taylor, 1931〜)や，アメリカのノートルダム大学教授を務めた**マッキンタイア**(Alasdair MacIntyre, 1929〜)らがいる。

　ハーバード大学の**サンデル**(Michael J. Sandel, 1953〜)もこの立場に立つ一人である。サンデルは，ロールズにおいて個人が社会から切り離された存在，つまり「負荷なき自我」と考えられていた点を批判し，人間はどこまでも共同体のなかで，それに共通する価値を身につけることでアイデンティティを確立すると主張した。

| 人物紹介 **サンデル** | Michael J. Sandel, 1953〜　アメリカの政治哲学者。オックスフォード大学で学んだのち，アメリカに戻り，ハーバード大学で教鞭を執った。『リベラリズムと正義の限界』(1982)や『これからの「正義」の話をしよう』(2009)などの著作で知られる。「ハーバード白熱教室」はEテレ(NHK教育テレビ)でも放送された。 |

3 ｜ 科学と自然・生命

1 機械論的自然観

❶**近代の自然科学**　近代の自然科学は，人間と自然とを切りはなし，自然を客観的な存在とみなすことによって成立した。17世紀フランスの哲学者デカルトは，理性(精神)のとらえる外界は客観的に物質的世界として存在することを主張し(⇨p.134)，物質的世界の本質は数学(幾何学)的であるとした。そして，人間についても，一方で精神の属性を思惟に求めるとともに，身体については，動物と同じように一つの物質的機械であると考えた。近代科学は，こうした人間の身体をも含めた自然を数量化可能な物質現象に還元するという**機械論的自然観**に立脚し，めざましい進歩をとげてきた。

❷モノー 　現代のフランスの分子生物学者モノー（Jacques Monod，1910〜76）は，このような自然観に立って，すべての生命現象を物理・化学の諸法則によって機械論的に説明することができるとした。「**生物は化学的機械である**」ということばを残している。またモノーは，人間の認識能力の先天的な枠組みさえも，人類の進化の過程で淘汰（とうた）によって人間の生活に合目的的であるように遺伝的に決定されてきたとしている。

❸自然と人間 　このようにすべての現象を物質的・科学的な過程に還元する自然観は，一方で，自然をただ利用するだけの対象とする見方を生みだし，環境の破壊や，生命の操作などの問題をひきおこしている（⤴ p.303）。

　また他方，主体的な意志をもつ人間という考え方は成り立つのであろうかという大きな問いを私たちに突きつけている。

2 ベルクソンの「生の哲学」

❶ベルクソン 　機械論的自然観とは異なった立場から生命の問題について考えた人に，フランスの哲学者ベルクソンがいる。

❷直観と「生の哲学」 　哲学の方法には，事柄を外から観察し，それを要素に分け，客観的に把握しようとする「**分析**」と，事柄そのもののなかに入り込んで，内側からそれを直接とらえようとする「**直観**」とがある。ベルクソンは，私たちが経験しているものは，動くもの，変化してやまないものであり，それをその「動性」において把握するためには，「直観」によらなければならないとした。

▲ベルクソン

　ベルクソンは「形而上学（けいじじょう）入門」という論文のなかで，彼自身の哲学的立場を，「生命へ深く探り入り，一種の精神的聴診によって魂の脈動を触知しようとする」真の**経験主義**であるとしている。そのような彼の哲学は「生の哲学」と呼ばれる。

❸生命の跳躍 　ベルクソンは，主著『創造的進化』（1907）のなかで，生命全体，宇宙全体にまで考えを押しひろげ，宇宙において生命の進化を可能にする創造的な力を，「**生命の跳躍（エラン・ヴィタール）**」ということばで表現した。

　「生命の跳躍」によって，生物は植物と動物の二つの方向に分化する。動物に属する人間は知性をもつが，知性によっては流動する生命を直観することはできない。ベルクソンは，**生命の創造的活動は知性を越えて本能によって直観されねばならない**と説いた。

| 人物紹介 ベルクソン | Henri Bergson（1859〜1941） 　パリで生まれ，国立高等師範学校を卒業後，パリ大学で学位を得た。1900年にコレージュ・ド・フランスの教授に就任し，その講義は多くの人々を魅了した。1927年にはノーベル文学賞を受賞した。国際 |

的な場所での活動も多く，第一次世界大戦後，国際連盟の諮問機関として設立された国際知
的協力委員会の議長なども務めた。

3 パラダイム論

❶**トマス＝クーン**　現代の科学論のなかで大きな論争をまき
おこしたものに，アメリカの科学哲学者クーン（Thomas
S. Kuhn，1922〜96）の**パラダイム論**がある。

▲クーン

　従来は，事実のより正確な観察に基づいて，既存の科学
理論が新しい科学理論によって乗りこえられ，科学はつね
に進歩していくと考えられていた。それに対してクーンは，
われわれはつねにある一定の「**理論的枠組み**」（パラダイム，
paradigm）を通して物事を見ているのであり，理論的枠組みが与える偏りをま
ぬがれた純粋な事実の観察というのはありえないと主張した。

　したがって，古い科学理論から新しい科学理論への移りゆきは，進歩ではなく，
パラダイムの転換，理論的枠組みの転換であり，一つの革命，つまり科学革命
（⤴ p.129）であると主張した。

> 補説　**パラダイム**　「パラダイム」は，トマス＝クーンが『科学革命の構造』（1962）で提示したこと
> ばで，もとは「範例・典型」という意味。「パラダイム」という概念は，現在では，「一時代の人々の
> ものの見方や考え方を根本的に規定している枠組み」という意味で自然科学以外の分野でも一般的に
> 用いられるようになった。

❷**通約不可能性**　それとともに，クーンは，パラダイムを共有する人々のあいだ
では，有意義な対話や相互批判を行うことができるが，異なったパラダイムを有
する者のあいだでは有意義な議論や批判ができないという「**通約（共約）不可能
性**」を主張した。

❸**ポパー**　この相対主義的な立場に対して，オーストリア出
身のイギリスの哲学者**ポパー**（Karl Popper，1902〜94）は，
科学の合理性と客観性を否定するものとして厳しく批判し
た。クーンとポパーの応酬は「**パラダイム論争**」と呼ばれ
る。

▲ポパー

　ポパーによれば，知識や科学はつねに反証に開かれた仮
設的なものである（「**反証可能性**」）。科学者が既存の科学理
論の誤りを取り除き，それが科学者のあいだで吟味される
ことで，科学は動的に発展していく。このような立場から，
ポパーは，試行錯誤を通じて社会を漸進的に改革していく
「**漸進的社会工学**」を提唱した。

4
現代に生きる人間の倫理②

☑ 要点チェック

CHAPTER 4 現代に生きる人間の倫理②		答
☐ 1	アダム＝スミスは，市場経済が価格によって需要と供給を自動的に調整するメカニズムをもっていることを何と呼んだか。	1 見えざる手
☐ 2	「最大多数の最大幸福」を原則としたベンサムの思想は何か。	2 功利主義
☐ 3	ベンサムが説いた，快楽は数量的に計算できるという考え方を何というか。	3 快楽計算
☐ 4	精神的な快楽の方が感覚的な快楽より質が高いと考える質的功利主義を唱えたイギリスの思想家は誰か。	4 J.S.ミル
☐ 5	サン＝シモン，フーリエ，オーウェンの社会主義を何というか。	5 空想的社会主義
☐ 6	5を批判し，マルクスに協力した人物は誰か。	6 エンゲルス
☐ 7	生産手段をもたない労働者が労働によって陥る状況を何というか。	7 疎外された労働 （労働の疎外）
☐ 8	生産力と生産関係から成る土台（下部構造）が，法律や文化などの上部構造を規定するという歴史観を何というか。	8 唯物史観 （史的唯物論）
☐ 9	資本家（ブルジョワ）階級と労働者（プロレタリア）階級という二大階級が敵対し争っていることを何というか。	9 階級闘争
☐ 10	ドイツで，社会主義を修正した社会民主主義を唱えたのは誰か。	10 ベルンシュタイン
☐ 11	実証主義を提唱し，社会学の創始者となった哲学者は誰か。	11 コント
☐ 12	社会を有機体ととらえ，社会進化論を唱えた哲学者は誰か。	12 スペンサー
☐ 13	「プラグマティズムの格言」を提唱したアメリカの哲学者は誰か。	13 パース
☐ 14	「真理の有用性」を唱えたプラグマティズムの哲学者は誰か。	14 ジェームズ
☐ 15	知性は困難や障害を解決する道具だと考えるデューイの思想を何というか。	15 道具主義
☐ 16	キルケゴールは，人間にとって最大の不幸であり，悲惨である「絶望」を何と表現したか。	16 死にいたる病
☐ 17	キルケゴールは，神の前に「単独者」として立ち，本来の自己を取り戻すという真の実存の段階を何と呼んだか。	17 宗教的実存
☐ 18	ニーチェは，19世紀のヨーロッパで，人々が生きる意味や目標を見いだすことができなくなっていることを何と呼んだか。	18 ニヒリズム
☐ 19	ニーチェは，弱者が強者をねたむことを何と呼んだか。	19 怨恨（ルサンチマン）
☐ 20	ニーチェは，不断に自己を発展・成長させようとする意志を何と呼んだか。また，その意志をもつ人を何と呼んだか。	20 力（権力）への意志，超人
☐ 21	ヤスパースは，死・苦悩・争い・罪責などの自分の力ではどうすることもできない大きな壁を何と呼んだか。	21 限界状況

□ 22	ハイデッガーは，みずからの存在に関心をもち，その意味を問う人間を何と呼んだか。	22 現存在（ダーザイン）
□ 23	ハイデッガーは，自己の主体性を喪失し，非本来的なあり方で生活している人間を何と呼んだか。	23 ひと（世人，ダス・マン）
□ 24	サルトルは，人間の本質はあらかじめ決定されているのではなく，人間が未来を自分で作りだすことを何と言い表したか。	24 実存は本質に先立つ
□ 25	サルトルは自己を社会の状況に参加させていくことを何と呼んだか。	25 アンガジュマン
□ 26	『近くの現象学』などで，身体こそ行為の基盤であると考えた人物は誰か。	26 メルロ＝ポンティ
□ 27	フロイトは，人の心を構成している三つの領域を何と呼んだか。	27 エス(イド),超自我,自我
□ 28	ユングは，民族や人類全体に共通するイメージの領域を何と呼んだか。	28 集合的(普遍的)無意識
□ 29	言語を「差異の体系」ととらえた言語学者は誰か。	29 ソシュール
□ 30	言語表現とは日常生活のなかで一定のルールにしたがってことばを交わす「言語ゲーム」だととらえた哲学者は誰か。	30 ウィトゲンシュタイン
□ 31	ホルクハイマーとアドルノの，啓蒙的な理性が現代になって野蛮に転じてしまったことを説いた著書は何か。	31 啓蒙の弁証法
□ 32	未開社会の人々のなかにある，世界を論理的分節化・組織化する思考を「野生の思考」と呼んだ文化人類学者は誰か。	32 レヴィ＝ストロース
□ 33	デリダは，西洋の理性＝ロゴス中心のものの見方に立脚した哲学の解体（ずらし）をめざすことを何と呼んだか。	33 脱構築
□ 34	生命を尊ぶシュヴァイツァーの信条を表すことばは何か。	34 生命への畏敬
□ 35	ガンディーの根本思想の一つである「不殺生」を何というか。	35 アヒンサー
□ 36	超越した他者の「顔」に応えるという倫理がいっさいのものに先立つと主張した哲学者は誰か。	36 レヴィナス
□ 37	言語を介して相互に関わりあう「活動」を通じて公共性の領域を形成することの重要性を主張した哲学者は誰か。	37 アーレント
□ 38	市民的公共性において討議を重ね，合意を形成することで社会の問題を解決するべきだと主張した哲学者は誰か。	38 ハーバーマス
□ 39	実質的な平等を実現するための原理として，「公正としての正義」を唱えた政治哲学者は誰か。	39 ロールズ
□ 40	人が多様な可能性を実現するために選択できる可能性の幅である潜在能力を広げることを説いた経済学者は誰か。	40 セン
□ 41	流動する生命を直観する「生の哲学」を唱えた哲学者は誰か。	41 ベルクソン
□ 42	パラダイム論を展開したアメリカの科学哲学者は誰か。	42 クーン

4 現代に生きる人間の倫理②

練習問題 解答 ⤴ p.346

① 〈J.S. ミル〉
　次の資料を読み，J.S. ミルの思想をふまえて内容を説明したものとして最も適当なものを，あとの①〜④のうちから1つ選べ。
資料

> われわれ自身の性格にあうようにわれわれの生活の方式をくみたてる自由，われわれがしたいとおもうことを，後続するであろう諸結果を容認して，おこなう自由，つまりそのことがわれわれの同胞に害をあたえぬかぎり，たとえかれらがわれわれの行為をばかげたもの，ゆがんだもの，あるいは間違ったものと考えても……そのことをおこなう自由を要求する。　——J.S. ミル『自由論』
> 　　　　　　　　　　『世界の大思想28　ミル』(水田洋・訳，河出書房新社)

① 人間は同胞たちを害さないかぎり，愚かな行為以外は何をしても許される。
② 個人の自由は崇高なものであり，多少の他人への迷惑は許容されるべきだ。
③ 人間は他人に迷惑をかけないかぎり，愚かな行為を含めて何を行っても自由である。
④ 意志の自律こそが真の自由である。そこに他者は介在しない。

② 〈社会主義・マルクス〉
　資本主義社会に対するマルクスの批判についての記述として適当でないものを，次の①〜④のうちから1つ選べ。
① 人間は本来，他人と関わらず独立して生きる存在であるが，資本主義社会では相互依存の関係にあり，人間性が失われた状態にある。
② 資本主義社会では，商品の交換関係が支配的となり，人間もまた，物のように取り替えのきく存在として捉えられるようになる。
③ 生産手段をもたない労働者は，自分の労働力を売って生活するしかなく，労働の成果も資本家のものとなるなか，労働が苦役になっている。
④ 商品の価値は，人間の労働に由来するものであるにもかかわらず，商品や貨幣それ自体が価値をもつものとして，ますます崇拝されるようになる。

③ 〈ヒューマニズム〉
　次の資料を読んだAとBの会話を読み，会話中の　a　・　b　の中に入る記述の組み合わせとして最も適当なものを，あとの①〜④のうちから1つ選べ。

資料

> それゆえ倫理は，私が，すべての生きんとする意志に，自己の生に対すると同様な生への畏敬をもたらそうとする内的欲求を体験することにある。これによって，道徳の根本原理は与えられたのである。すなわち生を維持し促進するのは善であり，生を破壊し生を阻害するのは悪である。
>
> ―― 　b 　『文化と倫理』
> 『　b 　著作集　第7巻』(氷上英広・訳，白水社)

4

A：この記述は，人間をホモ・ファーベルと規定した人物が書いたものだね。

B：それは勘違いだよ。ホモ・ファーベルを提唱したのは，　a 　だよ。

A：そうだったね。じゃあ，これを書いたのは，きっと　b 　だろう。

B：正解だよ。

① a：遊ぶことに人間の本質的機能をみとめたオランダの歴史家ホイジンガ
  b：インドを拠点に人々へ奉仕を続け，「生命への畏敬」を説いたシュヴァイツァー

② a：生物が内的衝動によって進化していく「生命の跳躍」を説いたベルクソン
  b：アフリカに病院を建設し，住民の救済に尽力して「密林の聖者」といわれたシュヴァイツァー

③ a：遊ぶことに人間の本質的機能をみとめたオランダの歴史家ホイジンガ
  b：アフリカに病院を建設し，住民の救済に尽力して「密林の聖者」といわれたシュヴァイツァー

④ a：生物が内的衝動によって進化していく「生命の跳躍」を説いたベルクソン
  b：インドを拠点に人々へ奉仕を続け，「生命への畏敬」を説いたシュヴァイツァー

④ 〈現代思想〉

理性中心主義を批判した思想の説明として最も適当なものを，次の①～④のうちから1つ選べ。

① デリダは，西洋哲学がその基礎としてきたロゴス中心主義や二元論的思考など階層化された思考を批判し，それを克服するために社会や文化を構造によって把握する構造主義を提唱した。

② フロイトは，神経症の治療や夢の研究のなかで，近代の文明の発展を支えた人間の理性の奥に，意識的に統御できない無意識の存在を発見し，エスによって本能や衝動が抑圧されるとした。

③　ホルクハイマーとアドルノは，理性は自然を支配することで文明を進歩させる一方，その進歩は逆に管理社会を作り上げて，人間を抑圧する野蛮状態へ陥らせるという，啓蒙の弁証法を指摘した。

④　アーレントは，近代以降，公共的な「仕事」が生命維持のための「活動」に取って代わられるため，人間の個性が見失われ，ナチズムに典型的にみられるような全体主義に陥ってしまうと批判した。

⑤　〈ロールズ〉
ロールズの思想についての説明として最も適当なものを，次の①〜④のうちから１つ選べ。

①　格差が許されるのは，それが公正な競争によって生じ，かつ，最も恵まれない人々の生活の改善につながる場合に限られると主張した。

②　資本主義においては大きな格差が生じることは避けられないと考え，能力に応じて働き，必要に応じて富を受け取る社会を目指すべきだと考えた。

③　格差の是正には，生きる環境や能力が異なる人々に同じ財を配分するのではなく，基本的な潜在能力の平等を保障することが必要だと考えた。

④　人々の間に大きな経済的格差が生じたのは，文明社会で財産の私有が始まり，人間が堕落した結果だと考え，「自然に帰れ」と唱えた。

⑥　〈フーコー〉
人間理性のあり方を批判的に検討した現代の思想家フーコーについての記述として最も適当なものを，次の①〜④のうちから１つ選べ。

①　西洋哲学を成り立たせてきた主体などの概念が覆い隠してきた問題を，歴史のなかで新たに問うために脱構築を主張し，理性の概念を捉え直した。

②　理性と狂気とが区別されるようになってきた西洋の歴史を分析し，確固とした理性という考えが歴史の過程の産物であることを明らかにした。

③　非西洋の未開社会の実地調査を通して，西洋社会とは異なる独自の思考体系を見いだし，西洋の理性的思考を特権化するような考えを斥けた。

④　自己意識のなかに取りこめない他者性が現れる場を「顔」という言葉で表現し，そのような他者に向き合えない理性の暴力性に照明を当てた。

⑦　〈ハーバーマス〉
理性の限界を克服するために，ハーバーマスが自らの理論のなかで強調する事柄を示す語句として正しいものを，次の①〜④のうちから１つ選べ。

①　コミュニケーション行為　　　②　パラダイムの転換

③　ビューロクラシー　　　　　　④　公正としての正義

第 **3** 編

国際社会に生きる日本人としての自覚

....

CHAPTER 5 日本人としての自覚

CHAPTER

5 ≫日本人としての自覚

まとめ

① 日本思想の源流 ☞p.226

□ 日本の風土と人々のくらし
- ・風土…和辻哲郎がモンスーン型・砂漠(沙漠)型・牧場型の３つに分類。

□ 古代の人々の考え方
- ・古代社会の信仰…自然信仰(アニミズム)や人格神→八百万神。
- ・神話の発祥…『古事記』『日本書紀』の神話の世界。清き明き心(清明心)。
- ・共同生活の秩序…罪やけがれ(穢れ)を祓い・禊で清める。

② 仏教の伝来と展開 ☞p.232

□ 仏教の受容
- ・奈良仏教…鎮護国家の仏教。南都六宗。鑑真が渡来。行基が民衆を救済。
- ・平安仏教…最澄…山家山学。空海…密教。即身成仏。加持祈禱・現世利益。

□ 浄土へのあこがれ
- ・民衆への仏教のひろがり…空也，源信が浄土信仰をひろめる。末法思想の影響。

□ 浄土宗と法然，浄土真宗と親鸞
- ・法然…「南無阿弥陀仏」と唱える専修念仏と他力本願を説いた。
- ・親鸞…絶対他力と自然法爾を説く。悪人正機(『歎異抄』)。

□ 時宗と一遍
- ・一遍…遊行上人，捨聖と呼ばれた。踊念仏による布教で下層社会にひろまる。

□ 臨済宗と栄西，曹洞宗と道元
- ・栄西…中国(宋)から臨済の教えを伝えて，禅を重んじる臨済宗を開いた。
- ・道元…坐禅に打ち込む只管打坐による身心脱落を説いた。

□ 日蓮宗と日蓮
- ・日蓮…「南無妙法蓮華経」を唱えること(唱題)で現世で救われると説いた。

③ 中世日本の思想 ☞p.249

□ 武士社会の倫理，無常観と美意識
- ・「弓矢とる身の習」…武士の生き方や規範→近世に「武士道」となる。
- ・仏教の無常観…諸行無常。この世のはかなさ。『平家物語』『方丈記』。
- ・美意識の形成…幽玄…能(世阿弥)。わび…茶の湯。さび…連歌・俳諧。

❹ 近世日本の思想 ☞p.254

□ **儒教の日本化**
- 朱子学…林羅山は「上下定分の理」を唱えて，封建的な身分秩序を正当化。
- 陽明学…中江藤樹は，良知をただちに行為に移す知行合一を主張した。
- 古学派…伊藤仁斎「誠」，山鹿素行「士道」。 ・古文辞学派…荻生徂徠。

□ **国学のおこり**
- 国学…漢意を離れて日本古来の精神を研究。賀茂真淵，本居宣長，平田篤胤。

❺ 民衆の思想・幕末の思想 ☞p.261

□ **町人の思想，農民の思想**
- 町人の思想…石田梅岩は心学（石門心学）を説いて町人の経済活動を正当化した。
- 農民の思想…安藤昌益…万人直耕の自然世。二宮尊徳…分度・推譲と報徳。

□ **幕末の思想**
- 洋学…高野長英・渡辺崋山，佐久間象山「東洋道徳・西洋芸術」。

❻ 西洋思想の受容と日本の近代化 ☞p.268

□ **啓蒙思想**
- 福沢諭吉…明治維新後，明六社の先進知識人が天賦人権論をひろめる。

□ **自由民権思想**
- 中江兆民，植木枝盛…天賦人権論に基づき，主権在民と議会開設を要求。

□ **伝統主義思想**
- 徳富蘇峰，三宅雪嶺，陸羯南…欧化主義に反発し，日本の伝統を重視。

□ **キリスト教と社会主義の日本的受容**
- 新島襄・内村鑑三…キリスト教思想。 ・片山潜・幸徳秋水…社会主義思想。

□ **近代的自我の確立**
- 西田幾多郎…主客未分の純粋経験こそ真の実在とする独自の哲学を展開。

□ **近代日本思想の展開**
- 和辻哲郎…人間は間柄的存在。 ・柳田国男…民俗学。 ・柳宗悦…民芸。

□ **戦後の思想**
- 戦後民主主義…丸山真男，大江健三郎が民主主義・平和の思想を展開。

1 日本思想の源流

1 ｜ 日本の風土と人々のくらし

1 和辻哲郎の「風土」

❶風土　『風土』という著作のなかで和辻哲郎(⇨p.282)は，それぞれの地域の風土が，そこに暮らす人々の生活のあり方や行動の仕方，ものの考え方を規定すると述べている。和辻のいう風土とは，「ある土地の気候，気象，地質，地味，地形，景観などの総称」である。これらは人々をとりまく自然環境だが，和辻はそれを，自然科学が研究の対象とするような自然現象としてとらえるのではない。**風土は，人間や人間の生活と結びついたかぎりでの自然である。**和辻はその風土のうえに，地方独特の生活様式や文化が形成されると考えた。

❷風土の分類　和辻は風土を，モンスーン型，砂漠(沙漠)型，牧場型の3つに分類した。「モンスーン型」の風土は，ゆたかな恵みをもたらすが，ときに台風など，きびしい一面を示す。「砂漠型」の風土は，人間の生存をさえおびやかすきびしい自然との戦いを強いる。「牧場型」の風土は，まったく従順でおだやかな性格をもつ。それぞれの自然の特徴に対応して，「モンスーン型」の風土のなかで暮らす人々は**受容的**で**忍従的**になり，「砂漠型」の風土のなかで暮らす人々は**対抗的**で**戦闘的**になり，「牧場型」の風土のなかで暮らす人々は**自発的**で**合理的**になると述べている。

▼和辻の「風土」の類型

	モンスーン型	砂漠型	牧場型
自然	ゆたかで，ときに暴威をもたらす自然	きびしい自然	従順でおだやかな自然
生産様式	水田稲作などの農耕	遊牧	農耕と牧畜
人々のあり方	受容的・忍従的	対抗的・戦闘的	自発的・合理的
地域	東・東南・南アジア	西アジア・北アフリカなど	ヨーロッパ
おもな宗教	仏教・ヒンドゥー教	ユダヤ教・イスラーム	キリスト教

和辻哲郎…人間の生活を規定する風土をモンスーン型，砂漠(沙漠)型，牧場型に分類。

2 日本の風土

　日本列島は，アジア大陸の東端に位置しており，モンスーン型の風土をもつ。そのなかでも温帯モンスーンに属するが，夏は高温多湿であり，**水田稲作**に適している。また，ゆたかな自然は**四季**おりおりの変化に富んでいる。もちろん自然は，ときには台風や洪水，干ばつなど，きびしい一面を示す。そのような自然の暴威に耐えなければならないが，それらは生物や人間を死滅させるほどのものではない。そのため，自然は人間にとって決して敵対するものではなく，むしろ多くの**恵み**をもたらすものである。このような風土のなかで，古代の人々は，自然に寄り添い，それとの調和を求めて生きてきた。また，ゆたかな自然の変化を目の当たりにして，それを受けとめる**繊細な感覚**をはぐくんできた。

5

日本人としての自覚

3 水田稲作と共同生活の重視

❶**水田稲作**　水田稲作が北九州地方に伝わり，弥生文化が始まったのは，紀元前4世紀頃のことであった。水田稲作を中心とする農耕は，狩猟や採集にくらべて生活が安定しやすく，人口の増加も可能であったので，すぐに日本列島を東北に向かってひろがっていった。日本人は，弥生時代より今日まで，この水田稲作を基礎として，集団（「むら」）を形成し，文化をはぐくんできた。

▲田植え　（室町時代「月次風俗図屏風」部分，東京国立博物館蔵）

❷**共同生活**　水田稲作は，水田の開発とともに，灌漑を必要とするようになった。灌漑は，1人の努力では不可能であり，**共同作業**によってはじめてなしうるものである。そのため，当時の農耕生活においては，村落の共同生活が重んじられ，**共同体**の規制に従って生きること，自己を抑えて共同体を優先することが求められた。一方で，共同体の団結や平和を乱すこと，たとえば共同の水路をこわしたり，他人の農地を侵したりすることは，大きな罪とされた。

4 他界と「まれびと」

❶**他界**　村落が形成された平地は，稲作を中心に日常の生活が営まれる領域であり，海や山などで区切られていたが，その外は見知らぬ他界につながっていると考えられた。他界は，山中や海上など，日常の生活領域の外の世界であるとともに，民俗学者柳田国男（⇨p.285）がいうように，先祖の霊が住む別世界でもあった。

❷まれびと　民俗学者の折口信夫(☞p.286)は,
海の彼方にある他界「常世国」から一定の時
期に村々を訪れてもてなしを受け, 人々を祝
福して帰っていく「まれびと」(客人)こそ, 日
本の神々の原型であるとした。「まれびと」は
『まれに訪れる人』という意味で, 他界から人
間の姿をして村落を訪れる神などがそれにあ
たる。たとえば, 秋田・男鹿半島のナマハゲ
などがよく知られている。折口は, 「まれびと」
の信仰が日本の民俗宗教の根底にあるととら

▲秋田のナマハゲ

えた。また, 「まれびと」のふるまいやことば(呪詞, 祝詞)を仮装して伝承する
ところに, 日本の芸能や文芸の起源があるとした。

POINT!

・柳田国男…日常生活の外の世界を他界と呼んだ。
・折口信夫…他界から来訪する神を「まれびと」と呼んだ。

2│古代の人々の考え方

1 宗教の起源

農耕を生活の糧とし, 自然に寄り添いな
がら生きた古代の人々は, 祖先の霊を祀る
とともに, 自然物や自然のさまざまな現象
の中に不可思議な力や霊的なものを認め,
それを神として祀った。たとえば, 太陽・
海・山・滝・巨木・巨石や鳥獣などを神と
して崇めた。日本の最も古い宗教の形態は,
このような自然信仰(アニミズム)であった
と考えられる。

▲富士山頂から見る御来光

補説　アニミズム(Animism)　自然物の中に霊魂や精神の存在を認める考え方のこと。イギリスの
人類学者タイラー(Edward Burnett Tylor)は, 気息や生命, 霊魂などを意味するアニマ(anima)と
いうラテン語をもとにして, 宗教の原初的形態を「アニミズム」と表現した。

POINT!

古代社会…自然物や自然現象を崇めるアニミズムが発生した。

2 祭祀の起源

　自然は，恵みをもたらすだけでなく，ときには大きな災厄をもたらす。古代の人々はそれを自然に宿る霊的なものの怒りや祟りと考え，祟りを鎮め，恵みを与えてくれるように祈った。そのために神の意思を尋ね，供物をささげてそれを満たそうとした。そうした行為がくり返され，やがて儀礼として定着していき，祭祀として

▲祇園祭

の形態を整えるようになった。たとえば京都の祇園祭は，9世紀に疫病が流行したため，朝廷が牛頭天王を祀り，御霊会を行って無病息災を祈念したことに由来する。現代にも伝わる多くの祭礼は，祟る神を鎮める祭祀を起源にもつものが多い。

3 八百万神

　自然信仰のほかに，日本の古代社会では，恵みや祟りをもたらす神秘的な力や不可思議な存在を神格化して祀ることも行われた。産土神(出生地の守護神)，祖先神，氏神(同族集団の神)，鎮守(特定の土地・建物の神)，御霊(祟りをなす死者の霊)などがそうである。このような多種多様な神々を総称して，八百万神という。日本古来の神の観念は，八百万神にみられる多神教であり，ヨーロッパのユダヤ教，キリスト教やイスラームのような一神教とは対照的である。

POINT!
[日本人の神理解]
・日本古来の神の観念は，自然信仰(アニミズム)に由来する。
・多種多様な神々を八百万神と呼んだ。

4 神話の発祥

　「八百万神」という信仰形態は，多くの神話を生みだした。それらは『古事記』や『日本書紀』などにまとめられていったが，その神々は，自然信仰から発生した多数神であって，そこには唯一絶対の神はいない。たとえば高天原(神々の住む世界)の主神であった天照大神にしても，高天原の代表者ではあったが，絶対的な力をもつ唯一神ではなかった。天照もまた，他界の神々を招き，その意思を問い，それを実現する神として描かれている。

補説　祀る神，祀られる神　和辻哲郎は『日本倫理思想史』のなかで，神話の中に登場する神々を，「祀る神」「祀るとともに祀られる神」「祀られるのみの神」「祀りを要求する祟りの神」の４つに分類している。「祀るとともに祀られる神」が中心的な役割を果たすところに，日本神話の１つの特徴があるとしている。

このように唯一絶対の究極的な神をもたず，むしろ神々を他の神々を祀るものととらえる宗教観は，のちに異質な宗教や文化に触れたときの**包容性**を可能にしたと考えられる。仏教の受容以来，日本の宗教や文化，思想は，異質なものを積極的に受け入れ，それらを共存させながら，独自なものを生みだしてきた。これも日本の文化の大きな特徴の１つである。

補説　『古事記』『日本書紀』　『古事記』は，イザナキ・イザナミの「国生み」の神話，高天原の天岩屋での天照，スサノヲの神話，オオクニヌシの葦原中国の神話など，多数の神話から成る。『日本書紀』は神代から持統天皇までの天皇の系譜を記している。それらは，古代日本の世界観を表すものであった。また，対外的・対内的に天皇による国家の支配を正当化する意味ももっていた。

5 清き明き心

神に対して人々に求められたのは，「清き明き心」をもつことであった。たとえば『古事記』には，弟スサノヲの反逆を疑った天照が，汝の心の「清く明き」を示せと迫る場面がある。「清く明き心」は，「きたなき心（邪心，黒心，悪心）」とは逆に，私利私欲をいっさいもたず，明朗で曇りなき心の状態をさす。聖武天皇の即位の宣命のなかには，「清き明き正しき直き心」をもって天皇の政治を助けよということばが見える。

和辻哲郎は，このように私心を没して，共同体に帰依しようとする曇りなき心を，『日本倫理思想史』のなかで「清明心」と表現するとともに，それを高く評価する伝統は，その後の倫理思想のなかに力強く流れ込んでいるとした。

原典のことば　清く明き心

爾に速須佐之男命，答へ白ししく，「僕は邪き心無し。唯大御神の命以ちて，僕が哭きいさちる事を問ひ賜へり。故，白しつらく，『僕は妣の国に往かむと欲ひて哭くなり』とまをしつ。爾に大御神，詔りたまひしく，『汝は此の国に在るべからず』とのりたまひて，神やらひやらひ賜へり。故，罷り往かむ状を請さむと以為ひてこそ参上りつれ。異心無し」とまをしき。爾に天照大御神詔りたまひしく，『然らば，汝の心の清く明きは，何して知らむ』とのりたまひき。　　──『古事記』「須佐之男命の昇天」

『古事記注釈　第二巻』(西郷信綱，ちくま学芸文庫)

POINT!　古代では，明朗で曇りなき清き明き心（清明心）が高く評価された。それは，その後の倫理思想にも大きな影響を与えた。

6 祓いと禊

❶罪とけがれ　古代の人々にとって最も大きな罪とされたのは，水田の畦をこわしたり，水路をこわしたりするなど，農耕を中心とする共同生活を維持していくために必要な決まりや秩序を乱したり，共同体の団結を破ることであった。神話のなかでは，天照の弟スサノヲが，祭祀の場所である神殿を汚したことがきびしく非難されている。さらに，大雨や虫害などによって農作物が被害を受けることも罪であり，けがれ（穢れ）であるとされた。

> 補説　**ケとハレ**　けがれの「ケ」(褻)は，「日常」という意味であり，けがれは「ケが枯れた状態」を表した。「ケ」の反対は「ハレ」(晴)であり，非日常の特別な日を指した。祭礼，年中行事の日にあたる。ケとハレは柳田国男の用語であり，柳田は，近代化にともなって，人々の生活の中でケとハレの区別がなくなってきていることを指摘した。

❷祓いと禊　このような罪やけがれを取り除くために行われたのが，祓い（祓え）という呪術である。もともとは，財物を献上して罪をつぐなうものであったが，やがて罪やけがれを清める儀式になっていった。律令時代になってからは，宮中の正式の行事として「大祓」が行われた。

▲大祓

> 補説　**大祓**　古来，旧暦の六月と十二月の晦日に，宮中や各地の神社で行われてきた儀式。人々が犯した罪やけがれを取り除くために行われた。大宝律令によって，宮中の正式な行事になった。『拾遺和歌集』(1006年頃の成立)に「水無月の なごし(夏越)の祓する人は ちとせ(千歳)の命 延ぶといふなり」という歌がある。

　罪を犯した場合だけでなく，出産や死に際しても，けがれが身に降りかかると考えられた。それを振りはらい，もとの状態に復帰するために行われた呪術が禊である。具体的には，海や川，滝の水などで身体を洗い清めることがなされた。罪やけがれを水で洗い清める風習は，流し雛などの形で現在にまで残っている。

　このような罪のとらえ方は，キリスト教の原罪のように人間の本性に根ざした根本的な罪を考える罪の理解とは，大きく異なっている。

POINT!

・祓い…罪やけがれを取り除くための儀式。
・禊…罪やけがれを洗い清め，もとの状態に復帰するための風習。

5

日本人としての自覚

仏教の伝来と展開

1 | 仏教の受容

1 仏教の伝来

　仏教が日本に伝えられたのは，6世紀中頃であった。百済の王の使いで訪れた使者が欽明天皇(在位，6世紀中頃)に金銅の釈迦如来像や経典，仏具などを献上したといわれている。その後，徐々にひろがりを見せ，推古天皇(在位592～628)の時代には，各地で寺院の建立が行われたとされる。

　しかし，はじめは，仏教がどういう教えであるかを理解することは，当時の人々にとって非常にむずかしかったと想像される。仏が「**蕃神(あだしくにのかみ)**」(異国から渡来した神)や「**今来の神**」と呼ばれたことが示すように，従来の神理解の延長上で仏も理解されたと考えられる。

2 聖徳太子

　仏教に対して，はじめて深い理解を示したのは，推古天皇の摂政を務め，律令国家としての日本の礎を築いた聖徳太子であった。聖徳太子は，『法華経』『勝鬘経』『維摩経』の3つの経典に注釈を施した『三経義疏』を著し，法隆寺や四天王寺などの寺院を建立した。

❶**憲法十七条**　太子が制定したと伝えられる憲法十七条においては，仏教とそれより早く伝えられた儒教に基づいて，政治に携わる者が重んじるべき心構えが述べられている。その第一条では，何より「**和**」を尊重すべきことが強調されている。また他の条では，異なった見解をもつ者とも議論すべきことがいわれている。そこには，豪族の勢力が強かった当時の政治状況に対する現実的な配慮が見られる。

> **原典のことば**
> ### 憲法十七条
> 　一に曰く，和を以つて貴しとなし，忤ふることなきを宗とせよ。
> 　二に曰く，篤く三宝を敬へ。三法とは仏と法と僧なり。……
> 　十に曰く，こころの忿を絶ち，おもての瞋を棄てて，人の違ふことを怒らざれ。……我れ必ずしも聖にあらず，彼れ必ずしも愚にあらず，ともにこれ凡夫のみ。
> 　十七に曰く，それ事は独り断むべからず。必ず衆とともに宜しく論ふべし。…

❷**仏教の受容**　すべて人間は**凡夫**(煩悩に囚われた凡庸な人間)であるということばや，**心から仏・法・僧の三宝を敬え**ということばには，太子の仏教への篤い信仰が読みとれる。その人生観は，奈良・中宮寺が所蔵する天寿国曼荼羅繍帳のな

かに，聖徳太子のことばとして記されている「世間は虚仮，唯仏のみ是れ真」（この世のことはすべてうそいつわりであり，ただ仏のみが真実である）によく表現されている。

人物
紹介　聖徳太子　（574〜622）　593年，推古天皇即位のとき摂政となった。冠位十二階を定めて人材登用の道を開き，憲法十七条をつくって天皇の支配権強化の方針を明らかにするなど，のちの中央集権化の布石となるさまざまな試みを行った。また隋との国交を開き，その制度や宗教・学芸を学んで，日本の政治・文化を革新しようとした。仏教を篤く信仰し，仏教文化の定着をはかるため，仏典の注釈書を著した。

▲聖徳太子（伝）

POINT!

[聖徳太子]

・憲法十七条で「和」の精神を説いた。
・仏教を信仰し，「世間は虚仮，唯仏のみ是れ真」ということばを残した。

3 奈良仏教

❶国家仏教　奈良時代になると，律令国家体制のもとで，仏教は鎮護国家，すなわち国家の安泰を実現するものとして重んじられ，そのための法要がさかんに行われた。つまり，国家仏教としての性格を強くもつようになった。

　国によって造営された奈良の東大寺や興福寺などの官寺では，唐から伝えられた仏教教学についての研究が行われた。それらは南都六宗と呼ばれる。また，聖武天皇は，諸国に国分寺や国分尼寺をつくり，仏教の普及を図った。国分寺は正式には，金光明四天王護国之寺と呼ばれるが，やはり国家の鎮護を目的にするものであった。

補説　南都六宗　具体的には，三論宗，成実宗，法相宗，倶舎宗，華厳宗，律宗の6つの宗派をさす。この六宗は，仏教の教理の研究を行う学派的性格が強かった。当初は「法相衆」などと呼ばれたように，学僧衆の集まりであったと考えられる。南都は，北都（京都）に対する奈良の呼称。

❷鑑真の渡来　仏教では，仏弟子となるためには必ず正式の戒（資格）を受けなければならないが，当時の日本では，その制度が整っていなかった。唐に渡った僧たちから，日本に渡って正式の戒を授けることを請われた鑑真（688〜763）は，5回の渡航失敗と失明にもくじけず，67歳のときに来日し，東大寺に戒壇（戒を授けるための場所）を築いて，多くの人々に戒を授けた。聖武天皇も，上皇になってのち，鑑真から受戒した。

▲鑑真

❸私度僧と行基　正式の戒を受け，得度して国家公認の僧となった者は官僧と呼ばれたが，それ以外に，官の許可を得ないで剃髪し，出家した私度僧も多かった。私度僧になることは禁じられていたが，当時，出家者は課役（税・労役）を免除されていたため，課役を逃れるために私度僧となった者も多かった。

　もちろん，私度僧のなかには，深く仏教に帰依するものもいた。たとえば，行基や彼にしたがう私度僧たちは，広く民衆に仏教の教えを伝え，慈悲の精神に基づいて，民衆救済のための多くの事業を行った。

 行基　（668~749）　河内国（のちの和泉国）に生まれた。父は百済系の渡来人で，裕福な豪族であったといわれている。早く出家して仏道に専念したが，官寺を捨て，故郷で道場を開き，一般の人々に仏教を説いた。彼は，信徒の力をかりて水田を開き，橋をかけ，布施屋（調・庸などを運ぶ人夫のための休養施設）などを設けた。それに対して，朝廷は彼を「百姓を妖惑する」ものとみなした。しかし，やがて朝廷は行基と妥協し，行基は大仏の造営にも参加した。

▲行基

POINT!　奈良時代の仏教…鎮護国家をめざす国家仏教。

4 平安仏教（最澄）

　桓武天皇（在位781~806）が奈良から京都に都を移すと，仏教にも新しい展開が見られた。平安時代にとくに活躍したのは，ともに唐に渡って，新しい仏教を学んだ最澄と空海である。彼らも鎮護国家をめざしたが，都からは離れた山岳に寺院を建て，政治とは一定の距離を置いて，仏教本来の精神と教えをひろめようとした。

❶奈良仏教の批判　最澄は，奈良仏教が教理の研究を行う学派的な性格を強くもっていたことや，国家仏教として政治と直接結びついていたことを批判した。最澄の仏教がめざしたのは，大乗仏教の「一切衆生ことごとく仏性あり（一切衆生悉有仏性），十界に生きる者皆成仏す」（すべての人が仏になる可能性をもつ）という教理だった。つまり，個人の救済（成仏）という点に力点が置かれるようになったのである。また，仏の教えは身分や素性を超えたものであるという考えが最澄にあったことを，先のことばは示している。

▲比叡山・延暦寺

❷山家山学　最澄は，唐で学んだ『法華経』を根本経典とする天台教学を日本に伝え，天台宗を開いた。比叡山に延暦寺を建て，戒律を重視するとともに，坐禅や密教もとりいれながら，修行と学問に励んだ。最澄は，世俗を離れて学問修行に励むことを山家山学と呼んだ。以後，比叡山は，仏教を学び修行する者にとって中心地となった。鎌倉時代の法然や親鸞，道元，日蓮らも比叡山で修行した。

補説　具足戒と菩薩戒　戒には，出家者のための正式な具足戒(部派仏教の戒律)と在家信者のための簡略化された菩薩戒(大乗仏教の戒律)がある。鑑真が伝えたのは前者。最澄は後者によっても官僧になれるようにした。しかし，比叡山で戒を受けた道元が中国に渡ったとき，それが菩薩戒であったため，正式の僧とは認められなかった。

人物紹介　最澄　(767〜822)　近江国(滋賀県)に生まれ，出家して東大寺で受戒したが，奈良仏教にあきたらず，比叡山で思索と修行につとめた。804年に入唐，翌年帰国して日本に天台宗を伝え，天台宗の開祖となった。当時の受戒は小乗の具足戒だったので，大乗戒(菩薩戒)を授戒する大乗戒壇の設置を朝廷に求めたが，奈良仏教の反対にあった。著書に『顕戒論』『山家学生式』などがある。

▲最澄

[最澄]

・比叡山に延暦寺を建て，天台宗を開いた。

・山家山学の大切さを主張して，学問・修行に励んだ。

5　平安仏教(空海)

空海は，最澄らとともに唐に渡って，密教を学んで帰国，高野山(和歌山県)に金剛峯寺を建て，真言宗をひろめた。

❶密教　密教とは「秘密の教え」という意味であり，ことばを用いて明らかに説き示された教えである顕教に対していわれる。一般の仏教の教えはこの顕教である。それに対して，密教は，宇宙の本体である大日如来(毘盧遮那仏)の最高絶対の悟りを示す開きがたい教

▲高野山・金剛峯寺(根本大塔)

えとされる。密教は7世紀後半，インド大乗仏教の末期に成立した。

密教では，曼荼羅を掛け物としたり壇上に敷いたりして礼拝する儀式を行う。曼荼羅は，説きがたい仏の悟りの境地を，仏像やシンボルなどを用いて象徴的に表現した図絵である。

❷即身成仏　空海によれば，宇宙のあらゆる事象は，永遠の真理である大日如来

のあらわれである。したがって人間も，修行を積むことによって，この身のまま
で大いなる仏と一体になることができる(即身成仏)。具体的には，手で印契を結
び，口に真言(マントラという仏の力を引きだす呪文)を唱え，心に大日如来を思
い浮かべるという三密を実践すれば，仏と一体化することができる。

❸加持祈禱　また，加持祈禱(仏の加護を祈り，その呪力を引きだす儀式)によって，
病気を治したり，天災を避けたり，雨乞いをするなど，さまざまな現世利益(生
きている間に望みがかなえられること)が得られるとされた。もともと日本では，
仏教は，現世利益に結びつくものとして受容されたが，この加持祈禱と結びつい
て，いっそうそのような受けとめ方がされた。当時の皇族や貴族は，天台宗より
も，現世利益を重視する密教に強い関心を寄せた。

人物
紹介　**空海**　(774～835)　讃岐国(香川県)に生まれ，儒学に親しん
　　　　だが，やがて出家し，最澄とともに唐へ渡った。帰国後，
高野山に金剛峯寺を建て，のち京都の東寺を嵯峨天皇から賜り，真
言宗をひろめた。彼は，「即身成仏」肯定の立場から，最澄よりも
徹底した平等思想を説いた。それは現世肯定につながり，また現世
利益的な密教修法(加持祈禱)とあいまって，朝廷や貴族との結びつ
きを強めていった。24歳のときに著した『三教指帰』には，儒道
仏の3つの教えについての深い理解が示されている。晩年の大作
『十住心論』は，当時の東洋思想のすべての教説の総合的な批判で

▲空海

あり，それらすべての教説を生かす仏法の究極の真理を語ったものであった。

POINT!

　[空海]
　・金剛峯寺を拠点に真言宗をひろめた。
　・三密(修行)によって即身成仏が可能であると説いた。

⑥ 神仏習合

　仏教が伝えられ，定着していく過程で，古来の神々への信仰と仏への信仰とが，
結びついたり，混じり合ったりした。それを神仏習合という。具体的には，多くの
神社に神宮寺が設けられたり，寺院の方でも，関係のある神をその守護神，鎮守と
したりするようになった。たとえば，奈良の興福寺は，春日大社と強い結びつきを
もつ。

　平安時代には，仏が本地(真理の本体)であり，神は垂迹(その本体が形を変え，
この世に現れたもの)であるという本地垂迹説が説かれるようになった。また，
神々は，仏が日本の人々を救うために形を変えて現れた権(かり)の姿であるという
権現思想もひろまった。熊野権現や蔵王権現などが有名である。

　鎌倉時代には，神が本地であり，仏が垂迹であるという反本地垂迹説も現れた。

補説　**神道**　日本の古来の神々への信仰は，明確な教義や教典をもたなかった。しかし，仏教や儒教の影響を受けて，少しずつ理論化されるようになっていった。それが神道と呼ばれる。たとえば，鎌倉時代末期には，伊勢神宮外宮の神官であった度会氏が，『神道五部書』を作成し，伊勢神道の基礎を作った。ここでも反本地垂迹説が説かれている。

2 浄土へのあこがれ

1 民衆への仏教のひろがり

❶**空也**　仏教が一般の人々のあいだにひろまったのは，平安時代の中頃，聖や上人，沙弥(正式の僧侶になる以前の人)などと呼ばれた僧たちが，諸国を回って民衆教化にあたったことによる。彼らは，民間の呪術信仰なども取りいれて，**浄土信仰**を民衆のあいだにひろめていった。

　そのような聖として最もよく知られているのが空也である。彼は，各地をめぐって道路を開き，橋をかけ，井戸や池を掘り，寺を建てて，民衆の生活の改善に力を尽くし，信仰のよりどころを作っていった。同時に，「**南無阿弥陀仏**」を唱える称名念仏をひろめた。そのため彼は，阿弥陀聖や市聖と呼ばれた。

補説　**南無阿弥陀仏**　「南無」は「帰依する」という意味。したがって「阿弥陀仏に帰依する」，つまり「すべて阿弥陀仏のはからいにお任せする」という意味になる。『無量寿経』によれば，阿弥陀仏(阿弥陀如来)は，もとは法蔵菩薩と呼ばれる菩薩であり，仏となるための修行を完成したにもかかわらず，一切の衆生を救おうと願い，それが実現しないあいだは仏にならないと誓った。非常に長い時間をかけてそのための修行を行い，それを成就して阿弥陀如来となった。そしていまは極楽浄土で説法をしているとされている。

❷**踊念仏**　空也の念仏は，極楽浄土(仏が住む清浄な国土)への往生よりも，現世に災厄をもたらす死霊の鎮魂のためのものであったといわれる。彼は，太鼓や鉦などを打ち鳴らし，踊りながら一心不乱に念仏を唱える**踊念仏**を始めたが，この踊念仏も死者の魂を鎮めるためのものであったといわれている。今日伝わっている盆踊りは，この踊念仏がお盆(盂蘭盆)の行事と結びついて生まれたといわれている。

人物紹介　**空也**　(903〜972)　延喜年間(901〜923)の末，20余歳で尾張国(愛知県)国分寺で剃髪し，仏門に入った。称名念仏を唱え，民衆を教化した。その活動は，やがて延暦寺や貴族社会からも注目され，浄土信仰が発展するきっかけをつくった。彼が没した京都の六波羅蜜寺には，鎌倉時代の仏師康勝の作と伝えられる空也像があり，大きく開いた口から6体の化仏が，彼の吐く息のように表わされている。

▲空也

POINT!
　空也らの活動を通して，日本の仏教ははじめて民衆の仏教という性格を
もつようになった。

2 源信

　浄土信仰がひろがるきっかけを作ったもう一人の人物は，
平安時代後期に出た，天台宗の源信（942〜1017）である。

▲源信

❶浄土信仰　浄土信仰とは，仏はそれぞれ浄土という理想
郷（仏国土）におり，**信仰の篤い人間は，死ぬと仏の慈悲
の力により浄土に迎えられるという信仰**である。藤原摂
関家が力をもっていたころには弥勒菩薩の浄土信仰が支
配的であったが，やがて阿弥陀如来への信仰がさかんに
なった。阿弥陀如来は万人を平等に救済することを本願（仏や菩薩が立てた堅い
誓い）とし，これを信じる人は臨終とともにその来迎をうけて極楽浄土に往生で
きると説かれた。

❷観想念仏　平安中期には比叡山延暦寺に念仏道場が開かれていたが，その学僧
であった源信は『往生要集』を著し，よごれた現世をいとい離れ（厭離穢土），極
楽浄土への往生を求めよ（欣求浄土）とすすめた。源信は称名念仏も認めたが，と
くに，阿弥陀仏や極楽浄土を一心に念じる**観想念仏**をすすめた。それは，阿弥陀
仏の仏国土である極楽浄土への往生を願った貴族たちに受け入れられた。源信の
教えは，浄土信仰が貴族社会にひろまるうえで大きな役割を果たした。

　『往生要集』は，一方で地獄の凄惨
なありさまを，他方で仏の広大な慈悲
に包まれた極楽浄土の様子を詳しく描
写しており，それにあわせて地獄図や
極楽図，あるいは阿弥陀仏が臨終に際
して往生する者を迎えに来る様子を描
いた来迎図などがさかんに描かれるよ
うになった。この書は仏教美術の新た
な展開にも重要なきっかけを与えた。

▲阿弥陀聖衆来迎図

3 末法思想

　平安時代の末期には，貴族社会が弱体化して，戦乱が続発し，また天災や疫病の
流行などで人々は不安をつのらせた。このような状況のなかで末法思想が切実に受
けとめられた。

❶**末法思想**　末法思想というのは，ブッダ入滅後，仏教は**正法・像法・末法**の３つ^{しょうほう　ぞうほう}
の時代を経て衰滅するという歴史観である。正法は，教（ブッダの教え）・行（修行）・証（悟り）のそなわっている時代で1000年（500年という説もある）続くとされた。像法は，教と行はあるが，悟りをひらくことがもはやできない時代で1000年続くとされた。末法は教のみあって，それを実践する人も，また悟りを
ひらく人もいなくなる時代で1万年続くとされた。日本では，1052年に末法の時代に入るとされ，人々は不安をいっそうつのらせた。

▲**平等院鳳凰堂**　藤原頼通がこの世に極楽浄土の様^{びょうどういんほうおうどう}
子を作ろうとして建てた阿弥陀堂。

❷**浄土信仰のひろまり**　この末法思想は，中国において6世紀中頃から唱えられるようになったもので，最澄も末法の到来の近いことを警告していたが，やがて平安末期に古代国家が崩壊し，貴
族に代わり新興武士によって封建社会が形成されていく過渡期の社会的混乱のなかで，人々は今こそ末法であるという思いを強くいだくようになった。

　こうした絶望的な気持ちのなかで人々は，信仰の篤い人間は，死ぬと仏の慈悲^{あつ}
の力によって浄土に迎えられるという**浄土信仰**に一縷の希望を見いだしたのである。そのため，浄土信仰はこの時期，大きなひろがりを見せた。^{いちる}

POINT!

・平安末期には戦乱や天災があいつぎ，末法思想が流行した。
・人々は極楽浄土にあこがれ，浄土信仰がひろまった。

3 ｜ 浄土宗と法然

1 専修念仏
^{せんじゅ}

　従来の日本の仏教（奈良仏教や天台宗・真言宗）は，学問や修行に重きをおき，現
世において成仏することをめざしたが，平安時代の後期から鎌倉時代にかけては，社会の混乱や末法思想を背景として，人々の目はむしろ来世に向けられた。

▲**法然の説法を聞く民衆**（『法然上人絵伝』より）^{ほうねん}

❶**法然**　ちょうどその時期に生まれた法然も，比叡山で天台宗をはじめとする諸
学を修めたが，やがて，それが末法の世の民衆には向かないことを強く自覚する
ようになった。そのきっかけになったのは，中国の浄土教の祖師善導の『観経
疏』であった。その中の「一心に弥陀の名号(仏の名前，つまり，「南無阿弥陀
仏」の6字のこと)を専念して，行住坐臥に，時節の久近を問はず，念々に捨て
ざる者は，これを正定の業(必ず往生する正しい行い)と名づく」ということばに
触れ，法然は，念仏こそ人々を救う道であることに気づいたのである。

❷**専修念仏**　救われるために，学問や
厳しい修行，あるいは寺院の建立な
どのために多額の寄進を行うことが
必要であるとすれば，文字を知らな
いものやお金をもたないものは，ど
れほどあがいても救われないことに
なる。ブッダの教えは，本来，一切
の衆生を救おうとするものであり，

> **原典の ことば**　**一向念仏**
>
> 　念仏ヲ信ゼン人ハ，たとひ一代ノ法ヲ
> 能々学ストモ，一文不知ノ愚とんの身ニナ
> シテ，尼入道ノ無ちノともがらに同ジテ，
> ちしやのふるまいヲせずして，只一かう
> に念仏すべし。　　──法然『一枚起請文』
>
> ★1 ブッダの教え　★2 何も知らない愚かでにぶい
> 者　★3 智者　★4 一向。二心なく，ひとすじに

それを可能にするのは，「南無阿弥陀仏」の名に心を集中し，もっぱらそれを唱
えることによってであると法然は気づいたのである。この立場を専修念仏という。

2 他力の信仰

❶**他力の教え**　専修念仏の立場は，自力によって悟りを得ようとする立場を捨て，
万人を平等に救済することを固く誓った阿弥陀仏の本願にすべてを委ねようとす
る立場であり，他力本願と呼ばれる。

　それは，きびしい自力の修行(難行)によって悟りを得ようとする立場(聖道門)
ではなく，ただひたすら阿弥陀仏に帰依し，その名を唱
えるという容易な行，すなわち易行によって浄土への往
生が可能になるという教え(浄土門)であり，すべての人
に開かれたものであった。

❷**浄土宗**　この他力の教えは，貧しい人々や，殺生(ブッ
ダの五戒の1つ)をなりわいとする漁師や猟師，戦いにあ
けくれて死に直面している武士などの「末世の凡夫」に
強く支持され，多くの信者を集めた。ここに浄土宗とい
う新しい宗派が生まれたのである。

　法然は1198年に関白九条兼実の求めに応じて，その
教えを『選択本願念仏集』にまとめた。「選択」とは「取
捨」であり，法蔵菩薩(阿弥陀仏)が，他の行をすべて捨

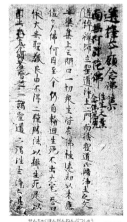

▲『選択本願念仏集』巻頭

て，念仏を往生の正しい道として選んだこと（**念仏一行**）をさす。

　しかし，法然の弟子のなかに念仏以外の行をそしったりする者が出たことなどがわざわいして，法然の教えは，しばしば比叡山や南都（奈良仏教）の側から批判を受け，念仏の停止が命じられた。法然自身も流罪となった。しかし，この既存の仏教からの批判も，他力信仰のひろがりをとどめることはできなかった。

　この法然の教えを通して，日本の仏教は，学問の対象でもなく，現世利益のためのものでもなく，**内面の信仰**に関わるものになっていった。また，民衆を対象とし，**民衆と結びついた仏教**に変化していった。

▲法然

人物紹介　法然　（1133～1212）　美作国（岡山県）に押領使の子として生まれた。9歳のとき父が夜討ちにあって非業の死をとげたが，「敵を恨むな」という父のことばに復讐を断念したという。15歳で比叡山にのぼり，天台教学を学び，やがて「知恵第一の法然房」とまでいわれるようになった。1175年，43歳のとき，中国の浄土教の祖師善導の『観経疏』によって回心し，称名念仏こそ往生を可能にする唯一の道であることを確信し，その教えをひろめた。法然の念仏一行の教えは，既存の仏教から厳しい批判を浴び，法然自身も1207年に讃岐国（香川県）へ流された。3年後にゆるされて京都に戻ったが，翌年，東山大谷で没した。

POINT!

[法然]
・一心に「南無阿弥陀仏」と唱えること（易行）で往生できるとした。
・仏教を民衆のものとした。

4 │ 浄土真宗と親鸞

1 絶対他力

❶**親鸞の「他力」**　法然の弟子であった親鸞は，法然の専修念仏の教えを受けつぐとともに，それを徹底化し，発展させた。親鸞はとくに，念仏は「**わがはからいで申す**」（自分の考えに基づいて，自分の力で唱える）ものではなく，煩悩にまどわされ，迷いの世界に生きる人間（衆生）をすべて救おうと誓う阿弥陀如来への信心によって自然に口をついて出るものであることを強調した。念仏を唱えるという場合，それを唱えるのは自分であると言われることが多いが，親鸞はそれを否定し，自力の念仏によっては往生はかなわず，ただひたすらに阿弥陀仏の救済力（他力）にすがり，これに自己をゆだねるほかはないと説いた（絶対他力）。親鸞は，法然の専修念仏の立場から，さらに「**信心為本**」（往生が定まるのは，念仏を唱え

ること[自分の力]によるのではなく，仏の力を信じる信心にあるということ)の立場へと前進し，その信心さえも自分の力ではなく，阿弥陀如来から賜ったものであるとする考えに達したのである。

❷**自然法爾**　「阿弥陀」という言葉は，「無限の光をもつもの」「無限の寿命をもつもの」というサンスクリット語に由来する。つまり無限の真理である。それゆえ，他力に自分をゆだねるということは，他人にたよることではない。絶対の真理に，身も心もゆだねきることである。このような，**自己のはからいをすべて捨て，如来の誓いにすべてを任せきったあり方**を，親鸞は「自然法爾」と表現した。

▲親鸞

人物紹介	親鸞

(1173〜1262)　9歳で比叡山にのぼり，それから20年間，その念仏道場(常行三昧堂)の堂僧をつとめたが，ついに安心立命(心を安らかにして身を天にまかせ，どんな時も動揺しない境地)を得られなかった。強い挫折を味わったのち，親鸞は法然を訪ねた。いっさいを捨てて法然に帰依し，一途に仏の教えを求めた。「たとい法然上人にすかされ(だまされ)まいらせて，念仏して地獄へおちたりとも，さらに後悔すべからずそうろう」(『歎異抄』)ということばは，親鸞の師への傾倒を示すだけでなく，そのまま他力本願の境地をも示している。

❸**親鸞の布教活動**　親鸞の生涯には不明の部分が多いが，法然が念仏停止の弾圧を受け，流罪になった際，連座して越後へ流された。5年後にゆるされたが，師の死を知って京都へ帰るのをやめ，常陸国(茨城県)に移り，関東・北陸・奥羽の各地で布教した。この20年間の布教で武士や農民などを主とする民衆に多くの信者を得た。63歳のとき京都へ帰り，『**教行信証**』など多くの著作を残した。弟子唯円が記した『歎異抄』は，親鸞の語録ともいうべきもので，親鸞の深い思想が表現されている。

2 悪人正機説

❶**凡夫**　親鸞はしばしば「罪悪深重の凡夫」という表現をする。それは，煩悩に妨げられ，まことの信心をもつことができない一般の人々だけでなく，親鸞自身のことでもあった。その弱さと罪を深く自覚していたことが，親鸞の信仰の出発点となった。それは『教行信証』のなかの，「まことに知んぬ，悲しきかな愚禿鸞(愚かな凡夫とへりくだった親鸞の自称)，愛欲の広海に沈没し，名利の太山に迷惑して…」ということばによく表現されている。親鸞は，僧侶の職を奪われて越後に流された後，戒律を破って肉食妻帯する一方で，世間の偽善をも嫌って，自らを「非僧非俗」の「愚禿」と呼んだのだった。

❷**悪人正機**　この真剣な内省から，有名な悪人正機の説が語られたといえる。「原典のことば」に引用したように，親鸞のことばは『歎異抄』のなかで，「**善人な**

ほもて往生をとぐ，いはんや悪人を
や」と記されている。善人とは，自
分の力でよいおこないをして救いを
得ようと考えている人のことであり，
悪人とは，自分の弱さ・罪深さに絶
望し，ただ阿弥陀仏の慈悲にすがろ
うとする人である。その人こそ正機，
つまり本来救いの対象となる素質を
もった人であると親鸞はいうのである。

　この悪人正機の教えは，殺生をし
ないわけにはいかない武士や猟師た
ち，修行をし，戒律を守って生きる
ことのできない貧しい人々にとって，
大きな希望の光となった。このよう

　善人なほもて往生をとぐ，いはんや悪人
をや。しかるを世のひとつねにいはく，
「悪人なほ往生す。いかにいはんや善人を
や」。この条，一旦そのいはれあるに似た
れども，本願他力の意趣にそむけり。……
煩悩具足★2のわれらは，いづれの行にても生
死をはなるることあるべからざるを，あは
れみたまひて願をおこしたまふ本意，悪人
成仏のためなれば，他力をたのみたてまつ
る悪人，もつとも往生の正因★4なり。

　　　　　　　　　　　——唯円『歎異抄』

★1 理由　★2 煩悩を離れることのできないこと
★3 迷いの生活，迷いの世界　★4 正しいたね(原
因)をもつ者

な人々に目を向けていた点に，親鸞の信仰の大きな特徴がある。

3 浄土真宗

❶ **浄土真宗**　親鸞の教え，およびそれを受けつぐ宗派は浄土真宗と呼ばれる。親
鸞自身も，「真宗」「浄土真宗」ということばを用いたが，それは宗派の名前とし
てではなく，法然から伝えられた「浄土を顕らかにする真実の教え」という意味
であった。それが宗派の名前として用いられるようになったのは，親鸞の没後で
ある。

❷ **一向宗**　他の宗派からは，「ひたすら」(一向)に念仏に専念するという意味で，
「一向宗」と呼ばれることもある。「一向一揆」などといわれたのも，それに基づ
く。とくに浄土宗からは「一向宗」と呼ばれた。また江戸時代には，浄土真宗は
幕府から「一向宗」と名のることを強制された。

親鸞…法然の教えを徹底化・発展させて，「絶対他力」「自然法爾」「悪
人正機」を唱え，浄土真宗を開いた。

5 ｜ 時宗と一遍

1 平生こそ臨終の時

鎌倉時代の中頃，法然の思想を受けついで，浄土の教えを広めた人に一遍(1239
〜89)がいる。一遍は，北は奥羽地方から南は九州まで，各地を巡り歩き，阿弥陀

仏に帰依せよと説いて回ったので，遊行上人とも，捨聖とも呼ばれた。

一遍の教えは時宗と呼ばれる。一遍は，**すべてを捨てて念仏すること自体が往生**であり，平生を臨終の時と心得よと教えた。そのことを一遍は「**往生の時機を失すべからず**」(浄土へ生まれ変わる時機を見逃すな)とも表現したが，時宗の名はこのことばに由来する。

2 独特の布教

❶**念仏札**　一遍の布教の仕方はきわめて独特のものであった。彼の勧めに応じて念仏を唱えたものには，「南無阿弥陀仏，決定往生(往生することが決まっている)六十万人」と記した念仏札を渡し，名帳にその名を登録した。また当時，一般の信仰を集めていた熊野・伊勢などの神社信仰を利用して，その教えをひろめた。

❷**踊念仏**　さらに，仏に救済された喜びを表すのに，念仏にあわせておどる踊念仏を行い，これが爆発的な成功をおさめた。右の絵の農民たちが鎌を腰にさしたまま一遍の説教に手を合わせていることから，

▲農民の祈り(「一遍聖絵」より)

彼らにとって一遍の遊行は最上の喜びだったのである。

この独特の布教によって一遍の教えは，民衆のあいだに，とくに下層社会にひろまり，多くの信者を得た。

POINT!

一遍…遊行上人といわれ，時宗を開いた。踊念仏など独特の布教によって下層社会に多くの信者を得た。

6 | 臨済宗と栄西

1 禅とは

❶**栄西**　栄西(1141～1215)は法然とほぼ同時代の人で，比叡山で天台密教を学び，2度にわたって中国(宋)に渡り，1191年に帰朝して，唐の時代の禅僧臨済(？～867)の教えを伝えた。

❷**禅**　禅とは禅定(三昧)ともいうが，坐禅を組み，心を静かに統一し，安らかに保つことを表す。古来，仏道

▲栄西

を修行する者が学ぶべきものを**三学**と呼んだ。三学とは，戒・定・慧の3つであり，それぞれ，戒律を守ること，心を静かに保つこと，静められた心によって真実，あるいはその道理をありのままに見てとることである。この3つは，どの宗派でも修行の要件とされた。禅は，もともとこのうちの定を意味する言葉であった。

▲坐禅体験の様子

❸**禅宗の由来**　いわゆる**禅宗**は，6世紀のはじめにボーディダルマ（菩提達磨）がインドから中国に伝えたとされる仏教の教えが源流となり，中国で成立した大乗仏教の1つの宗派である。心を統一し，内観自省して，ブッダと同じ悟りを得ることをめざす。また坐禅こそ，そのための最も確かな方法であるとする。

2 戒律と慈悲心

栄西は天台宗などの旧仏教を否定するのではなく，外には戒律を守り，内には慈悲心を保持すべきことを説いた。ただし，**自力修行**としての坐禅を重んじたところにその特徴がある。それに対して，天台宗の側は，栄西による禅の重視に反対し，その布教を禁じた。

栄西の代表的著作『**興禅護国論**』は，天台宗からの非難に反撃し，禅の教えが国家に必要な理由を論じたものである。彼は鎌倉将軍家の後援を得て，京都に建仁寺を，鎌倉に寿福寺を創立して，臨済宗をひろめた。ただ，これらの寺は天台密教などの性格もあわせもっていた。

また，師から与えられた課題（公案）を通して悟りの境地を深めようとする点にも臨済宗の特徴がある。

 栄西…坐禅と公案による修行を重んじる臨済宗をひろめた。

7｜曹洞宗と道元

1 人はみな「仏法の器」

❶**道元**　鎌倉時代に，栄西につづいて禅をひろめたのは，道元である。道元もはじめ比叡山で修行したが，天台教学は，彼には名利（地位や名誉）を求めるものと映った。そのため道元は栄西の門に入り，のち宋に渡ってきびしい禅の修行を行

った。1227年に帰国して曹洞宗の教えを伝えた。

❷只管打坐・身心脱落　親鸞が人間の弱さや罪深さの自覚から出発したのに対して，道元は，人がみな悟りを開き，仏になれる可能性をもっている（「**人々皆仏法の器なり**」『正法眼蔵随聞記』）ことを主張した。末法の現世に絶望し，浄土にのみ目を向けるのではなく，自力の修行を通して，この自分自身のなかにある可能性に気づき，それを現実的なものにしなければならない。そのためには，ひたすら坐禅に打ちこむこと（只管打坐）が必要であり，そのことによって，心においても身体においても，いっさいの束縛や執着から離れ，自由の境地へと解脱する（身心脱落）ことができる。

**原典の
ことば**　**身心脱落**

　仏道をならふといふは，自己をならふなり。自己をならふといふは，自己をわするるなり。自己をわするるといふは，万法に証せらるるなり。万法に証せらるるといふは，自己の身心，および他己の身心をして脱落せしむるなり。　　——道元『正法眼蔵』

★1　現象となって現れた真理そのものとなって生きること　★2　他との関わりの中にある自己　★3　解脱

　道元は『正法眼蔵』のなかで，自らが体得したこの境地を，「**仏道をならふといふは，自己をならふなり。自己をならふといふは，自己をわするるなり。自己をわするるといふは，万法に証せらるるなり。**」と言い表している。

　仏道の修行をすることは，自己の可能性に目を向けることであるが，それは自己に執着することではない。むしろ執着を捨て，自己をわすれることである。そこで，いっさいのものによって悟りの世界が開かれてくる。そのことを通して，とらわれのない自在の境地へといたる，というのである。

▲道元

**人物
紹介　道元**　（1200~53）　道元は，内大臣久我通親の子で，おさなくして父母を失い，13歳で比叡山にのぼり，天台宗を学んだ。しかし満足を得られず，建仁寺で栄西の弟子明全のもとで修行した。明全とともに宋に渡り，天童山の如浄から禅の教えを学んだ。帰国後，建仁寺などで禅宗の布教につとめ，44歳のとき越前国（福井県）に永平寺を建立した。道元は，宋から帰国するとき，師の如浄から「都に住むな，国王・大臣に近づくな，山に住み，一人ひとりに教えを授けよ」と諭されたが，それを生涯かたく守って弟子の指導にあたった。道元が諸所で行った説教を弟子の懐奘が記録して道元が加筆した法語集が『正法眼蔵』であり，道元が折にふれて語ったことを懐奘が筆録した語録が『正法眼蔵随聞記』である。

2 修証一等

❶坐禅と悟り　「只管打坐」ということばが示すように，道元は坐禅の重要性を強調した。しかしそれは，坐禅（修）が悟り（証）に至るための手がかりであり，手段であるということではない。道元によれば，**坐禅（修）そのものが悟り（証）にほか**

ならず，両者は一体なのである。そのことを道元は，「修証一等」ということば
で言い表している。この点に道元は仏教の眼目（正法眼蔵）があると考えたのであ
る。

　道元が開いた曹洞宗と栄西が開いた臨済宗は，ともに禅宗の一派であり，両者
のあいだには共通点が多く見られる。しかし，臨済宗では，**公案**（修行者に与え
られる課題）を与えて悟りを工夫させるが，曹洞宗では公案は用いられず，ひた
すら坐禅することが求められる。それ自身が悟りであるからである。

❷**武士階級への浸透**　このような道元の，いっさいの執着を断ちきって自己を捨て，
そのことを通して自己を生かす（本来の自己となる）という教えは，とくに，つね
に死に直面していた武士たちに受け入れられた。また，それは武士たちのなかに，
新しい道徳意識を生んだ。それが，後世になって武士道が形成される際に，1つ
の源泉になった。

　　道元…曹洞宗をおこし，ひたすらに坐禅すること（只管打坐）こそ，悟り
　　である（修証一等）と説いた。

8 ｜ 日蓮宗と日蓮

1 法華至上主義

　日蓮は天台宗や浄土教など，仏教の多くの教えを学んだ
末に，天台宗の基本的な経典『法華経』をもって宇宙の本
体（久遠の仏性），すなわち最高の教えであるとした。また，
この本体は世界とすべての人間に本来備わっているから，
『法華経』の題目「南無妙法蓮華経」を唱えるときは，人は
この肉体のままで宇宙の本体と一体となり，この現実の世
界はそのままで浄土になると説いた。

　このように，日蓮は『法華経』を至上のものとした（**法華
至上主義**）。『法華経』の教えをすぐに理解できない凡夫も，
ただ信心して題目を唱えさえすればよい（唱題）とした。そ
の点で，親鸞の教えとも通じるところがある。

▲日蓮直筆のお経

２ 現実主義

❶現世での救済　法然や親鸞が現世では救われないという立場に立ち，極楽浄土への往生を説いたのに対し，日蓮は，人間は現実の肉体のままで成仏でき，現世はそのままで浄土となるとした。

❷四箇格言　実際には，当時，天災が続き，たびたび飢饉に見舞われたり，疫病が流行したりしたが，それは人々が悪法(他の宗派の教え)に頼るからだとして，「念仏無間，禅天魔，真言亡国，律国賊」(念仏は無間地獄へおちる，禅は天魔[悪魔]の行為，真言宗は国を滅ぼす，律宗の戒律を説く者は国賊)という４つの格言(四箇格言)をかかげ，他宗派の教えをはげしく攻撃した(折伏)。また悪法の追放を幕府に強く求めた。

そのため，彼は多くの迫害にあったが，「迫害は『法華経』の予言どおりである」として，むしろ自らが「法華経の行者」であるという自覚を深めていった。

鎌倉時代の他の仏教者の多くが，自己の救済という観点から教えを説いたのに対し，**日蓮は現実の社会を変革し，そこに仏国土を築こうとした。**その点に日蓮の教えの特徴がある。

人物紹介　日蓮　(1222〜82)　安房国(千葉県)の漁師の子に生まれ，12歳で天台宗の寺に入り修行した。その後，比叡山・奈良・高野山などの寺院で修行し，1253年に故郷へ帰って日蓮宗を開いた。しかし，専修念仏を非難したため故郷を追われ，鎌倉で往来の人々に自分の教えを説いた。当時，天災が続いたのは，人々が悪法に頼るからであるとし，悪法を禁止しなければ外国の侵略と内乱がおこるだろうとした『立正安国論』を著して鎌倉幕府に献じた。しかし逆に，その主張によって伊豆や佐渡に流された。３年後，ゆるされて帰った日蓮は，元寇(文永の役)を目の当たりにした幕府によって自分の教えが採用されることを期待したが，受け入れられず，甲州(山梨県)の身延山に退き，弟子の指導などにあたった。

▲日蓮

［日蓮］

・『法華経』の教えに基づき，「唱題」によってこの世で救済されると説いた。

・「四箇格言」をかかげて他の宗派を徹底して批判したため，多くの迫害にあった。

③ 中世日本の思想

1 │ 武士社会の倫理

1 「弓矢とる身の習」

　平安時代の後期から貴族階級が力を失い，武士が台頭するようになったが，鎌倉幕府が開かれ，武士たちが新しく社会の前面に出るようになると，貴族層とは異なった独自の生活規範や倫理が打ち出されるようになった。

❶武士階級の規範

　武士たちは，貴族の生き方に対して，みずからの生き方や規範を「弓矢とる身の習」や「弓矢の道」ということばで表現した。『保元物語』に，「大将軍の前にては，親死に子討たれども顧みず，弥が上に死に重なって戦ふとぞ聞く」という一節があるように，「弓矢とる身の習」の核にあったのは，主君へのゆるぎない献身であった。

　さらに，勇猛であるだけでなく，卑怯なふるまいをせず，正々堂々と，命への未練を抱くことなく，存分に戦うことが理想とされた。

▲内裏に進軍した平家の郎党　『平治物語絵巻』より（『続日本絵巻大成17』中央公論社）

❷御恩・奉公

　中世武士社会の倫理を支えていたのは，主従関係，つまり縦の倫理であったが，それは，より具体的には，御恩・奉公ということばで表現された。つまり，家臣の主人への忠誠は，主人が家臣に対して領地や恩賞を与えるということと対になって成り立っていた。武士は主人から一方的に献身を求められたのではなく，互恵的な関係として主従関係が成り立っていたといえる。複数の主人に仕えたり，主人を変えたりすることもありえたのである。

　それに対して，戦国時代になると，死を恐れず，主君に献身することがいっそう求められるようになった。そのような武士のあり方は，近世になって武士道ということばで表現されるようになった。

補説　**武士道**　江戸時代の儒学者山鹿素行（⊃p.257）は，武士がただ死を覚悟して主君に献身するだけでなく，儒教的な倫理（「仁義」「忠孝」など）を身につけるべきことを主張し，その武士の理想のあり方を，武士道ではなく，**士道**ということばで言い表した。それに対して佐賀鍋島藩士の**山本常朝**

5

日本人としての自覚

(1659〜1719)は，口述した『葉隠』(1716年頃)のなかで，むしろ戦国時代の武士の気風を受けつぎ，「武士道と云は，死ぬ事と見付たり」と記している。

❸民衆の抵抗

　室町時代の後期から戦国時代にかけては，文字どおり，下位の者が上位の者の権威を否定し，そのうえに立とうとする**下剋上**の世であった。権威に屈せず，みずからの力でみず

| 原典のことば | 武士道 |

　武士道と云は，死ぬ事と見付たり。二つ二つの場にて，早く死方に片付ばかり也。★1 別に子細なし。胸すわつて進む也。図に当らず，犬死などいふ事は，上方風の打上たる武道なるべし。★2 ★3 ★4

　　　　　　　　——山本常朝『葉隠』

『日本思想体系 三河物語 葉隠』(岩波書店)

★1 生か死かの場合に外れて　★2 立派な振る舞い方から　★3 都会風の　★4 上品ぶった

からの生活を切り開いていこうという風潮は，武士の社会のなかだけでなく，民衆のなかにも見られた。

　為政者に抵抗して，みずからの利益を守ろうとする民衆の行動は，**土一揆**や**国一揆**などの形をとった。1485年の山城国一揆は，京都の南山城の地侍と農民が協力して武士勢力を自分たちの村から追い出し，自治組織をつくりあげたものである。また，一向宗(浄土真宗)門徒による一向一揆は，加賀国(石川県)を一世紀近くも「百姓持ちの国」にした。

［武士社会の倫理］

・武士の規範は「弓矢とる身の習」に始まる。
・中世の「御恩・奉公」から，近世には，死を恐れずに主君に献身する「武士道」に変わった。

2 仏教の無常観

　2章で見たように，大乗仏教ではブッダの教えを，**諸行無常・諸法無我・涅槃寂静**という3つの根本的な特質にまとめて表現した(⇨p.83)。この「諸行無常」ということばが示すように，仏教の根底には，すべてのものは，さまざまな原因と条件によって仮のものとして成り立っているにすぎず，その原因や条件によってさまざまに変化していく，つまり，移り変わってすこしもとどまらないという世界観があった。

　この仏教を貫く無常観は，多くの戦乱を経験し，死を目の当たりにした人々の心の底深くに浸透していった。

　もともと仏教の「無常」や「空」という概念は，仏教独自の真理観を言い表す理論的なことばとして用いられたものであるが，それが日本では，「はかなさ」や「むなしさ」といった感情や気分と強く結びつく形で受け入れられていった。それは，仏教が日本に根を下ろしていった時代の状況とも深く関わっていたと考えられる。

2 無常観と美意識

1 無常観と日本の文学・宗教

　無常観は中世の文学にも大きな影響を与えた。それが中世の文学の根底に流れているといってもよい。

❶平家物語　『平家物語』は「祇園精舎の鐘の声，諸行無常の響きあり。娑羅双樹の花の色，盛者必衰の理をあらはす」という文章で始まっている。平家一門の繁栄から都落ち，滅亡までを，七五調の韻律を用いて勇壮かつ悲壮に描いた。

> 補説 『平家物語』 『平家物語』は，琵琶法師による平曲として語りひろめられ，さまざまな形に発展した。『俊寛』『船弁慶』などの謡曲（能の脚本），『平家女護島』『義経千本桜』『ひらがな盛衰記』などの浄瑠璃（のちの文楽）に取り入れられた。

▲大物浦に碇とともに沈む平知盛 （文楽『義経千本桜』より）

❷方丈記　最も深く無常観に染められた文芸作品は，鴨長明の『方丈記』であろう。その冒頭には次の一節がある。「行く川の流れは絶えずして，しかももとの水にあらず。よどみに浮ぶうたかたは，かつ消えかつ結びて，久しく止まる事なし。世の中にある人と住家と，またかくの如し。……朝に死し，夕に生るるならひ，ただ水の泡にぞ似たりける。知らず，生れ死ぬる人，何方より来たりて，何方へか去る」。

　どこから来て，どこへ去って行くのか皆目わからないということばが，人間存在をとりまく虚無の海の果てしなさをよく示している。生命のはかなさや，人が追い求めるもののむなしさが，きわめて美しく詠嘆的に表現されている。

▲鴨長明

> 人物紹介 鴨長明 （1155？〜1216）　京都・下鴨神社の神官の子だったが，50歳で出家。晩年は山科・日野の外山に方丈の庵を結んで隠棲した。『方丈記』には，大火，辻風，飢饉などによる世相の混乱が記されている。その思想は近世の松尾芭蕉にも影響を与えた。歌人でもあり，歌論に『無名抄』がある。

❸山家集　西行（1118〜90）は後鳥羽院の北面の武士だったが，23歳のときに出家し，諸国を遍歴しながら，自然や人生の感動を和歌に詠んだ。

「ねがはくは花の下にて春死なんそのきさらぎの望月のころ」「心なき身にもあはれはしられけり鴫たつ沢の秋の夕暮」などのように，深い情感を率直に詠んでいる。多くの人を感動に誘うこれらの和歌は，『山家集』に収められている。

❹中世の宗教　中世では仏教もまた，無常観と強く結びついて展開されていった。

▲蓮如

それをよく示すのは，15世紀当時，不振であった本願寺教団を再興したことで知られる(1415～99)蓮如の『御文』(『御文章』)である。これは蓮如が弟子たちに送った消息であるが，その全編に無常観があふれている。

　たとえば次のような一節がある。「それ，人間の浮生(はかない人生)なる相をつらつら観ずるに，おほよそはかなきものは，この世の始中終(少年期，壮年期，老年期)，幻の如くなる一期なり。……されば，朝には紅顔ありて夕には白骨となれる身なり。……野外に送って夜半の煙と為し果てぬれば，ただ白骨のみぞ残れり。あはれといふもなかなかおろかなり(とうていことばでは言い尽くせない)」。

　ここでは，仏教の「無常」の思想が，はっきりと「はかない」「むなしい」という感情や情緒と結びつけて受け取られ，表現されている。そこに，仏教の日本における展開の1つの形を見てとることができる。

[無常観]

・仏教の無常観…人生やこの世の「はかなさ」「むなしさ」という情感と深く結びついて，人々に浸透した。

・『平家物語』『方丈記』などの中世文学に強い影響を与えた。

2 美意識の形成

　中世は，能楽や生け花，茶の湯，作庭など，日本独自の芸術が花開き，特有の美意識が形成された時期である。その背景にもやはり仏教の世界観があったと考えられる。そこで理想とされた精神は，「幽玄」「わび(侘)」「さび(寂)」といったことばで表現された。

❶和歌　「幽玄」の「幽」は，「かすか」という意味であり，「玄」は奥深い道理をさす。もともと仏教の悟りや老荘がめざした境地をさすことばとして用いられた。

▲京都・龍安寺の石庭　室町時代に作られた枯山水の庭園。白砂の平地に石を置いた庭。水を用いず，石の組み合わせや高低によって山水の趣きを表す。

このことばがまずさかんに用いられたのは和歌の世界においてであった。平安時代の終わりから鎌倉時代のはじめにかけて活躍した歌人藤原俊成は，歌合の判詞（判定のことば）のなかで，しばしばこの「幽玄」ということばを用いた。鴨長明はその歌論『無名抄』のなかで，幽玄の意

原典のことば　幽玄

秘する花を知る事。秘すれば花なり，秘せずば花なるべからず，となり。この分け目を知る事，肝要の花なり。そもそも，一切の事，諸芸能において，その家々に秘事と申すは，秘するにより大用あるが故なり。

——世阿弥『風姿花伝』
（岩波文庫）

味を「詞に現れぬ余情，姿に見えぬ景気（景観，情景）なるべし」と説明している。

❷**能**　室町時代に能を大成した世阿弥（⇨p.100）も，能の理想を表すものとして，「**幽玄**」ということばを重視した。最初，それは「ただ美しく柔和な体」と説明されたが，やがて艶を除きさった，静寂で枯淡な風情をもいうようになった。

❸**茶の湯**　「わび」は，もとは心細くさびしい心の状態を表した。やがて，うらぶれた境地を素朴・簡素と受け止め，理想の境地と見なすようになり，「わび」の精神が生まれた。「わび」の精神をとりわけ大切にしたのは茶の湯である。いわゆる「**わび（侘）茶**」は，臨済宗の僧であった**村田珠光**（1422頃〜1502）が室町時代中期に，公家・武士らのように高価な器物を用いるのではなく，簡素な道具を使い，遊興性よりも，むしろ精神的な交流を大切にする茶会を開いたことに由来するとされる。それを安土桃山時代に完成させたのが，**千利休**（1522〜91）であった。

▲千利休

❹**連歌・俳諧**　「さび」は，もとは，古くなり生気を失った状態をさすことばで，否定的に用いられたが，和歌や俳諧において，閑寂なもののなかにある枯淡な味わいが，このことばを使って高く評価されるようになった。藤原俊成（1114〜1204）が和歌を評するときに重視した概念でもあるが，とくに連歌・俳諧，近世の**松尾芭蕉**（1644〜94）らによって重んじられた。

　中世は，無常観に色濃く染められた文化が形成された時期でもあるが，このように，その影響を受けた美意識が作りあげられ，洗練されていった時期でもあった。それは近世の「**いき（粋）**」（⇨p.283）という概念などにも受けつがれている。また，**柳宗悦**の「**民芸運動**」（⇨p.286）の精神にも通じるものがある。

［美意識の形成］

　・「**幽玄**」…余情・静寂・枯淡を表し，和歌や能の理念になった。

　・「**わび**」…素朴・簡素を理想の境地とし，わび茶の理念になった。

　・「**さび**」…閑寂・枯淡を表し，俳諧の理念になった。

SECTION
4 近世日本の思想

1 | 儒教の日本化

1 朱子学派の形成

❶**儒教の受容** 儒教は, 仏教よりも少し早く, 5世紀頃には日本に伝えられていたと考えられる。その影響は, 聖徳太子の憲法十七条(⊃p.232)にも見られる。大化の改新以後の律令体制のもとでも, 儒教の**徳治主義**に基づく政治が理想とされた。つまり, 天皇はその徳をもって**仁政**を施さなければならないとされた。ただし, 天は, 徳を有しない君主を退け, 有徳の人に代えるという**易姓革命**の思想(⊃p.88)は日本には受け入れられなかった。また, 科挙という官吏登用制度も日本には取り入れられなかった。

❷**朱子学** 中国において, 儒教は宋代の**朱子**(朱熹, 1130〜1200)によって壮大な学問体系に仕立て上げられ, 大きな影響力をもつようになった(⊃p.95)。この学問体系, すなわち**朱子学**は, 12世紀の末にはすでに日本に伝えられていた。しかし中世では, 五山文化を支えた禅僧たちが, その教養の一部として学ぶにとどまった。

❸**藤原惺窩と京学** 戦国時代末期には, 禅僧の中から藤原惺窩(1561〜1619)のように本格的に朱子学を研究する者

▲藤原惺窩

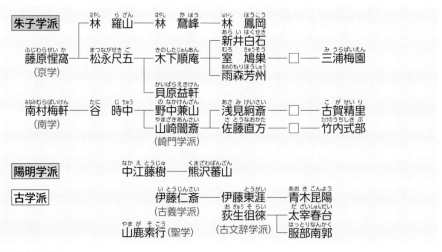
▲儒学者の系譜

も現れた。惺窩は，京都五山の１つである相国寺の僧であったが，現実を軽視す
る仏教にあきたらず，僧の身分を捨てて儒学者となった。それまでのおもに僧侶
たちによって教養の一部として学ばれていた儒学を学問として研究し，多くの弟
子を育てたので，「近世儒学の祖」といわれる。

　江戸時代になると，戦乱後の新しい時代の統治の原理が必要とされるようにな
り，出世間的な仏教よりも，現実世界の秩序原理を問題にする儒教にそれが求め
られた。惺窩の弟子・林羅山は，家康・秀忠・家光らの将軍に仕え，朱子学を大
成して**官学**としての基礎を固めた。惺窩は京都を中心に活動したので，その学派
（林羅山など）は京学と呼ばれた。朱子学にはほかに，**南学**（土佐南学ともいう）や
薩南学などの学派が生まれた。

② 林羅山・山崎闇斎

❶林羅山　新しい統治の原理を確立するという要請に応えて
徳川幕府に仕えたのが，惺窩の弟子林羅山（1583～1657）
であった。羅山は，天は高く地は低いというように自然に
上下の区別があるのと同様に，人間の社会にも「君は尊く，
臣は卑し」という上下を区別する理があると説いた。この
上下定分の理は，封建的な身分秩序の安定化を図ろうとし

▲林羅山

た徳川幕府にとって，きわめて好都合のものであった。幕府は，湯島に孔子廟を
建て，そこを幕府直轄の学問所（昌平
坂学問所）とした。代々，林家がその
長（大学頭）を務めた。

❷存心持敬　羅山は，「理」を具体的
に表した「礼儀法度」に従うべきこ
とを強調した。そしてそれに則った
あり方を「敬」と表現した。「敬」と
は「つつしむ」という意味であり，
私利私欲を抑え，心をつねに理と一
つにすること（存心持敬）を理想とした。

> **原典の**
> **ことば**　**上下定分の理**
>
> 　天は尊く地は卑し。天はたかく地は低し。
> 上下差別あるごとく，人にも又君はたふと
> く，臣はいやしきぞ。……君は尊く臣はい
> やしきほどに，その差別がなくば，国は治
> まるまい。君にも天子あり，諸侯あり。そ
> の差別がなににつけてもあるぞ。
>
> ──林羅山『春鑑抄』

❸山崎闇斎　土佐南学から出た山崎闇斎（1618～82）も，行
動を厳格につつしみ，臣下が君主に絶対的に服従する
「敬」をその教えの中心に置いた。のちに闇斎は，朱子学
と神道を結びつけ，垂加神道を開いた。闇斎の学派は崎門
学派と呼ばれて，幕末の尊王論に影響を与えた。闇斎の朱
子学を継承した弟子に，浅見絅斎，佐藤直方がいる。

▲山崎闇斎

補説　**垂加神道**（すいかしんとう）　儒学と神道を合一させた儒家神道。朱子学の封建的な道徳に基づき，尊王思想を説いている。

④その他の朱子学者（しゅしがくしゃ）　幕府の重臣として外交などに関与した**新井白石**（あらいはくせき）（1657～1725）や，対馬藩に仕え朝鮮との外交にあたった**雨森芳洲**（あめのもりほうしゅう）（1668～1755），黒田藩の藩医で**本草学**（薬用になる動植物に関する学問）で大きな業績を収めた**貝原益軒**（かいばらえきけん）（1630～1714）などが出た。白石の『**西洋紀聞**』（せいようきぶん）は，イタリア人宣教師シドッチを審問したときの内容をまとめたものである。益軒は，『**養生訓**』（ようじょうくん）で心身を健康に保つ養生の方法を，また『**和俗童子訓**』（わぞくどうじくん）で教育論を説いて，庶民に大きな影響を与えた。

POINT!

・**朱子学**…徳川幕府の官学としての地位を占めた。
・**林羅山**（はやしらざん）…封建的な身分秩序を根拠づける「上下定分の理」を唱えた。
・**山崎闇斎**（やまざきあんさい）…「垂加神道」を創始して，幕末の尊王論に影響を与えた。

3 陽明学（ようめいがく）

①陽明学　朱子学は壮大な学問体系として，中国において大きな影響力をもったが，それに対して，明（みん）の時代に現れた**王陽明**（1472～1528）は，より内面の道徳を重視した立場に立ち，いわゆる**陽明学**を提唱した（⇨p.95）。

②中江藤樹（なかえとうじゅ）　日本に陽明学を取り入れたのは，羅山と同時代の儒者中江藤樹である。藤樹は朱子学から出発したが，やがて，それが封建的な秩序を重視し，外面的な礼儀に傾いている点を批判し，心のはたらきを重視する立場に立った。みずからが置かれた**時・処**（じ）（場所）・**位**（身分）を踏まえ，心のはたらきに従って行為することの大切さを強調した。

▲中江藤樹

③孝（こう）　藤樹がとくに重視したのは，孝の概念である。**孝**は，すべての人間関係を成り立たしめている根本原理であるとともに，天地を貫く根本原理でもあった。晩年にはとくに，陽明学の立場から，人間は，生まれつき善悪を判断する能力（**良知**）（りょうち）をもっていること，そしてそれをただちに行為に移すこと（**知行合一**）（ちこうごういつ）が大切であることを主張した。

人物紹介　**中江藤樹**（なかえとうじゅ）　（1608～48）四国伊予（愛媛県）の藩士だったときに朱子学を学んだが，27歳のときに脱藩した。郷里の近江（おうみ）（滋賀県）で藤樹書院を開いて，多くの門人を育てた。その人格を慕う人たちから「近江聖人」と呼ばれた。主著に『**翁問答**』（おきなもんどう）がある。

④熊沢蕃山（くまざわばんざん）　藤樹の門下からは熊沢蕃山（1619～91）が出た。蕃山は社会的実践を重視し，みずから池田光政（岡山藩主）に仕えて藩政改革を行った。また江戸後期に出た**大塩平八郎**（⇨p.267）も陽明学者の一人である。

POINT!

中江藤樹…封建的な秩序を重視する朱子学に対して，すべての人に共通する道徳原理である「孝」を説いた。

4 古学派

❶伊藤仁斎　伊藤仁斎も，朱子学が心の内面よりも外面的な礼儀を重視したこと，また「理」を中心とした抽象的な議論に傾くものであったことを批判した。

　仁斎によれば，孔子の説いた仁(愛)は，抽象的な議論のなかにではなく，人々の生き生きとした交わりのなかにある。また，**仁(愛)とは人々が親しみあうことであり，「真実無偽」，**つまり，いっさいのいつわりやごまかし，あざむきの混じらない純粋な心である「誠」に根ざしているとした。このように「誠」を核にして儒教を理解しようとした仁斎の試みのなかには，純粋な心情を重視する日本人の伝統を見ることができる。

▲伊藤仁斎

❷古学・古義学　このような立場から仁斎は，朱子学のように理論や体系を作りあげるのではなく，直接，『論語』や『孟子』などで語られている孔子や孟子の本来の教え・精神(古義)に立ち返るべきことを主張した。この古典を重視する立場は，古学ないし古義学と呼ばれた。

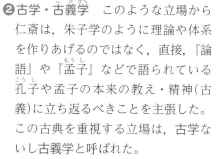

原典のことば　**誠**

　誠とは道の全体。故に聖人の学は，必ず誠をもって宗とす。……誠ならざるときは，すなわち仁，仁にあらず，義，義にあらず，礼，礼にあらず，智，智にあらず，……。故に曰く，「誠ならざれば物無し」と。

——伊藤仁斎『語孟字義』
『日本思想体系33　伊藤仁斎』(岩波書店)

❸理気二元論の批判　仁斎はまた，宇宙を理と気という2つの原理から説明する朱子学の理気二元論を批判し，「天地の間は一気のみ」と主張した。つまり，宇宙は1つの生き生きとした「活物」であるという**一元気説**を唱えた。

人物紹介　伊藤仁斎　(1627~1705)　仁斎の家は堺の町人で，祖父の代に京都に移り，材木商を営んだという。幼少のころから学問を好み，最初，朱子学を学んだが，やがて，聖人の教えは直接『論語』『孟子』の原典によって理解すべきであるとして，朱子学に批判的になった。京都・堀川の自宅に開いた塾，**古義堂**で弟子の指導にあたったので，この学派は**古義学派**とも，堀川学派とも呼ばれる。

❹山鹿素行　山鹿素行(1622~85)は林羅山のもとで朱子学を学んだが，やがて朱子学の議論の抽象性を批判し，「周公・孔子を師とす」という立場をとり，直接，古代の聖人から学ぼうとした。そのため，彼の教えは「**聖学**」あるいは「**聖教**」

5
日本人としての自覚

と呼ばれた。その主著も『聖教要録』と題されている。

❺士道　素行は，とくに武士の果たすべき役割について独
自の考えを述べた。彼によれば，**武士の役割は，人倫の道
を探究し身につけるとともに，それを農工商の民に教え，
またその道を乱す者を罰するところにある。**そのような武
士の理想のあり方を素行は，武士道ではなく「士道」とい
うことばで言い表した。

▲山鹿素行

POINT!

［古学派］

・**古学派**…朱子学の抽象的な議論をしりぞけ，古典に立ち返って孔子や
　孟子の本来の教え・精神を学ぼうとした。
・伊藤仁斎は「誠」を説き，山鹿素行は「士道」を説いた。

5 古文辞学派

❶荻生徂徠　荻生徂徠は，古学派の主張をさらに徹底させ，
ことばはそれが使われていた当時の意味に従って，またそ
の当時の社会のあり方や制度を踏まえて理解されなければ
ならないとした。徂徠はこのような学問を古文辞学と呼ん
だ。「古文辞」とは，中国古代の聖人の文章やことばを指
す。

▲荻生徂徠

❷先王の道　古文辞学の立場から古典を研究して見いだした道を，徂徠は先王の
道と表現した。道は，朱子学が説くように，あらかじめ天地自然に備わっている
ものではなく，**先王が天下を治めるために人為的に作ったもの**であるというのが，
徂徠の考えであった。先王が作ったものとは，具体的には「礼楽刑政」，すなわ
ち儀礼・音楽・刑罰・法律である。

　この「先王の道」に従った政治によって，安定した社会を実現することができ
ると徂徠は考えた。著書『弁道』のなかで徂徠は，「先王の道」は**「天下を安ん
ずる道」**，つまり安天下の道であると述べている。

❸経世済民　「安天下の道」からも，徂徠がめざしたものが，仁や誠という一人ひ
とりの人間が実現すべき道徳ではなく，社会全体の安定であったことがわかる。
経世済民(世を治め，民を救うこと)を実現することが，学問の，そして政治の目
的として考えられていた。社会の安定や秩序は人の力によって作りだされるもの
だという考えが，徂徠の思想を貫いていたといえる。徂徠に学んだ太宰春台(⊂＞
p.263)は『経済録』を著し，経世済民の意義を強調した。

荻生徂徠　(1666〜1728)　将軍徳川綱吉の侍医の家に生まれた。しかし父が上総(千葉県)に流されたため，独学で儒学を学んだ。江戸に戻ったのち，柳沢吉保に仕えたが，その後，**蘐園塾**という私塾を開き，そこで門弟の指導にあたった。徂徠の学派は蘐園学派と呼ばれる。赤穂浪士討ち入り事件では，法を重視する立場から，切腹を主張した。

POINT!

［荻生徂徠］

・古文辞学の創始者。「先王の道(安天下の道)」に従って，安定した社会を実現することをめざした。

・現実の政治や社会を重視し，経世済民をめざした。

2│国学のおこり

1 儒学への批判

❶国学　江戸時代には儒学が大きな力をもったが，やがて，それに対する反省も起こってきた。とくに儒学が，古代中国の社会を理想化し，その道徳を日本の社会にもそのまま移すことができるとした点などである。江戸時代の中頃には，神道の影響も受けながら，日本の古典のなかに独自の思想を求める人々が出てきた。

　彼らは，古学派などから大きな影響を受け，『古事記』や『万葉集』などの日本の古典の実証的な研究を行った。そして，文献の研究を通して，**儒教や仏教などの外来の思想の影響を受けていない，日本独自のものの考え方や本来の人間のあり方を見いだそう**とした。こうした学問を国学という。

❷国学の発展　国学の基礎を築いたのは，真言宗の僧であった契沖(1640〜1701)である。契沖の『**万葉代匠記**』は，『万葉集』に「古の人の心」を探ろうとしたものである。一方，神官の家に生まれた荷田春満(1669〜1736)は，『古事記』や『日本書紀』の研究の基礎を築き，国学を興す源になる活動をしたので，この2人が「国学の祖」といわれる。

　賀茂真淵(1697〜1769)は，『万葉集』の男性的でおおらかな歌風と精神を「ますらをぶり」(益荒男振)ととらえ，そこに見られる自然で素直な「**高く直き心**」に人間の理想的なあり方があると主張した。他方，感情の抑制をよしとする儒教道徳を不自然なものとして退けた。

2 惟神の道

　このような国学の流れを大成したのが本居宣長である。宣長は賀茂真淵から大きな影響を受け，真淵を師と仰いだが，「よき考への出できたらん」場合には，遠慮なく自説を主張するべきであるとした。

❶**もののあはれ**　真淵の「ますらをぶり」に対し，宣長は『古今集』や『源氏物語』に見られる女性的で繊細な感情・歌風である「たをやめぶり」(手弱女振)を高く評価した。

　宣長によれば，文芸の本質は「もののあはれ」にある。「あはれ」ということばは「あ」「はれ」という感動を表すことばに由来し，「もののあはれ」とは「物に感ずること」にほかならない。物のなかにある調和のとれた美と，それを受けとる主観の感動とが一体になり，そこに伴うしめやかな情緒をことばにするところに歌が生まれるのである。

もとおりのりなが
▲本居宣長

❷**真心**　宣長は，『古事記』の研究を通して，人間が理想とすべきあり方(道)を，「生まれながらの真心」ということばで表現した。それは，**物事に理屈をいいたてない素直な心情**である。「真心」をつかむためには，儒教や仏教に影響されて，すべてを理屈で考えようとする態度(漢意)を取り除かなければならない。それを捨

> **原典のことば　道とは生まれながらの真心**
> 　学問して道をしらむとならば，まず漢意を清くのぞきさるべし。……そもそも道は，もと学問をして知ることにはあらず，生れながらの真心なるぞ，道には有ける。真心とは，よくもあしくも，うまれつきたるままの心をいふ。
> ──本居宣長『玉勝間』
>
> ★1　惟神の道

てたときに，「よくもあしくも生まれつきたるまま」の自然の真心が見いだされる。宣長は，「真心」に従って生きるところに，古の道，つまり古道があると考え，それを「惟神の道」と表現した。

人物紹介　本居宣長　(1730〜1801)　伊勢国(三重県)松坂の人で，家は木綿問屋。23歳で京都へのぼり，医学を修めるかたわら，荻生徂徠と親交のあった堀景山に儒学を学ぶ。歌文にも強い関心を抱き，松坂に帰って医師として働きながら，『源氏物語』の講義・研究を始めた。松坂を訪れた賀茂真淵の影響を強く受け，古典の研究に没頭した。30余年を要して完成した『古事記伝』はその成果である。他に，源氏物語の注釈の書である『源氏物語玉の小櫛』，随筆集『玉勝間』などがある。

❸**国学の継承**　宣長の「没後の門人」として国学を受けついだ人に平田篤胤(1776〜1843)がいる。篤胤は，他の宗教や神仙思想(⤷p.97)も取り入れて，独自の国学(平田派国学)を作りあげた。また，儒教や仏教をまじえない，古来の神道に立ち戻ろうとして，復古神道を唱えた。そこで極端な天皇崇拝・国粋主義を主張し，幕末の尊皇攘夷運動，明治維新に影響を与えた。

POINT!
　本居宣長…漢意を捨て，「生まれながらの真心」のままに生きるところに，人間が理想とすべき道があるとした。

5 民衆の思想・幕末の思想

1 ｜ 町人の思想

1 町人の文化

❶**貨幣経済の発達**　江戸時代には商品経済が発達し，そのなかで都市の町人たちは大きな力をつけていった。従来，商人たちは，貨幣の獲得をめざしたり，それを取り扱ったりする職業に就くことをいやしいとみなす**賎貨思想**のために，低く見られてきた。しかし，貨幣経済が発達した江戸時代中期になると，商業活動や利潤の追求を正当化する考え方が打ちだされるようになった。

> **原典の ことば　金銀の有徳**
>
> 　一切の人間，目あり鼻あり，手あしもかはらず生れ付て，貴人・高人，よろづの芸者は格別，常の町人，金銀の有徳ゆへ世上に名をしらるる事，是を思へば若き時よりかせぎて，分限の其名を世に残さぬは口をし。俗姓・筋目にもかまはず，只金銀が町人の氏系図になるぞかし。……とかく大福をねがひ，長者となる事肝要なり。
> 　　　　　　　——井原西鶴『日本永代蔵』
>
> ★1 身分の高い人　★2 芸能者　★3 金持ち
> ★4 素姓・血統

　井原西鶴(1642~93)の『日本永代蔵』では，町人にとっては，蓄財こそが有徳の証であり，誇りにもつながることがはっきりといわれている。

❷**町人文化の発達**　町人たちは，強固な身分制度の中できゅうくつな生活を強いられた武士とは違い，自由にふるまい，現実の生活を楽しみ，そこから独自の文化を作り上げていった。たとえば**歌舞伎**や**人形浄瑠璃**，**浮世絵**，**浮世草子**や**洒落本**などを生み出していったのも，町人たちであった。

　井原西鶴は，『好色一代男』など数多くの浮世草子を執筆し，富の追求や恋愛などに熱中する庶民の姿を鮮やかに描きだした。長崎の商人の家に生まれ，天文学者にもなった**西川如見**(1648~1724)も，『町人囊』などで町人の生き方を肯定的に描いている。**近松門左衛門**(1653~1724)は『曽根崎心中』や『心中天網島』などの人形浄瑠璃の台本を執筆し，町人の日常の生活や，身分秩序のある社会で人々が経験する葛藤と苦悩，人間の悲しみを見事に描きだし，町人の間で絶大な人気を博した。

▲曽根崎心中　大坂平野屋の手代・徳兵衛は堂島新地の遊女・お初と心中する。

2 町人の思想

❶商業活動の正当化　石田梅岩は，丹波(京都府)の農家に生ま
れ，京都の呉服商に奉公したが，そのかたわらで儒教や仏教，
神道などを学んだ。梅岩は，商人が品物を商い，利益を得る
ことについて，『都鄙問答』のなかで「**商人の買利は士の禄
に同じ**」と述べ，商人の利益を武士の俸禄と同列に論じた。
商業活動を蔑視する風潮のなかで，それを正当化したのであ
る。

▲石田梅岩

❷正直・倹約　ただ，梅岩の思想は身分制度そのものを批判するものではなかった。
士農工商の区別を，人間の価値の上下としてではなく，社会における分業として
認めた。**知足安分**(足ることを知り，それぞれの分，役割に安んじること)を梅岩
は理想とした。

　梅岩は町人が日々の生活のなかで中心とすべき倫理原則を，「正直」や「忍耐」
「倹約」「質素」といったことばで論じた。「正直」は正当な仕方で利益をあげる
こと，「倹約」は物を節約するだけでなく，有効に活用することを意味した。そ
のわかりやすい教えは**心学(石門心学)**と呼ばれ，町人のあいだで人気を呼んだ。
　商人の家に生まれ，梅岩の弟子となった**手島堵庵**(1718～86)は，京都に明倫
舎を開き，梅岩の心学の普及に力を発揮した。

❸鈴木正三　梅岩より1世紀遡るが，鈴木正三(1579～1655)も商人の利益を追
求する行為を肯定した1人である。正三は，もとは旗本であったが，出家し，曹
洞宗の僧となった人である。かな書きで著した『万民徳用』に記された「何の事
業も皆仏行なり」ということばが，正三の立場をよく示している。世俗の世界で
のどのような営みも，仏の立場に通じるというのである。

> **人物紹介** **石田梅岩**　(1685～1744)　少年時代から京都の商家に奉公しながら，独学で儒教や仏
> 教，神道などを学び，自分の思想を作りあげていった。1729年に京都で心
> 学道話の講座を開いた。聴聞は無料で，女性も障子越しに聴くことができたという。『都鄙問
> 答』(1739)はその内容を記したもので，当時，広く読まれた。

POINT!

[石田梅岩]
・町人の商業活動を正当化した。
・町人の倫理を，「正直」「倹約」などのことばを使って説いた
　(「心学(石門心学)」)。

3 町人の学問

町人の力を示すものの1つに，1724年に大阪の豪商たちの出資によって設立さ

れた学問所懐徳堂がある(のちに幕府から公認され，官許の学問所となった)。そこからは，**富永仲基**(1715～46)や**山片蟠桃**(1748～1821)など，多くの町人の学者が出た。

　仲基は，懐徳堂の学風ともいえる合理主義的な立場から，仏教や儒教の非現実的な議論を批判した。また蟠桃は，長崎の蘭学者**志筑忠雄**(1760～1806)の影響を受け，西洋の天文学に深い関心を示した。晩年に著した『夢の代』では，地動説を支持した。また，神や霊魂の存在を否定する無鬼論の立場に立った。

2 | 農民の思想

1 抵抗の論理

❶農民の抵抗　江戸時代の社会のなかでいちばん苦しい生活を強いられ，行動を縛られていたのは，農民であった。しかし，彼らもまた，自分自身の主張をしなかったわけではない。過酷な年貢の取り立てや役人の横暴に対しては，くり返して**百姓一揆**などの形で抵抗を試みた。

❷百姓一揆と儒教思想　荻生徂徠の弟子である古文辞学派の儒学者太宰春台(1680～1747)は，『経済録』のなかで，「民ハ微賤(身分や地位が卑しいこと)ナル者ナレドモ，理ニ逆ヒタル 政 ニハ必ズ従ハズ」と述べている。民衆の不服従の精神をよく見抜いていたといえる。

　農民たちは，抵抗する際に，支配者の論理であった儒教倫理を逆手にとった。たとえば上田藩(長野県)の百姓一揆では，儒教の古典である『大学』のなかにある「一家仁なれば一国仁に興り，……一人貪戻なれば一国乱を作す」ということばを使って，一揆の正当性を主張した。つまり，君主が貪欲で，道にもとるような人であれば，必然的に国が乱れるということばを，為政者の横暴に対して立ちあがる根拠としたのである。農民たちは，嘆願を行って訴状を出す場合にも，儒教の「仁政」の理念をそのよりどころとした。

　江戸時代中期の儒学者山県大弐(1725～67)は，儒学者の立場から，百姓一揆の論理の正当性を認めている。著書『柳子新論』のなかで，「国に対して害をなすような支配者なら，必ず罰すべきである。そのために低い身分のものが立ちあがっても，放伐(君主を倒すこと)をおこなう志が人民の利を興すことにあるならば，支配者を放伐することもまた仁なる行為である」と述べている。

2 「万人直耕」の思想(安藤昌益)

❶農民の理想社会　安藤昌益は農民の立場から，理想社会の実現を訴えた。彼は，すべての人が身分の区別なく平等に土地を耕し(万人直耕)，自給の生活をする自

然世こそ，天地自然の法則に則った世であるとした。

❷**武士階級の批判**　しかし，現実の社会は，人為的な制度によって上下貴賤の区別がなされ，差別と搾取がまかりとおる法世になっている。その原因は，武士階級が農民に寄食していることにある。昌益は，農民が作りだしたものを搾取するだけの「不耕貪食の徒」（自らは耕作せず，人の収穫を貪っている者）である武士階級

> **原典のことば　不耕貪食**
>
> 　道を盗むのを「盗」と言い，財を盗むのを「賊」と言う。人の上に立って不耕貪食し，天道を盗むのは，「盗」の根である。この根から枝葉の「賊」が生まれてくる。盗みはすべての悪の根である。ゆえに天下のすべての悪や不正・不法は，上の者の不耕・貪食から生じる。ゆえに上の者の不耕・貪食・浪費という盗みの根を止めないうちは，いつまでたっても，盗みや賊の悪事が絶えることはないのである。（現代語訳）
> ──安藤昌益『自然真営道』

を排除し，すべての人が農耕に従事する社会こそ理想の社会であるとした。また，儒教や仏教を，法世の秩序を支える根拠になっているとして，鋭く批判した。

人物紹介　安藤昌益　（1703頃〜62）　1740〜50年頃，陸奥国八戸（青森県）で医術をなりわいとしていた。『自然真営道』を著して，封建秩序を鋭く批判し，すべての人が農耕に従事する社会こそ理想の社会であるとした。近代思想の先駆者ともみなされる。鉱山の開発によって自然界が汚されるという環境の問題にも目を向けていた。『自然真営道』は，昌益の存命中は一般に公開されず，明治時代になって哲学者・思想家の狩野亨吉に発見され，知られるようになった。

3　「農は万業の大本」（二宮尊徳）

❶**天道と人道**　二宮尊徳は，「農は万業の大本」と述べ，農業をこそすべての営みの中心に置かなければならないと主張した（『二宮翁夜話』）。

▲二宮尊徳

　農業は，天道と人道の2つがあいまってはじめてうまくいく。天道とは，「天地の経文」，つまり天地自然の法則であり，まずこれをよく知らなければならない。そこに人間の努力（人道）が加わって，はじめて成果を挙げることができる。

❷**報徳思想**　尊徳が人道の根本としたのは，分度と推譲という生活態度である。分度とは，自分の経済力にあった合理的な生活設計を立てることであり，推譲とは，分度で生じた余剰の富を社会に還元することであった。また，仕事に励み，私欲にうちかって誠を尽くし，世の中の多くの人々の恩徳に報いなければならないと説いた。この報徳もまた，尊徳が唱えた重要な徳目の1つであった。

人物紹介 **二宮尊徳**　(1787~1856)　通称は金次郎。父は相模国(神奈川県)の上層農民であったが，尊徳が幼少の頃，洪水のために田地を失った。また，早くに父母を相次いで失ったので，伯父の家に身を寄せ，農業に励むとともに，勉学を怠らなかった。やがて荒地を復興させ，生家を再興した。その後，奉公先の武家などで，財政の立て直しに力を発揮し，その経営の才能が広く知られるようになった。

POINT! [農民の思想]

- **安藤昌益**…農民の理想社会である「**万人直耕**」を唱え，武士階級を「不耕貪食の徒」と批判した。
- **二宮尊徳**…農業は「天道」と「人道」から成り立つととらえ，「分度」「推譲」という生活態度の実践を「人道」の根本とした。

3 | 幕末の思想

1 西洋文明との接触

❶**キリスト教の弾圧と鎖国**　16世紀の中頃以降，多くのポルトガル人やスペイン人たちが，貿易とキリスト教伝道のために来日した。日本でキリスト教の布教に尽くしたイエズス会の宣教師フランシスコ゠ザビエルもその1人である。

　しかし，豊臣秀吉が1587年にバテレン追放令を出して以来，たびたび禁教令が出され，キリスト教ははげしく弾圧された。江戸幕府のとった鎖国政策の結果，西洋の文化は，わずかに長崎のオランダ商館を通して流入するにとどまった。

❷**蘭学の輸入**　江戸時代に輸入された文化は，思想や宗教に関係しない，科学や技術に関するものだけであったが，オランダの学術(蘭学)は，当時の知識人に大きな影響を与えた。

たとえば前野良沢と杉田玄白は，ドイツ人医師が著した医学書のオランダ語訳『ターヘル・アナトミア』を翻訳し，『解体新書』として出版

▲杉田玄白

▲『解体新書』の扉絵

して，医学の発展に大きな貢献をした。この翻訳に際し，彼らがいかに苦労したかは，玄白が晩年に記した『**蘭学事始**』にくわしい。彼らが用いた「神経」や「動脈」といった訳語は現在でも使われている。そのほか，「大日本沿海輿地全図」を作成した伊能忠敬の地理測量や，ニュートンの学説を紹介した**志筑忠雄**の天文学，また**平賀源内**の物理学なども，蘭学の知識を生かしたものであった。

5

日本人としての自覚

❸三浦梅園　東洋の学問全般にわたって深い知識を有していた学者として三浦梅園がいる。彼は蘭学にも深い関心を示し，簡天儀（天球儀）や地球儀・顕微鏡を自分でつくり，天体や生物を研究した。また，こうして得た知識をもとにして，『玄語』（論理学）・『贅語』（自然科学）・『敢語』（道徳学）のいわゆる「三語」を執筆した。そこには反対・対立・矛盾という弁証法の論理さえみられる。

▲三浦梅園

| 人物紹介 | 三浦梅園 |

（1723〜89）　豊後国（大分県）に生まれ，半農士族として生活するかたわら学問につとめた。彼は従来の儒学における古典の無批判な尊重を批判し，すべてを疑い，その結果，はっきりした条理（法則）を見つけだし，その確実なものを積み重ねるべきであると説いた。そのような意味で，みずからの学問を「条理学」と呼んだ。そのためにはまず自然にあたってみること，そのかたわらに書物を参考にし，合うところのものをとり，合わざるところのものを捨てさることが必要であるとした。その方法を，「反して観，合せて観て其の本然を求める」反観合一の法と呼んだ。これは西欧における弁証法にあたる。このように梅園は，当時，他に類例をみない独特の思想を生みだした。

② 洋学

❶洋学の発展　江戸時代末期には，オランダ語の書物を通して得られた医学や天文学などの知識だけでなく，広く西洋の学問全体に関心が向けられるようになり，蘭学よりも，むしろ洋学ということばが一般的になっていった。

❷高野長英　高野長英（1804〜50）は長崎で，ドイツ人の医師・博物学者であったシーボルトに学んだ。その関心は広く，哲学にも及んだ。長英は，三河国田原藩の家老として藩政改革に力を尽くしていた渡辺崋山（1793〜1841）らとともに尚歯会（蛮社）を作って，医学や天文学などにとどまらず，政治や経済，国防などの問題について議論した。1837年，異国船打払令に基づいて，アメリカの商船モリソン号が砲撃される事件が起きたとき，2人は幕府の政策を批判し，開国を説いたために，弾圧を受けた（蛮社の獄）。

▲高野長英

❸佐久間象山　アヘン戦争（1840〜42）で中国がイギリスに敗れたことを知った佐久間象山は，強い衝撃を受け，以後，西洋の学問や技術を積極的に取り入れ，国力を充実すべきことを主張した。「東洋道徳・西洋芸術」ということばが，彼の立場をよく示している。東洋の精神的伝統（儒教など）を踏まえたうえで，西洋の進んだ芸術，つまり科学技術を積極的に受け入れるべきだと考えたのである。このような

▲佐久間象山

考え方は,「和魂洋才」と呼ばれる。

❹ 横井小楠　肥後熊本藩士だった横井小楠(1809〜69)も,象山と同じく開明的な思想をもっていた。彼は「堯舜孔子の道を明らかにし,西洋器械の術を尽くす」ということばを残している。これは,儒教の考え方を基礎とするとともに西洋の文化を積極的に取り入れ,日本の未来を構築しようとするものであった。小楠は幕末に開国・公武合体論を唱え,坂本龍馬らに影響を与えた。

> **人物紹介　佐久間象山**　(1811〜64)　信州(長野県)松代藩の下級武士の子として生まれた。22歳で江戸に出て,最初朱子学を,のちに洋学,兵学(とりわけ西洋砲術)を学んだ。象山が開いた私塾では,吉田松陰,勝海舟,坂本龍馬らが学んだ。ペリー来航の際,吉田松陰が密航を企てたため,連座して投獄された。開国論や公武合体論を主張したため,一橋慶喜に招かれて京都を訪れた際に,攘夷派の志士に暗殺された。

［洋学の発展］

江戸時代前半にオランダから輸入された蘭学は,江戸末期には洋学と呼ばれ発展した。

③ 幕末のさまざまな思想

大阪町奉行の与力であった大塩平八郎(1793〜1837)は独学で陽明学を学び,私塾で多くの門弟を育てた。「知行合一」を説いた『洗心洞箚記』を著している。天保の大飢饉の際に,飢えに苦しむ民衆のために決起し,いわゆる大塩平八郎の乱を起こした。

会沢正志斎(1782〜1863)は水戸藩の藩校弘道館の教授頭取として水戸学の発展に寄与した。尊王攘夷論を唱えたことで知られるが,晩年,開国について論じた『時務策』を執筆している。

> 補説　**水戸学**　水戸藩主徳川光圀による『大日本史』の編纂事業をもとに起こった学問・学派。朱子学を基本としていたが,幕末には政治思想として発展し,藤田幽谷・東湖,会沢正志斎によって,天皇を君主とする大義名分論・尊王攘夷論が唱えられた。

長州藩士吉田松陰(1830〜59)は,江戸で佐久間象山に学んだ。1854年,ペリーが再航したときに密航を企てて投獄された。その後許され,萩(山口県)に松下村塾を開き,多くの門弟を育てた。そこから高杉晋作,伊藤博文,山県有朋らが出ている。欧米の脅威に対抗するためには,万民の主君である天皇を中心に団結すべきであるという「一君万民論」を唱えた。また,そのためにまず幕府を倒すべきことを主張し,倒幕運動に大きな影響を与えた。

▲吉田松陰

SECTION
6 西洋思想の受容と日本の近代化

1 | 啓蒙思想

1 啓蒙思想の展開

❶**明治維新と啓蒙思想**　「明治維新」の政治改革によって封建制度は倒されたが，その制度をささえた封建道徳は強く生き残っていた。したがって，人々はいまだ社会上の地位や身分を，上から与えられるものと考え，それをみずからの権利として獲得したり，改善したりしようとする精神をもたなかった。明治初年に欧米から帰国した啓蒙思想家たちがまずめざしたのは，この状態を打破することであった。

❷**明六社の知識人**　明六社に集まった森有礼・西村茂樹・中村正直・加藤弘之・福沢諭吉・西周らは，吸収した西洋の学問や思想，制度，文化を日本に紹介し，近代化を実現しようとした。彼らが明治初期に果たした役割はきわめて大きいが，彼らのほとんどは政府官僚であり，先進知識人としてのエリート意識と愚民観をもっていた。結局，彼らの啓蒙運動は，政府の政策に自発的に協力する民衆をつくりだそうとするものであった。明治政府の「**文明開化**」「**富国強兵**」路線を基本的に肯定し，それを支える有能な国民の創出を課題とした。

▲『明六雑誌』の表紙

　彼らの説く自由・平等・自主などの理念は，彼らの意図をこえて，当時の民衆に大きな影響を与えた。しかし，彼らの教え子たちが，自由民権運動に関係しはじめると，これを抑える側にまわり，啓蒙思想の限界を示すことになった。

補説　**明六社**　1873(明治6)年，アメリカから帰国した森有礼が当時の知識人・学者・官吏を集めてつくった啓蒙思想団体。参加者には，本文にあげたほかに，津田真道・杉亨二・箕作麟祥らがいた。「愚蒙ノ眠ヲ覚」すために機関誌『明六雑誌』を発行したが，やがて言論の自由に対する圧迫がひどくなって，1875(明治8)年に刊行を停止した。この前後から反動化する者があらわれ，加藤弘之は国会開設の時期尚早論者に転向し，森有礼は国家主義的教育制度の確立に，西村茂樹は皇室中心主義の国民道徳の鼓吹に向かった。

人物紹介　**中村正直**　(1832〜91)　昌平坂学問所で儒学を学ぶかたわら，蘭学(洋学)・英語を学んだ。1866(慶応2)年，幕府の留学生取締としてイギリスに渡り，スマイルズの『Self-Help』を翻訳して『西国立志編』を出版し，青年層に大きな影響を与えた。また，J.S.ミルの『On Liberty』の翻訳『自由之理』により，功利主義思想を紹介した。

2 福沢諭吉の啓蒙思想と学問観

❶天賦人権論　日本の啓蒙思想を代表する人物として福沢諭吉をあげることができる。福沢は，3回にわたる欧米留学の体験に基づいて，『西洋事情』を出版し，啓蒙家として名声をあげ，攘夷から開国への転換期にあった幕末の政情に多大な影響を与えた。ついで1872(明治5)年には『学問のすゝめ』を出版し，「天は人の上に人を造らず，人の下に人を造らずと云へり」という天賦人権論を説いた。

❷独立自尊　福沢は，**個人は自分で判断し処置し独立の生計をたてる**という独立自尊の精神をもたなければならないこと，そのためには身をたてて世に出るのに実際に役立つ「実学」に励まねばならないことを説いた。彼によれば，人間は生まれながらに平等で，身分の差別はないが，学問があるか否か(実学の有無)によって，智愚・貧富・貴賤の違いが生じてくるのである。

<blockquote>
原典のことば　門閥制度は親の敵

父の生涯，四十五年の其間，封建制度に束縛せられて何事もできず，空しく不平を呑んで世を去りたるこそ遺憾なれ。又初生児の行末を謀り，之を坊主にしても名を成さしめんとまで決心したる其心中の苦しさ，其愛情の深き，私は毎度此事を思出し，封建の門閥制度を憤るとともに，亡父の心事を察して独り泣くことがあります。私のために門閥制度は親の敵で御座る。
——福沢諭吉『福翁自伝』

実学

学問とは，ただむずかしき字を知り，解し難き古文を読み，和歌を楽しみ，詩を作るなど，世上に実なき文学を云ふにあらず。古来漢学者に世帯持の上手なる者も少なく，和歌をよくして商売に巧者なる町人も稀なり。……されば今斯る実なき学問はまず次にし，専ら勤むべきは人間普通日用に近き実学なり。
——福沢諭吉『学問のすゝめ』
</blockquote>

3 福沢諭吉の国権論への転回

❶脱亜論　福沢は，欧米に対抗するためには「一身独立して，一国独立す」(独立の精神をもった国民の存在こそが独立した近代国家としての日本を実現する)と説いた。しかし，晩年は**官民調和・富国強兵**を支持し，アジアを野蛮な社会ととらえ，そこからの脱却を唱えた脱亜論の傾向を強めた。アジアの諸国が西欧の強国によって植民地化されていくことや，西欧の文化・技術が日本にどんどん入ってくることから，日本の独立に危機感をいだいたからである。

❷国権論への転回　明治初期の啓蒙思想家たちが西欧勢力の伸長を恐れたことは，

<blockquote>
原典のことば　脱亜論

今日の謀を為すに，我国は隣国の開明を待て共に亜細亜を興すの猶予ある可らず。寧ろ其伍を脱して西洋の文明国と進退を共にし，其支那朝鮮に接するの法も，隣国なるが故にとて特別の会釈に及ばず，正に西洋人が之に接するの風に従て処分す可きのみ。
——福沢諭吉『脱亜論』
『続福沢全集第2巻』(岩波書店)
</blockquote>

「何ぞ西洋人の力を恐るるに足らん」(『学問のすゝめ』)という福沢のことばからわかる。結局，彼らの自由・平等は究極の目的ではなく，日本の封建思想を一掃し，国民に独立意欲をもたせるための手段にすぎなかったのである。当時は，福沢のように，最初は天賦人権論者であった者が，後年に国権論者(人民の権利を保証する前に国家権力の強化が必要と考える人々)に転ずる場合が少なくなかった。加藤弘之・西村茂樹・徳富蘇峰(とくとみ そ ほう)・大井憲太郎(おお い けん た ろう)などもそうである。

▲福沢諭吉

| 人物紹介 | **福沢諭吉**(ふくざわ ゆ きち)　(1835～1901)　豊前国(ぶ ぜん)(大分県)中津藩の下級士族の出身で，大阪の藩邸で生まれた。長崎に遊学，のち大阪の緒方洪庵(お がたこうあん)の塾で蘭学を学び，江戸で蘭学塾を開いた(慶應義塾の前身)。英語を独学し，維新前3回にわたり幕府使節に従って欧米に渡った。『西洋事情』『学問のすゝめ』のほか『文明論之概略』(ぶんめいろん の がいりゃく)(1875)がある。 |

POINT!

[福沢諭吉]
- 『学問のすゝめ』を著して，天賦人権論(てん ぷ)を説いた。
- 文明化のために，一人ひとりが独立自尊(どくりつ じ そん)の精神をもつことを主張。

2 | 自由民権思想

1 自由民権運動

啓蒙(けいもう)思想家の仕事を政治の上で追求したのが自由民権の思想家である。彼らは，1871(明治4)年の廃藩置県後，諸制度の整備とともに政府が藩閥化(はんばつ)していくのをみて，「世直し」の夢をやぶられた農民たちとともに，主権在民と議会開設を要求する自由民権運動を展開した。

2 自由民権家の思想

日本の自由民権の思想家たちは，フランスのルソーやイギリスのベンサム，J.S.ミル，スペンサーらの思想を学び，近代政治のあり方を具体的に明らかにしようとした。その根本理念は「天賦人権論」であり，その人権を擁護するために，主権在民や政府が人権を侵害したときの抵抗権を主張した。

❶中江兆民(なか え ちょうみん)　中江兆民は，ルソーの『社会契約論』を翻訳した『民約訳解』(みんやくやくかい)を著し，「東洋のルソー」と呼ばれた。(げ)

□ 自由民権思想　『一年有半』(いちねんゆうはん)で，政治家に対しては，民衆本位の政治が行われなければならないことを主張した。一方，民衆に対しても，彼らの政治に対する無関心ぶり

▲中江兆民

を警告し，「自由は自分でたたかいとらなければならない」と教えた。

2 **恩賜的民権と回(恢)復的民権**　明治憲法発布の準備が政府によってすすめられていたころ，中江兆民は『三酔人経綸問答』を著して，為政者が上から与えた民権(恩賜的民権)を人民みずからが勝ち取った民権(回(恢)復的民権)へと育てていくことこそが課題であるとした。

人物紹介　中江兆民　(1847〜1901)　土佐藩(高知県)出身の政治家。儒学・蘭学を学び，フランスで哲学・史学・文学などを専攻した。帰国後，新聞によって専制政治を痛烈に批判し，革命による抵抗権を擁護して自由民権運動の理論的指導者となった。第1回衆議院議員選挙に当選したが，政府による民党(野党)切りくずしに憤激し，衆議院は「無血虫の陳列場」であるとして辞職した。

❷**植木枝盛**　急進的な憲法案をつくった**植木枝盛**も，社会契約説的な考えと**主権在民**の立場をとった。彼は「そもそも国とは人民のあつまる所のものにして決して政府によって出来たものではなく，君に憑って立ったものでもない。国は民に因て出来たもの」「国は人民といふ大きな輪を以て作りたる一つの輪」と述べた。

人物紹介　植木枝盛　(1857〜92)　土佐藩(高知県)に生まれ，板垣退助に感化されて立志社に参加し，自由民権運動の理論的指導者として活躍した。権利・自由を易しく説いた『民権自由論』(1879)は，発行後10年以上にわたって読みつがれた。彼の起草した私擬憲法案「東洋大日本国国憲按」は，基本的人権の尊重，**抵抗権**の規定，立法府の一院制，地方自治を重んじる連邦制などを打ちだしていた。第1回衆議院議員選挙に当選したが，政府の切りくずしにあって自由党を脱党した。

　[自由民権思想]

　・中江兆民…ルソーの啓蒙思想に影響を受け，「恩賜的民権」を「回(恢)
　　復的民権」に育てることを説いた。

　・植木枝盛…急進的な私擬憲法案「東洋大日本国国憲按」を起草。

3 伝統主義思想

1 伝統主義思想

❶**欧化主義と自由民権運動の衰退**　欧化主義による近代化の努力は，1881(明治14)年頃の鹿鳴館時代のように，極端な欧米文化の模倣に流れ，それに対して日本の伝統を再評価して国家意識を高めようとする動きが生じた。また，あいつぐ弾圧のために民権運動はしだいに下火となり，天皇主権を定めた大日本帝国憲法の制定をはじめ，日清・日露戦争の危機感とその勝利は，天皇制国家主義を強めていった。こうして天皇制国家の力が民衆の上に重くのしかかってくるとともに，

欧化主義や民権論はかげをひそめ，日本の伝統的な思想を重視して，国家意識の高揚や国民道徳の育成を図ろうとする動きが強くなった。

❷**伝統主義思想**　1887(明治20)年に雑誌『**国民之友**』を発刊した徳富蘇峰(とくとみそほう)は，政府の欧化主義が上流社会中心で表面的なものにすぎないと批判し，西欧文化の受容は一般民衆の立場からなされるべきことを主張し，「平民主義」を唱えた。

　日本の伝統や国情を重視する立場から欧化主義に反対したのは，1888(明治21)年に雑誌『**日本人**』を創刊して「国粋主義」を説いた三宅雪嶺(みやけせつれい)(1860～1945)や志賀重昂(しがしげたか)(1863～1927)，その翌年に新聞『**日本**』を発刊した陸羯南(くがかつなん)(1857～1907)らである。ただ日本の封建社会の遺物を保守するのではなく，日本の伝統や国情に即して欧米文化を吸収し，「日本なる身体に同化せしめんとする」ことを主張した。また高山樗牛(たかやまちょぎゅう)(1871～1902)は文学の方面から，「**日本主義**」を唱えた。これは，自由民権運動とはちがった形で，民衆の国家意識を強めた。

▼伝統主義の思想家

徳富蘇峰	雑誌『国民之友』	平民主義	一般民衆の立場からの近代化
三宅雪嶺	雑誌『日本人』	国粋主義	日本の伝統や国情を重視
陸羯南	新聞『日本』	国民主義	失われた国民精神の回復

人物紹介　**徳富蘇峰**　(1863～1957)　熊本県に生まれ，熊本洋学校・京都同志社に学んだのち，熊本で自由民権運動に加わり，自宅で私塾を開いた。やがて論壇にのり出し，東京で民友社をおこして『国民之友』を創刊した。しかし，日清戦争の頃から侵略政策を主張して国家主義へ転向，非難を受けて『国民之友』を廃刊した。以後，皇室中心の国家主義者として『近世日本国民史』などを著した。

2 国家主義の思想

　自由民権運動に対して，天皇制国家の繁栄を第一に考え，儒教精神の発揚とドイツの学問によって民権論を抑圧したのが，元田永孚(もとだえいふ)(1818～91)・加藤弘之(かとうひろゆき)(1836～1916)・穂積八束(ほづみやつか)(1860～1912)・井上哲次郎(いのうえてつじろう)(1855～1944)らの国家主義者である。

❶**国家主義の教育**　儒学者の元田永孚は，教育の分野で国家主義の地盤を整えた。元田は儒教精神に基づく『幼学綱要』をつくり，初等教育の基本方針とした。1890(明治23)年に公布された教育勅語は，彼の儒教主義を反映したものであった。その持論は，知識や身体の向上は文部省の管轄であるが，道徳の向上は皇室みずからが管理しなければならないと

原典のことば　**教育勅語**

爾臣民(なんじしんみん)父母(ふぼ)ニ孝ニ，兄弟(けいてい)ニ友(ゆう)ニ，夫婦相(あい)和(わ)シ，朋友相信(ほうゆうあいしん)ジ，恭倹(きょうけん)己レヲ持シ★1(1をの)，博愛衆(はくあいしゅう)ニ及ボシ，學(がく)ヲ修メ，業ヲ習ヒ，以テ智能(ちのう)ヲ啓發(けいはつ)シ★2，德器(とっき)ヲ成就(じょうじゅ)シ，進デ公益(こうえき)ヲ廣(ひろ)メ，世務(せいむ)ヲ開キ★3，常ニ國憲(こっけん)ヲ重ジ，國法(こくほう)ニ遵(したが)ヒ，一旦緩急(いったんかんきゅう)アレバ義勇公(ぎゆうこう)ニ奉ジ，以テ天壤無窮(てんじょうむきゅう)ノ皇運ヲ扶翼(ふよく)スベシ★4。

――『教育ニ関スル勅語』

★1 行動　★2 徳と才能　★3 世の中の務め
★4 永遠に続く

SECTION 6　西洋思想の受容と日本の近代化　273

いうもので，天皇の権威を教育界に植えつけることを試みた。

穂積八束は「民法出でて，忠孝亡ぶ」と説き，フランス流の民主的な民法案は個人主義的で国情に合わないと批判して，国家と天皇への忠誠心を説いた国民道徳論を展開した。

> [補説] **教育勅語**　公式には「教育ニ関スル勅語」。1890（明治23）年に天皇から山県有朋首相に示され，続いて官報で公表された。儒教的な**忠孝**の精神に基づく教育と道徳を国民に義務づけるとともに，歴史的な正統性をもつ皇室への忠誠を国民に求めた文書。「勅語」は，天皇が国民に対して意思表示をした言葉という意味。1948（昭和23）年，衆参両院で失効確認・排除の決議がなされた。

❷超国家主義　このような国家主義思想は，日本の大陸侵略を正当化する理論となり，のちに北一輝のような極端な国家主義者を生み，第二次世界大戦の終結まで，国民道徳や国民思想形成のうえで大きな力を及ぼした。

> [人物紹介] **北一輝**　（1883～1937）　新潟県に生まれ，早稲田大学に学んだ。堺利彦らの社会主義者とも交わった。辛亥革命のときには，中国へ渡って革命のために奔走した。五・四運動によって高まった排日運動を解決するには，天皇を中心とする「革命帝国」をつくり，日本を盟主としてアジアを解放しなければならないと考えた。この考えは『**日本改造法案大綱**』にまとめられ，昭和初期の青年将校たちに強い影響を与えた。二・二六事件において，直接行動には加わらなかったが，理論的な首謀者とみなされて死刑に処せられた。

[POINT!]
・欧化主義への反発から，徳富蘇峰・三宅雪嶺・陸羯南らによる日本の伝統を重視する思想がおこった。
・国内外の情勢から，国家主義思想が力をもつようになった。

4 | キリスト教と社会主義の日本的受容

1 キリスト教と日本人

文明開化の流れとともに日本にプロテスタンティズムがはいってきた。明治期にキリスト教を信仰した知識人は，新しい政府に批判的だった元武士階級の出身者が多い。**新島襄**（1843～90），**新渡戸稲造**（1862～1933），**内村鑑三**はみな，キリスト教精神に基づく教育に力を注いだ。

2 キリスト教思想

❶新島襄　明治維新前にアメリカへ密入国して洗礼を受けた新島襄は，帰国後，京都に同志社英学校を設立して，キリスト教の精神に基づく実学主義の教育を実践した。彼の門下生には徳富蘇峰や片山潜らがいる。

▲新渡戸稲造

❷新渡戸稲造　札幌農学校に学び，洗礼を受けた新渡戸稲造は，アメリカ，ドイツ留学から帰国して後，母校や東京帝大の教授などを歴任し

5

日本人としての自覚

た。英文の著書『武士道』で，日本の伝統的な精神として武士道を海外に紹介し，武士道が日本においてキリスト教を受け入れる土台になることを説いた。

❸**内村鑑三**　新渡戸稲造らとともに札幌農学校で学んだ。同校の教頭であったクラークの影響を受けた内村鑑三は，日本にキリスト教をひろめようとした。内村は，「日本国はキリストを要す。彼によるにあらざれば，その家庭を潔むる能はず，……彼によらずしてその愛国心は高尚なる能はず，キリストによってのみ，真正の自由と独立がある」と述べている。

①　**武士道精神**　内村は，日本の武士道精神とキリスト教を結びつけて，自分の信仰を「**武士道に接木されたるキリスト教**」と位置づけた。

②　**非戦論**　さらに，教会や儀式にとらわれることをきらって，無教会主義でとおし，直接キリスト教の教えに接しようとした。彼は平和主義者として非戦論を展開し，日露戦争に強く反対した。その立場は，「われは日本のため，日本は世界のため，世界はキリストのため，しかして万物は神のため」という墓碑銘に表されている。キリスト教思想家にはほかに，**植村正久**(1857〜1925)・**矢内原忠雄**(1893〜1961)・**賀川豊彦**(1888〜1960)などがいる。

> **原典のことば　二つのJ**
>
> 　私どもにとりましては，愛すべき名とては天上天下ただ二つあるのみであります。その一つはイエスでありまして，その第二は日本であります。これを英語でもうしすれば，その第一はJesusでありまして，その第二はJapanであります。二つともJの字をもってはじまっておりますから，私はこれを称してTwo J's すなわち二つのJの字ともうします。イエス＝キリストのためであります。日本国のためであります。私どもはこの二つの愛すべき名のために私どもの生命を捧げようと思うものであります。
> 　　　　──内村鑑三『失望と希望　日本国の先途』

人物紹介　内村鑑三　(1861〜1930)　高崎藩(群馬県)の武士の子として生まれ，厳格な儒教教育を修めた。維新の混乱のなかで新しい生活を求めて札幌農学校に学び，正式に洗礼を受け，卒業のおり，「二つのJ」に生涯をささげることを誓った。アメリカへ渡って伝道者の資格を得，帰国後，第一高等中学校の講師となったが，教育勅語奉戴式場で天皇の署名のある勅語への礼拝をしなかったため，職を追われた(**不敬事件**)。その後，キリスト教的人道主義の立場から社会問題にも筆をふるい，日露戦争に際しては『万朝報』に拠って非戦論を主張した。主著は『余は如何にして基督信徒となりし乎』『代表的日本人』など。

▲内村鑑三

POINT!　内村鑑三…武士道精神と無教会主義のキリスト教に基づいて国家主義を批判し，非戦論を唱えた。

③ 社会主義思想

❶キリスト教的社会主義　日本の社会主義思想は，片山潜<small>（かたやません）</small>（1859〜1933）・安部磯雄<small>（あべいそお）</small>（1865〜1949）らのキリスト教的人道主義から出発し，労働組合運動の理念と結びついていった。片山潜は1901（明治34）年に幸徳秋水<small>（こうとくしゅうすい）</small>らとともに社会民主党を結成（即日禁止）したが，幸徳らの急進派と対立し，大逆事件<small>（だいぎゃく）</small>で社会主義者が弾圧された後は，海外から日本の社会主義運動を支援した。

❷急進的な社会主義　中江兆民<small>（なかえちょうみん）</small>に師事した幸徳秋水は，自由民権思想から社会主義思想へとみずからの思想を深めた。『万朝報』の記者や『平民新聞』の主宰者を務め，堺利彦<small>（さかいとしひこ）</small>（1870〜1933）とともに日露戦争に際しては非戦論を唱えた。はじめは，社会主義社会は平和的に達成できると考

> **原典のことば**
>
> ### 非戦論
>
> 　われわれは，絶対に戦争を否認する。これを道徳の立場から見れば，おそろしい罪悪である。これを政治の立場から見れば，おそろしい害毒である。これを経済の立場から見れば，おそろしい損失である。
>
> 　　　　　　　　　　　　　　　　　　―幸徳秋水『平民主義』
>
> （『日本の名著44　幸徳秋水』神崎清・訳，中央公論社）

えていたが，日露戦争後に渡米して**無政府主義（アナーキズム）**の影響を受け，帰国後は急進的な革命主義者となった。

❸マルクス主義的な社会主義　社会主義運動は大逆事件の弾圧を境に一時影をひそめたが，大正時代に護憲運動が活発化すると，再びさかんになった。このとき特異な生き方をした社会主義者に河上肇<small>（かわかみはじめ）</small>（1879〜1946）がいる。河上は，若い頃は人生問題で苦しみ，儒教からトルストイ主義，さらに宗教団体「無我苑」<small>（むがえん）</small>を経験したのち，**マルクス主義者**となった。京都大学でマルクス主義経済学を教え社会主義を説いたが，社会主義運動は教壇からだけでは不十分だと考え，辞職して共産党に入り，政治活動を実践した。主著『貧乏物語』（1917）で，貧乏を生み出す資本主義社会の弊害を，経済学的な観点から分析・批判した。

人物紹介　**幸徳秋水**　（1871〜1911）　高知県に生まれ，はじめ自由民権運動に参加，のち中江兆民の弟子となって唯物論などを学んだ。堺利彦とともに平民社をおこして『平民新聞』を刊行，「自由・平等・博愛は，人生世にあるゆえんの三大要素なり」として平民主義・社会主義・平和主義を主張した。『廿世紀之怪物帝国主義』<small>（にじっせいきの）</small>『社会主義神髄』はこの頃の著作である。日露戦争後，渡米して急進的となり，キリスト教的社会主義者の片山潜・安部磯雄・木下尚江<small>（きのしたなおえ）</small>らと対立した。1910（明治43）年，明治天皇の暗殺計画に関わったという疑いをかけられ，多数の社会主義者とともに検挙されて，翌年処刑された（大逆事件）。

POINT!　**［明治期の社会主義運動］**

・片山潜・安部磯雄らのキリスト教的社会主義。

・幸徳秋水の急進的社会主義，河上肇のマルクス主義的社会主義。

5 | 近代的自我の確立

1 自我のめざめ

❶**近代化への批判**　明治維新以降，政治制度や技術の急速な近代化が進行したが，それに見合った個の意識の確立はなされなかった。その背景には，夏目漱石が『**現代日本の開化**』という講演のなかで指摘したように，日本の近代化は外からの圧力でやむをえず形式を取り入れた開化（**外発的開化**）であり，西洋のように内から自然に出て発展した開化（**内発的開化**）ではなかったことがある。

❷**個が確立されない焦燥**　明治時代半ばまでの知識人は，福沢諭吉が「個人の独立自尊は一国独立の基礎である」と説いたように，個人の生き方を国家のあり方に密接に結びつけていた。しかし，彼らの主張は，自我の内部で十分に主体化されないまま，外面的なはなばなしさを競うものが多かった。

　そのような状況のなかで人々の意識は次第に個人の内面に向けられていった。当時の文学者や哲学者の作品には，個が確立されない焦燥・煩悶と，個の確立へのさまざまな模索を読みとることができる。

❸**ロマン主義の文学**　北村透谷（1868〜94）は，自由民権運動に挫折したのち，人間の内面的世界（**想世界**）における自由と幸福を重んじる内部生命論を展開して，文学の立場から，当時の政治（実世界）を批判した。自由な感情と想像力を用いて自我の世界を描いた透谷の文学は**ロマン主義**（⇨p.154）と呼ばれる。ロマン主義を代表する文学者にはほかに，歌集『みだれ髪』で女性の官能と情熱を奔放に歌った与謝野晶子（⇨p.280），詩集『若菜集』でみずみずしい自我のめざめを詠んだ島崎藤村（1872〜1943）らがいる。

❹**森鷗外**　ロシア文学を学んだ二葉亭四迷の『浮雲』（1887）やドイツに留学した森鷗外（1862〜1922）の『舞姫』（1890）では，国家の官僚主義からはみ出し，みずからを抑圧しなければならなかった近代的自我の葛藤が描かれた。

　現実の社会と自我との葛藤を経験した鷗外は，晩年に著した歴史小説で，自己の社会的な責務を受け入れることで内面的な自由を守ろうとする「**諦念**」（**レジグナチオン**）という境地を表現した。

原典のことば　**個人主義**

　…私のここに述べる個人主義というものは，決して俗人の考えているように国家に危険を及ぼすものでも何でもないので，他の存在を尊敬すると同時に自分の存在を尊敬するというのが私の解釈なのですから，立派な主義だろうと私は考えているのです。

　もっと解り易くいえば，党派心がなくって理非がある主義なのです。朋党を結び団隊を作って，権力や金力のために盲動しないという事なのです。それだからその裏面には人に知られない淋しさもひそんでいるのです。

　　　　　　　——夏目漱石『私の個人主義』
　　　　　　　　　　　　（講談社学術文庫）

❺**夏目漱石**　英国留学を経た夏目漱石は，それまでの自分は西洋の人真似をする根のない浮き草であり，**他人本位**であったことを反省した。そして，自分の考えを根本的に自力で作りあげるという「**自己本位**」に根ざす個人主義を主張し，大正・昭和時代の青年層に大きな影響を与えた。漱石の「自己本位」は自己の個性の発展をめざすものだが，自分勝手な利己主義（エゴイズム）ではない。漱石は，「自己本位」には，他人の個性を尊重することや，みずからの義務や責任を重んじることが伴うと説いている。

　晩年の漱石は，『明暗』のなかで，自己を捨てて天の命令に従って生きる無我の境地ともいうべき「**則天去私**」を求めた。ここにも見られるように，日本にめばえた近代的自我は，政治的・社会的な領域にまで発展することは少なかった。

人物紹介	**夏目漱石**

(1867〜1916)　東京に生まれ，幼少時代，一時は養父母のあいだで育てられ，人間のエゴイズムを強く感じたといわれる。東京大学で英文学を学び，愛媛県の中学校などで英語を教えた。その後イギリスに留学，そこで見いだしたのが自己本位の原理であった。帰国後，東京大学などの教壇に立ったが，『坊っちゃん』『吾輩は猫である』などで好評を得，教職を辞して朝日新聞社にはいり，多くの作品を残した。明治後期の自然主義文学に対し，個人の内面と自我を探究する漱石と鷗外の小説は，「**反自然主義**」と呼ばれる。

▲夏目漱石

POINT!

　・**森鷗外**と**夏目漱石**…「近代的自我」の確立を追求した。
　・鷗外は「**諦念**」，漱石は「**則天去私**」の境地に行き着いた。

2 自我の哲学的追求

❶**西田幾多郎**　明治の終わりから大正・昭和になると，西洋の哲学の紹介や解説に満足せず，西洋の哲学を批判的に検討し，独自の見解を示す者も現れた。その代表的な1人が西田幾多郎である。

　1 **純粋経験**　西田は，最初の著作である『善の研究』のなかで，みずからがめざすものを，「すべての人工的仮定を去り，疑うにももはや疑いようのない，直接の知識をもととして出立せねばならぬ」と言い表している。われわれは通常，「私が」という意識をもちながら，たとえば目の前の花をそれが「物」であることを意識しながら見ている。「私」が「物」である何かに働きかける，あるいは「私」が「物」から何らかの働きを受けるという構図が先行し，その上でさまざまな経験をしている。簡単に言えば，「主観（認識する自己）―客観（認識される対象）」という構図が先に描かれている。しかし，この構図は，われ

▲西田幾多郎

（右側縦書き）
5
日本人としての自覚

われが，とくに西洋の哲学がその当否を吟味することなく持ち込んでいる「人工的仮定」ではないのかと批判した。西田は『善の研究』において，彼が真の実在と考えるものを「純粋経験」ということばで言い表しているが，彼はそれによって，まさに，この「主観―客観」という構図が描かれる以前の「経験そのままの状態」(主客未分の状態)を指し示そうとした。西田の哲学は，西洋の哲学が前提とする仮定を取り除き，それが顕わにした世界の真相の，さらにその奥を探ろうとするものであったということができる。

> **原典のことば　純粋経験**
>
> 経験するというのは事実そのままに知るの意である。全く自己の細工を捨てて，事実に従うて知るのである。…毫も思慮分別を加えない，真に経験そのままの状態をいうのである。たとえば，色を見，音を聞く刹那，未だこれが外物の作用であるとか，我がこれを感じているとかいうような考えのないのみならず，この色，この音は何であるという判断すら加わらない前をいうのである。…未だ主もなく客もない，知識とその対象とが全く合一している。これが経験の最醇なるものである。★1
>
> ——西田幾多郎『善の研究』
>
> ★1 最も純粋な

② **真の自己**　西田幾多郎の純粋経験論は，西洋の哲学との対決という性格をもっていたが，同時に，明治の啓蒙が明治後期の知識人に残した**個の確立**という思想的課題に応えようとするものでもあった。つまり，西田の純粋経験論は，**真の自己**とは何か，という問いとも強く結びついている。西田によれば，自己は，反省を通して自己を対象的に把握しようとするかぎり，とらえることができない。自己は反省されるものではなく，どこまでも反省するものであるからである。知るものと知られるものとが1つになった「主客未分」の経験のなかに，その統一力として働いているものこそ，真の自己にほかならない。

③ **東洋文化と西洋哲学**　西田は，西洋哲学に対する深い関心と，広範な知識をもっていたが，同時に，東洋文化の伝統，とくに仏教，なかでも禅について深い理解をもっていた。このことと，彼が西洋哲学において前提とされてきたものを問題とし，その背後へと迫ろうとしたこととは，決して無関係ではない。むしろ彼が，西洋哲学の歴史と東洋文化の伝統とが交わるところに立ち得たことが，それを可能にしたということができる。

人物紹介　西田幾多郎　(1870〜1945)　1891年に東京大学に入学，井上哲次郎，ケーベル(Raphael v. Koeber,1848〜1923)らに哲学を学んだ。卒業後，第四高等学校，学習院教授を経て，1910年京都大学助教授となる(13年教授就任)。この間に執筆した論文をもとに1911年，『善の研究』を発表した。この書は，倉田百三の『愛と認識との出発』を通して，研究者だけでなく，多くの一般の読者を見いだした。京都大学在任中，久松真一，三木清，西谷啓治，下村寅太郎など多くの弟子を育てた。西田自身，およびこれらの人々がいわゆる京都学派の中核となった。

POINT!

　西田幾多郎…西洋哲学から深く学ぶとともに，東洋文化の伝統をも踏まえ，純粋経験こそ真の実在であるという独自の哲学を展開。

❷**田辺元**　西田幾多郎の哲学は，それ以後の哲学者に大きな影響をおよぼした。西田の後継者となった**田辺元**(1885〜1962)も例外ではない。しかし，田辺はやがて西田の哲学を正面から批判するようになった。とくに現実および歴史のなかの非合理的・偶然的な要素が，西田では十分に顧みられていない点を田辺は批判した。それと平行して田辺は，「**種の論理**」と呼ばれる独自の哲学を展開した。

　田辺によれば，民族や国家という「歴史的基体」(種)は，個人(個)の生命さえおびやかすものとして，それ自体としては非合理的なものである。「種の論理」は，この非合理的な種を，個の行為を通して，類，つまり人類の普遍性の立場へと転換することをめざすものであった。その意味で「種の論理」は，社会哲学ないし政治哲学としての性格をもつものであったということができる。

5
日本人としての自覚

3 大正デモクラシー

❶**大正デモクラシー**　日露戦争の時期から明治末期にかけて，国家主義の傾向が著しく強まったが，大正時代に入ると，世界的な民主主義の高揚と国内の都市労働者の増加を背景にして，政治の近代化をはかり，民主主義を広く一般に根づかせようとする運動がひろがった。この運動を**大正デモクラシー**という。

▲吉野作造

❷**吉野作造**　大正デモクラシーに最も大きな影響を与えたのが吉野作造である。1916年に発表された論文「憲政の本義を説いて其有終の美を済すの途を論ず」のなかで吉野は，みずからの主張を，「民主主義」から区別して，「**民本主義**」ということばで言い表している。民主主義が国家の主権を人民に認めるのに対し，**民本主義は，主権が誰にあるにせよ，国家の活動の目標は人民の利益と幸福にあるとする**。帝国憲法の枠のなかで最大限可能な，人民のための政治を実現しようとした。

　憲法学者の**美濃部達吉**は，統治権は国家にあり，天皇はそれを行使する機関とする**天皇機関説**を唱えた。

> **原典のことば**　**民本主義**
> 　我々が視て以て憲政の根柢と為すところのものは，政治上一般民衆を重んじ，其間に貴賤上下の別を立てず，而かも国体の君主制たると共和制たるとを問はず，普く通用する所の主義たるが故に，民本主義といふ比較的新しい用語が一番適当であるかと思ふ。
> ——吉野作造『憲政の本義を説いて其有終の美を済すの途を論ず』
> 『近代日本思想体系17　吉野作造集』(筑摩書房)

吉野作造　（1878～1933）　大正時代の政治学者。1910年から13年までヨーロッパに留学，デモクラシーが世界の大勢であることを確信して帰国した。東京大学で政治学を講じるかたわら，政論家として民本主義を主張し，普通選挙の実現や政党政治の確立に寄与した。

POINT! 吉野作造…民本主義を唱えて，大正デモクラシーに大きな影響を与えた。

❸**社会運動の興隆**　大正デモクラシーは，立憲政治を軌道にのせることに大きな役割を果たし，労働運動や女性解放運動，部落解放運動も活発になっていった。1922(大正11)年には，被差別部落の解放をめざす**全国水平社**が結成され，その創立大会において，**西光万吉**(1895～1970)らが起草した水平社宣言が読みあげられ，「人の世に熱あれ，人間に光あれ」と呼びかけた。また，文学や芸術の領域でも，個性を尊重し，自由や平等を重んじる「**白樺派**」などの潮流を作りだした。

❹**田中正造**　栃木県選出の代議士だった**田中正造**(1841～1913)は，1890年代から社会問題になっていた**足尾銅山鉱毒事件**(銅山から排出された鉱毒による，渡良瀬川流域の汚染)の解決に生涯をささげた。議会で政府を追及し，天皇に直訴するなど，地元農民の先頭に立って活動した。この事件は，「日本の公害問題の原点」といわれる。

4 女性解放に向けて

❶**女性解放運動の始まり**　日本の女性解放運動は，明治期に自由民権運動に賛同した女性たちの手によって始められた。たとえば**岸田俊子**(1863～1901)や，**景山(福田)英子**(1865～1927)らは，男女の同権や，女性の経済的独立などを訴えた。それとともに女性解放に力を尽くしたのは，キリスト教の信者たちであった。日本基督教婦人矯風会を創立した矢島楫子らは，キリスト教の信念に基づいて，一夫一婦制を主張し，売春禁止運動に奔走した。

❷**与謝野晶子**　日露戦争前後，国家主義の風潮が強まり，民権はしだいに抑圧されていったが，そのなかで与謝野晶子は，戦場の弟を案じて「君死にたまふことなかれ」と詠んだ。多くの非難が彼女に浴びせかけられたが，彼女はひるむことがなかった。これは，国家の論理に対峙し，平和

原典のことば 君死にたまふことなかれ

あゝをとうとよ，君を泣く，
君死にたまふことなかれ，
末に生れし君なれば
親のなさけはまさりしも，
親は刃をにぎらせて
人を殺せとをしへしや，
人を殺して死ねよとて
二十四までをそだてしや。
……
――与謝野晶子『恋衣』

と愛を率直に表現する女性の出現を意味するものであった。

❸**平塚らいてう**　平塚らいてうも，近代日本の女性解放運動のなかで大きな足跡を残した。らいてうは，1911（明治44）年，田村俊子，野上弥生子らとともに雑誌『青鞜』を創刊し，女性の自立を訴えた。創刊号でらいてうが述べた「元始，女性は実に太陽であった」ということばは，女性解放運動のよりどころとなった。

❹**母性保護論争**　らいてうが，女性の妊娠・出産・育児について，国家（福祉）による母性の保護を求めたのに対し，与謝野晶子は母性の偏重であると批判し，女性の経済的自立を主張して，両者のあいだで論争になった。

❺**大正・昭和期の女性解放運動**　大正時代に入り，らいてうは，デモクラシーの高まりに支えられ，**市川房枝**（1893〜1981），奥むめおらとともに**新婦人協会**を設立し，男女の機会均等や，婦人・母・子どもの権利の擁護などを訴えた。

　昭和期に入ると，さまざまな女性団体や組合婦人部などが，女性参政権獲得運動を中心に，組織的に闘うようになった。女性史研究もさかんになり，**高群逸枝**（1894〜1964）は1938年に『母系制の研究』を著し，日本の家父長制の由来を解明した。

▲与謝野晶子

▲平塚らいてう

人物
紹介　**平塚らいてう**　（1886〜1971）　とくに女性解放に尽くした社会運動家。1908年，文学者森田草平と恋愛・心中未遂事件を起こして，それまでの良妻賢母の女性像を打ちこわし，女性の自立を唱えて「新しい女」といわれた。1911年，森田草平の友人で，文学者の生田長江の勧めもあり，雑誌『青鞜』（18世紀のイギリスでblue stockingと呼ばれた先進的な女性たちにちなんだもの）を発刊，女性解放運動を推進した。戦後は，日本婦人団体連合会会長などをつとめた。

POINT!

　［女性の解放］

　　・与謝野晶子…女性が経済的・精神的に自立することを主張。

　　・平塚らいてう…雑誌『青鞜』は，女性解放運動のよりどころとなった。

6｜近代日本思想の展開

1 近代日本哲学の展開

日本の哲学は，西洋哲学の紹介や解説にとどまらない独自の歩みを始めた。西田幾多郎や田辺元の同僚や弟子であった**和辻哲郎**，**九鬼周造**，**三木清**といった人々も，西洋の思想から大きな刺激を受けとるとともに，他方で，日本や東洋の伝統・文化に関する深い理解に基づいて，哲学の領域で創造的な仕事をした。

2 間柄の倫理

❶ **和辻哲郎**　和辻哲郎は，日本において倫理学という学問の基礎を築いた。もちろんそれまでも西洋の倫理学の紹介は行われていたが，和辻はみずからの観察と考察に基づく倫理学の構築を試みたのである。

▲和辻哲郎

❷ **間柄的存在**　和辻によれば，倫理学とは，人間関係，つまり人と人との**間柄**の正しい筋道・理法を明らかにする学問である。和辻が人と人との間柄に注目する背景には，西洋の倫理学が個人の道徳的な意識(たとえば意志決定の際の動機)を重視することに対する批判があった。和辻によれば，**人間とは，個人であると同時に社会的存在でもある**。この人間存在の二重構造に注目するとき，当然，人は人との間柄的存在であるととらえたのである。

❸ **行為的な連関**　もちろんその間柄は，夫と妻のような，単なる法律上の固定した関係ではない。和辻によれば，間柄はむしろ**行為的な連関**である。たとえば，互いに友人として認めあうということと，相手を信頼しその信頼に応えるということとは切り離すことができない。**間柄は，行為を通してお互いに相手を認めあうことを意味する**のである。あるいは，間柄は行為を通して具体化されるといってもよい。そうした間柄の筋道を明らかにするのが倫理学の課題であると，和辻は考えたのである。『風土』(1935)のなかでも，和辻は人間を主体的な存在としてとらえ，人間存在との

> **原典の ことば　倫理学の課題**
>
> 　我々は，「人間」が世の中自身であるとともに世の中における人であることを見て来た。すなわち人間とは一定の間柄における我々自身である。…
>
> 　倫理学が実践的なる主体の学であると言われるとき，我々はこの「主体」を実践的なる間柄として把捉せねばならむ。倫理学において問われている人間は，まさにこのような主体的な間柄である。そこで倫理学はこのような主体をあくまでも主体として把捉しなくてはならない。
>
> ──和辻哲郎『人間の学としての倫理学』
> (岩波文庫)

関わりにおいて風土の考察を行っている（⤷p.112）。

 和辻哲郎 （1889～1960）　東京帝国大学にてケーベルのもとで学び，その影響を強く
受けた。また在学中，谷崎潤一郎らと交わり，みずからも創作活動を行った。
1919年に出版した『古寺巡礼』によって，世に知られるようになった。1925年，西田幾多
郎の招きにより，法政大学から京都大学に移った。その後，1934年に東京大学に移り，
1949年まで倫理学講座を担当した。著書に『人間の学としての倫理学』『風土』『日本精神史
研究』などがある。

POINT!

🖐 和辻哲郎…人間は，個人であると同時に社会的存在でもあるという二重
構造に注目し，人間を間柄的存在ととらえた。

3 日本文化の特徴

❶**九鬼周造**　九鬼周造は，『「いき」の構造』(1930)のなかで，
江戸時代の美意識である「いき（粋）」ということばに着目
して，日本文化を支えている日本人の独特な意識を鮮明に
浮かびあがらせた。

　「いき」は，もとは江戸時代，とくに文化・文政期に遊
郭で男女の恋のかけひきを表すのに用いられたことばであ
る。九鬼によれば，「いき」は，異性と関係をもとうとす
るときの，媚態（艶かしい態度），意気地（意地や意気込み），

▲九鬼周造

諦め（あっさりとしていて執着のないこと）という3つの要素から成り立つ。この
ような潔く垢抜けした態度を高く評価する美意識が日本の文化の根底にあること
を九鬼は主張したのである。

 九鬼周造 （1888～1941）　東京大学にてケーベルのもとで学んだ。和辻とは同期。
1922年から1929年までドイツ・フランスに留学。帰国後，京都大学の教壇
に立ったが，1941年，53歳で急逝した。フランスの新しい哲学や実存哲学を日本に紹介し
たことでも知られ，「実存」は九鬼の訳語である。著書に『偶然性の問題』『人間と実存』『「い
き」の構造』などがある。

❷**ルース＝ベネディクト**　文化人類学者ルース＝ベネディクト（Ruth Benedict，
1887～1948）は，第二次世界大戦下のアメリカで日本研究を行った。彼女は，
『菊と刀─日本文化の型』(1946)のなかで，西洋の文化が「罪の文化」であるの
に対して，日本の文化は「恥の文化」であると主張した。西洋の文化はキリスト
教の倫理に基づいており，神の教えに背くことをみずからの内面で罪と考えた。
それとは反対に，日本の文化では集団の和が重んじられるため，他人の非難や嘲
笑を恐れ，他人の前で恥をかかないようにみずからの行動を律するのである。

5
日本人としての自覚

❸宮沢賢治　宮沢賢治(1896〜1933)が作品を発表したのは大正末から昭和初期にかけてだが，今日のように誰にも読まれるようになったのは戦後になってからである。『銀河鉄道の夜』や『よだかの星』といった賢治の作品には，法華経の信仰からくる自己犠牲の精神があふれている。また，農業の実践から得た地質や化学などの知識に基づく，特有の自然観や宇宙観が表現されている。

　賢治は，岩手県に羅須地人協会を設立するにあたって，「**世界がぜんたい幸福にならないうちは個人の幸福はあり得ない**」と述べた。ここには，賢治が理想とした世界が示されている。

4 社会や歴史へのまなざし

❶三木清　西田幾多郎の弟子には，**戸坂潤**(1900〜45)ら，マルクスの思想に関心を寄せる者も多かった。**三木清**もその1人である。当時，マルクス主義は社会科学の理論として考えられていたが，三木はそれを哲学の立場から問題にしようとした。マルクス主義を単なる経済理論や政治理論としてではなく，1つの世界観としてとらえ，その哲学的基礎を明らかにしようとしたのである。『唯物史観と現代の意識』は，その代表的な成果である。

▲三木清

　三木の哲学のなかには，歴史への強い関心を見てとることができる。『歴史哲学』(1932)のなかで，三木は歴史を，人間が歴史的社会的現実のなかで形成されるとともに，逆に，それを作り変え，新しい社会を作り上げていくプロセスととらえている。そして，歴史を作る行為を，ヘーゲル(⊃p.155)のように精神的なレベルでのみ理解するのではなく，感性的なもの，身体的なものに結びつけて理解している。

❷構想力の論理　この問題関心は，1937〜43年にかけて書きつがれた，三木のライフワークともいうべき『構想力の論理』にも引きつがれている。三木によれば，人間の意識や行為，歴史は，ロゴス的なもの(論理的，理性的，客観的なもの)と，パトス的なもの(感性的，衝動的，主体的なもの)という互いに対立する2つの要素から成り立っている。構想力の論理とは，この2つの要素からなる人間存在を全体としてとらえようとする論理である。つまり，人間の行為や歴史を，単なる知識の対象として見るのではなく，みずから行為し，歴史を作っていく立場からとらえようとしたのである。

　補説　**構想力**　英語ではimagination。カント(⊃p.148)は，人間の認識は感性と悟性という2つの能力の協働によって成立すると考えたが，同時に，両者を結びつける能力として構想力を考えた。三木はここからヒントを得て，ロゴスとパトスを結びつける役割を構想力に求めたのである。

| 人物紹介 | 三木清 | （1897～1945）　京都大学に入学し，西田幾多郎のもとで学んだ。卒業後ドイ |

ツ・フランスに留学，帰国後，法政大学で教壇に立った。1930年治安維持法違
反の容疑で逮捕され，法政大学教授を辞職した。1945年3月，治安維持法の違反容疑者の逃
亡を助けたという理由でふたたび逮捕された。敗戦後も釈放されず，1945年9月に獄死した。

5 文芸批評

　小林秀雄(1902～83)は，批評の文学性を明らかにして，
近代批評を確立した。『様々なる意匠』(1929)のなかで，小
林は，当時青年層に流行していたマルクス主義文学を対象に
して，文芸批評家はさまざまな思想の制度(鎧)をもって武装
していると批判した。たとえば，「プロレタリヤのために芸
術せよ」というような政策論的な意匠(装飾)は，実際には，
何物も語っていない。小林は，芸術家は，あらゆる世や場所
に普遍的に通じる真実を語るのではなく，個々の真実をでき

▲小林秀雄

るだけ誠実に語ろうと願うのだという。文芸批評もそれと同じであり，批評とは結
局，「己の夢を懐疑的に語る事ではないのか」というのが彼の考えであった。

6 民俗・民芸への視点
❶柳田国男

　① **民俗学**　民俗学とは，文献を基本資料とする歴史学とは異なり，民間に伝わる
　習俗や儀礼，昔話，芸能，生活用具などを手がかりに，一般民衆の生活を記録
　しようとする学問である。日本における民俗学の基礎を築いたのは，柳田国男
　であった。柳田は農商務省の役人として全国の農村調査を行ったが，そのとき
　に触れた一般民衆の生活・伝承のなかに日本文化の原
　型を見いだし，それが後の民俗学の樹立につながった。

　② **常民**　柳田の民俗学の中心にあったのは常民の概念で
　ある。常民とは，**西欧化以前の伝統的な生活様式，つ**
　まり古来の儀礼や習俗，信仰，芸能などを維持し，伝
　えてきた一般民衆，とくに農民を指す。柳田は，田の
　神信仰と祖霊信仰を柱とする一般民衆の生活や信仰を
　調査・記録し分析することを，民俗学の課題とした。

▲柳田国男

| 人物紹介 | 柳田国男 | （1875～1962）　日本民俗学の創始者。東京大学を卒業後，農商務省に入り， |

農政官僚の道を歩んだが，やがて役人を辞め，民間の学問としての民俗学の
確立に努めた。岩手県遠野村に伝わる民間伝承を記録した『遠野物語』では，辺境に生きる
民衆の生活や文化がいきいきと描かれている。著作にはそのほかに，『民間伝承論』『海上の
道』『明治大正史 世相篇』などがある。

❷折口信夫　折口信夫(1887~1953)は，柳田国男の影響を受けて民俗学を学び，国文学・民間信仰・芸能などの分野にわたって研究を行った。柳田と折口は，みずからの民俗学を，本居宣長らの国学を受けつぐものとして新国学と呼んだ。

❸南方熊楠　南方熊楠(1867~1941)は，博物学や生物学，人類学などの膨大な知識を背景に，ユニークな観点から民俗現象を分析した。また，神社合祀令によって，神社やその森が破壊されようとしたとき，森林の重要性を訴え，反対運動を起こした。環境保護運動のさきがけといえる。

❹宮本常一　宮本常一(1907~81)は，民具や村方文書などの日本各地の調査を通して民俗学に新しい視点を提供した。その著書『忘れられた日本人』は，日本人が近代化とともに失った心情をいきいきと描きだしている。

❺柳宗悦　明治以来，美術と工芸とは区別され，工芸は下手物として美術(上手物)の下に置かれてきた。それは，工芸品が，無名の人によって作られた生活のための器具であったからである。

▲柳宗悦

　それに対して柳宗悦は，むしろ無名の民衆が作った工芸品のなかに美を見いだし，工芸を美術の下に置くことに反対した。彼は芸術作品の卓越した美とは異なった，生活のなかの「尋常の美」を工芸品に見いだし，それこそが「美の大道」であると主張した。そして民衆の日用品や工芸品である民芸を紹介し，技術の保存や復興を推進するために民芸運動を始めた。その運動の足場となったのが，雑誌『工芸』(1931年創刊)や雑誌『民芸』(1939年創刊)である。民芸運動は陶芸家の河井寛次郎や濱田庄司，バーナード＝リーチらの助力を得て，大きなひろがりを見せた。

人物紹介　柳宗悦　(1889~1961)　大正・昭和期の民芸研究家。朝鮮の陶磁器などを通して，無名の民衆の工芸品(民芸)の美しさにめざめ，民芸運動を興した。1936年，東京の駒場に日本民芸館を設立した。一遍や妙好人の研究家としても知られる。著書に『工芸文化』『民芸四十年』などがある。

POINT!
・柳田国男…常民の生活・伝承に日本文化の原型を見いだした。
・柳宗悦…民衆が作った工芸品(民芸)のなかに美を見いだした。

7│戦後の思想

1 戦後思想の出発点

　第二次世界大戦中は，国家主義・軍国主義の強い圧力のもとで，日本の学問や思

想は，客観的で公正な真理の追究を行うことができなかった。権力からの圧力に対する批判や抵抗がなかったわけではないが，それも治安維持法などによって徹底的な弾圧を受けた。戦後は，そのような事態への反省のうえに立って，権力に屈することなく真理を自由に追究することの大切さが，なにより強調された。

❶**平和と民主主義を求めて**　満州事変から太平洋戦争にいたるいわゆる十五年戦争では，日本軍の侵略によって多くの人々が殺され，国内でも多数の命が失われた。戦後，人々は，荒廃のなかで，このことを深く反省し，民主的で平和的な国家の建設をめざした。そして，日本国憲法においてそれを誓った。日本国憲法は，国民主権，基本的人権の尊重，平和主義をはっきりとうたっている。世界で唯一の被爆国である日本に対して，世界平和確立への貢献を期待する国際世論もある。私たちは，こうした規定を空文化することなく，また，期待を裏切らないよう，世界平和と民主主義の実現のために努力しなくてはならない。

❷**人間の尊厳と人権尊重**　私たち人間の1人ひとりは，性別・職業・地位・宗教・人種などの違いを超えて，人間であることそのこと自体において，かけがえのない尊い価値をもっている。こうした人間の尊厳を認め合い，保障し合っていく社会が，真の意味での民主主義社会といえるだろう。しかし，私たちの周囲には，いまなお，いわれのない差別や偏見があって，いたるところで暗い影をおとしている。男女差別，部落差別，身体障がい者に対する差別，人種差別や民族差別などが，それである。私たちは，人間の尊厳と平等に根ざした明るい民主社会を，一日も早く築いていかなければならない。これは，1948年に国際連合で採択された世界人権宣言にもあるように，世界中の人々の課題であり，責務である。

2 戦後民主主義がめざしたもの

❶**丸山真男**　戦後，民主主義の実現のために積極的な発言を行った代表的な学者・思想家に丸山真男がいる。

① **真の近代化**　戦争中，多くの思想家によって「近代の超克」が唱えられ，太平洋戦争を正当化するスローガンとしても利用された。それに対して，戦後，丸山真男がまっさきに指摘したのは，日本における**近代の未成熟**であった。丸山は，近代を，「自然」から「作為」への推移として説明しているが，それは，簡単にいえば，欲求に支配された社会から，自由や平等，権利といった理念を価値あるものと承認しあう社会へ移行することを意味している。そのような移行は，前近代的な考え方や人間関係を多くかかえたままの日本の社会においては，まだ完全には実現されておらず，**近代は超克の対象ではなく，むしろ実現されるべき課題であったし，現在もなお課題でありつづけている**というのが，丸山の考えであった。

2 **永久革命としての民主主義**　丸山の主張のうちでさらに重要な点は、いったん作為されたものも、つねに空洞化し、自然によって浸食される危険にさらされるため、つねに再生産されなりれば維持されないといっている点である。具体的には、われわれが民主主義の大切な柱として考える自由や平等、権利も、いったん認められれば不滅の価値を持ち続けるというわけではなく、つねに崩壊の危機にさらされており、それを維持するためには、その意義をくり返し確認していかなければならないということとである。そうした事態を丸山は、「**永久革命としての民主主義**」ということばで言い表している。

原典の ことば	近代の未成熟

　こうした自由なる主体的意識が存せず各人が行動の制約を自らの良心のうちに持たずして、より上級の者(従って究極的価値に近いもの)の存在によって規定されていることからして、独裁観念にかわって抑圧の移譲による精神的均衡の保持とでもいうべき現象が発生する。上からの圧迫感を下への恣意の発揮によって順次に移譲して行く事によって全体のバランスが維持されている体系である。これこそ近代日本が封建社会から受け継いだ最も大きな「遺産」の一つということが出来よう。

——丸山真男「超国家主義の論理と心理」
（『現代政治の思想と行動』未来社）

▲丸山真男

人物紹介 **丸山真男**（まるやままさお）　(1914~96)　政治学者。ジャーナリストであった長谷川如是閑（にょぜかん）や政治学者南原繁（なんばらしげる）らから影響を受けた。長年にわたって東京大学で日本政治思想史を教えた。『日本政治思想史研究』では、江戸時代における近代思想の「自生的成長」を掘り起こす作業を行った。『**現代政治の思想と行動**』では、日本の軍国主義、ファシズム研究の基礎を築いた。

POINT!　丸山真男…日本の近代は未成熟であり、民主主義の意義をつねに確認しつづけなければいけないと説いた。

❷ **大江健三郎**（おおえけんざぶろう）　大江健三郎(1935~)もまた、民主主義の意義について考えつづけた、戦後を代表する知識人である。『ヒロシマ・ノート』(1965)では、原爆症による悲惨な死を意識しながら闘いをつづける広島の人々と語りあい、『沖縄ノート』(1970)では、戦後日本の矛盾を背負いつづけた沖縄の人々と語りあうことで、民主主義と平和の意義を再確認する作業を行った。平和は、くり返しその意義を確認し、持続的に創造されなければならないという大江の主張は、現代の我々がかみしめなければならないことばであろう。

③ 大衆化の時代

❶大衆社会　1960年代以降の高度経済成長を経て，日本の社会は大きく変化した。人々の関心は，社会や政治よりも私生活に，理念としての未来よりも現在の心地よさに，生産よりも消費に向けられるようになった。生活の質が，義務感に基づいた生から欲望に立脚した生へと変化したといってもよい。そのような意識をもった人々が社会の中心を占めるようになったのである。

❷鶴見俊輔　鶴見俊輔は，社会の大衆化のなかで，思想が

どのような形を取りうるかを考えた思想家である。それは，鶴見自身が刊行に力を尽くした『思想の科学』の方針でもあったが，集団としてではなく，個として思想をもつこと，また日常生活から遊離するのではなく，どこまでも生活者として生活のなかで思想を紡ぎだすことを，鶴見はめざした。また，彼の市民運動への積極的な参加からも知られるが，思想が行動に結びつくことを重視した。

▲鶴見俊輔

　さらに，意識化され文献の形で表現された思想だけでなく，意識化される以前の思想にも注目した。鶴見の**大衆文化**（漫画や流行歌，テレビドラマなど）や「**限界芸術**」（Marginal Art），つまり専門家でない人によって作られ，享受される芸術（川柳，民謡，茶道など）への関心もそこから出てきているといえる。

> **補説**　『**思想の科学**』　1946年5月，武谷三男，武田清子，都留重人，丸山真男，鶴見俊輔らによって創刊された雑誌。知の営みを専門家のものから市民1人ひとりのものとすることをめざした。『思想の科学』のスローガンの1つであった「ひとびとの哲学」ということばにその意図がこめられている。何回かの中断・再刊を経て，1996年5月号で終刊になった。

> **人物紹介**　**鶴見俊輔**　（1922～2015）　15歳で渡米，ハーバード大学で学ぶ。日米開戦により捕虜収容所に収容されたあと，1942年に帰国。プラグマティズムをはじめとするアメリカ哲学の紹介者としても知られるが，「ベトナムに平和を！市民連合」（ベ平連）など，反戦平和運動にも積極的に参加した。著書に『戦時期日本の精神史』『戦後日本の大衆文化史』『限界芸術論』などがある。

❸加藤周一　旧制高校の教養主義の伝統を身につけた**加藤周一**（1919～2008）は，戦後，該博な知識をもとに歴史・芸術から現代社会の政治にいたるまで，幅広い評論活動を行った。ヨーロッパへの留学と歴訪から帰国した直後の日本の印象をもとに『**雑種文化**』（1956）を著した。そのなかで加藤は，日本では伝統的な文化が維持されるとともに，その深いところで西洋化が進み，この2つの要素が抜き難く絡んでいるところに，日本文化の特徴があるととらえた。加藤は，そうした日本文化の雑種性を嘆く理由はなく，祖先が仏教を受け入れて日本仏教にしたように，そこから結果を引き出すことが大事だと説いた。

☑ 要点チェック

CHAPTER 5　日本人としての自覚	答
☐ 1　和辻哲郎は，日本の風土を何型ととらえたか。	1　モンスーン型
☐ 2　折口信夫は，他界である「常世国」から村々を訪れる客人を何と呼んだか。	2　まれびと
☐ 3　太陽・海・山・巨木・巨石や鳥獣などを神として崇める，古い宗教の形態（自然信仰）を何というか。	3　アニミズム
☐ 4　多種多様な神々を信仰する日本古来の神の観念を何というか。	4　八百万神
☐ 5　古事記の神話に描かれている，私利私欲をいっさいもたず，明朗で曇りなき心を何というか。	5　清き明き心（清明心）
☐ 6　古代の人々は，共同生活の秩序を乱すことや病気，死などを何ととらえたか。	6　罪，けがれ（穢れ）
☐ 7　6を取り除き，清めるための呪術的な儀式を何というか。	7　祓い（祓え），禊
☐ 8　聖徳太子が残した「この世のことはすべてうそいつわりであり，ただ仏のみが真実である」という意味のことばは何か。	8　世間は虚仮，唯仏のみ是れ真
☐ 9　奈良時代の仏教は，国家の安泰を実現させるという役割をもつものとして重んじられた。これを何というか。	9　鎮護国家
☐ 10　奈良仏教を批判し，「一切衆生悉有仏性」という教理に基づいて，個人の救済に力を入れた天台宗の開祖は誰か。	10　最澄
☐ 11　人間は修行を積むことで即身成仏できると考え，加持祈禱によって現世利益が得られると説いた真言宗の開祖は誰か。	11　空海
☐ 12　平安時代末期に，社会の混乱や天災に直面し，不安をつのらせた人々のあいだで流行した仏教思想は何か。	12　末法思想
☐ 13　法然の思想で，「南無阿弥陀仏」の名号に心を集中し，それを唱えることによって救われるとする考えを何というか。	13　専修念仏
☐ 14　親鸞の思想で，阿弥陀仏の慈悲にすがろうとする悪人こそ救いの対象となるという考えを何というか。	14　悪人正機（説）
☐ 15　道元の思想で，修行を通して自分の可能性を現実的なものにするために，ひたすら坐禅に打ちこむことを何というか。	15　只管打坐
☐ 16　『法華経』を至上のものとし，ただ信心して題目を唱えさえすればよいと説いた僧は誰か。	16　日蓮
☐ 17　死を恐れずに主君に仕える武士のあり方を何というか。	17　武士道
☐ 18　すべてのものは仮のもので，移り変わってすこしもとどまらないという仏教の世界観を何というか。	18　無常観

□ 19	中世の和歌や能で表現された，余情・静寂・枯淡を表す美意識を何というか。	19	幽玄
□ 20	林羅山が封建的な身分秩序を正当化した論理を何というか。	20	上下定分の理
□ 21	朱子学が外面的な礼儀を偏重していることを批判し，陽明学の立場から「知行合一」を唱えた日本の儒学者は誰か。	21	中江藤樹
□ 22	仁(愛)は「誠」に根ざしており，直接に孔子や孟子の教えに立ち返るべきと説いた古学(古義学)派の儒学者は誰か。	22	伊藤仁斎
□ 23	古文辞学を提唱するとともに，「先王の道」は安天下の道であると説いた儒学者は誰か。	23	荻生徂徠
□ 24	賀茂真淵が『万葉集』のなかに見いだした，男性的でおおらかな歌風や精神を何というか。	24	ますらをぶり
□ 25	文芸の本質は「もののあはれ」にあると主張し，国学を大成した学者は誰か。	25	本居宣長
□ 26	町人は日々の生活のなかで「正直」や「倹約」を旨とすべきであると説き，心学(石門心学)を提唱した学者は誰か。	26	石田梅岩
□ 27	武士階級を「不耕貪食の徒」と批判し，万民が農耕に従事する社会こそ理想の社会だと考えたのは誰か。	27	安藤昌益
□ 28	西洋の学問や技術を取り入れて国力を充実すべきことを「東洋道徳・西洋芸術」ということばで表した武士は誰か。	28	佐久間象山
□ 29	明六社に参加し，明治初期に天賦人権論・独立自尊を説いたが，のちに脱亜論を主張した啓蒙思想家は誰か。	29	福沢諭吉
□ 30	「東洋のルソー」と呼ばれた自由民権運動の思想家は誰か。	30	中江兆民
□ 31	無教会主義のキリスト教徒で，非戦論を展開して日露戦争に強く反対したのは誰か。	31	内村鑑三
□ 32	夏目漱石が説いた，他人の個性を尊重しつつも自分の考えを根本的に自力で作り上げる個人主義に根ざす立場を何というか。	32	自己本位
□ 33	西田幾多郎が真の実在ととらえた，主客未分の状態を指し示した概念を何というか。	33	純粋経験
□ 34	明治期に雑誌『青鞜』を創刊して女性の自立を訴え，女性解放運動のさきがけとなったのは誰か。	34	平塚らいてう
□ 35	人間は間柄的存在であるととらえた倫理学者は誰か。	35	和辻哲郎
□ 36	常民の概念に基づいて民俗学の基礎を築いた学者は誰か。	36	柳田国男
□ 37	柳宗悦が美を見いだした民衆の日用品や工芸品を何というか。	37	民芸
□ 38	日本の近代化が未成熟であったことを指摘し，戦後に「超国家主義の論理と心理」を唱えた政治学者は誰か。	38	丸山真男

5

日本人としての自覚

CHAPTER 5　練習問題　解答 ⤵ p.347

①　〈古代の人々の考え方〉

　　古代日本における神と祭祀についての記述として適当でないものを，次の①～④のうちから１つ選べ。

　①　祭祀の場では，神に対して欺き偽らない心の有様が重んじられた。この心は人間関係においても重視され，後世，「正直」や「誠」の考え方へとつながった。

　②　祭祀に奉仕するものは，身心に付着した穢れを除くため禊を行った。禊は，川や海の水によって穢れを洗い流す儀礼であった。

　③　祭祀に際しては，神に対して祝詞を唱え，山や海の食物などの供物を捧げ，神を和ませた。神は和むことで豊穣をもたらすと考えられた。

　④　祭祀を妨げる行為は罪とされ，犯したものは戒律により罰せられた。神は善なる存在であり，戒律による罰は，神からの罰と同じものと考えられた。

②　〈仏教と儒教の受容〉

　　次の文章は，古代における仏教と儒教の受容についての記述である。　**a**　・　**b**　に入れる語句の組合せとして正しいものを，あとの①～④のうちから１つ選べ。

　　仏教伝来当時，仏は「　**a**　」と呼ばれて外来の神として祀られた。このため，在来の神々の祟りをおそれる人々もあったが，やがて仏教は鎮護国家の宗教として定着した。一方，儒教の仁政という理想は，律令制国家において，　**b**　として受け容れられていった。

　①　a　蕃　神　　b　民衆の実践徳目　　②　a　蕃　神　　b　統治の理念

　③　a　産土神　　b　民衆の実践徳目　　④　a　産土神　　b　統治の理念

③　〈平安仏教〉

　　天台宗の最澄と，同時代を生きた空海の思想について述べた文章として最も適当なものを，次の①～④のうちから１つ選べ。

　①　最澄は，すべての生命あるものは生まれながらに仏であるとした。一方，空海は，人は真言を唱えることで，宇宙の真理そのものである大日如来の境地に至り，成仏できると説いた。

　②　最澄は，仏になれるかどうかは人の資質により差異があるとした。一方，空海は，人の本性は生まれながらに宇宙の本質である大日如来の一部であるから，資質に関係なく成仏できると説いた。

③　最澄は，人の資質に差異はなく，自らの仏性を自覚して修行すれば，等しく成仏できると説いた。一方，空海は，人は密教の修行をすれば大日如来と一体化し，この身このままで成仏できると説いた。

④　最澄は，仏になれるかどうかは人の資質により差異があるとした。一方，空海は，手に印を結び，口に真言を唱え，心に仏を憶いながら死に至るならば，必ず成仏できると説いた。

④　〈鎌倉仏教〉
　次の資料を読んだＡとＢの会話を読み，会話中の　 a 　・ 　b 　の中に入る記述の組み合わせとして最も適当なものを，あとの①～④のうちから１つ選べ。
資料

> 　善につけ悪につけ法華経を捨てることは地獄の業となるであろう。それゆえ，わたしは二十年前に大願を立てたのである。ここに人あって，「日本国の位をゆずろう。そのかわり法華経を捨てて観経等について後生を送れ」といったり，「念仏を申さねば父母の頸をはねる」というなどの大難が出来しても，智者にわが義がやぶられないかぎりは用いない。そのほかの大難は風の前の塵である。われ日本の柱とならん。われ日本の眼目とならん。われ日本の大船ならんなどと誓った願をやぶることはできぬ。　　　　　　　　　　　—— 　 a 　『開目抄』
>
> 　　　　　　　　　　　　　　『日本の名著8　 a 　』（紀野一義・訳，中央公論社）

Ａ：この記述は，『開目抄』という書物の中にあるものだよ。
Ｂ：確か，『開目抄』を書いたのは，　 a 　だったよね。
Ａ：彼はこの資料の中で，　 b 　って言ってるよ。すごい覚悟を感じるね。

①　a：坐禅を行うことは，そのまま悟りだとする道元
　　b：「観無量寿経等ではなく，法華経を信ずれば，日本国の王ともいえる存在となれるだろう」

②　a：坐禅を行うことは，そのまま悟りだとする日蓮
　　b：「観無量寿経等ではなく，法華経を信ずれば，日本国の王ともいえる存在となれるだろう」

③　a：題目を唱えることを大事にした日蓮
　　b：「日本国の王位を譲るから，法華経を捨てて観無量寿経等を信じよと言われても断じて受け入れない」

④　a：坐禅を行うことは，そのまま悟りだとする道元
　　b：「日本国の王位を譲るから，法華経を捨てて観無量寿経等を信じよと言われても断じて受け入れない」

⑤ 〈山鹿素行〉

　江戸時代に，支配階層としてふさわしい武士のあるべき姿について説いた思想家に山鹿素行がいる。素行のその主張を表した文章として最も適当なものを，次の①～④のうちから1つ選べ。

① 　上の身分の者がいなければ下を責め立てて取るおごった欲もなく，下の身分の者がいなければ上に諂（へつら）いたくらむこともない。したがって，恨み争うこともないのである。

② 　武士道というものは死ぬことである。生か死かを選ばざるを得ない場面で早く死ぬ方に片付くばかりである。別にこれといった子細はない。腹をすえて進むのである。

③ 　武士は農工商の仕事を差し置いてもっぱら人倫の道に努め，農工商の人々の間にいやしくも人倫を乱す者があれば速やかに処罰して，そうして天下に正しい人倫を保つのである。

④ 　武士はもとより地位のある臣である。農民は在野の臣である。商工民は町中の臣である。臣として主君を助けるのは臣の道である。商人が売買するのは天下の助けなのである。

⑥ 〈本居宣長〉

　本居宣長について説明した文章として最も適当なものを，次の①～④のうちから1つ選べ。

① 　儒教や仏教を批判的に受容し，漢意に従った日本人の生き方を明らかにしようとした。彼が説いた「からくにぶり」とは，『古今和歌集』などにみられる，理知に富んだ歌風と心のあり方のことである。

② 　古代の和歌や物語を読解し，真心に従った日本人の生き方を明らかにしようとした。彼が説いた「もののあはれ」を知る心とは，世の様々なことに出会い，それらの趣を感受して「あはれ」と思う心のことである。

③ 　『古事記』を読解し，そこに描かれている神々の事跡から，人間の普遍的な生き方としての道を見いだした。その道は惟神の道とも呼ばれ，儒教や仏教と同じく，神々に従って素直に生きる身の処し方であった。

④ 　『古事記』を読解し，そこに描かれている神々の事跡から，日本人の生き方としての惟神の道を見いだした。惟神の道は古道とも呼ばれ，もはや実現不可能な，古代日本人に特有の理想的な生き方であった。

⑦　〈幸徳秋水〉

中江兆民から唯物論的な思想を学んだ幸徳秋水についての説明として最も適当なものを，次の①～④のうちから１一つ選べ。

①　国は人民によってできたものであると平易に民権思想を説き，主権在民を謳い抵抗権を認める私擬憲法を起草した。

②　国を支える農業と農民を大切に考え，農民が苦しむ公害問題を解決する運動に身を投じ，その解決の必要性を説いた。

③　東洋の学問を実生活に役立たない虚学，西洋の学問を実生活に役立つ実学と呼び，後者を学ぶことの必要性を説いた。

④　社会主義の立場から，当時の帝国主義を，愛国心を経（たていと）とし軍国主義を緯（よこいと）とする20世紀の怪物と呼び，批判した。

⑧　〈夏目漱石〉

夏目漱石の「自己本位」の立場を示す態度として最も適当なものを，次の①～④のうちから１つ選べ。

①　「自他の区別を忘れて，どうかあいつもおれの仲間に引き摺（ず）り込んで遣（や）ろう」とする態度。

②　「自分の幸福のために自分の個性を発展して行くと同時に，その自由を他（ひと）にも与えなければ済まん事だ」とする態度。

③　「自分の酒を人に飲んでもらって，後からその品評（ひんぴょう）を聴いて，それを理（り）が非でもそうだとしてしまう」という態度。

④　「到底わが所有とも血とも肉ともいわれない，余所余所（よそよそ）しいものを我物顔（わがものがお）に喋舌（しゃべ）って歩く」という態度。

⑨　〈キリスト教思想〉

次の資料を読み，内村鑑三の思想をふまえて，その内容を説明したものとして最も適当なものを，あとの①～④のうちから１つ選べ。

資料

> 「無教会」は教会の無い者の教会であります。即（すなわ）ち家の無い者の合宿所とも云うべきものであります。即ち心霊上の養育院か孤児院のようなものであります。「無教会」の無の字は「ナイ」とよむべきものでありまして，「無にする」とか「無視する」とか云う意味ではありません。…其（その）天井は青穹（青空）であります。其板に星が鏤（ちりば）めてあります。其床は青い野であります。…其高壇（こうだん）は山の高根でありまして，其説教師は神様ご自身であります。これが私共無教会信者

の教会であります。羅馬（ローマ）や竜動（ロンドン）にあると云う如何に立派な教会堂でも，此私共の大教会にはおよびません。無教会是れ有教会であります。教会をもたない者のみが実は一番善い教会をもつ者であります。

——内村鑑三『無教会論』
『内村鑑三全集　第9巻』（岩波書店）

① ローマやロンドンにある教会は素晴らしいが，それと同等に，教会をもたないということも素晴らしいことなのである。
② 最高に素晴らしい教会をもつということ，それはすなわち実際には教会をもたないということになるのである。
③ 「無教会」を我々は掲げているが，本当のところは，教会があるとか無いとかを論じることは意味のないことなのである。
④ 「無教会」ということは，現実の教会を「無視する」するということではなく，仲良く共存していくということである。

⑩ 〈民俗学〉
　自然との関わり方について考察した人物として，南方熊楠があげられる。南方熊楠の説明として最も適当なものを，次の①〜④のうちから1つ選べ。
① 村落共同体に生きる人々の生活に注目し，民俗学を創始した。人々にとって山は先祖の霊が帰る場所であり，人々は，ときを定めて先祖の霊と交流することができると信じていた，と説き，村落共同体の景観と信仰との関係について考察を進めた。
② 明治政府によって神社合祀令が出されたときに，古い社や鎮守の森が破壊されるとして反対運動を起こした。鎮守の森は，人々の信仰心や共同性を育むものとして必要であるとともに，生態学の研究対象としても重要であると主張した。
③ 歌人として活躍するとともに，古くからの神のあり方について研究を進めた。神の原型は，海のかなたにある常世国から定期的に村落を訪れる「まれびと」であり，人々は海のかなたに理想的な世界を思い描いていた，と説いた。
④ 明治時代後半に足尾鉱毒事件が起こったとき，農民の側に立って反対運動を行った。鉱毒が川に流れ込むことによって魚が死に田畑が荒れていくなかで，人々の生活と自然との強い結び付きを見いだし，「民を殺すは国家を殺すなり」と訴えた。

現代の諸課題と倫理

. . . .

まとめ

① 生命の倫理 ☞p.301

- バイオテクノロジー(生命工学)の発展…クローン技術，iPS細胞，ヒトゲノムの解析に応用された。ゲノム編集は許されるかなど，生命倫理(バイオエシックス)の確立が求められている。
- 人工授精(じゅせい)・体外受精…代理出産により，親子関係が複雑化するという問題。
- 出生前診断(しゅっしょうぜん)…生命の選別・優生思想につながるおそれがある。
- パターナリズム…医師により独断的に治療方針が決定されることが問題に。
- 自己決定権…患者の意志と自己決定権を尊重するため，インフォームド・コンセントが求められる。例：終末期医療(ターミナルケア)において。
- 生命の質…生命の尊厳とともに，生命の質(クオリティー・オブ・ライフ)も問題にされるようになった。例：尊厳死，リヴィング・ウィル，ホスピス。
- 脳死…脳全体の機能の不可逆的な停止をもって死とすること。
- 臓器移植…2009年の臓器移植法の改正→①臓器提供者の年齢制限の廃止，②家族の同意のみによる移植，③親族への優先的提供の認可。

② 環境の倫理 ☞p.310

- 人間と環境との関わり…レイチェル゠カーソンが環境汚染に警鐘。環境ホルモン，地球温暖化，酸性雨，オゾン層の破壊などが問題になっている。
- 地球環境問題に対する国際的な取り組み…地球サミット(1992)で「持続可能な開発」を確認。2015年にパリ協定を採択。
- 保全主義と保存主義…自然の資源を人間の持続的な利用のために保全するのか，自然をあるがままの姿で保存するのかが議論されている。
- 自然の生存権…環境倫理の一つ。動物や植物，生態系などの自然にも生存権があると考える。ピーター゠シンガーは動物に対する種差別を批判。
- 環境問題と倫理…ボールディングが地球の有限性を「宇宙船地球号」として提唱。世代間倫理，SDGs，環境正義が課題になっている。

③ 家族の課題 ☞p.318

- 家族の規模と機能の縮小…核家族化を経て，小家族化。孤立・孤独の問題。
- 男女の性別役割分担の見直し…育児，家事などを男女で担う社会をめざす。1999

年に男女共同参画社会基本法，2016年に女性活躍推進法を制定。

・ジェンダー…男女のあり方は社会的・文化的に形成される。

・現代社会の課題…ダイバーシティとインクルージョン。

・少子化の進行…少子化社会対策基本法を制定。ワーク・ライフ・バランス。

・高齢社会…高齢化の進展。2000年に介護保険制度を実施。

④ 地域社会の課題 ⮫p.323

・地域社会…共同性が形成され，人々の生活の基盤・セーフティネットになる。

・地域社会の新しい担い手…ボランティアやNPO（非営利組織）が活動。

⑤ 高度情報化社会の課題 ⮫p.325

・高度情報化社会…IT革命が進行。IoT，AIの時代。

・情報化がもたらす恩恵…地球規模での双方向的コミュニケーション。

・情報化がもたらす問題…仮想現実（バーチャル・リアリティ）への埋没，ステレオタイプの形成，フェイクニュース，プライバシーの侵害やサイバー犯罪，デジタル・デバイド（情報格差）などが問題になっている。

・情報リテラシー…必要な情報を取捨選択し，批判的に読みとる力が求められる。

・情報倫理…個人情報・知的財産権の保護の必要。

⑥ 文化と宗教の課題 ⮫p.331

・グローバル化のなかの文化…グローバル化の進展が，伝統的な文化や共同社会を崩壊させ，排他的なナショナリズム・原理主義を引きおこしている。

・異文化理解という課題…エスノセントリズム（自民族中心主義）の克服。

・現代における宗教をめぐる問題…宗教間対話の試み。宗教多元主義の必要。

⑦ 国際平和と人類の福祉の課題 ⮫p.334

・国際平和という課題…ヴァイツゼッカーは，歴史を直視することを訴えた。

・グローバリズムと貧困…公平で質の高い教育の保証という課題。

・人類の福祉を求めて…UNICEF（ユニセフ，国連児童基金）などの国連機関や，多くのNGO（非政府組織）が活動。

　私たちは，日々，科学技術の恩恵を受けながら生活している。交通や情報の分野においてはもちろんであるが，近年では食料生産などもそれに大きく依存するようになっている。しかし他方で，科学技術は多くの問題も引きおこしている。

①**生命に関わる問題**　たとえば生命に関わる分野では，遺伝子操作など，いわゆるバイオテクノロジー（生命工学）が著しい発展を遂げ，その技術は，品種改良などにも応用されている。また，基礎医学や医療技術の急速な進歩は，病気の治療のうえで大きな福音をもたらしている。しかし，人間の生や死のあり方について，従来の価値観では対処できない問題が生まれてきている。たとえば**人工授精**や**遺伝子治療**の問題，**脳死**の問題など，私たちは困難な問題に直面させられている。

②**環境問題**　科学技術の発展は，それを利用した無秩序な開発をもたらし，地球規模での環境破壊にもつながった。そのためにいま，多くの生物が絶滅の危機に瀕している。また環境汚染による生物や人体への深刻な影響も懸念されている。現在の私たちの活動は将来の世代の生存環境に大きな影響を与える可能性がある。私たちは未来の世代に対してこの点で大きな責務を担っている。

③**家族と地域社会の問題**　家族は，私たちが最初に出会い，そこで成長する集団である。また，地域社会は，私たちの共同意識が形成される場であり，地域独特の文化が継承されていく母体であった。しかし，近年，その形態が大きく変化してきている。そのためにかつて家族や地域社会が担ってきた役割が十分に果たせなくなってきている。これも現代の社会がかかえる大きな問題である。

④**情報社会における問題**　現代は，人間生活のあらゆる領域において，知識や情報の役割が飛躍的に増大している時代である。一方で私たちは膨大な情報を受けとるとともに，みずからも情報の発信者になろうとしている。そのようななかで，情報の信頼性を的確に判断し，不確かな情報に惑わされないようにしなければならないし，自分自身も不確かな情報を送り出したりしないようにしなければならない。「情報リテラシー」を身につけることが，いま求められている。

⑤**文化と宗教における問題**　私たちは，世界のさまざまな地域が，そしてさまざまな産業が，地球規模で緊密に結びつけられる「グローバル化」の時代に生きている。しかし，まったく異なった風土や環境で育った者が，互いの文化を理解しあうのは決して簡単ではない。むしろ，文化と文化，宗教と宗教との衝突や摩擦は，人の往来が少なかった時代よりも増えている。**異文化のあいだの相互理解**が，かつてないほど重要な課題となっている。

⑥**国際平和と人類の福祉の課題**　私たちは敗戦後80年近く戦争を知らないで過ごしてきた。また，かつてないほど「豊かさ」を享受している。しかし，目を世界に転じてみると，内戦があちこちでおこり，多くの人々が貧困にあえいでいる。**世界の平和**や**人類の福祉**の実現は，なお，はるかに遠い課題である。その課題に向けて一人ひとりに何ができるのか，そのような問いを私たちは突きつけられている。

1 生命の倫理

1 | 医療技術の進歩と生命倫理

❶**バイオテクノロジーの発展**　科学技術は，生命に関わる分野でも大きな発展を遂げた。とくにバイオテクノロジー（生命工学）の著しい発展によって，遺伝子操作の技術が進み，新しい薬品の開発や遺伝子組み換え作物などに応用されている。

❷**クローン技術**　同一の遺伝形質をもつ細胞や個体（クローン，clone）を作りだすクローン技術も生まれた。1996年にイギリスで生まれた**クローン羊「ドリー」**は，私たちに大きな衝撃を与えた。

　日本では2001年に**クローン技術規制法**が施行され，クローン人間を作ることは禁止されているが，原理的には可能になっているともいえる。

▲クローン羊「ドリー」（右）　イギリスの研究所で誕生した羊の体細胞クローン。

❸**iPS細胞の研究**　近年，クローン技術を応用したiPS細胞（人工多能性幹細胞）の開発によって，**体細胞に遺伝子を導入して，さまざまな細胞に分化できる能力と自己複製の能力をもたせられる**ようになった。初めは，受精卵が分裂した初期の胚から取りだした細胞を培養した**ES細胞（胚性幹細胞）**が用いられたが，それを作るためには受精卵を壊す必要があり，倫理的な問題が議論されていた。しかし，iPS細胞の開発により，**受精卵を使わずに，拒絶反応をおこさない移植用の組織や臓器を作りだす**ことが可能になってきた。今後，**再生医療**や難病治療の分野で，このiPS細胞に関わる研究の成果が生みだされることが期待されている。

❹**ヒトゲノム**　バイオテクノロジーの応用によって，人間の遺伝子情報の解読が進められ，2003年には**ヒトゲノム**の解析の完了が宣言された。これにより，ヒトの生命のしくみ，つまり，ヒトがどのようにして生まれ，成長し，病気になり，死を迎えるのかが明らかにされるようになってきた。

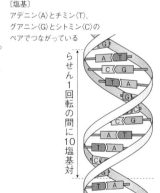

〔塩基〕
アデニン〈A〉とチミン〈T〉，グアニン〈G〉とシトシン〈C〉のペアでつながっている

らせん1回転の間に10塩基対

※1nm（ナノメートル）＝10⁻⁹m

▲**DNAの二重らせん構造**　2本の鎖の間にある4種類の塩基の配列が遺伝情報となる。

6 現代の諸課題と倫理

補説 **ヒトゲノム**　ヒトのすべての遺伝子情報を含んだ染色体のセットのこと。「ゲノム，genome」は，gene「遺伝子」と「全体」を表す -ome(ラテン語のomnis に由来)を組み合わせたことば。ある生物をその生物たらしめるのに必須な遺伝子情報を含んだ染色体全体のこと。

❺**遺伝子治療**　遺伝子に関する研究の進展は，医療の発達に大きな寄与をしている。さまざまな形での遺伝子治療が可能になってきている。たとえば，ある遺伝子が欠損しているために，あるいは異常な遺伝子を持っているために機能不全に陥っている組織がある場合，ベクター(運び屋)と呼ばれるレトロウイルス(retrovirus)を使って，正常な遺伝子を組み込むというような治療も行われている。

　現在のところ，遺伝子治療については，**体細胞**についてのみ行い，**生殖細胞**については行わないというのが，その原則とされている。それは，治療の影響をその患者一代に限り，子孫に対する悪影響が出ないようにするためである。

❻**ゲノム編集**　しかし，原理的には，**受精卵**の段階でも，たとえば遺伝病の要因があるかどうかを調べることは可能であるし，実際に受精卵に操作を加えることも可能である。DNA上の特定の塩基配列に変化を加えるという，いわゆる「ゲノム編集」という技術が確立されている。

　ゲノムの解読によってある遺伝病の要因があることが分かった場合，その要因を取り除くといった治療行為も考えられるし，さらにその枠を超えて，すぐれた形質をそなえた子どもを産みたいという親の欲望にしたがって遺伝子の編集が行われる場合も考えられるであろう。しばしば話題にのぼるデザイナー・ベビーはそれを指す。

❼**生命倫理(バイオエシックス)**　基礎医学や医療技術の急速な進歩は，病気の治療のうえで大きな福音をもたらしているが，他方で，人間の生や死のあり方について，従来の価値観では対処できない問題も生みだしてきている。たとえば，**人工授精**や**遺伝子治療**はどこまで許されるのか，その判断基準の確立が求められている。また，末期患者の**延命治療**をどこまで続けるのか，あるいは**脳死**を人の死と認めるのかなど，私たちは困難な問題に直面させられている。

　このような，医療技術の進歩に伴って生じている，**人の生と死に関わる道徳的な問題**を生命倫理(バイオエシックス，bioethics)というが，技術の発展があまりにも急速なため，私たちの議論が追いついていないことが多い。今後，これらの問題をめぐって，哲学・倫理学・医学・生物学・法学・社会学など，さまざまな分野，あるいはさまざまな立場で議論を積み重ねていく必要がある。

❽**トランス・サイエンス**　いま私たちは生命倫理の問題だけではなく，たとえば原子力発電所の事故や放射性廃棄物の問題，遺伝子組み換え作物の導入の問題など，現代の先端技術が生みだしたさまざまな問題に直面している。それらは科学者や技術者だけで解決することはできない。倫理や法の専門家，政策決定に関わ

る人々，そして一般の**市民**も参加し，相互の対話を通して，互いの考え方を理解しあい，解決の方向を探っていくことが求められている。

　そうした問題は近年，トランス・サイエンスという言葉で呼ばれている。アメリカの核物理学者ワインバーグ(Alvin M. Weinberg, 1915～2006)が用いた言葉であるが，「科学によって問うことはできるが，科学によって答えることのできない問題群からなる領域」を指す。そこでは専門家も市民も積極的にみずからの見解を示し，相手の見解の根拠を十分に理解し，公平無私の立場で議論を交わすことが求められる。

❾**人間とは何か**　ヒトゲノムの解析は多くの人の関心を集め，たとえばユネスコ総会でも1997年に「ヒトゲノムと人権に関する世界宣言」が採択されている。その第2条では「(a)何人も，その遺伝的特徴のいかんを問わず，その尊厳と人権を尊重される権利を有する。(b)その尊厳ゆえに，個人をその遺伝的特徴に還元してはならず，また，その独自性及び多様性を尊重しなければならない」ということが謳われている。

　この条項は，遺伝的特徴から思考や行動など，私たちのすべてが説明される可能性があるのか，という問いを私たちに突きつけている。もしそれによって説明されるのであれば，遺伝的特徴に還元されない「個人」とはいったい何なのだろうか。私たちは自分の意志に基づいて行為していると考えているが，それはすべて遺伝的特徴から説明されるのかもしれない。そうであるとすると「**いったい人間とは何なのか**」，この根本的な問いに私たちはいま直面させられている。

・バイオテクノロジーの発展…クローン技術・iPS細胞の研究・ヒトゲノムの解読などをもたらした。
　・医療技術の進歩…生命倫理(バイオエシックス)の確立が必要。

2 │ 生殖医療技術

❶**人工授精と体外受精**　不妊症に悩む夫婦の強い希望に応えて，以前から精子を子宮内に人為的に注入する**人工授精**などが工夫されてきた。さらに，1978年に**試験管ベビー**と呼ばれた体外受精児が世界ではじめて誕生して以来，卵子と精子とを体外で受精させ，受精卵を子宮内に戻す**体外受精**などの**生殖医療技術**が開発されてきた。海外ではアメリカなどで，配偶者でない第三者の精子や卵子，受精卵を使った人工授精による出産も行われるようになっている。その結果，妊娠が困難な夫婦だけでなく，独身の女性も子どもをもつことが可能になった。

6
現代の諸課題と倫理

❷生殖医療技術が生み出す問題　しかし他方で，排卵誘発剤の副作用や多胎妊娠などの問題も生じているし，冷凍保存された受精卵をいつ廃棄するのか，生命ともみなしうる受精卵を廃棄してよいのかといった問題もある。第三者の精子や卵子を用いた人工授精や代理出産の場合には，親子の関係がきわめて複雑になり，「親子」という関係の意味が改めて問われることにもなる。また精子や卵子の提供，代理出産などをビジネスとして行うことは認められるであろうか。生殖医療技術の発達は，このような難しい倫理的な問題を生みだしている。

> 補説　代理出産　不妊の女性の代わりに，別の女性（代理母）に依頼して妊娠・出産すること。夫婦の受精卵を代理母に移植して出産した場合，子どもは夫婦の遺伝子を継ぐが，出産した女性と卵子を提供した女性の二人が母親になるので，海外では両者の間で養育権をめぐる争いがおこったことがある。国内では，代理出産は法律で禁止されているわけではないが，自主規制されており，原則として行われていない。

❸出生前診断　現在ではさらに，胎児の染色体の異常や遺伝性の疾患の有無などを出産以前に調べる出生前診断も可能になった。かつては，子どもは授かりものと受けとられてきたが，出生前診断が可能になることによって，**望ましい生命とそうでない生命とが選別される可能性**が生まれてきた。望ましくないとされる生命の存在を否定するような**優生思想**にもつながりかねず，この問題もやはり慎重な検討が必要であろう。さらに，診断の結果を知った両親の負担も大きいし，親の権利だけでなく，胎児の権利という問題もある。

> 補説　優生思想・優生学　「優生学」は，人種の遺伝的形質の改良に関わる要因を研究する学問。20世紀初めにダーウィニズムの影響を受けてイギリスで始まり，アメリカやドイツで発達した。それが現実の政策に応用されると，劣悪な遺伝形質をもつとみなされた人を排除したり，その子孫を断つことで社会や民族全体の向上を計ろうとする「**優生思想**」を助長することにもなりかねない。実際，少数民族・犯罪者・移民などを対象として結婚制限・断種・隔離をする優生政策が行われたことがある。第二次世界大戦前から戦後にかけてアメリカ合衆国32州で施行された断種法や，ナチス・ドイツによるユダヤ人やロマのホロコーストがよく知られている。日本では，1948年に「優生保護法」が施行されたが，その後，そのなかの優生思想に基づく部分が削除され，1996年に「母体保護法」に改正された。

3 ┃ パターナリズムと自己決定権

❶医者と患者の関係　私たちはさまざまな病気にかかり，やがて死に至る。死を避けることはできないが，できるかぎり長く健康でいたいというのは，誰しも願うところである。医学や薬学の飛躍的な発展により，さまざまな治療方法や薬剤が開発され，私たちはいま多くの選択肢を手にするようになっている。

　多くの選択肢のなかから最善のものを選ぶためには，医学的な知識が必要になる。従来は，医療に関しては，専門的な知識と技能をもった医師にすべてを任せる場合が多かった。そのような医師と患者の関係は**パターナリズム**と呼ばれる。

補説　**パターナリズム(paternalism)**　ラテン語のpater(父)に由来する用語で、「家父長的態度」「父権主義」と訳される。父親が子どもに対して、その権威を背景として「本人のためになる」と思われることを、その本人自身の意志に反してでも強制するような態度を指す。医療の分野では、医療パターナリズム(medical paternalism)とも表現されるが、もっぱら医師が専門家としての職業的権威に基づいて治療方針などを決定するような医師と患者との関係のことである。

❷**患者の要望**　しかし、日常の医療や末期医療において、治療方針の選択に自分自身も関与したいという声は近年強まっている。とくに**終末期医療(ターミナルケア)**は死に直接関わるものであり、どのように死を迎えるかに関して、自分自身で決定したいという声は増えている。またそれと関係して、がんなどの治癒が難しい病気についても告知を望む人が増えている。すべてを医師に任せるのではなく、患者の**自己決定権**が尊重されるべきであるという考えが強まってきたのである。

❸**インフォームド・コンセント**　患者が自分にとって最善の決定をするためには、どのような選択肢があるのかが十分にわかっていなければならない。そのためには、医師が患者に利用可能なすべての選択肢について、その利点や危険度、内容の詳細などについて十分な説明を行わなければならない。このように、患者が医師から**十分な説明を受けたうえで治療方針に同意する**という考え方をインフォームド・コンセント(informed consent)といい、その重要性が近年認識されてきている。

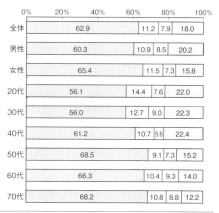

	治る見込みがあってもなくても知りたい	治る見込みがあれば知りたい	治る見込みがあってもなくても知りたくない	分からない
全体	62.9	11.2	7.9	18.0
男性	60.3	10.9	8.5	20.2
女性	65.4	11.5	7.3	15.8
20代	56.1	14.4	7.6	22.0
30代	56.0	12.7	9.0	22.3
40代	61.2	10.7	5.6	22.4
50代	68.5	9.1	7.3	15.2
60代	66.3	10.4	9.3	14.0
70代	68.2	10.8	8.8	12.2

▲**がん告知を望む人の割合**　50代以上では告知を望む人が80%近くいるが、40代以下では「わからない」と答えた人が20%を超える。(2018年、ホスピス財団資料による)

　とくに末期医療においては、医師が患者の生命の維持のために最もよいと考える治療法と、家族、あるいは本人が最も望ましいと考える治療法とが一致しないケースがある。そのような場合、患者がみずから選択し、自分の人生のあり方を決定するということは、自分の生の終わりにみずから関与するということであり、私たちが自分自身の人生を主体的に生きるという点で重要な意味をもっていると考えられる。

4 ｜ 生命の質(Quality of Life)

❶**人生の終末についての意識**　自分の人生の終末に強い関心が向けられるようになった背景の1つには、医療の発達によって、治癒の見込みがないにもかかわら

ず，生命だけは長く維持できるようになったことがある。しかし，病院のベッドで何年も生きつづけることが，患者にとってほんとうによいことなのかという疑問は残る。それよりは，自然に死んでいきたいと尊厳死を望むという人も出てくるかもしれない。

❷**生命の尊厳・生命の質**　もちろん，生命は神聖なものであり，可能なかぎりそれは維持されるべきであるという考え方，つまり**生命の尊厳**(Sanctity of Life，SOL)を重視する考え方もありうる。しかし，それとは逆に，その人生がどの程度生きるに値する質をもっているかという点を重視し，治療方針を選択するということも十分に考えられる。ただ生きつづけるということよりも，生命の質，つまりクオリティー・オブ・ライフ(Quality of Life，QOL)を重視する立場である。耐えられないほどの大きな苦痛を伴うような疾病の場合などにも，この生命の質が問題になるであろう。

　しかし他方，このように生命の質を重視することは，生きるに値しない生命があるとか，生きる価値において劣った生命があるという考えを生みだす可能性がある。そうした考えが強まり，重度の障がいをもった人や，病気をかかえた高齢者に配慮を欠いたことばが投げられたり，あるいは気がねを覚えさせたりするようなことがあるとすれば，大きな問題をはらむといわざるをえない。

❸**リヴィング・ウィル**　自分が末期の状態に陥ったとき，過剰な延命措置はいらないと考えていても，実際にそのとき十分な判断ができるかどうかはわからない。そのため，あらかじめ書面で過剰な延命措置を拒否する意志を表明しておきたいと考えることもあるだろう。そのような意思表示は，リヴィング・ウィル(living will)と呼ばれる。最後まで自分自身の意志に基づいて生きるためには，そのような意思表示をしておくことも大切であろう。

❹**ホスピス**　終末期の医療においては，治療(キュア)よりも，看護(ケア)を重視する考え方も生まれてきている。つまり，死にゆく人とその家族を身体的あるいは精神的にケアし，その人に人間としての尊厳を保ちつつ人生の最後の時期を過ごしてもらうことに主眼を置くのである。そうした施設は**ホスピス**と呼ばれる。また，そのためのプログラムは**ホスピス・ケア**と呼ばれる。

▲ホスピス・ケア

補説　**尊厳死と安楽死**　無理に延命させるのではなく，本人の意思を尊重し，積極的な治療を差し控えたりして，自然な死を迎えられるようにすることを尊厳死という。それに対して，病気がきわめて大きな苦痛を伴うような場合，薬物などを投与して，死期を人為的に早めることを安楽死という。

1991年に東海大学付属病院で末期がんの患者に塩化カリウムを投与して死に至らしめるという事件がおこったのに対し，横浜地方裁判所は1995年に，「①耐えがたい苦痛があること，②死期が迫っていること，③苦痛を取り除くための手段がないこと，④患者の意思がはっきり示されていること」という4つの要件が満たされている場合には，安楽死が認められるという判断を示した。

・医療現場において，患者の自己決定権と「生命の質」（クオリティー・オブ・ライフ）が尊重されるようになり，インフォームド・コンセントの重要性が認識されるようになってきた。

5│臓器移植と脳死の問題

❶臓器移植　医療技術の発達は，他人の臓器や組織，あるいはそれらの一部を移植すること，つまり臓器移植による治療を可能にした。現在，心臓，肺，腎臓，肝臓などの移植が行われているが，そのなかには，肝臓のように生体からの移植が可能な臓器もある。しかし，危険が伴う場合があるし，心臓などについては，生体からの移植は不可能である。そのため，脳死の状態にある人からの移植が考えられるようになった。医療技術の発達によって，脳の機能はすでに失われているが，心臓は動いているという状態の患者（死者）が生まれたからである。

補説　脳死と植物状態　脳死は，生命のもっとも基本的なはたらきをつかさどる脳幹を含む脳全体の機能が不可逆的に停止するに至った状態である。それに対して，いわゆる植物状態は，大脳の機能が失われ，自力での移動や摂食，意思疎通は不可能だが，脳幹は機能が残っていて，自発呼吸が可能な状態である。この状態からはまれに回復することがある。

▼脳死と植物状態の比較

	大脳	脳幹	自発呼吸	回復の可能性
脳死	×	×	×	なし
植物状態	×	○	○	あり

❷臓器移植法の制定　日本では従来，心拍の停止，自発呼吸の停止，瞳孔の拡大の3つの兆候によって死を確認してきた。つまり心臓死が死の基準とされてきた。しかし，より新鮮な状態の臓器を移植するために，また心臓のような生体からは移植できない臓器を移植するために，人工呼吸器によって心臓は動いているが，脳幹を含む脳全体の機能が不可逆的に停止した患者からの臓器移植が求められるようになった。いろいろな議論が交わされた結果，日本では1997年に臓器移植法が制定され，移植のために臓器が摘出される者について，「脳幹を含む全脳の機能が不可逆的に停止するに至った状態を死とする」という脳死の基準が導入さ

れた。ただし，臓器提供者（ドナー）は15歳以上に限定され，また本人が臓器提供の意図を書面で明示し，家族が同意した場合にのみ臓器提供が認められた。

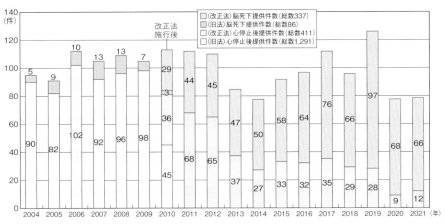

▲臓器提供件数の年次推移　（日本臓器移植ネットワーク資料による）

❸臓器移植法の改正　それに対して，2009年に改正された臓器移植法では，①年齢の制限をなくして，**15歳未満の子どもからの移植も認められた**。また，②**本人の意思が明らかでない場合でも，家族の同意があれば移植ができる**という規定が設けられた。さらに，③**本人の意思表示によって親族へ優先的に臓器を提供する**ことが認められた。

　改正法では，「脳死」を定義するにあたって，移植のために臓器が摘出される者についてという限定を削除して，その定義を一般的なものにした。また年齢の制限を取り除いて，一律にした。しかし法律のなかでは，この「脳死」と「心臓死」とが併存した形になっている。

　脳死は医師にしか判定できない，素人には「見えない」死である。まだ温かい体を前にして，それを死として受けいれるのは家族にとってたいへん難しいことである。

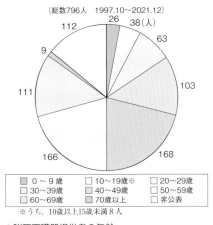

（総数796人　1997.10～2021.12）

▲脳死下臓器提供者の年齢
（日本臓器移植ネットワーク資料による）

　また「死」は，医学的な観点からだけで定義できるものではなく，文化的な背景をもった概念である。それを踏まえて，「死とは何か」という問題について，

社会のなかで議論がなされる必要があるといえるであろう。

❹脳死による臓器移植の問題点

臓器移植を希望する人，つまり**レシピエント**の数に対して，臓器の数が圧倒的に足りないという問題がある。**ドナーカード**などの普及が図られているが，必要な数を満たすことはできていない。そのため移植を待っている患者が外国で移植を受けるということもおこっている。それはある意味で，海外

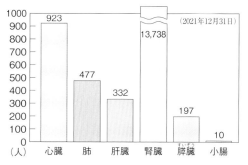

(2021年12月31日)

▲臓器移植の待機患者数
（日本臓器移植ネットワーク資料による）

のレシピエントが享受しうる機会を（金銭を対価にして）奪うことでもある。

　さらに，脳死患者から臓器が提供されたとき，それをどのように配分したらよいかという問題がある。親族への優先提供が公正かどうかも議論の余地があるであろう。

　脳死移植に反対の立場に立つ人には，臓器移植は，人工臓器が十分に開発されれば必要がなくなる過渡的な医療技術にすぎないと主張する人もいる。たしかに，iPS細胞の開発などにより，やがて拒絶反応をおこさない移植用の臓器が作りだされるかもしれない。しかし，それは現在移植を待っている人には何の解決にもならないということもいえる。

　このように，臓器移植の問題もさまざまな困難な問題をはらんでいる。それをめぐって真剣に議論し，少しでもよい解決策を模索することがいま，求められている。

［脳死と臓器移植］

・脳死…脳全体の機能の不可逆的な停止をもって死とする。

・臓器移植法…2009年の改正により，

①臓器提供者の年齢制限がなくなった。

②本人の意思が明らかでない場合でも，家族の同意があれば移植ができるようになった。

③本人の意思により，親族への優先的提供が認められた。

2 環境の倫理

1 地球環境問題

1 人間と環境との関わり

❶**人間の営みと自然**　私たちは，みずから
の経済的，あるいは文化的な営みがそれ自
体で成り立っているように思いがちである
が，それらはすべて，自然のなかでなされ
るものであり，自然に支えられている。人
間と自然の関係は二面的である。私たちは

▲生態系のイメージ

自然からさまざまな恩恵を受けるとともに，他方では自然に対して大きな影響を
与えている。

❷**土地倫理**　アメリカのエコロジスト，**レオポルド**(Aldo Leopold，1887～1948)
は，「**土地倫理**」と題する論文で，人間だけでなく，他の動物や植物も含め，すべ
ての生物が土壌や水，空気とともに相互に連鎖し循環するシステム，現代の言い
方でいえば，生態系(エコシステム，ecosystem)を構成しているという考えを提
起した。実際，人間は自然を所有し，支配する存在ではなく，生態系の一部を構
成する存在にすぎない。人間の営みはすべて，この生態系のなかでなされるので
ある。

❸**資源を大量消費する社会**　それにも
かかわらず，人間は，産業革命以降
の工業化の進展と，20世紀に入って
から手にした高度な科学技術(テクノ
ロジー)によって，かつてないほどの
規模で生産活動を行い，大量の資源
を消費するようになった。そして有
害な物質を含む大量の廃棄物を排出
し，環境に大きな負担をかけている。

❹**環境破壊**　アメリカの生物学者レイチ
ェル=カーソンは，『沈黙の春』(1962)
のなかで，農薬などの化学薬品による
環境汚染の脅威に警鐘をならし，人々
に環境問題の存在を強く印象づけた。

> **原典の
> ことば**　**沈黙の春**
>
> 　自然は，沈黙した。うす気味悪い。鳥た
> ちは，どこへ行ってしまったのか。みんな
> 不思議に思い，不吉な予感におびえた。裏
> 庭の餌箱は，からっぽだった。ああ鳥がい
> た，と思っても，死にかけていた。ぶるぶ
> るからだをふるわせ，飛ぶこともできなか
> った。春がきたが，沈黙の春だった。いつ
> もだったら，コマツグミ，ネコマネドリ，
> ハト，カケス，ミソサザイの鳴き声で春の
> 夜は明ける。そのほかいろんな鳥の鳴き声
> がひびきわたる。だが，いまはもの音一つ
> しない。野原，森，沼地――みな黙りこく
> っている。　　――レイチェル=カーソン『沈黙の春』
> (青樹築一訳，新潮文庫)

　化学物質は環境を汚染するだけではない。現在では，**ダイオキシン**などをはじめとする**環境ホルモン**(内分泌かく乱物質)が動物の生殖機能に大きな影響を与えることも明らかになってきた。それ以外にも，私たちは地球温暖化，酸性雨，オゾン層の破壊など，自分自身が知らないうちに，あるいは，予想できる範囲をはるかに超えて，環境に大きな負担をかけている。2011年の東北地方太平洋沖地震とそれに伴って発生した大津波によっておこった福島第一原子力発電所の事故も，想定されていなかった甚大な被害を私たちにもたらした。今もその被害に苦しむ人がおり，地域の完全な復興はまだ見通しが立っていない。

▲レイチェル＝
カーソン

人物紹介	**レイチェル＝カーソン**

Rachel Carson(1907~64)　海のもつ神秘に強く惹かれていた彼女は，大学で生物学や遺伝学を学んだ後，アメリカ魚類野生生物局の研究者となった。1962年に出版された『沈黙の春』は，現代の環境運動の出発点とみなされている。また，自然に対して驚きを感じる感受性を育むことの必要性を述べた環境教育者として，『**センス・オブ・ワンダー**』などの著作を残している。

② 地球環境問題に対する国際的な取り組み

❶国連人間環境会議　カーソンの『沈黙の春』が与えた影響は大きく，それ以後，環境保護運動が盛り上がりを見せた。1972年には，スウェーデンのストックホルムで**国連人間環境会議**が開催され，**人間環境宣言**が採択された。そこでは「かけがえのない地球」がスローガンになった。

❷地球サミット　環境問題は，個別の地域や国の問題ではなく，地球全体に関わっている。そのため，国際的な取り組みが必要である。その観点から1992年には，ブラジルのリオデジャネイロで**国連環境開発会議**(地球サミット)が開催され，先進国と開発途上国のあいだの対立を超えて，「**持続可能な開発**」(Sustainable Development)をめざすという基本理念が確認された。この会議では，**リオ宣言**，**アジェンダ21**が採択され，**気候変動枠組条約**などが結ばれた。

❸気候変動枠組条約の締約国会議　1997年に，京都で気候変動枠組条約第3回締約国会議(地球温暖化防止京都会議，COP3)が開催され，先進国に対して二酸化炭素やメタンなどの温室効果ガス排出の削減を求め，その目標を定めた**京都議定書**が採択された。

　2015年には，フランスのパリにおいて，国連気候変動枠組条約第21回締約国会議(COP21)が開催され，いわゆる「**パリ協定**」が採択された。そこでは，世界的な平均気温上昇を産業革命以前に比べて2℃より十分低く保つとともに，1.5℃以内に抑える努力を追求すること，また，主要排出国を含むすべての国が削減目標を5年ごとに提出・更新することなどが定められた。

6

現代の諸課題と倫理

▼各国の削減目標　(2021年11月現在)

国名	削減目標	今世紀中ごろに向けた目標
中国	2030年までにGDP当たりのCO_2排出を60〜65%削減(2005年比)	2060年までにCO_2排出を実質ゼロにする
EU	2030年までに温室効果ガスの排出量を55%以上削減(1990年比)	2050年までに温室効果ガス排出を実質ゼロにする
インド	2030年までにGDP当たりのCO_2排出を45%削減	2070年までにCO_2排出を実質ゼロにする
日本	2030年度において温室効果ガスの排出量を46%削減(2013年比)	2050年までに温室効果ガス排出を実質ゼロにする
ロシア	2050年までに温室効果ガスの排出量を約60%削減(2019年比)	2060年までに温室効果ガス排出を実質ゼロにする
アメリカ	2030年までに温室効果ガスの排出量を50〜52%削減(2005年比)	2050年までに温室効果ガス排出を実質ゼロにする

　2021年には，イギリス・グラスゴーで，気候変動枠組条約第26回締約国会議（ＣＯＰ26），京都議定書第16回締約国会議（ＣＭＰ16），パリ協定第3回締約国会議（ＣＭＡ3）が開催された。今回の会議では，パリ協定で定められた「**1.5℃努力目標**」の実現に向け，締約国に対し，今後10年間の気候変動対策を加速させること，そし

▲ COP26のロゴ

て今世紀半ばまでに「**カーボンニュートラル**」，すなわち温室効果ガスの排出をゼロとし，脱炭素社会の実現をめざすことを求めることが決まった。

3 環境問題と公害問題

❶**公害**　環境の汚染や生態系の破壊が地球環境全体に関わる問題であることを踏まえ，現在では「環境問題」という表現が一般的になったが，以前は「公害」ということばが広く使われた。とくに1960年代には，日本は水俣病，イタイイタイ病，新潟水俣病，四日市ぜんそくなどの大きな公害病を経験した。

❷**環境問題**　それに対して，現在私たちが直面している問題が「環境問題」と呼ばれるのは，それが及ぶ範囲からいって当然のことであるといえる。そしてまた，そのように表現されることによって，私たち一人ひとりがこの問題に関わっており，地球環境に配慮する責務を担っているという認識が共有されるようになった。

　しかし，環境問題にはすべての人が関わっているということが強調されることによって，環境悪化の責任を担うべき主体（企業や国）があいまいにされ，ある特定の（多くの場合貧困に悩む）地域や国に環境汚染の影響が集中するという事態が見えにくくなっている。この点にも私たちは注意を払わなければならない。

補説 **環境保護運動の先人** イギリスのラスキン(John Ruskin, 1819〜1900)は美術評論家として知られるが,同時に工業化の進展がもたらした生活環境の悪化に強く抗議し,社会の改良に力を尽くした。日本では,田中正造(1841〜1913)が明治時代に足尾銅山鉱毒問題を国会で取り上げ,天皇に直訴するなどした(⇨p.280)。日本の公害反対運動の原点ともいわれる。南方熊楠(1867〜1941)は,生物学の立場から神社合祀令による森林伐採に反対し,鎮守の森を保護しようとした(⇨p.286)。

［地球環境問題］

・環境破壊…レイチェル＝カーソン『**沈黙の春**』。

・環境問題に対する国際的取り組み…**地球サミット,京都議定書,カーボンニュートラル**。

2 環境保護の視点

1 保全主義と保存主義

❶**保全か保存か** 19世紀末のアメリカでは,資源の開発のために,いたるところで自然環境が破壊された。それに対する反省から自然環境の保護が問題にされたが,その際に,自然を**保全**(conservation)するのか,**保存**(preservation)するのかをめぐって議論がなされた。

　前者は,**自然の資源を人間が効率的かつ持続的に利用できるように賢明な管理を行う**という立場に立つものであり,**保全主義**と呼ばれる。それに対して後者は,**自然はそれ自体として価値や美を備えており,あるがままの姿で保護されなければならない**という立場であり,**保存主義**と呼ばれる。

❷**保全主義** 保全主義は,自然はあくまで人間が豊かな生活を営むための手段であるという**人間中心主義**に立つということができる。もちろん保全主義も限度を超えた環境を認めるものではない。それは結局,人間の生活そのものに返ってくるからである。しかし,賢明な管理を行えば,自然環境の維持は可能であるというのがその立場である。

❸**保存主義** それに対して保存主義は,人間は生態系を構成する一員にすぎず,特権的な地位にあるわけではないという**非人間中心主義**の考えに立つ。自然のなかにも内在的な価値を認め,その観点から,自然の保護の必要性を主張するのである。

　保存主義は,ノルウェーの哲学者ネス(Arne Næss, 1912〜2009)が1973年に提唱した**ディープエコロジー**(deep ecology)にもつながっている。ネスは,それまでの,人間の利益という観点からなされてきた環境保護運動を**シャローエコロジー**(shallow ecology)と呼び,生態系を構成するすべてのものが同じ価値

6

現代の諸課題と倫理

をもつという考えから出発するディープエコロジーと明確に区別した。ネスは自然界全体を網の目のように互いに結びついた1つの連続体としてとらえ，そのなかではすべての存在者は平等に扱われるべきであり，人間が他の生命の内在的な価値を侵害することはできないとする。さまざまな生命が共存し，その豊かさと多様性が保たれることがディープエコロジーのめざすところであった。

2 自然の生存権

❶**環境倫理**　1970年代に，このような非人間中心主義に立つ環境保護の運動がさかんになり，環境倫理ないし**環境倫理学**(Environmental Ethics)が生まれた。そこで重視されたのが，「**自然の生存権**」という考えである。

❷**自然の生存権**　「**自然の生存権**」は，**人間だけでなく，動物や植物，生態系**，さらには**土地や景観など，すべての自然に生存・存続の権利があり**，人間はそれらを無際限に消費したり，勝手に処分したりする権利はないという考えに基づく。

❸**ピーター=シンガー**　自然の生存権という考えのなかには，当然，動物の生存の権利も含まれている。オーストラリアの倫理学者**ピーター=シンガー**(Peter Singer，1946～)は，1975年に発表した著書『動物の解放』のなかで，人間を動物よりも上位に位置づけ，人間は動物を殺処分して食料にしたり，動物実験に使ったりすることができるという考えを**種差別**として厳しく批判した。動物もまた，苦痛を感じる点で人間とまったく同じであり，その苦痛を取り除くために平等の配慮をしなければならないというのがシンガーの考えであった。

❹**環境プラグマティズム**　以上で見た人間中心主義から非人間中心主義へといった議論や，自然には固有の価値や権利があるという議論に批判の矢を向ける主張も近年なされるようになっている。代表的なものにライト(Andrew Light)とカッツ(Eric Katz)の共著『環境プラグマティズム』(1966)がある。そのなかで彼らは，1つの見方に限定せず，むしろ複数の価値観の存在を認め，実際の問題に即して議論をし，合意の形成をめざすことが重要であるという現実重視，実践重視の考え方を述べている。

［環境保護の視点］
① 保全主義か保存主義か。
② 自然の生存権…すべての自然に生存・存続の権利があるという考え方。

3 環境問題と倫理

1 地球の有限性

　環境倫理では，この「自然の生存権」という考えとともに，「地球の有限性」も強調される。アメリカの経済学者ボールディング(Kenneth E. Boulding, 1910〜93)は，資源が無限に存在するという前提に立った経済活動や開発を批判し，資源の有限性という観点に立たなければならないことを主張した。ボールディングは，**資源という観点からみれば地球は有限な閉じた空間である**という考えを，「宇宙船地球号」(Spaceship Earth)ということばで表現した。私たちは限られた空間のなかに貯蔵されたものを，廃棄物に配慮しながら，計画的に使わなければ

▲宇宙から見た地球

ならないというのである。(これは，アメリカの思想家バックミンスター=フラー(Buckminster Fuller, 1895〜1983)が使ったことばを援用したものである。)

2 世代間倫理と持続可能性

❶**世代間倫理**　次に環境倫理において問題にされるのは**世代間倫理**である。現在の私たちの活動は，将来の世代の生存環境に大きな影響を与える可能性がある。

　たとえば原子力発電は，人体にも環境にも甚大な被害を与える放射性廃棄物を生みだしつづけるが，それを無害化することやその寿命を短縮することは事実上不可能である。自然に無害になるのには何十万年という時間が必要になる。「どのように」，そして「どこに」処分するかという難問が解決されないまま，放射性廃棄物は暫定的に保管されている。通常では，廃棄物のことをまったく考えないでものを作るということはありえないが，原子力発電については明確な見通しがないまま，発電が続けられている。そして，そこから生じるかもしれないリスクや経済的な負担を，私たちは将来の世代に押しつけようとしている。

❷**将来の世代への配慮**　当然，私たちはそのようなリスクや負担を一方的に将来の世代に押しつけることはできない。また，それとともに，私たちは化石燃料などのエネルギー資源を好きなだけ浪費し，枯渇させることもでき

▲福島第一原発の事故(2011年)　廃炉作業は40年以上かかるといわれる。

ない。それによって将来の世代を困窮した状況に追い込むことは，将来の人びとに対する不正義であるといえるであろう。私たちは自分の世代のことだけではなく，**将来の世代の生存や権利**についても注意深く配慮しなければならない。それは，私たちの**未来世代に対する責務**であると言える。

1992年の国連環境開発会議（地球サミット）で掲げられた「**持続可能な開発**」という理念には，将来の世代の利益を損なうことのない開発という意味も込められている。未来の地球環境を守ること，そのために必要な責務を果たすことも，環境倫理の大きな課題であるといえるであろう。

❸**SDGs** 1992年の地球サミットが掲げた理念を踏まえ，2000年に国連ミレニアム・サミットで国連ミレニアム宣言が採択され，それをもとに2001年にミレニアム開発目標（MDGs）が策定された。

▼持続可能な世界を実現するための17のゴール

1	貧困をなくそう	9	産業と技術革新の基盤をつくろう
2	飢餓をゼロ	10	人や国の不平等をなくそう
3	すべての人に健康と福祉を	11	住み続けられるまちづくりを
4	質の高い教育をみんなに	12	つくる責任 つかう責任
5	ジェンダー平等を実現しよう	13	気候変動に具体的な対策を
6	安全な水とトイレを世界中に	14	海の豊かさを守ろう
7	エネルギーをみんなに そしてクリーンに	15	陸の豊かさも守ろう
		16	平和と公正をすべての人に
8	働きがいも経済成長も	17	パートナーシップで目標を達成しよう

さらにそれを踏まえて，2015年の国連サミットでは「持続可能な開発のための2030アジェンダ」が採択され，そこで2016年から2030年までの国際目標として，「**持続可能な開発目標**」（Sustainable Development Goals）が掲げられた。**SDGs**はその略称である。

SDGsは持続可能な世界を実現するための17のゴール・169のターゲットから構成されており，「**誰一人取り残さない**」社会の実現をめざし，経済・社会・環境をめぐる広範な課題に統合的に取り組むことをめざしたものである。

貧困や飢餓をなくす，すべての人に質の高い教育を確保する，ジェンダー平等を達成する，平和な社会を実現するといった目標はすばらしい。しかし，それを実際に実現することは決して容易ではない。新型コロナウイルス感染症の拡大や戦争などにより貧困の問題はより深刻化しているし，ジェンダー間の格差はいっこうに解消されていない。**すべての人が生きがいを感じられる社会を作り上げていくことは簡単ではない。**しかしここで掲げられた理念を単なる画餅に終わらせないことは，私たちの地道な努力にかかっているといえるであろう。

3 環境正義

❶**先進国と発展途上国の関係** 環境問題は地球規模の問題であるということがしばしば指摘されるが，それは単に自然の汚染や環境の破壊が地球上のいたるとこ

ろでおこっているということにとどまらない。経済のグローバル化に伴い，環境規制の厳しい先進国の企業が規制の緩い途上国に工場を作り，そこで汚染物質や産業廃棄物を出しつづけるというように，**環境破壊が弱者に集中する形が生じている**ことに注意しなければならない。環境破壊の問題は**先進国と発展途上国との経済的な格差**という問題と，不公正という問題と結びついているのである。

❷**貧困という要因**　環境破壊の問題は**貧困**の問題とも密接に結びついている。たとえば，貧困にさらされている人々は，生存のために資源や環境を，その安定的な維持の限界を超えて使用せざるをえない状態に置かれる。そうした人々が耕地や森林資源を過剰に使用，もしくは消費することによって，耕地の砂漠化や森林の伐採に伴う水害など

▲発展途上国における森林の伐採　日本は世界上位の木材輸入国である。

が生じ，それが貧困に拍車<ruby>拍車<rt>はくしゃ</rt></ruby>をかけ，生存そのものを危うくするという事態が生じている。貧困と環境の破壊とがサイクルを形成し，悪循環を引きおこしているのである。

❸**環境正義**　このような構造的な問題を解消し，現存する不均衡を是正するという課題が，**環境正義**ということばで表現されるようになった。これも，環境倫理が取り組まなければならない大きな課題の一つである。

4 think globally, act locally

環境問題を解決するためには，**持続可能な開発**や，**環境正義**という理念を掲げるだけでなく，それを具体的に実践していかなければならない。そういう観点で手がかりになるのは，"think globally, act locally"というスローガンである。これは「**地球規模で考えるとともに，足もとから行動する**」という意味である。誰かが言い始めたというよりも，草の根のレベルで使われ始めたことばと考えられるが，いま私たちに求められていることを的確に言い表している。私たち一人ひとりが，宇宙船地球号の乗組員であることを自覚して，身近なところから実践していくことなしには，地球環境をめぐる問題は決して解決されないであろう。

[環境問題と倫理]
・地球の有限性…ボールディング「宇宙船地球号」
・世代間倫理…将来の世代の生存や権利に配慮する必要
・SDGs…「**持続可能な開発目標**」(Sustainable Development Goals)

家族の課題

1 | 家族のあり方の変容

❶**家族の社会的な機能**　家族は，生まれてきた子どもが最初に出会う集団である。アメリカの社会学者**タルコット＝パーソンズ**（Talcott Parsons，1902～79）は，家族が社会のなかで果たす役割について，成人の精神的な**安定化・子どもの社会化**を挙げている。感情的な融合を通して安定した人間関係を形成すること，そして子や孫を教育し，次の世代の社会の成員として送り出すことが，その主要な機能である。そのような機能をもつ集団として，家族は社会の土台を形成する。

❷**小家族化**　現代社会では，家族の形態は大きく変化してきている。かつては，親・子・孫の三世代からなる家庭が多かったし，おじ・おばが同居したり，複数の子どもの家族が同居する**拡大家族**も存在した。しかし，1960年頃から，一組の夫婦のみ，または夫婦とその未婚の子どもからなる核家族の割合が増えていった。一世帯あたりの平均人数は1955年には約5人であったが，1960年には4人に，1990年には3人に減少し，2020年に2.21人となった。

❸**家族の形態の変化と孤立・孤独の問題**　それだけでなく，従来の**核家族**と異なった新しい家族の形態が増えてきている。たとえば，DINKS（ディンクス）と呼ばれる子どもをもたない共働きの夫婦や，結婚しないで自分の子どもや養子を育てる人，あるいは離婚による母子家庭や父子家庭なども増えている。さらに，収入が低いせいで結婚に踏み切れない若者や，高齢の寡夫または寡婦（夫や妻を亡くした人），単身で生活する人も増えてきている。

　こうした家族の形態の変化とともに，**孤立や孤独**の問題に悩む人や心身の健康に不安を覚える人，経済的な困窮を訴える人が増えている。新型コロナウイルスの感染拡大によってそのような状況はいっそう深刻化している。子どもの居場所の確保や，ひとり親家庭・ヤングケアラーへの支援，フードバンク活動，障がい者の自立支援，ドメスティック・バイオレンス（DV）被害者への支援など，さまざまな対策を社会全体で考えていかなければならない。

2 | 家庭内における役割分担

❶**男女の性別役割分担の見直し**　家族の形態の変化にあわせて，家庭内における性別による役割分担についての考え方にも変化が生じてきている。かつては，男性が外で働き，女性が家庭内の仕事を担当するというのが典型的な家族像であった。しかし，女性の社会進出が進んだ結果，そのような**性別による役割の分担**と

いう考え方は見直されてきている。

　育児や家事についても，また看護や介護についても，家族全員で助けあい，協力して行うという考え方が強くなっている。しかし実際には，職業をもった女性が育児や家事も担当せざるをえない家庭も多く，その場合は女性の負担が大きい。

　育児や教育，親の介護や看取りなどの問題は，一家族が背負いこむのではなく，社会全体で担っていかなければならない課題であるといえる。

❷男女共同参画社会の実現　これらの状況を踏まえて，1985年に，職場での男女平等の確立をめざす男女雇用機会均等法が，1999年に，男女共同参画社会基本法が制定された。男女の平等を実現するために，**男女が互いの人格を尊重し，責任を分かちあって，性別にかかわりなく，その個性と能力を十分に発揮することができる社会**を実現することは，現代の大きな課題の一つである。

　しかし，それを実現するためには，多くの具体的な施策が必要であることはいうまでもない。男女を問わず育児休業を取れる制度や，休業後の仕事への復帰をスムーズに行うための制度を整えることも必要であるし，託児所や保育施設の数を増やし，働きやすい環境を整備することも不可欠であろう。

▼性別役割分担の見直しに関連する法律

1985年 男女雇用機会均等法	・定年・退職・解雇について，女性であることを理由とした差別が禁止された。 →男性は「総合職」，女性の大半は「一般職」となり，差別の解消は進まなかった。
1997年 男女雇用機会均等法の改正	・**募集・採用・配置・昇進について，性別を理由とする差別が禁止された。** →募集などに際し，職種を性別に関して中立に表現するようになった。例：看護師(×看護婦)
2006年 男女雇用機会均等法の改正	・婚姻・妊娠・出産を理由とした退職勧奨・解雇・配置転換などの不利益な取り扱いが禁止された。 ・男性に対する差別も禁止になった。
1992年 育児介護休業法の改正	・1歳未満の子どもの育児休業，要介護状態の家族の介護休業が取れるようになった。 ・休業は，女性だけでなく男性にも認められた。
1999年 男女共同参画社会基本法	・**男女が社会の対等な構成員として，性別に関わりなく個性と能力を発揮することができる社会をめざす。** ・男女間の格差を改善するため，**積極的改善措置**(ポジティブ・アクション)を講じることを国の責務とした。
2016年 女性活躍推進法	・女性がスキルや個性を活かして働ける社会をめざす。 ・国や自治体，企業などに，女性の活躍に関する状況把握や行動計画の策定などを義務づけた。

6

現代の諸課題と倫理

2022年 女性活躍推進法の改正	・301人以上の企業を対象として、「男女の賃金の差異」が情報公表の必須項目となった。

❸ジェンダーギャップ　このようにさまざまな対策が取られてきている。しかし、世界経済フォーラムが経済・政治・教育・健康の４つの分野にわたって男女間の格差を調査した「ジェンダーギャップ指数2022」によると、日本の順位は146か国中116位であり、先進国のなかで最低のレベルであった。男女間の格差解消は日本においてはまだまだ遠い課題であるといわざるをえない。

3 | フェミニズムの運動

❶戦後の女性解放運動　第二次世界大戦後、日本国憲法の制定によって女性の参政権が認められ、また民法が女性の立場を考えたものに改正されるなど、明治以降、女性解放運動の先駆者たちがひたすら求めてきたものが実現した。その後、女性たちの声は、主婦連合会（主婦連）などを中心に、消費者の権利確立や反戦平和などに向けられていった。また、高度経済成長のもとで生活要求が徐々に満たされるようになった1960年代後半には、専業主婦の性別役割分担体制や無報酬を問題にした主婦論争がおこった。

　1970年代に入ると、世界の国々と呼応して、日本でもウーマン・リヴの運動がおこった。この運動は、人工妊娠中絶や婚姻制度といった問題を、当事者である女性の側から提起し、現代社会のなかに残る性差別を鋭く告発したものである。1997年、2006年には男女雇用機会均等法が改正され、1999年には男女共同参画社会基本法が成立し、女性の社会進出が進んだが、それとともに、深夜労働時間の延長などの新たな問題も出てきている。

❷ジェンダー　学問の領域においても、とくに1980年代以降、歴史学・社会学・教育学などの分野で、ジェンダー（gender）の問題がさかんに研究・議論されるようになった。「ジェンダー」とは、男性・女性という生物学的な性（sex）ではなく、男らしさ・女らしさのような、社会的・文化的に形成された男女のあり方のことである。話しことばや身ぶり、性格、能力、職業などについて現実に存在する男女の差異は、生物学的な男女の性差に基づくだけでなく、社会的・文化的に形成されてきた側面が大きいことを、「ジェンダー」という概念は表している。たとえば、男らしいとか、女らしいという考え方は、子どもが成長し社会化する過程で、社会が掲げる理想が植えつけられることによって生まれると考えられる。

❸フェミニズム　このジェンダーに注目し、女性の解放・女性の権利の拡張をめざす思想や運動がフェミニズム（feminism）である。現代のフェミニズム運動は、これまでの社会で歴史的に形成されてきた男女のあり方を、男性優位と女性の隷属

ととらえる。そして，社会的な地位が低く，経済的にも不利な立場に置かれている女性を差別から解放するために，社会制度の改革をめざしている。(先に述べたウーマン・リヴの運動はフェミニズム運動の先駆的な例である。)

❹ダイバーシティとインクルージョン　いま私たちにとって大切なのは，男女がお互いの主張に耳を傾け，社会的・歴史的に形成されてきた差別をなくすために，共に協力しあっていくことであろう。

　先に見たSDGsにおいては，くり返しダイバーシティ(多様性)という言葉とインクルーシヴ(包摂的)という言葉が出てくる。inclusiveというのは，高い地位にある人や豊かな人だけが権利を享受するのではなく，貧しい人や女性，子どもなどもそこから排除されないという意味である。

　いま私たちの社会で課題となっているのは，ダイバーシティとインクルージョン(包摂性)であるといえるのではないだろうか。性別や性的指向，年齢，障がいの有無，国籍など，さらには職歴や価値観の違いなどにかかわらず，教育や就労の機会を保証され，それぞれが個として尊重され，その可能性をのばすことのできる社会の実現が求められている。

補説　**セクシャル・マイノリティ**　**LGBTQ**(Lesbian, Gay, Bisexual, Transgender, Queer を組みあわせた言葉)という言葉があるが，自分が自分の性をどう意識するか，あるいはどのような人をパートナーに選ぶかは，それぞれの個性に属することである。性的少数者に対する偏見を助長したり，差別したりするのではなく，そのような多様性を認め，誰もが生きやすい社会を作ることが，私たちの社会の豊かさにつながっていくのではないだろうか。

4│少子化と高齢化

❶少子化の進行　日本は現在，**合計特殊出生率**(一人の女性が一生のうちで産む子どもの平均人数)が著しく下がり，顕著な少子化傾向が生じている。2020年の合計特殊出生率は1.33人であった。結婚しない人が増えていること(**非婚化**)や，結婚年齢があがっていること(**晩婚化**)，子どもの教育費用の増加などが関係していると考えられる。

▲出生数及び合計特殊出生率の年次推移　(内閣府による)

6　現代の諸課題と倫理

❷**少子化対策** 社会の根幹を揺るがしかねない**少子化の進展に歯止めをかけるため**，2003年に**少子化社会対策基本法**が成立した。仕事と家庭生活を調和させる**ワーク・ライフ・バランス**，子どもを育てやすい環境の整備が求められている。

❸**高齢社会** 社会の**高齢化**も進んでいる。65歳以上の高齢者が社会に占める割合は，1950年には5%だったが，1985年には10%に，そして2013年には25%に達した。2035年には33%に，つまり総人口の3人に1人が65歳以上の高齢者になると予測されている。総人口に占める高齢者の割合が14%以上の社会を高齢社会，21%以上の社会を**超高齢社会**という。日本はすでに超高齢社会にはいっている。

❹**社会福祉の課題** このように**少子化**と**高齢化**が進行するなかで，私たちは多くの問題に直面している。介護の分野では，かつてのように親族間で経済的な負担や介護の負担を支えあうということが少なくなったため，看護や介護の役割が特定の人に集中したり，高齢者がさらに高齢の親を介護するというような状態も生まれている。そして看護や介護を十分に受けられない人がでてきている。

　高齢者の介護を社会全体で担うために，2000年には**介護保険制度**が実施された。これは40~65歳までの被保険者が保険料を納め，65歳から要介護度に応じて介護サービスを受けることができる制度である。介護や福祉のための施設も増えてはいるが，多くの人が待機しており，十分ではない。

　公的年金制度の充実によって，高齢者の経済的基盤を確立することも求められるが，年金や医療費など，社会保障費の財源をどのように確保していくかが，今後大きな課題になる。とくにこれからは，人口全体に対する労働年齢人口のいっそうの減少が見込まれるため，解決策を見いだしていくことは簡単ではない。

❺**高齢者の生きがいと暮らし** 男女が協力しあい，安定した家庭を築いて，それぞれの能力や個性を発揮し，社会のなかで活躍することも，非常に大切なことである。しかし，すでに就業に適した時期をすぎた高齢者が生きがいをもち，安心して暮らすことができるということも，社会において重要な課題である。それが実現できて，はじめてその社会は本当の意味で豊かな社会であるといえる。

　老いるということは，たしかに若さを失うということである。しかし，それまでの勤労を中心にした生活や人間関係とはちがった，新しい生活や人間関係が生みだされる可能性もそこにはある。老年期は単なる停滞期や終末期ではない。むしろ，新しいものが生みだされる可能性を内包した時期でもある。

[家族の課題]
　・性別役割分担の見直し…**男女雇用機会均等法**，**男女共同参画社会基本法**
　・少子高齢化対策…**少子化社会対策基本法**，**介護保険制度**

4 地域社会の課題

1 | 生活の基盤としての地域社会

❶**地域社会**　私たちの日常のくらしは地域のなかで営まれる。商店も，学校も，通学に使う交通機関も地域のなかにある。しかし，そのように「地域」というとき，それは，単なる地理的な広がりや空間を指すのではない。そのなかには**人と人とを結びつけている相互のつながり**も含まれている。地域社会ということばには，そのような意味が込められているのである。コミュニティも同様の意味で使われるが，その場合，この人と人のつながりがより強く表現される。

❷**地域社会のもつ共同性**　地域社会は，人がたまたまそこに生まれ，育った空間であるというよりも，むしろ，近隣の人とのつきあいを通して，あるいは年中行事や冠婚葬祭などを通して，人と人とが結びつき，**連帯**を強める機能をもっている。たとえばゴミ処理や子ども会などの日常的な問題から，災害などの大きな問題にいたるまで，さまざまなできごとに**共同して対処する場所**である。

　かつては，村や町で行われる祭りが地域のなかで大きな意味をもっていた。それは共通の宗教意識を確認する場であり，また神楽や踊りなどの郷土芸能を伝承していく場でもあった。また，葬送は，かつて野辺送りなどがなされていた頃には，村全体で営まれる大きな行事であった。葬送の儀礼だけでなく，死者を送るということ自体が，一家族ではなく，共同体全体で行う営みであった。

　このような例にも見られるように，地域社会は，そのなかで**共同意識が形成される場**であるし，その地域独特の**文化を継承する母体**でもある。「地域社会」は単なる地理的な概念ではなく，歴史的な，また文化的なものを内包する概念である。そのような意味で，地域社会は私たちの**生活の基盤**であり，それが基礎となって社会全体が構成されるのである。

❸**現代の地域社会**　地域社会のつながりは，過去のものになったのではなく，現代でも，協力して防災や防犯に取り組み，町内の清掃を行うなど，さまざまな形で生かされている。2011年の東日本大震災の際には，そのようなつながりが避難所での困難な生活や復興の取り組みを強く支えたといわれている。その意味では，地域社会もまた，人間的な生活の水準を保障する**セーフティネット**(安全網)として重要な機能を果たしているということができる。

2 | 地域社会の変容と課題

❶**過疎化と都市化**　前節で，家族の形態や家族が果たす役割に大きな変化が生じ

ていることについて述べたが，それと同様に，地域社会のあり方も近年大きな変化を遂げた。

　地方では**過疎化**が進行し，年齢構成にかたよりが生じて，地域から活力が失われつつある。他方，都市においても，単身者や核家族が増え，多様な年齢層の家族による社会のつながりが失われつつある。そのことによって，私たちの生活の基盤である地域社会がやせ細り，互いに支えあう力が失われつつある。

❷**地域社会に求められるもの**

　とくに子育てをする親や看護・介護をする人にとっては，地域社会の人々の支えは大きな力になる。安心して出産し，子育てをするために，また高齢者や障がいをもった人が快適な生活を送るために，地域社会が果たす役割はきわめて大きい。

　もちろん行政も，そのためにさまざまな施策を行っているが，それだけでは十分ではない。互いに支えあい，すべての人が安心した生活を営むことができるようになるためには，またそれを通して地域社会を活性化するためには，**住民自身のネットワーク**の形成が求められる。

▼特定非営利法人の活動分野　50,541法人が活動している。

活動の種類	法人数
保健，医療又は福祉の増進を図る活動	29,523
社会教育の推進を図る活動	24,667
まちづくりの推進を図る活動	22,434
観光の振興を図る活動	3,420
農山漁村又は中山間地域の振興を図る活動	2,938
学術，文化，芸術又はスポーツの振興を図る活動	18,261
環境の保全を図る活動	13,173
災害救援活動	4,319
地域安全活動	6,313
人権の擁護又は平和の推進を図る活動	8,900
国際協力の活動	9,212
男女共同参画社会の形成の促進を図る活動	4,834
子どもの健全育成を図る活動	24,394
情報化社会の発展を図る活動	5,601
科学技術の振興を図る活動	2,819
経済活動の活性化を図る活動	8,945
職業能力の開発又は雇用機会拡充の支援活動	12,848
消費者の保護を図る活動	2,888

（2022年9月30日までに認証を受けたもの，内閣府，一部省略）

❸**地域社会の新しい担い手**　そこで大きな役割を果たしているのが，ボランティアやNPO（非営利組織，non-profit organization）である。これまで公共サービスはもっぱら国や地方自治体が提供し，住民はそれを受けとる側としてのみ位置づけられてきた。それに対して近年では，住民自身の手によって必要とするものを提供するという考え方が広がり，支持されている。このような活動や考え方は，「**新しい公共**」ということばで呼ばれている。今後，地域社会の問題を考えていくうえで，このような考え方は，重要な意味をもってくるであろう。

POINT!

　近年では，地域社会でのボランティアやNPO（非営利組織）が果たす役割が重要になってきている。

⑤ 高度情報化社会の課題

1 | 情報化の時代

❶**情報化の進展**　現代は，人間生活のあらゆる領域において，**知識や情報の役割が飛躍的に増大している**時代である。人間生活の質的向上にともなって増加してきた知的欲求を充足させるためにも，また巨大で複雑な政治や経済や社会機構を正常かつ能率的に運用するためにも，知識や情報のもつ価値はますます高まっている。このような社会を，アメリカの社会学者**ダニエル=ベル**（Daniel Bell, 1919～2011）は，**脱工業化社会**（post-industrial society）と呼んだ。

　このような必要性を満たすため，新聞・テレビを中心とした従来のマスメディアに加え，近年はコンピュータの著しい発達を背景に，高度な電子メディアが私たちの日常生活に入りこんできている。そして，その膨大な量の知識と情報によって，私たちの意識や行動，価値観が左右されるようにもなっている。

❷**高度情報化社会**　かつては，テレビ・新聞・雑誌といったマスメディアが提供する情報が私たちの生活に大きな影響を与えていた。そのような状況を，**情報化社会**ということばで言い表した。しかし，現在では，メディア側だけでなく，**すべての人が情報の発信元となって，世界に向けて情報を発信できるようになった**。その結果，私たちが接しうる情報量は，かつてとは比べものにならないほど膨大なものになってきた。しかも私たちは，インターネットを通じてこれらの情報にいつでもどこでも容易にアクセスできるのである。そのような現代社会のあり方は，**高度情報化社会**ということばで表現される。

❸**IT革命**　これまで文字情報は新聞や雑誌・書籍などを通じて，音声の情報は電話やラジオを通して，映像はテレビなどを通して伝えられてきた。映像は電話を通しては流せないし，音声は新聞では運べない。送信元も受信先も，決められた形でしか，情報の送り出しや受け取りをすることができなかった。

　しかし，文字でも音声でも映像でも，**デジタル信号**に変換すれば，コンピュータさえあればそれ1つで，それらをすべて送り出し，かつ受け取り，処理・制御することができる。現在，この**情報のデジタル化**が急速に進み，パソコン（パーソナル・コンピュータ）の普及，携帯電話などによるモバイル通信の普及，インターネットの普及などを背景に，**IT**（Information Technology，**情報技術**）の飛躍的な進展，すなわち**IT革命**と呼ばれる状況が生まれている。

　ITはまた，情報や知識が多くの人に共有されるという点，つまりコミュニケーションという点に注目して，「情報伝達技術」（Information and Communication

6
現代の諸課題と倫理

Technology)とも呼ばれ，IT革命もICT革命と呼ばれる。

❹IoT　さらに最近の情報機器や通信技術の発達によってインターネットは大きく変わろうとしている。そのあり方はIoT(Internet of Things)，つまり「モノのインターネット」という言葉で呼ばれている。以前はインターネットには，パソコンやサーバーなどのIT機器だけが接続されていたが，現在ではスマ

▲IoTのイメージ

ートフォンやスマートウォッチ，電化製品，自動車など，さまざまなモノもそれに接続できるようになった。

　その大きな特徴は，離れたところからモノの位置や状態を確認したり，操作したりすることができる点にある。その技術は，たとえば医療の分野において，遠隔地の患者の検診や治療に利用されたりしている。

　もう1つの大きな特徴は，以前のように人間がデータを入力するのではなく，モノ自体がそれに取り付けられたセンサーを介してデータを集め，送れるようになった点である。そのことによって膨大なデータ(ビッグデータ)がインターネット上に蓄積されるようになった。AI(人工知能)がそのデータを分析し，私たちに有益な情報を(以下で見るように必ずしもそうでない場合もあるが)提供してくれるようになっている。

❺AI　AIはすでに，病気の早期発見や診断を行ったり，農業において成長度合いを解析して自動的に灌水・施肥を行ったりするなど，さまざまな場所で活用され始めている。その可能性は大きい。やがて人類の知能を超える転換点(技術的特異点)，つまりシンギュラリティ(Singularity)が来るということが言われている。そうなれば，いまある職業のほとんどはAIが担うようになるかもしれない。人間にしかできないものがあるのか，あるいは，人間の人間であるゆえんは何か，といったことが真剣に問われることになろう。

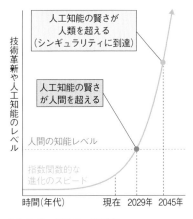
▲シンギュラリティの到来

　私たちはいま，パソコンやスマートフォンなどを通してインターネット上に何気なく自分の情報を発信しているが，AIによってその断片的な情報が結びつけられ，私たちの行動のすべてが明らかにされるというようなことも将来，十分に起こりうる。私たちの「知られない権利」が十分に保証されるのかどうかも，こ

の技術革新の時代の大きな問題の1つであろう。

> 補説　**シンギュラリティ**　人工知能研究で知られるレイ・カーツワイル(Ray Kurzweil，1948〜)らが唱えた概念で，AIが人類の知能を超える地点を指す。2045年頃と言われている。

2│情報化がもたらす恩恵と諸問題

❶**地球規模のコミュニケーション**　近年の情報通信技術の著しい発達によって私たちのコミュニケーションの範囲は，かつてとは比べものにならないほどひろがった。斬新なメディア論を展開したカナダの批評家**マクルーハン**(Marshall McLuhan，1911〜80)は，かつて『グーテンベルクの銀河系』(1962)という著書のなかで，ラジオ・テレビのような電子的なマスメディアを通して私たちが地球規模で対話することができるようになったことを，「**グローバル・ヴィレッジ**」(global village，地球村)ということばを使って表現した。現代は，文字どおり，地球全体が一つの村となりつつあるともいえる。

　近年では，ツイッターやフェイスブック，インスタグラムのような**SNS**(ソーシャル・ネットワーキング・サービス，Social Networking Service)，動画共有サイトなど，誰もが手軽に参加でき，双方向的に情報や意見を交換したり，情報コンテンツを作りだしたりする**ソーシャル・メディア**が多くの人によって利用されつつある(**双方向的コミュニケーション**)。

❷**情報化がもたらす問題**　情報社会化は，私たちにさまざまな恩恵をもたらすとともに，他方で多くの問題を生みだしている。

▲**9.11テロ事件**　炎上するニューヨークの世界貿易センタービル。衝撃的映像がテレビ中継され，この事件に対するイメージが形成された。

　1 **現実との乖離**　あまりの情報量の多さに，どのように対処したらよいのかわからずに，情報の山のなかに埋もれしてしまうこともあるし，電子ネットワークのなかに作りだされる仮想現実(バーチャル・リアリティ，virtual reality)のなかに埋没し，現実に対する感覚やコミュニケーションの能力を喪失するという事態も生まれている。

　2 **情報操作**　アメリカのジャーナリスト，**リップマン**(Walter Lippmann，1889〜1974)が主著『世論』(1922)で警告したように，マスメディアから大量に発信される画一的なイメージや情報によって，私たちの判断や評価が単純化・固定化され，ときには国家によって意識が操作される危険性もある。リップマンは，このように社会にひろがっている固定的な観念をステレオタイ

プと呼んだ。また，アメリカの歴史学者ブーアスティン(Daniel. J. Boorstin, 1914~2004)は，マスメディアが流す情報に人々が「本当らしさ」を感じ，それが現実と受け止められていくことを，擬似(ぎじ)イベントと呼んだ。

補説　**ステレオタイプ(stereotype)**　性別・職業・人種など，特定の対象について社会のなかで広く受容されている，単純で固定的な(判で押したような)観念・イメージのこと。印刷の版型に用いる鉛版(ステロ版)に由来する。人種的偏見や差別的な行動に結びつくこともある。国家がステレオタイプをひろめた例には，ナチスによるユダヤ人に対する差別や偏見の大規模な宣伝がある。

③ **個人情報の漏洩(ろうえい)・流布**　あらゆる人が情報の発信者になることによって，あやふやな，あるいは誤った情報が流されることもあるし，プライバシーの侵害が起こったり，秘密の情報が流出したりすることもある。また，インターネットの匿名性(とくめいせい)を利用して，悪意をもって人を中傷する情報が意図的に流されることもある。

④ **フェイクニュース**　近年しばしば話題にのぼった言葉にフェイクニュースというものがある。不正確な，あるいはいつわりの情報に基づいたニュースのことである。選挙などで相手の候補をおとしめるニュースや，内戦や戦争で根拠のない，敵方に不利なニュースを意図的に流すこともなされている。それらがSNSを通して一挙に拡散し，社会に大きな影響を与えるということがある。SNSの運営母体がフェイクかファクト(事実)かをチェックする必要があると言われるが，フェイクかファクトかを判別するのは簡単ではないし，「表現の自由」の問題もある。

⑤ **ファクトチェック**　結局，利用者自身が気をつけてフェイクではないかどうかをつねにチェックしなければならない。しかし，私たちのうちには，身近な人や信頼を寄せる人，あるいは支持する人の話は正しいと思い込んでしまうというバイアス(偏り，偏った見方)がある。また情報に接するときも，自分の考えに合う情報を選ぶという「**選択的接触**」(selective exposure)と呼ばれる傾向がある。さらに，検索サイトやソーシャルメディアは，アルゴリズムと呼ばれる計算処理方法に基づいて，利用者の閲覧履歴にあわせた情報を提供してくる。そのために利用者が嫌う情報にはフィルターがかかり，好む情報だけに泡(バブル)のように包まれる状況，つまり「**フィルターバブル**」(filter bubble)という状況が生まれる。正確な情報にたどり着くのは決して簡単ではない。またそのことによって，社会のなかに生じた分断が，よりいっそう深刻なものになっていくという事態が生じている。

　一方，民間で，AIの力を借りて，疑わしい情報を選びだし，それが事実かどうかをチェックしている団体もある。今後，その役割は増大すると考えられる。

6 **サイバー犯罪**　インターネットはさまざまな**犯罪**や**不正行為**にも利用されている。他人のコンピュータに侵入してデータを改ざんしたりする**ハッキング**や，コンピュータ・ウィルスのまきちらしなども行われているし，他人の知的な活動の成果を不正に複製するという知的財産権の侵害も生じている。また，たとえば金融機関を装ってEメールを送りつけ，ウェブ画面にアクセスさせて，クレジットカードの番号やパスワードなどを入手する**フィッシング**などの詐欺事件も頻発している。インターネットを通した商取引(インターネット・コマース)の増加によって，このような詐欺事件はますます増えていくであろう。

> 補説　**知的財産権**　知的所有権ともいう。小説や音楽，デザイン，ソフトウェア，発明など，知的創造活動によって生まれたものを，創造した人の財産として保護する権利。著作権(コンテンツ)・意匠権(デザイン)・特許権(技術)・商標権(ブランド)などを指す。形のある物ではなく，情報が財産となるところに特徴がある。

7 **個人の行動の監視**　私たちのさまざまなサイトへのアクセスの記録や，メール送信の内容などのデータが知らないうちに集められ，巨大なデータベースの中で管理され，行動が監視されるということもおこりうる。つまり，個人が関わり知らないところで(あるいはその意図に反して)その生活や行動が国家や組織に管理されるという**管理社会**になる危険がある。

8 **情報格差**　さらに近年指摘されているのは，情報機器を購入できる人とできない人，インターネットを使いこなして多くの情報を入手できる人とできない人とのあいだに生まれる**デジタル・デバイド**(情報格差)の問題である。情報機器を入手し使いこなす能力がないと，雇用の機会を失って十分な収入が得られず，その能力のある人とのあいだに経済的な格差が生まれ，それが固定化する。そしてその格差が次の世代で再生産される。このデジタル・デバイドは，一人ひとりの人間のあいだだけでなく，地域と地域のあいだ，さらには国と国のあいだにも生まれている。

3 | 情報リテラシーと情報倫理

❶**情報リテラシーの必要性**　このような状況のなかで私たちは何をすべきであろうか。まず私たちに求められるのは，洪水のように押し寄せてくる情報，とくに不確かな情報に惑わされたり，操られたりしないようにすることである。私たちは，**必要な情報を取捨選択し，それを批判的に読みとっていかなければならない**し，メディアが作りだす画一的なイメージをうのみにするのではなく，そのイメージの背後にある現実に目を向ける力をつけていかなければならない。高度情報化社会で求められるこのような能力は，情報リテラシーと呼ばれる。

補説 **リテラシー（literacy）** 読み書き能力，あるいは特定の分野の知識や能力のこと。コンピュータ・リテラシー（コンピュータを操作する能力）やネットワーク・リテラシー（インターネットやEメールを利用できる能力），あるいは**メディア・リテラシー**といった使い方をし，これらを総合して**情報リテラシー**と呼んでいる。

❷**個人情報の保護** 情報化の進展に伴って，個人情報を適正に取り扱い，個人の権利と利益を保護する必要が生じてきた。そのため，2003年には**個人情報保護法**が成立し，行政機関だけでなく民間企業にも，個人情報を取り扱うときの義務と罰則が定められた。しかし他方，情報の保護を口実にして，国民の**知る権利**と報道の自由が不当に制限されてはならない。その点にも十分に注意を払う必要がある。

❸**情報倫理** 高度情報化社会では，プライバシーを侵害しないことや個人情報を保護すること，知的財産権を侵害しないことなどのほかに，インターネットを利用するときのマナーを守ることなどが求められる。これらは，高度情報化社会に求められる倫理であり，**情報倫理**と呼ばれる。

❹**高度情報化社会の可能性** 以上で見たように，私たちはいま，膨大な情報に取り囲まれている。もしその情報をうのみにするだけであれば，グローバル・ヴィレッジは，一方的な情報によって私たちの意識や行動が操作されるだけの場所になりかねない。もしその点に十分に配慮することができれば，高度に情報化した社会は，私たちが現在かかえるさまざまな困難な問題について世界規模で議論し，解決策を見いだしていく場所にもなりうる。その意味で，多くの可能性をもった場所であるといえる。

[情報化社会の課題]
・情報化の進展…IT（ICT）革命，IoT（モノのインターネット），AIとシンギュラリティ。
・情報化がもたらす問題…**情報操作**，**情報の漏洩**，フェイクニュース，サイバー犯罪，**デジタル・デバイド**（情報格差）。
・これからの課題…情報リテラシーと情報倫理。

6 文化と宗教の課題

1 | グローバル化のなかの文化

❶**グローバル化**　現代の特徴を一言で言い表すことは容易ではないが，少なくともその大きな特徴の一つとして「グローバル化」(グローバリゼーション，globalization)を挙げることができる。この概念はさまざまな側面を含む複合的な概念である。しかし，交通・通信手段の著しい発達がそれを支えていることはまちがいない。電子工学的な通信手段によって私たちは，地球上のどの地点にいてもリアル・タイムに情報を受け，また送ることができる。それが可能にしたものは多いが，私たちの生活にもっとも大きな影響を与えたのは，**地球規模で同一の尺度による生産と消費のシステム**が作りあげられていったことである。

❷**グローバル化のもたらした問題**　そのようなシステムによって世界のさまざまな地域や産業が，文字通り地球規模で緊密に結びつけられていった。しかし，このことが引きおこした問題もまた多い。競争力をもたない国や地域の産業は壊滅的な打撃を受け，それが**反グローバリズム**の運動を引きおこしている。

　それに加えて問題となるのは，世界を一つの市場と化す経済的なグローバル化が，伝統文化や人と人とのつながり，倫理，信仰といったものを無視するものであるという点である。それらは効率的な経済活動を妨げるものとして排除されていく。このような意味で，グローバル化は**伝統的な文化や共同社会の崩壊**と表裏の関係をなしている。

❸**グローバル化への反発**　このような流れのなかで，グローバリズムへの反感から，人々の意識が伝統的な文化やモラル，信仰，あるいは共同体の意義を必要以上に強調する方向に向かうという事態が生じている。多様性を否定するグローバリズムの波と**排他的なナショナリズム**や**原理主義**とが並存するような状況が生みだされているのである。

　グローバル化は多様な価値や文化を否定するが，排他的なナショナリズムや原理主義もまた他の文化を排斥し，それを否定しようとする。そこに文化と文化との衝突や摩擦が生まれる。そのような状況のなかに私たちは生きている。

2 | 異文化理解という課題

❶**さまざまな文化の出会い**　たしかに，グローバル化は，人や物資，情報が頻繁に国境を越えて行き来する状況を生みだした。かつてとは比べものにならないくらい多くの人が海外から日本に来るし，私たちも海外にでるようになったため，

多くの異なった文化に触れるようになった（多文化状況）。

❷文化的な摩擦　文化は，それぞれの固有の
風土や環境のもとで，またそれぞれの人間
と人間との関わりや宗教に影響されながら
生まれたものである。したがって，まった
く異なった風土や環境のなかで育った者が
互いの文化を理解しあうのは，決して簡単
ではない。たとえば，イスラームの戒律を
厳格に守る国々では，女性は髪の毛を露出
してはならず，スカーフの着用が求められ

▲イスラーム教徒の女性の服装

るが，政教分離を重要な政治方針としているフランスでは，イスラーム教徒の女
性のスカーフやユダヤ教徒の男性がかぶる帽子（キパ）について，公立学校など
公の場所での着用を禁止する法案が制定された。しかし，信仰の自由や表現の
自由を重視すべきだという意見もあり，議論が戦わされている。人や文化の活発
な交流は，このような困難な問題も引きおこしているのである。

❸異文化間の相互理解　このような状況のなかで，**異文化間の相互理解**が，現代
の重要な課題の一つになっている。この課題にとっていちばん問題なのは，**自分
自身の文化や価値観を絶対的なものとしてとらえ，それを尺度として他の文化に
ついて是非を論じたり，排除したりする**ことである。そのような態度をエスノセン
トリズム（自民族中心主義，ethnocentrism）と呼ぶが，この態度を克服しない
かぎり，私たちは異なった文化に育った人との対話も，また社会の豊かな発展も
期待することはできないであろう。

　私たちは，**それぞれの文化はそれぞれの固有の風土や環境のもとで生まれたも
のであり，それ固有の価値を有する**という考え，つまり，多文化主義（マルチカ
ルチュラリズム，multiculturalism）の立場をとり，互いに異なった文化を尊重
する態度を養っていかなければならない。人や文化の交流は今後いっそう密にな
っていくであろう。そこで重要なのは，異なる文化が共存できる社会を築いてい
くことである。

補説　**オリエンタリズム**　パレスチナ出身で，アメリカで活動した思想
家**サイード**（Edward Said，1935～2003）は，主著『オリエンタリズ
ム』（1978）のなかで，近代の西欧社会が，エキゾチックで遅れた「東洋」
という像を作りあげ，それを反転させて，文明化され進歩した「西洋」
という像を作りあげたことを指摘し，そのような自己中心的なものの見
方を**オリエンタリズム**として批判した。こうした見方は，明治以降，近
代化を成し遂げた日本の，他のアジア諸国に対するまなざしのなかにも
見てとることができる。

▲サイード

③ 現代における宗教をめぐる問題

❶**近代社会の特徴**　近代社会の大きな特徴は，**世俗化**ということばで言い表すことができる。科学の著しい発達や，工業化と都市化を伴った大きな社会変動を背景として，宗教は社会を統合する力を失っていった。学問や教育，芸術など，人間のあらゆる領域の活動が，宗教的な権威から離脱し，自律化していった。

❷**現代社会における宗教**　宗教は社会を統合する力ではなくなったが，宗教そのものが衰退したわけではない。個人の生活のなかでは，宗教は生きる支えとして大きな意味をもちつづけている。多くの人にとって宗教は生きることそのものであり，生活の基盤でもある。キリスト教文化とかイスラーム文化，仏教文化という言い方がされるように，それは文化の基盤でもある。宗教なしに私たちの生活や文化はないということもいえる。

　信仰する人にとって，その信仰の対象である神や神のことば，聖典は，絶対的な価値をもっている。それを否定しての対話や寛容はありえないのである。そこに摩擦が生じる可能性が生まれる。

❸**戦争から対話へ**　かつて，ユグノー戦争や三十年戦争などに見られるように，カトリックとプロテスタントとのあいだではくり返し宗教戦争が起こった。現代でも，政治や民族の問題と結びついて，アイルランドやユーゴスラビアで激しい争いがくり広げられた。さらに現在でも，アフリカやアジアでは，他の宗教を信仰する人々を排斥したり，攻撃したりすることがくり返されている。

　しかし他方，宗教は隣人への愛や慈悲を重要な教えとしている。そのような精神に基づいて，さまざまな宗教のあいだで積極的な**宗教間対話**も試みられている。1986年に教皇ヨハネ・パウロ2世の呼びかけによって諸宗教の指導者が集まり，「世界平和の祈りの集い」がイタリア・アッシジで開催された。それ以後毎年，平和への願いを込めて諸宗教間の対話集会が開かれている。比叡山延暦寺でも，やはり世界平和の実現をめざして毎年宗教サミットが開催されている。

▲ヨハネ＝パウロ2世

　また，**宗教多元主義**(religious pluralism)ということばも使われるようになった。宗教は相互に排除しあうものではなく，同じ社会で**共存**できるという立場をとって，対話を進めていこうという考え方が生まれてきている。

多文化が接触する現代社会では，エスノセントリズム（自民族中心主義）を克服し，多文化主義の立場をとることが求められている。

6

現代の諸課題と倫理

7 国際平和と人類の福祉の課題

1│国際平和という課題

❶戦後日本の平和と国際社会　私たちは敗戦後75年以上戦争を知らないで過ごしてきた。それはひとえに，きわめて大きな惨禍をもたらした日中戦争や第二次世界大戦に対する深い反省から生まれたものである。それを「日本国憲法」の前文は次のように表現している。「日本国民は，**恒久の平和を念願し，人間相互の関係を支配する崇高な理想を深く自覚する**のであつて，平和を愛する諸国民の公正と信義に信頼して，われらの安全と生存を保持しようと決意した。われらは，平和を維持し，専制と隷従，圧迫と偏狭を地上から永遠に除去しようと努めてゐる国際社会において，名誉ある地位を占めたいと思ふ」。

　このような反省と願いが永遠に保持され，国際社会において実現されることを願いたいが，世界に目を転じてみると，シリアやアフガニスタン，リビアなどにおいて，政治的信条の違いや民族・文化の違い，資源の奪い合いなど，さまざまな理由から武力による争いが生じている。さらに2022年にはロシアがウクライナに侵攻した。

❷ヴァイツゼッカーの演説　私たちはいったい何をすることができるであろうか。1985年5月8日，当時のドイツ連邦共和国大統領**ヴァイツゼッカー**(Richard von Weizsäcker, 1920～2015)は，ドイツの敗戦40周年にあたって，議会で「荒れ野の40年」と題した演説を行った。ヴァイツゼッカーは，ユダヤ人の**ホロコースト**(大虐殺)に対する責任について語るとともに，そのような過去から学び，それを未来に生かすべきことを国民に訴えた。「**過去に対して目を閉ざすものは，現在に対しても盲目になる**。非人間的なできごとを記憶しようとしないものは，また抵抗できずに新たな危険に取り込まれてしまう」と述べて，

> **原典のことば　荒れ野の40年**
>
> 　ヒトラーはいつも，偏見と敵意と憎悪とを掻きたてつづけることに腐心しておりました。
>
> 　若い人たちにお願いしたい。
>
> 　他の人びとに対する敵意や憎悪に駆り立てられることのないようにしていただきたい。
>
> 　若い人たちは，たがいに敵対するのではなく，たがいに手をとり合って生きていくことを学んでいただきたい。
>
> 　民主的に選ばれたわれわれ政治家にもこのことを肝に銘じさせてくれる諸君であってほしい。そして範を示してほしい。
>
> 　自由を尊重しよう。
> 　平和のために尽力しよう。
> 　公正をよりどころにしよう。
> 　正義については内面の規範に従おう。
>
> 　　　　──『言葉の力　ヴァイツゼッカー演説集』
> 　　　　　　(永井清彦・編訳，岩波現代文庫)

歴史と真実を直視する勇気をもつべきことを何より強調した。

❸歴史を直視する態度　このように歴史を直視し，過去の反省を未来に生かそうとする態度こそ，私たちに求められているものであり，そうした誠実さこそが国際平和を可能にすると考えられる。わが国においても，敗戦後75年以上が経過し，戦争を直接体験した人，戦争の惨禍(さんか)と戦争が多くの人々に犠牲(ぎせい)を強(し)いたことを直接記憶にとどめる人は少なくなってきている。その貴重な経験を聞き，学ぶ機会

▲ヴァイツゼッカー

が減ってきている。それだからこそ，改めて過去に目を向け，そこから何を学ばなければならないかを，一人ひとりが真剣に考えなければならない。ヴァイツゼッカーが強調したように，過去に目を向けなければ，私たちはふたたび新たな危険が到来しても，それに気づかないであろう。**無関心からは，けっして平和は訪れないのである。**

6
現代の諸課題と倫理

2 │ 人類の福祉を求めて

❶「豊かさ」と「貧しさ」の共存　私たちの周りにはモノが満ちあふれ，私たちは「豊かさ」を享受(きょうじゅ)している。しかし，世界中の人がこの「豊かさ」を手にしているわけではない。世界銀行が貧困の基準としている，1日2.15ドル以下で生活している人々は，2022年現在，約7億人にのぼる。そしてそのうちの約半数は子どもだといわれている。

世界的に見れば，決してすべての人が豊かなのではない。「豊かさ」と「貧しさ」が共存しているのである。

その原因は，干ばつなどの自然災害や地域の紛争，内戦など，さまざまある。**WFP(国連世界食糧計画)**の報告によれば，世界のすべての人々が健康な生活を送るのに十分な食料は地球上に存在している。しかし，それが特定の場所に偏在しているのである。発展途上国で生産され

▲パレスチナ難民の子どもたち

たものも含めて，世界で生産された穀物の多くが，豊かな国の食肉を生産するために飼料として使われている。そして先進国では，多くの食料が食べられずに捨てられている。これが，私たちが現在手にしている「豊かさ」の現実なのである。

❷**グローバリズムが生む貧困**　このような偏^{かたよ}りと，そこから生じる貧困の解決を いっそう困難にしているのが，先に述べた**グローバリズム**である。それによって， 競争力をもたない国や地域の産業は壊滅的な打撃を受けている。貧しい国や地域 の貧しさが，いっそう深刻なものになっている。

　貧困にさらされている人々は，生きていくために，周りにある資源や環境を， その安定的な維持の限界を超えて使用せざるをえない状況に置かれる。そのため に耕地の砂漠化がすすんだり，森林の伐採などによって大規模な水害が発生した りしている。そうした状況が，貧困化にいっそう拍車をかけている。現代の経済 のシステムが，富める者をいっそう富ませ，貧しい者をいっそう貧しくするとい う事態を生んでいるのである。

❸**公平で質の高い教育**　先に見たように，SDGs (⤴p.316)は「すべての人に包摂的(inclusive) で公平な質の高い教育を提供する」ということ を理念として掲げている。しかし世界のなかに は，教育を受けられない子どもは多い。とくに 女子の教育を受ける権利が脅^{おびや}かされている。

　そのことを象徴的に示しているのが，2012 年に**マララ・ユサフザイ**さんが女性教育弾圧に 反対したことを理由に銃撃を受けた事件である。 現在も貧困や宗教的な理由のために教育を受け ることのできない女子が多い。しかし，教育こ そが子どもの将来を切り開くためのもっとも重 要な手段である。マララさんが2013年7月に 国連本部で行ったスピーチの次の言葉を心にと

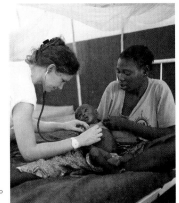

▲**国境なき医師団**　アフリカ・アジアな どの，紛争や自然災害のおこった地域 で，医療・人道援助活動を行っている NGO。1999年にノーベル平和賞を 受賞した。

どめておきたい。One child, one teacher, one book and one pen can change the world. Education is the only solution. Education first.

> 人物 紹介　**マララ・ユサフザイ**　Malala Yousafzai　パキスタン出身の女性。2012年に襲撃を 受けたあとも，それに屈することなくさまざまな活動を行って いる。女子教育の重要性を訴えるために「マララ基金」を設立したこともその1つである。 2014年にはノーベル平和賞を受賞した。

❹**コロナ禍のなかでの貧困**　SDGsはまず最初に「あらゆる場所で，あらゆる形態 の貧困に終止符を打つ」ということを理念として掲げているが，それを実現する ことは容易ではない。**新型コロナウイルス感染症**(COVID-19)によって引き起 こされたパンデミック以後，いっそう貧困の問題が深刻化している。幸いにもワ クチンが開発されたが，貧しい国々には十分にいきわたっていない。この感染に

よって，またそれによる経済活動の停滞によって，いっそう貧困が深刻な問題になっている。

それ以外にもWHO(世界保健機関)が指摘した**インフォデミック**(infodemic, informationとpandemicから作られた造語)，つまり，不正確な情報や誤った情報が急速に拡散され，人々に不安や恐怖を引きおこすことも，今回の事態が明らかにした大きな問題である。

❺**国連機関の活動**　平和を実現し，貧困や飢餓をなくすために，国際連合やさまざまな機関が力を尽くしている。しかし世界各地で内戦や戦争のために多くの命が失われている。貧困や飢餓で苦しむ子どもの数はあいかわらず多い。はたして国連や安全保障理事会にそうした事態を打開する力があるのかどうか疑問を投げかける声もある。

しかし一方で，国連の**UNHCR**(難民高等弁務官事務所)や**UNICEF**(ユニセフ，国連児童基金)，**WFP**(世界食糧計画)などもさまざまな手を尽くしている。

日本の政府も**ODA**(政府開発援助)として50年以上にわたり開発途上国の福祉のために資金や技術を提供している。日本のODAを具体的に実施し，開発途上国の発展に協力している**JICA**(ジャイカ，**国際協力機構**)は，ただ単に不足している食料や医薬品を援助するだけでなく，各国の教育や法制度の整備，行政機能の向上などにも協力を行っている。

政府関係の機関だけでなく，各国の市民が自発的に結成した民間の非営利の国際的組織である**NGO**(非政府組織)も，貧困の解消や福祉，環境保全，人権問題などの分野で独自の活動を行い，多くの成果を挙げている。

フェアトレードも注目される運動の一つである。フェアトレードというのは，おもに発展途上国でつくられた農作物や製品を適正な価格で購入し，生産者や労働者に正当で公正な対価を支払う貿易の形を指す。第二次世界大戦後に始まり，1960年代にヨーロッパで広まった。貧困のない公正な社会をつくるための有力な手段だといえるであろう。

こうした団体やその運動によってこれまで多くの成果が挙げられてきたが，貧困を生みだしていく構造そのものを解決することはできていない。どのような形で平和な社会を築き，すべての人が豊かに暮らせるような社会を実現できるのか，そのことが，いま問われている。それは私たち一人ひとりが自分の問題として考えなければならない課題であり，また，国という枠を越えて，すべての人が対話し，議論しなければならない課題である。

6 現代の諸課題と倫理

☑ 要点チェック

CHAPTER 6　現代の諸課題と倫理	答
☐ 1　同一の遺伝形質をもつ個体をつくりだす技術を何というか。	1　クローン技術
☐ 2　受精卵を使わずに，体細胞に遺伝子を導入して培養された，さまざまな細胞に分化できる能力をもった細胞を何というか。	2　iPS細胞（人工多能性幹細胞）
☐ 3　2003年に解析の完了が宣言された，人間の遺伝子情報の全体を何というか。	3　ヒトゲノム
☐ 4　医療技術の進歩に伴って生じている，人の生と死に関わる道徳的な問題（倫理）を何というか。	4　生命倫理（バイオエシックス）
☐ 5　専門家だけでなく，市民も議論に参加し，議論を重ねて解決を図っていく現代のさまざまな問題を何というか。	5　トランス・サイエンス
☐ 6　胎児の染色体の異常や遺伝性の疾患の有無などを出産以前に調べることを何というか。	6　出生前診断
☐ 7　医師が専門家としての職業的権威に基づいて患者の治療方針などを決定するような医師と患者との関係を何というか。	7　パターナリズム
☐ 8　治癒の見込みのない末期の患者の苦痛をやわらげ，安らかな死を迎えさせるための医療を何というか。	8　終末期医療（ターミナルケア）
☐ 9　患者が医師から十分な説明を受けたうえで治療方針に同意するという考え方を何というか。	9　インフォームド・コンセント
☐ 10　生命は神聖なものであり，可能なかぎり維持されるべきであるという考え方を何というか。	10　生命の尊厳（サンクティティー・オブ・ライフ，SOL）
☐ 11　人生がどの程度生きるに値する質をもっているかを基準にして，治療方針を選択するときに問題となるものを何というか。	11　生命の質（クオリティー・オブ・ライフ，QOL）
☐ 12　あらかじめ書面で過剰な延命措置を拒否する意思を表明しておくことを何というか。	12　リビング・ウィル
☐ 13　脳死と認定された人からの臓器の移植を認めた法律は何か。	13　臓器移植法
☐ 14　『沈黙の春』を著して，農薬などの化学物質による環境汚染の脅威に警鐘をならした生物学者は誰か。	14　レイチェル＝カーソン
☐ 15　環境に放出された後，動物の体内に取り込まれて，生殖機能に大きな影響を与えるダイオキシンなどの化学物質を何というか。	15　環境ホルモン（内分泌かく乱物質）
☐ 16　1992年にブラジルのリオデジャネイロで開かれた国連環境開発会議は，一般に何と呼ばれるか。	16　地球サミット
☐ 17　16の国際会議で確認された基本理念は何か。	17　持続可能な開発
☐ 18　16の国際会議で締結された，二酸化炭素やメタンなどの温室効果ガス排出の削減を目標とする条約は何か。	18　気候変動枠組条約

□ 19	人間だけでなく，動物や植物，生態系，景観など，すべての自然に生存・存続する権利を認める考え方を何というか。	19 自然の生存権
□ 20	人間を動物よりも上に位置づけ，動物実験を容認する考えを「種差別」ととらえて批判した倫理学者は誰か。	20 ピーター=シンガー
□ 21	ボールディングが「地球の有限性」を指摘したことばは何か。	21 宇宙船地球号
□ 22	現在の世代だけでなく，将来の世代の利益についても配慮しなければならないとする倫理を何というか。	22 世代間倫理
□ 23	核家族化の進行などによって，家族の規模が小さくなってきていることを一般に何というか。	23 小家族化
□ 24	職場での男女平等の確立をめざして1985年に成立し，1997年，2006年に改正された法律は何か。	24 男女雇用機会均等法
□ 25	男女が性別に関わりなく個性と能力を発揮することができる社会をめざして1999年に成立した法律は何か。	25 男女共同参画社会基本法
□ 26	男性・女性という生物学的な性ではなく，社会的・文化的に形成された男女のあり方を何というか。	26 ジェンダー
□ 27	女性の権利の拡張や解放をめざす思想・運動を何というか。	27 フェミニズム
□ 28	少子化に歯止めをかけるために2003年に成立した法律は何か。	28 少子化社会対策基本法
□ 29	高齢者の介護を社会全体で担うために，2000年から実施されるようになった制度は何か。	29 介護保険制度
□ 30	地域社会でさまざまな役割を果たすようになっている非営利の民間団体を何というか。	30 NPO（非営利組織）
□ 31	パソコンや携帯電話，インターネットの普及を背景に，情報技術が飛躍的に進展したことを何というか。	31 IT革命
□ 32	マスメディアが発信する画一的なイメージや情報によって社会にひろがっている固定的な観念を何というか。	32 ステレオタイプ
□ 33	情報機器を入手し使いこなす能力の有無によって生まれている格差を何というか。	33 デジタル・デバイド（情報格差）
□ 34	情報を取捨選択し，批判的に読みとる力を何というか。	34 情報リテラシー
□ 35	地球規模で同一の尺度による生産と消費のシステムが作りあげられていくことを何というか。	35 グローバル化
□ 36	自分自身の文化や価値観を絶対的なものとしてとらえ，それを尺度として他の文化を排除する態度を何というか。	36 エスノセントリズム（自民族中心主義）
□ 37	文化はそれぞれの固有の風土や環境のもとで生まれたものであり，互いに異なった文化を尊重しようとする考えを何というか。	37 多文化主義（マルチカルチュラリズム）
□ 38	各国政府から独立して活動する国際的な民間団体を何というか。	38 NGO（非政府組織）

6 現代の諸課題と倫理

CHAPTER

6 練習問題 解答 p.348

① 〈生命工学〉
　クローンや遺伝子に関わる技術に関する記述として最も適当なものを，次の
①〜④のうちから1つ選べ。

① 出生前診断によって，男女の判別や産み分けはまだできないが，胎児の障害
の有無を知ることが部分的に可能になった。しかし，出生前診断が命の選別や
新しい優生学につながるのではないかという批判もある。

② ヒトゲノムを解読しようとする試みは，1990年から進められ，2003年に
は解読の完了が宣言された。このことによって，どの遺伝子配列がどのような
役割を果たすかについてすべて解明されたことになる。

③ 1990年代後半，クローン羊ドリーが誕生し，ほ乳類の体細胞クローンの作
成が可能であると知られるようになった。このクローン技術を応用すれば，拒
絶反応のない移植用臓器の作成が将来は可能になるという主張もある。

④ 遺伝子組み換え技術は，農薬や害虫に強い新しい品種の食物を作ることを可
能にしている。既にいくつかの遺伝子組み換え作物が商品化され，その結果，
安全性や環境への影響を疑問視する声はなくなった。

② 〈臓器移植〉
　臓器移植法は，臓器移植について定め，また，臓器売買の禁止などについて
規定した法律のことである。1997年に制定され，2009年に改正された。厚生労
働省のホームページには，臓器移植法の改正についての記載があるが，改正前の
臓器摘出の要件ついては，以下のように記されている。法改正後の臓器摘出の要
件の記述として最も適当なものを，あとの①〜④のうちから1つ選べ。

> 　本人の書面による臓器提供の意思表示があった場合であって，遺族がこれを
> 拒まないとき又は遺族がないとき　　　　　　　　（改正前の臓器摘出の要件）

① 本人の書面による臓器提供拒否の意思表示があった場合でも，遺族がこれを
書面により承諾するとき。

② 本人の臓器提供の意思が不明の場合であって，遺族がこれを書面により承諾
するとき。

③ 本人の書面による臓器提供拒否の意思表示があった場合でも，遺族がこれを
口頭で承諾するとき。

④ 本人の臓器提供の意思が不明の場合であって，遺族がこれを口頭で承諾するとき。

③　〈環境問題〉
　　次の資料の説明として最も適当なものを，あとの①〜④のうちから1つ選べ。
資料

> 　自然は，沈黙した。うす気味悪い。鳥たちは，どこへ行ってしまったのか。みんな不思議に思い，不吉な予感におびえた。……すべては，人間がみずからまねいた禍いだった。

①　資料はコルボーンの『奪われし未来』の一節である。野生生物の減少をもたらした最大の原因は環境ホルモンにあるという仮説を提唱した。
②　資料はコルボーンの『奪われし未来』の一節である。我々は自然破壊を止める責任があるという未来倫理を主張した。
③　資料はレイチェル＝カーソンの『沈黙の春』の一節である。動物実験と工業畜産を詳細に告発し，その全廃を訴えた。
④　資料はレイチェル＝カーソンの『沈黙の春』の一節である。DDTなどの有機化合物が自然の均衡を破壊しているとその危険性を警告した。

④　〈現在の日本社会における家族〉
　　現在の日本社会において家族を取り巻く状況についての記述として最も適当なものを，次の①〜④のうちから1つ選べ。
①　婚姻率の低下により未婚者が増え，成人後も両親との同居を続ける人が多くなっており，一人で住んでいる人の割合は低下している。
②　育児・介護休業法が制定されたため，労働者は男女を問わず，法的には育児や介護のための休業を取得できるようになった。
③　結婚後も旧姓を名乗ることを望む女性が増えたため，夫婦同姓か別姓かを選ぶことのできる選択制が導入された。
④　介護保険制度など，高齢者の介護を社会全体で担う体制が整備されてきたため，高齢者の単独世帯数は減少している。

⑤　〈高度情報化社会の課題〉
　　情報技術の発達に伴う社会の変化についての記述として最も適当なものを，次の①〜④のうちから1つ選べ。
①　企業や公的機関に大量の個人情報が集積されるようになったため，プライバシーが侵害される危険が大きくなっている。
②　公的な情報は市民の共有財産であるという考え方が定着し，国や自治体のもつあらゆる情報が市民に公開されるようになっている。

③　情報技術の発達によって情報の違法な複製が困難となったため，知的財産権が侵害される危険は少なくなっている。

④　インターネットを使って個人が直接情報を得られるようになり，マスメディアが情報操作を行う危険は少なくなっている。

⑥　〈異文化の理解〉
　　次の資料を読み，サイードの思想として最も適当なものを，あとの①〜④のうちから1つ選べ。
資料

> 　すべてのヨーロッパ人は，彼がオリエントについて言いうることに関して，必然的に人種差別主義者であり，帝国主義者であり，ほぼ全面的に自民族中心主義者であった，と言ってさしつかえない。——サイード『オリエンタリズム』
> 　　　　　　　　　　　　　　　『オリエンタリズム　下』(今沢紀子・訳，平凡社)

①　オリエンタリズムとは，東洋に住む人々が，自分たちの文化が西洋文化に比べた時に劣っていることを卑下した風潮のことである。

②　オリエンタリズムとは，東洋に住む人々たちは人種差別的，帝国主義的な色合いが強いことを批判した言葉である。

③　オリエンタリズムとは，「東洋」に対する「西洋」からの植民地主義的なまなざし，観念を表象した用語である。

④　オリエンタリズムとは，西洋に住む人々がオリエントという異文化に対して抱いた憧れや好奇心，つまり一種の「異国趣味」を意味する言葉である。

⑦　〈NGOとNPO〉
　　先進諸国の市民の責任を果たすために，各国政府の働きに加え，NGO(非政府組織)やNPO(非営利組織)の活動が期待されている。これらの組織の活動の説明として適当でないものを，次の①〜④のうちから1つ選べ。

①　NGO・NPOの長所の一つは，市民が自分の関心と能力にもとづいて，募金や労働など様々な参加の仕方を選択できることにある。

②　NGO・NPOは，参加者の善意にのみもとづく活動であり，参加者が金銭的な報酬を得ることは避けるべきであるとされている。

③　NGO・NPOは，ODA(政府開発援助)に比べ，規模は小さくても，地元住民の要求に沿ったきめ細かい支援を行うことができる。

④　NGO・NPOは，市民レベルでの活動であり，政府に頼らず一般市民の間にも地域社会や国際社会への関心を呼び起こすことができる。

第1編

現代を生きる自己の課題と人間の自覚

p.35 CHAPTER 1

① 答　③

解説　ア…「ホモ・ファーベル」は工作人（こうさくじん）と呼ばれる。Bの説明にあたる。

イ…「ホモ・ルーデンス」は遊戯人（ゆうぎじん）と呼ばれる。Dの説明にあたる。

ウ…「ホモ・サピエンス」は知性人と呼ばれる。Aの説明にあたる。

エ…「ホモ・レリギオースス」は宗教人。Cの説明にあたる。

② 答　④

解説　④「ヤマアラシのジレンマ」は，青年期に経験する人間関係のジレンマの１つ。

①レヴィンの「境界人」（マージナル・マン）は，青年が「子ども」と「おとな」の世界の境界に位置することを表した用語。

②内向型，外向型という性格の類型論を提起したのはユング。

③「抑圧や退行などが原因となって…不安や緊張に陥る」が誤り。抑圧や退行は，不安や緊張から自己を守る防衛機制の一種。

③ 答　③

解説　③適当。「第二の誕生」は，独立した個人として社会に関与しようとする段階に入ったということ。

①第二次性徴の説明。

②レヴィンの「マージナル・マン」（境界人）の説明。

④ピアジェの「脱中心化」の説明。

④ 答　⑥

解説　ア…誤り。現代では，青年期は延長

される傾向にある。

イ…正しい。「プレ青年期」は青年期の一つ前の段階として，10歳ころから14歳ころまでと位置づけられる。

ウ…誤り。現代では青年期の終わりが遅くなる傾向にある。また，生活様式も多様化して，個人差も大きくなる傾向がある。

⑤ 答　④

解説　④適当。自我同一性（アイデンティティ）の拡散に陥っている。

①自分の過去を見直して，肯定的に評価している。

②仕事に充実感をもっている。

③精神的な危機の状態にまで陥っているとはいえない。

⑥ 答　③

解説　③適当。「パラサイト・シングル」は山田昌弘（やまだまさひろ）の用語。

①「職業訓練は受けている」があてはまらない。

②「エゴイズム」は自己中心的な性格・態度を指すが，「精神的自立も困難になる傾向」はあてはまらない。

④誤り。「ピーターパン・シンドローム」は，おとなの年齢になっても，いつまでも子どものままでいようとする現代青年を表す。

⑦ 答　①

解説　①適当。

②「退行」は，過去の発達段階に戻ること。

③「代償」は，似た欲求に置き換えて満足すること。

④「抑圧」は，不安などを無意識におさえこむこと。

p.106 CHAPTER 2

① 答 ③

解説 ③適当。アリストテレスは,「理性に基づく魂の優れた活動」は観想的生活であると説いた。
①「精神的快楽を幸福とみなした」のはエピクロス派。
②プロタゴラスではなく,プラトンのイデア論と哲人政治の説明。
④エピクロスではなく,プロタゴラスの相対主義の説明。

② 答 ④

解説 ④適当。エピクロスのアタラクシアの説明。
①「その知を利用して,手段を選ばずあらゆる欲望を満たす」が誤り。ソクラテスは「知徳合一」を唱えた。
②「欲望的部分」と「理性的部分」が逆である。プラトンは欲望と気概(意志)を二頭立ての馬車にたとえ,理性はこの二頭を操る御者と表現した。
③アリストテレスの「中庸」は,倫理的徳を形成するもの。

③ 答 ②

解説 ②適当。a…「バビロン捕囚」は十戒を授かった後のできごと。b…「律法の成就」は律法を乗り越えていくことではない。

④ 答 ①

解説 a…「調和」トマス=アクィナスは,信仰と理性の対立を調和的に統一しようと図り,カトリックの神学の体系を確立した。
b…「アリストテレス」トマス=アクィナスは,アリストテレスの哲学(「質料」「形相」の概念)を取り入れて世界を説明した。
c…「配分的正義」富の偏在を是正することは,アリストテレスの正義の概念のなか

の「配分的正義」にあたる。

⑤ 答 ①

解説 ①適当。資料から,貧窮者への施しである「喜捨」だとわかる。
②一度は聖地メッカへ巡礼すべきとされる。
③「断食」は,ラマダーン月の間,日の出から日没まで行われる。
④「信仰告白」は,「アッラーの他に神はなし,ムハンマドはアッラーの使徒である」とアラビア語で唱えること。

⑥ 答 ④

解説 ア…正しい。五行の1つである「断食」の説明。
イ…「エルサレム」が誤り。ムスリムが巡礼するのは聖地メッカ。
ウ…「アッラーの肖像画を称えなくてはならない」が誤り。イスラームでは偶像を崇拝することは禁じられている。

⑦ 答 ①

解説 ①適当。竜樹(ナーガールジュナ)は「空」の思想を確立した。
②ウパニシャッド哲学ではなく,大乗仏教の「一切衆生悉有仏性」の説明。
③世親(ヴァスバンドゥ)ではなく,ウパニシャッド哲学の説明。
④ジャイナ教ではなく,大乗仏教の唯識思想の説明。

⑧ 答 ②

解説 ②適当。ブッダは「中道」によって悟りに到達し,それを具体化するために八正道を説いた。
①「持戒と精進」は,大乗仏教において尊ばれた六波羅蜜の中の徳目である。
③「忍辱と禅譲」は,大乗仏教において尊ばれた六波羅蜜の中の徳目である。
④「中庸」は,アリストテレスや儒学に関連して出てくる用語である。

⑨　答　③

解説　③適当。a…中国の孟子（もうし）は，人の本性は先天的に善であると説いた。一方，荀子（じゅんし）は性悪説を唱えた。「王道政治」は，孟子が主張したものであり，「小国寡民」は老子（ろうし）が理想とした社会である。b…孟子は，四徳を身につけるなかで養われる強い精神力を浩然の気と呼んだ。また荘子の説いた真人とは，生死の運命でさえ受け入れて，何事にもこだわらぬ自由の境地に至った者のことを指す。

⑩　答　②

解説　②不適。老子ではなく，孟子の説明。
①法家の韓非子は法治主義・信賞必罰（しんしょうひつばつ）を説いた。
③荀子は性悪説の立場から礼治主義を説いた。
④王陽明（おうようめい）は「心即理」を唱える陽明学を説いた。

• 第2編

現代と倫理

p.161 CHAPTER 3

①　答　①

解説　①適当。ボッカチオは，イタリア・ルネサンスの詩人・小説家。ヒューマニズムの普及に貢献した。
②人間を「偉大さと悲惨さとの間を揺れ動く中間的存在」ととらえたのはパスカル。
③『最後の審判』には，この世の最後の日に復活したイエスが，人間に審判を下す様子が描かれている。
④『痴愚神礼讃』（ちぐしんらいさん）は，君主や僧侶などの生活を風刺した。

②　答　①

解説　①適当。ルターは，「万人司祭説」「聖書中心主義」を唱えた。
②カルヴァンの(二重)予定説と禁欲倫理の説明。
③スコラ哲学を大成したトマス＝アクィナスの説明。
④「すべてのものの上に立つ自由な主人」が誤り。ルターは人間の自由意志を否定した。また，農民の反乱にも反対した。

③　答　①

解説　①適当。a…「コギト・エルゴ・スム」はデカルトの有名な言葉。バークリーは，「存在されることは知覚されることである」と主張した。b…デカルトは物心二元論を主張した。汎神論（はんしんろん）を唱えたのはスピノザ。

④　答　②

解説　②適当。ロックは，自然状態において人は自然法(理性)にしたがって行動し，平和が保たれていると考えた。
①ホッブズは，自然状態は「万人の万人に対する戦い」と考えた。
③ルソーは，自然状態の人は完全な自由・平等・独立を享受していると考えた。
④ルソーは，不平等な社会状態から脱却するために，社会契約によってすべての人があらゆる権利を共同体に譲渡すると考えた。

⑤　答　④

解説　④適当。資料中の「すべての人間が，ひとりひとり，…市民社会もそれによってはじめて全体として統一される」「そこでかの理念を(実践において)実行する段階では，…公法はこうした権力の強制に基づいて後から成立する」の文章にあてはまる。

①・③「時間をかけた十分な話し合いが必要であり，少数意見も尊重」は読み取れない。

②「公共の空間をつくりそこで自由な言論活動を行うことが大事だと訴えた。」は読み取れない。ハンナ・アーレントを想起させる記述である。

⑥ 答 ③

解説 ③適当。ヘーゲルは，自由は現実の社会の中で実現されるべきものと考えた。
①実存主義の考え。
②唯物論の考え。
④功利主義の考え。

p.220 CHAPTER 4

① 答 ③

解説 ③適当。資料中の「われわれのなすことが，…彼らから邪魔されることのない自由である」は選択肢文に合致する。
①「愚かな行為以外は何をしても許される」が誤り。
②「多少の他人への迷惑は許容されるべきだ」が誤り。
④「意志の自律こそが真の自由である」はカントを想起させる記述である。

② 答 ①

解説 ①不適。マルクスは，人間の本質は，他の人間と関わりをもち，社会的関係のなかで労働する類的存在だと考えた。
②マルクスの「物象化」の説明。
③マルクスの「疎外された労働」の説明。
④マルクスの「商品の物神崇拝」の説明。

③ 答 ②

②適当。a…「ホモ・ファーベル」の概念を提唱したのはベルクソンである。彼は，「生命の跳躍」を説いたことでも知られる。ホイジンガが提唱したのは，「ホモ・ルー

デンス（遊戯人）」である。b…資料は，シュヴァイツァーの思想「生命への畏敬」について書かれている。インドを拠点に活動したのはマザー＝テレサである。

④ 答 ③

解説 ③適当。ホルクハイマーとアドルノは，啓蒙的理性が野蛮に転化することを，「啓蒙の弁証法」と呼んで批判した。
①「社会や文化を構造によって把握する構造主義を提唱した」のはレヴィ＝ストロース。
②フロイトが本能や衝動を抑圧するととらえたのは，「エス」ではなく，超自我（スーパー・エゴ）。
④「仕事」→「活動」，「活動」→「労働」が正しい。

⑤ 答 ①

解説 ①適当。「公正な機会均等の原理と格差（是正）の原理」の説明。
②マルクスの「共産主義」の説明。
③センの「潜在能力（ケイパビリティ）」の説明。
④財産の私有が人間の不平等の起源だととらえたのは，ルソー。

⑥ 答 ②

解説 ②適当。
①「脱構築」を提唱したのはデリダ。
③レヴィ＝ストロースの「野生の思考」の説明。
④私を超越した存在である「他者」を「顔」ということばで言い表したのはレヴィナス。

⑦ 答 ①

解説 ①正しい。
②トマス＝クーンの概念。
③マックス＝ウェーバーの概念。
④ロールズの概念。

第3編

国際社会に生きる
日本人としての自覚

p.292 CHAPTER 5

① 答　④

解説　④不適。古代日本の神は，祟りや恵みをもたらす存在。

①「神に対して欺き偽らない心」とは「清き明き心」に当たる。

②祭祀に奉仕するものは，穢れを振りはらうために禊を行った。

③神をなだめることで，神は人々に恵みをもたらすと考えた。

② 答　②

解説　a…「蕃神」（あだしくにのかみ）は，異国から渡来した神。

b…聖徳太子の憲法十七条で明文化された。

③ 答　③

解説　③適当。最澄は個人の救済を主張して「一切衆生悉有仏性」と説き，空海は，大日如来の教えである密教による即身成仏を説いた。

①・②最澄についての記述が誤り。

④最澄についての記述と，「死に至るならば」の部分が誤り。

④ 答　③

解説　③適当。a…『開目抄』は，日蓮宗を開いた日蓮が書いたものである。日蓮は「南無妙法蓮華経」という題目を唱えることを重視した。「坐禅を行うことは，そのまま悟りだとする道元」という文章自体は正しい。

b…「日本国の位をゆづらむ，法華経をすてて観経等について後生をごせよ…智者に我義やぶられずば用いじとなり」とは，

「日本国の王位を譲るから，法華経を捨てて観無量寿経等を信じよなどと言われても，智者に私の教義が破られないかぎり，それを受け入れることはしない」ということである。

⑤ 答　③

解説　③適当。素行は，武士の役割として「士道」を唱えた。

①農耕社会を理想とした安藤昌益『自然真営道』の思想。

②山本常朝『葉隠』での「武士道」の思想。

④商人の商業活動を正当化した石田梅岩の心学の思想。

⑥ 答　②

解説　②適当。宣長は，『古今和歌集』や『源氏物語』に「もののあはれ」を見いだし，『古事記』の「生れながらの真心」を理想とした。

①宣長は「漢意」を斥けた。「からくにぶり」を批判し，『万葉集』にみられる「ますらをぶり」を称揚したのは賀茂真淵。『古今和歌集』は「たをやめぶり」。

③「儒教や仏教と同じく」が誤り。

④「もはや実現不可能な，古代日本人に特有の」が誤り。

⑦ 答　④

解説　④適当。幸徳秋水は，『廿世紀之怪物帝国主義』を著した。

①自由民権思想家の植木枝盛の説明。

②足尾銅山鉱毒事件で活動した田中正造の説明。

③明六社に参加した啓蒙思想家の福沢諭吉の説明。

⑧ 答　②

解説　②適当。漱石の自己本位は「エゴイズム」ではない。

①人を自分の仲間に引きずりこもうとするのは「エゴイズム」。

③人の品評をうのみにするのは「他人本位」。

④自分の血肉になっていないことを喋り歩くのは「他人本位」。

⑨ 答 ②

解説 ②適当。資料中の「教会をもたない者のみが実は一番善い教会をもつ者であります」に合致する。①資料に「羅馬(ローマ)や竜動(ロンドン)にあると云う如何に立派な教会堂でも，此私共の大教会にはおよびません」とあるので誤り。③・④この記述の内容に該当する箇所は資料にはみられない。

⑩ 答 ②

解説 ②適当。南方熊楠は，博物学や生物学，人類学などの知識を背景に民俗現象を分析した。

①村落共同体に生きる人々を「常民」と呼び，民俗学を創始したのは柳田国男。

③神の原型を「まれびと」に見いだしたのは折口信夫。

④足尾鉱毒事件で農民の側から反対運動を行ったのは田中正造。

第4編

現代の諸課題と倫理

p.340 CHAPTER 6

① 答 ③

解説 ③適当。クローン技術を応用したiPS細胞(人工多能性幹細胞)によって，移植用臓器を作りだすことが可能になってきた。

①「出生前診断」によって「男女の判別」が可能になった。

②誤り。ヒトゲノムの解読の完了とは，ヒトゲノムを構成する全てのDNAの塩基配列の解読が終了したということ。

④「安全性や環境への影響を疑問視する声はなくなった」が誤り。

② 答 ②

解説 ②適当。臓器移植法は2009年に改正された。改正法は脳死を人の死と定め，本人が生前に書面で拒否の意思表示をしていない場合，親族の同意があれば臓器提供できるようになった。

①・③「本人の書面による臓器提供拒否の意思表示があった場合」は，臓器移植は認められない。

④「本人の臓器提供の意思が不明の場合であって，遺族がこれを口頭で承諾するとき」とあるが，口頭では認められない。

③ 答 ④

解説 ④適当。資料は，レイチェル=カーソンの『沈黙の春』である。DDTなど農薬による環境汚染の問題を指摘した作品である。

①・②コルボーンによる『奪われし未来』は，野生生物の減少をもたらした最大の原因は環境ホルモンであるという仮説を提唱した。

②「未来倫理」を主張したのは，ハンス=ヨナスである。

③「動物実験と工業畜産を詳細に告発し，その全廃を訴え」たのは，ピーター=シンガーである。

④ 答 ②

解説 ②適当。1992年に育児介護休業法が改正された。

①「一人で住んでいる人の割合は低下している」が誤り。単身世帯は増加している。

③「夫婦同姓か別姓かを選ぶことのできる

選択制」は，国政の場でも議論されている
が，導入には至っていない。

④「高齢者の単独世帯数」は増加している。

⑤ 答 ①

解説 ①適当。2003年に個人情報保護法
が成立した。

②「国や自治体のもつあらゆる情報が市民
に公開されるようになっている」が誤り。

③情報技術の発達は，情報の違法な複製を
簡単にした。

④インターネットが発達した現在でも，マ
スメディアは影響力をもっており，情報操
作の危険性があることは変わらない。

⑥ 答 ③

解説 ③適当。オリエンタリズムとは，東
洋を後進的，受動的，非合理的といった画
一的な負のイメージでとらえ，西洋の東洋
に対する優位と支配を正当化する考え方で
ある。

①「東洋に住む人々が，自分たちの文化が
西洋文化に比べた時に劣っていることを卑
下した風潮」は誤り。

②「東洋に住む人々は人種差別的，帝国主
義的な色合いが強いことを批判した言葉」
は誤り。

④「オリエンタリズム」の意としては誤っ
ていない。しかし，サイードの思想とは言
えない。

⑦ 答 ②

解説 ②不適。NGO・NPOは営利を目
的としない組織であるが，ボランティア団
体ではなく，活動を組織的・継続的に行う
ために，専従スタッフに金銭的な報酬を
払って運営されている。

①③④は，NGO・NPOの長所の説明とし
て適当。

さくいん

[著者紹介]

藤田正勝（ふじた・まさかつ）

1949年，三重県に生まれる。京都大学文学部卒業後，同大学大学院博士課程およびドイツ・ボーフム大学哲学部ドクターコース修了（Dr. Phil.）。

1996年より京都大学大学院文学研究科教授，現在は同大学名誉教授。専攻は，哲学・日本哲学史。高校倫理への関心も深く，大学入試センター試験（現在の大学入学共通テスト）の問題作成にも関わった。

おもな著書に，『Philosophie und Religion beim jungen Hegel』（ドイツ・ブヴィエ社），『西田幾多郎——生きることと哲学』，『哲学のヒント』，『日本文化をよむ——5つのキーワード』（以上岩波新書），『親鸞——その人間・信仰の魅力』（法藏館），『はじめての哲学』（岩波ジュニア新書）などがある。

□ 編集協力　㈱カルチャー・プロ　㈱オルタナプロ　富田啓佑

□ DTP　㈱ユニックス

□ 図版作成　㈱ユニックス

□ イラスト　よしのぶもとこ

□ 写真提供　アフロ（イメージマート　毎日新聞社　Erich Lessing　K&K Archive　AP　akg-images　GRANGER.COM　Bruno Barbey　Magnum Photos　国立国会図書館　NASA　ロイター　鈴木革　エアフォートサービス）

□ 本文デザイン　㈱ライラック

□ 執筆協力(旧課程)　神崎宣次　佐々木拓　稲田義行

シグマベスト
理解しやすい 倫理

本書の内容を無断で転写（コピー）・複製・転載することを禁じます。また，私的使用であっても，第三者に依頼して電子的に複製すること（スキャンやデジタル化等）は，著作権法上，認められていません。

© 藤田正勝　2023　　　　Printed in Japan

著　者　藤田正勝
発行者　益井英郎
印刷所　株式会社天理時報社
発行所　株式会社文英堂

〒601-8121　京都市南区上鳥羽大物町28
〒162-0832　東京都新宿区岩戸町17
（代表）03-3269-4231

●落丁・乱丁はおとりかえします。

テストに出る「f

あ 行	岡倉天心	契沖	鈴木正三
アウグスティヌス	荻生徂徠	ケプラー	スピノザ
アダム=スミス	折口信夫	源信	スペンサー
アドルノ	か 行	孔子	世阿弥
安部磯雄	貝原益軒	幸徳秋水	ゼノン
新井白石	片山潜	ゴータマ=シッダッタ	セン
アリストテレス	加藤周一	コペルニクス	千利休
アーレント	賀茂真淵	コント	荘子
安藤昌益	ガリレイ	さ 行	ソクラテス
イエス	カルヴァン	西光万吉	ソシュール
石田梅岩	河上肇	最澄	た 行
一遍	鑑真	サイード	ダーウィン
伊藤仁斎	ガンディー	堺利彦	高野長英
ヴァスバンドゥ	カント	佐久間象山	田中正造
ヴァルダマーナ	韓非子	サルトル	タレス
ウィトゲンシュタイン	北一輝	サン=シモン	ディドロ
植木枝盛	北村透谷	サンデル	デカルト
ウェッブ夫妻	行基	ジェームズ	デモクリトス
ヴォルテール	キルケゴール	島崎藤村	デューイ
内村鑑三	空海	シュヴァイツァー	デリダ
栄西	空也	朱子（朱熹）	道元
エピクロス	陸羯南	荀子	徳富蘇峰
エラスムス	熊沢蕃山	聖徳太子	トマス=アクィナス
エリクソン	グロティウス	親鸞	トマス=モア
オーウェン	クーン	杉田玄白	富永仲基